이야기를 보여줘!

SHOW ME A STORY by Leonard S. Marcus
Copyright © 2012 Leonard S. Marcus
Introduction 2012 David Wiesner

All rights reserved. No part of this book may be reproduced, transmitted, broadcast or stored in an information retrieval system in any form or by any means, graphic, electronic or mechanical, including photocopying, taping and recording, without prior written permission from the publisher.

This Korean edition was published by BEAR BOOKS in 2025 by arrangement with Walker Books Limited, London SE11 5HJ through KCC(Korea Copyright Center Inc.), Seoul.

이 책은 (주)한국저작권센터(KCC)를 통한 저작권자와의 독점계약으로 (주)책읽는곰에서 출간되었습니다. 저작권법에 의해 한국 내에서 보호를 받는 저작물이므로 무단전재와 복제를 금합니다.

이야기로 보여줘!

그림책 거장 21인과 나눈 속 깊은 대화

안노 미쓰마사 · 존 버닝햄 · 에릭 칼 · 케빈 헹크스 · 타나 호번 · 퀜틴 블레이크 · 허유미 · 애슐리 브라이언 · 로이스 엘러트 · 제임스 마셜 · 로버트 맥클로스키 · 윌리엄 스타이그 · 로즈메리 웰스 · 크리스 라슈카 · 헬렌 옥슨버리 · 모리스 센닥 · 베라 B. 윌리엄스 · 제리 핑크니 · 모 윌렘스 · 피터 시스 · 리즈베트 츠베르거

레너드 S. 마커스 엮음 | 데이비드 위즈너 추천사 | 서남희 옮김

일러두기

- 이 책에 실린 각주는 모두 옮긴이 주입니다.
- 외국 인명이나 지명 등은 국립국어원 외래어 표기법에 따라 표기하였습니다. 단, 심의된 적 없는 인명이나 지명의 경우에는 국립국어원에서 권고하는 대로 현지음에 가깝게 표기하였습니다.
- 작가가 자신의 이름 발음하는 법을 게시해 둔 웹페이지가 있는 경우에는 국내에서 통용되는 표기가 있다 해도 그에 준해 표기하였습니다(예: 크리스 라슈카).
- 그림책 글과 그림의 작가가 다른 경우, '글 작가'와 '그림 작가'로 구분하여 표기하였습니다. 그림책 외의 광고, 신문, 잡지 등에 그림을 그리는 작가의 경우, 그림책의 그림 작가와 구분하기 위해 '일러스트레이터'로 지칭하였습니다.
- 국내에 번역 출간된 도서의 경우에는 한국어판 제목으로 표기하였고, 국내에 번역 출간되지 않은 도서의 경우에는 옮긴이가 번역한 한국어 제목 옆에 원서명을 병기하였습니다.
- 작가들의 저서는 저서 목록에 원서명, 출판사, 초판 출간 연도를 영어로 수록하였으며, 그중 국내에 번역 출간된 도서의 경우에는 한국어판 제목과 출판사, 옮긴이, 출간 연도를 함께 수록하였습니다.

그림을 그린다는 것은 거듭 고쳐 그린다는 뜻이다. 아무리 노련한 예술가라 해도 붓놀림이나 펜놀림 몇 번으로 빼어난 그림이 나오는 날은 극히 드물다. 그림책을 만들려면 거의 언제나 시행착오라는 예비 단계를 거칠 수밖에 없다. 작업대 앞에 웅크려 작업에 몰두하는 두 예술가가 있다고 치자. 두 사람이 자기 앞에 놓인 선택지에 대해 정확히 똑같이 반응하거나 판단하는 일은 결코 없을 것이다. 그 과정은 굉장히 힘들고 지저분할 수도 있고, 아닐 수도 있다. 몇 시간이 걸릴 수도 있고, 몇 년이 걸릴 수도 있다. 우리는 마술사가 모자에서 꺼낸 토끼만 보지만, 어떻게 그런 공연을 할 수 있는 것일까? 지금부터 나올 더미북 속 장면들, 스케치와 초안 일부는 우리에게 21명의 그림책 작가가 자기 작품을 마치 마술봉을 흔들어 완성한 것처럼 보이게 하려고 애썼던 특별한 여정을 보여 준다.

안노 미쓰마사

《ABC 그림책》 수채 물감으로 그린 앞표지와 뒤표지의 테두리 습작. 안노는
최종본에서 윌리엄 블레이크의 필치를 연상시키는 덩굴손 같은 유려한 필기체로
'DR. ANNO'S ABC BOOK'이라는 글씨를 테두리 그림 속에 엮어 넣었다.

MITSUMASA ANNO

수채 물감으로 그린 글자 'A'의 습작. 몇몇 편집자들이 이것을 천사(angel)로 보지 않아서, 천사 대신 모루(anvil)로 바꿔 그렸다.

마녀(hag)를 그린 글자 'H'의 습작. 엉미권의 옛이야기에서 'hag'는 마녀나 사악한 요정을 뜻한다. 안노는 나중에 이 이미지 대신 뿔(horn)을 그려 넣었다.

퀜틴 블레이크

《퀜틴 블레이크의 ABC》 '진흙(mud)' 장면을 위해 펜과 잉크로 그린 습작 두 점. 오른쪽 그림이 최종본에 가까우며, 등장인물들은 점점 더 생기발랄한 진흙투성이가 되어 간다.

QUENTIN BLAKE

《내가 가장 슬플 때》(마이클 로젠 글) "와하하, 이히히, 깔깔깔 웃어 대며 / 거리를 지나가는 에디를." 장면을 위해 펜과 잉크, 수채 물감으로 그린 습작 두 점. 최종본을 보면 이 두 그림에 비해 에디가 더 클로즈업 되어 있다. 또한 배경을 더 단순하게 처리해서 에디와 친구들을 강조한다.

애슐리 브라이언

《밤은 귀가 있다: 아프리카 속담집》
"물에 빠진 아이를 나무라기 전에 먼저 물에서 건져라."라는 라이베리아 공화국 그레보족의 속담을 그린 디테일 스케치. 흑연으로 작업했다.

《애슐리 브라이언의 아프리카 이야기》 검은 잉크와 아연백으로 작업한 "어리석은 소년" 장면 드로잉. 최종본에서는 힘겨운 노동을 강조하기 위해 아버지의 자세가 살짝 바뀌었다.

《애슐리 브라이언의 아프리카 이야기》 검은 잉크와 아연백으로 작업한 "자칼이 좋아하는 먹이" 장면 드로잉. 최종본에서는 두 동물의 눈이 더 크고 강렬해졌다.

ASHLEY BRYAN

《거북이는 네 이름을 알아》 거북이와 어린 주인공은 버섯과 물고기로 만든 맛있는 저녁을 나누어 먹는다. 수채 물감으로 작업한 이 책에서는 프랑스 화가 마티스와 보나르에 대한 브라이언의 존경심이 확연히 드러난다.

《거북이는 네 이름을 알아》 마을 사람들이 웁실리마나 툼파레라도 주위를 돌며 춤추는 장면 습작. 최종본에서는 춤추는 사람들을 재배치해서 더욱 활기찬 느낌을 주었다.

《거북이는 네 이름을 알아》 맨 오른쪽이 웁실리마나 툼파레라도라는 아주 긴 이름을 가진 아이이다. 최종본에서 훌라후프를 든 이 아이는 인상주의 화풍의 배경과 대비되어 더욱 뚜렷한 존재감을 보인다.

존 버닝햄

《비밀 파티》마리 엘레인이 자기 고양이 말콤에게 "그렇게 잘 차려입고 어디 가는 거야?"라고 묻는 장면을 위해 연필과 잉크로 그린 습작. 최종본에서는 두 등장인물을 화면의 중앙에 배치하고 나머지 요소는 거의 삭제했다.

특이하지만 매력적인 차림새를 한 고양이 말콤과 날개 달린 파티복을 입은 마리 엘레인. 연필과 잉크로 그린 습작.

이 장면의 최종본에서 말콤과 친구들의 얼굴은 뚜렷하게 표현된 반면, 조연들은 거의 실루엣으로만 표현되었다. 붉은 배경에 파우더 페인트로 작업했다.

JOHN BURNINGHAM

"고양이들의 여왕이 파티에 온 거예요!" 장면을 위해 구아슈, 잉크, 연필로 그린 습작. 버닝햄은 최종본에서 이 장면을 더욱 단순하게 만들어 옥상 파티 장면까지 절정의 순간을 미루다가, 마침내 모든 눈길이 수염이 난 상냥한 여왕에게 쏠리게 한다.

에릭 칼

Eric Carle

왼쪽 위 《외로운 개똥벌레》 흑연과 크레용으로 그린 더미북 표지 드로잉. 칼은 첫 스케치를 대충 그리는 습관이 있다.

왼쪽 아래 이제 주인공이 모습을 갖추었다. 하지만 주인공의 머리색을 비롯해서 아직 결정해야 할 것이 많다. 스캐너 보드에 아크릴 물감과 박엽지 콜라주.

위 책의 최종 표지 그림. 위의 하얀 부분은 칼이 이름과 제목을 적어 넣을 여백이다. 스캐너 보드에 아크릴 물감과 박엽지 콜라주.

로이스 엘러트

《날개를 기다리며》 크기가 다른 페이지들로 이루어진 초기 더미북. 책의 기획이 구체화되면서 페이지 크기가 더 다양해진다. 트레이싱지에 마커와 사진 복사본 콜라주.

《날개를 기다리며》 위 그림은 콜라주까지 넣어서 꼼꼼하게 만든 가제본의 한 장면이다. 트레이싱지를 겹쳐서 마커로 그렸다. 아래 그림은 같은 장면의 나중 버전으로 글과 나비 위치가 바뀌었다. 마커와 사진 복사본을 써서 작업했다.

LOIS EHLERT

《나뭇잎 아저씨》엘러트는 집 밖을 돌아다니며 이 책의 재료를 구했다. 색지에 마커와 구아슈, 사진 복사본 콜라주,

《나뭇잎 아저씨》 최종본에서도 초기 더미북과 마찬가지로 매 페이지 상단을 정교하게 다이컷 처리해 입체적인 풍경을 보는 듯한 착시 효과를 불러일으킨다. 트레이싱지에 마커, 색종이, 그리고 사진 복사본을 써서 작업했다.

케빈 헹크스

위 《올드 베어》 각 계절의 특징적인 요소를 소재로 한 다채로운 색채 연구. 수채 물감.
아래 사계절의 꿈을 꾸며 동면하는 곰 장면을 위해 연필로 그린 습작들. 완성된 책에는 각각 한 장면으로 그려져 있다.

KEVIN HENKES

위 '봄의 꿈' 장면을 위해 연필로 그린 디테일한 습작. 중요한 요소들은 모두 그대로지만, 앞으로도 많은 부분들이 새롭게 그려질 것이다.

중간 '봄의 꿈' 장면을 위해 연필로 그린 후기 습작. 아기 곰이 잠들어 있는 꽃잎은 중앙에 있는 나무와 마찬가지로 더욱 주목도가 생기도록 다시 그렸다. 색상에 대해 다시 생각해 본 시기이기도 하다.

아래 '겨울의 꿈' 장면을 위해 연필로 그린 디테일한 습작. 최종본에서 헹크스는 별이 가득한 하늘에 더욱 장식적이고 신비로운 해석을 입힌다.

허유미

《헨리의 첫 번째 음력 생일》(레노어 룩 글) "냄비에서 닭이 보글보글 끓고 있어요."라는 문장으로 시작되는 장면을 위해 연필로 그린 첫 섬네일 스케치. 간단한 레이아웃이지만 왼쪽 페이지에서는 닌닌 할머니의 매력적인 생활용품을 클로즈업해서 보여 주고, 오른쪽 페이지에서는 그 쓰임새를 조금 더 멀리서 보여 준다.

Yumi Heo

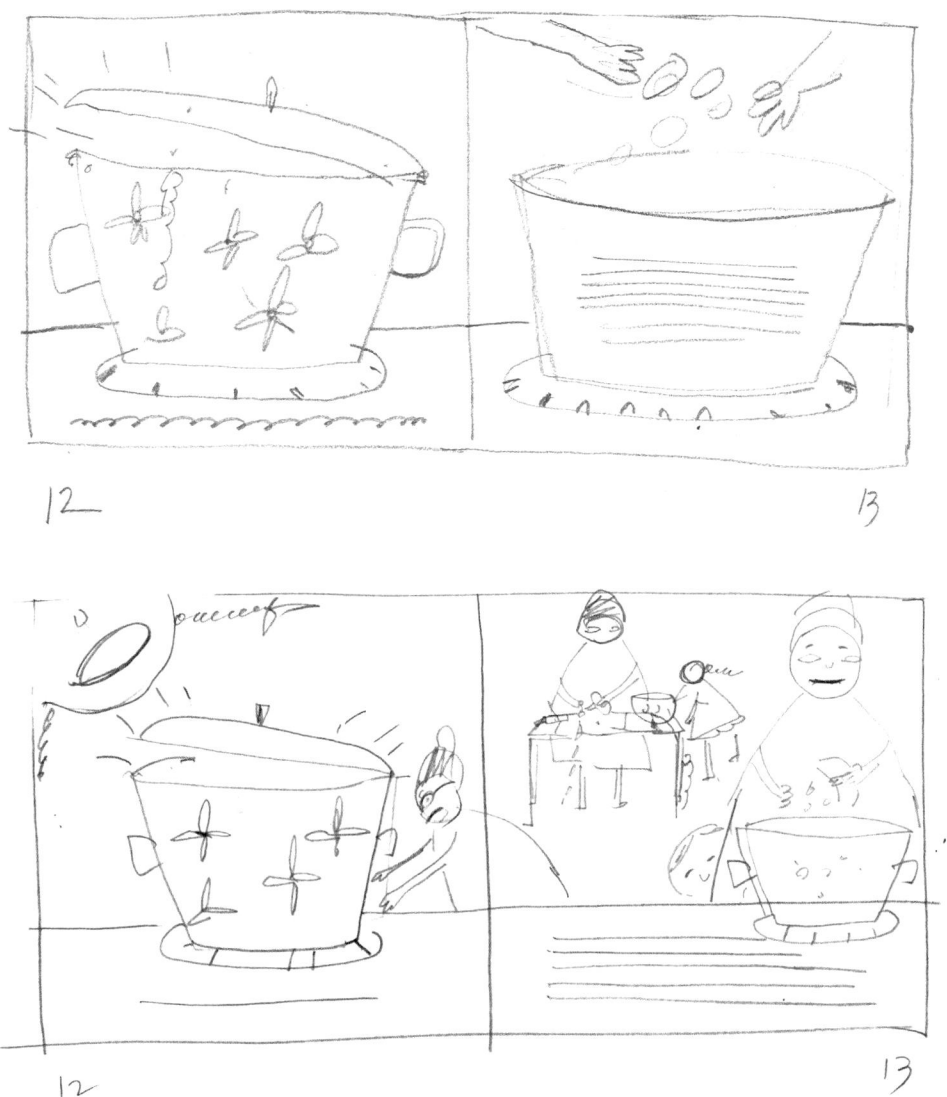

위 이 냄비는 마치 살아있는 사람의 얼굴처럼 보인다. 냄비 손잡이는 귀 같고, 냄비 뚜껑은 삐딱하게 쓴 모자 같다. 저 손의 주인이 누구인지 보여 주지 않아도 독자는 이미 알고 있다는 점도 재미있다. 연필.

아래 허유미는 정신없이 움직이는 닌닌 할머니와 손녀딸 제니의 모습을 시간을 달리한 다양한 시점으로 한 화면에 담아 이 장면을 마무리했다. 연필.

타나 호번

위 《어디에나 색깔들!》 사진으로 만든 더미북. 호번은 책에 쓸 사진을 찍고 고른 뒤 더미북에 붙여서 거의 완성된 형태로 편집자에게 내용을 설명했다.
오른쪽 《아기 고양이》 쓸 만한 이미지를 표시한 밀착 인화지.

Tana Hoban

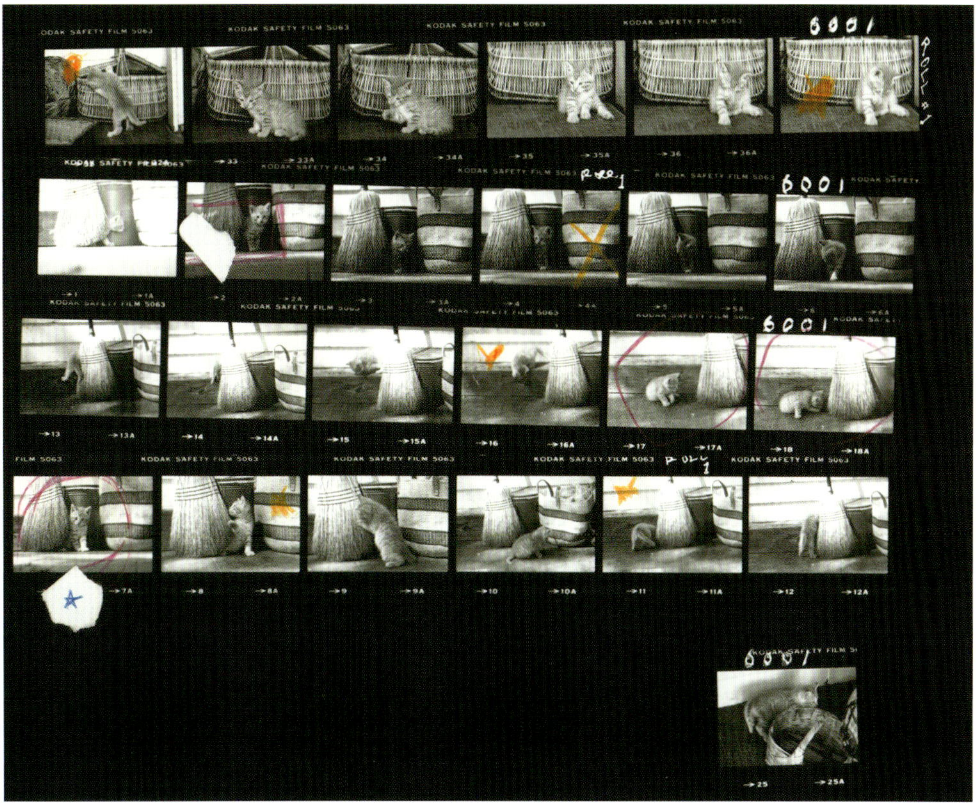

제임스 마셜

위	《빙글빙글 즐거운 조지와 마사》 연필과 잉크, 크레용으로 그린 표지 습작. 이때 마셜은 〈조지와 마사〉 시리즈의 일곱 번째이자 마지막 책에 딱 들어맞는 제목을 아직 찾지 못했다.
오른쪽 위	작업한 날짜를 알 수 없는 스케치북. 마셜은 주로 이런 노트에 그림을 그려 가며 이야기나 장면을 구상했다. 왼쪽에 있는 그림은 마더 구스 동요인 "비야, 비야, 오지 마."를 마셜 특유의 예스러우면서도 우스꽝스러운 분위기로 그린 것이다. 오른쪽의 멋진 그림은 사라 콜드웰이 보스턴 심포니 오케스트라를 지휘하는 모습이다. 잉크와 수채 물감 또는 구아슈.
오른쪽 아래	1988년 1월에 작업한 스케치북. 마셜의 노트는 할 일 목록과 스케치로 빼곡하다. 스케치 중에는 매우 정교하게 그린 것도 있다. 오른쪽 위에 있는 조지와 마사 그림은 《빙글빙글 즐거운 조지와 마사》의 "세 번째 이야기: 화가"와 관련된 것이다. 맨 아래 그림에는 마셜이 조지와 마사 중 누구를 노래하게 할 것인지 고민한 흔적이 메모로 남아 있다. 잉크와 수채 물감 또는 구아슈.

JAMES MARSHALL

로버트 맥클로스키

위 《아기 오리들한테 길을 비켜 주세요》 "어느 날 아기 오리들이 알을 깨고 나오기 시작했습니다."로 시작하는 장면을 위해 갱지에 목탄으로 그린 스케치. 맥클로스키는 그리니치빌리지의 작업실에서 여러 달에 걸쳐 아기 오리들을 키우며 스케치한 덕분에 이렇게 생생하고 재미난 장면을 얻을 수 있었다.

오른쪽 위 "루이스버그 광장도 돌아보았습니다."로 시작하는 장면을 위한 스케치. 미술 학교에 다니던 1930년대에 맥클로스키는 보스턴의 이 유서 깊은 지역에 살았다. 갱지에 목탄.

오른쪽 아래 실제 사건을 바탕으로 한 유명한 장면을 위한 스케치. 실제로 경찰관이 차를 세워 오리 가족이 보스턴 번화가를 안전하게 건너가게 했다. 갱지에 목탄.

Robert McCloskey

AND HE LOOKED DOWN ON THE FAMILIAR RED BRICK HOUSES OF LOUISEBURG SQUARE

HE PLANTED HIMSELF IN THE CENTER OF THE DRIVE AND RAISED ONE HAND TO STOP THE TRAFIC AND BECOND WITH THE OTHER (IN THE WAY THAT POLECEMEN DO) FOR MRS MALLARD TO CROSS OVER

헬렌 옥슨버리

《곰 사냥을 떠나자》(마이클 로젠 글) "어라! 진흙탕이잖아!" 장면을 위해 연필로 그린 습작.
최종본에서 아빠는 침울하지만 익살스러운 표정으로 고민을 드러낸다.

HELEN OXENBURY

왼쪽
표지와 속표지 습작. 최종본은 등장인물의 진행 방향을 왼쪽에서 오른쪽으로 바꾸어서 독자가 이야기 속으로 들어가도록 재촉한다. 잉크.

왼쪽 아래
"어라! 숲이잖아!" 장면을 위해 목탄으로 그린 습작. 최종본에서는 가족과 숲, 둘 다 클로즈업 되어 있다.

오른쪽 아래
"어라! 강이잖아!" 장면을 위해 목탄으로 그린 습작. 최종본은 좀 더 탁 트인 느낌이다.

"덤벙 텀벙! 덤벙 텀벙! 덤벙 텀벙!" 장면을 위해 파스텔로 그린 습작. 최종본에서는 강물이 그림의 거의 대부분을 차지하고 있어서 텀벙거리는 모습이 더욱 실감난다.

제리 핑크니

《존 헨리》(줄리어스 레스터 글) 존 헨리(서 있는 인물)가 "주에서 가장 비열한 사람"인 흰 담비털 머리 프레디(말에 탄 인물)에게 도전하는 장면을 위한 초기 섬네일 스케치. 마커.

같은 장면을 연필로 그린 더 세부적인 습작 셋. 존 헨리가 프레디에게 힘과 속도와 투지를 보여 주는 이 장면의 최종본에서, 핑크니는 빈티지 자동차를 없애고 감탄하는 어린 구경꾼들을 더 강조한다.

Jerry Pinkney

크리스 라슈카

위 왼쪽   《깃발 입문서》(마빈 벨 글) 잉크와 색연필로 그린 표지 습작. 언제나 우연한 효과에 매료되는 라슈카는 습작 단계에서 잉크 번짐을 시도한다. 하지만 최종본에서는 이 대담한 효과 대신 수채 물감으로 흐릿한 안개 같은 효과를 냈다.

위 오른쪽   《깃발 입문서》 면지 디자인을 위한 습작. 잉크와 색연필.

아래   《깃발 입문서》 라슈카는 등장인물의 모습은 일찍부터 정했지만, 깃발은 그렇지 못했다. 최종본에서 깃발은 더 크고 화려해졌다. 잉크와 색연필.

CHRIS RASCHKA

위 《꼬마 토끼의 다섯 가지 감각》 처음에 나온 토끼의 '재미난' 모습. 토끼의 개성을 살리기보다는 발과 귀를 생동감 있게 그렸다. 목판화에 수채 물감.

가운데 《꼬마 토끼의 다섯 가지 감각》 꼬마 토끼를 위한 색채 연구. 수채 물감.

아래 《꼬마 토끼의 다섯 가지 감각》 자유로운 붓놀림이 인상적인 제스처 드로잉(동작 소묘)은 중국화나 일본화를 연상하게 한다. 라슈카는 이 단계에서 토끼에게 색을 전혀 쓰지 않는 것을 고려했다고 한다. 감자 도장과 잉크.

모리스 센닥

《에서를 보았어: 초등학생을 위한 포켓 북》(아이오나 오피·피터 오피 엮음) 펜과 잉크, 연필, 수채 물감으로 그린 최종본. 센닥은 처음으로 어린이를 위한 전래 동요 모음집을 펴내면서 엄청난 즉흥성을 발휘해 생명력 넘치는 그림을 선보였다. 여기서 아기는 젖을 먹다가 결국 엄마까지 통째로 집어삼킨다. 굶주린 마녀에게 사로잡힌 헨젤과 그레텔, 우유병 속에 떨어져서도 태연하게 "난 밀크 속에 있고 밀크는 내 속에 있다아-." 하고 외치는 미키에 견줄 만큼 도발적인 이미지다. ⓒ 1992, 모리스 센닥

MAURICE SENDAK

왼쪽
《깊은 밤 부엌에서》트레이싱지에 연필로 그린 습작. 수많은 미키 스케치들 중 하나. 센닥은 만화 작가 윈저 맥케이의 〈리틀 네모〉를 부분적으로 참고해서 대담한 꼬마 주인공 미키를 만들었다. ⓒ 1970, 모리스 센닥

아래
《그림 형제의 노간주나무 이야기와 다른 이야기들》 (로레 시걸과 모리스 센닥 엮음, 로레 시걸과 랜달 자렐 옮김) 최종본에서는 마녀의 모습을 더욱 기괴하고 과장되게 표현했다. 센닥은 지평선에서 먹구름이 피어오르고 헨젤은 갇혀서 험악한 경비견의 감시를 받는 가운데 그레텔이 마녀를 떠미는 극인 장면을 묘사했다. 연필 ⓒ 1972, 모리스 센닥

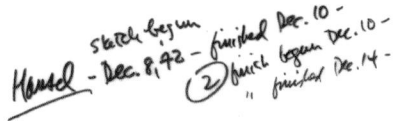

피터 시스

위 《마들렌카》의 원안인 〈마들렌카네 동네〉. 메리 포핀스가 떠오르는 환상적인 순간의 마들렌카 습작. 마커와 색연필.

오른쪽 〈마들렌카네 동네〉. 어린 마들렌카가 뉴욕의 한 골목(작가와 가족이 살던 곳이 모델이다.)을 탐험하는 모습을 담은 발랄하고 가벼운 스케치. 비가 오지만 마들렌카는 야무지게 준비했다! 마커와 색연필.

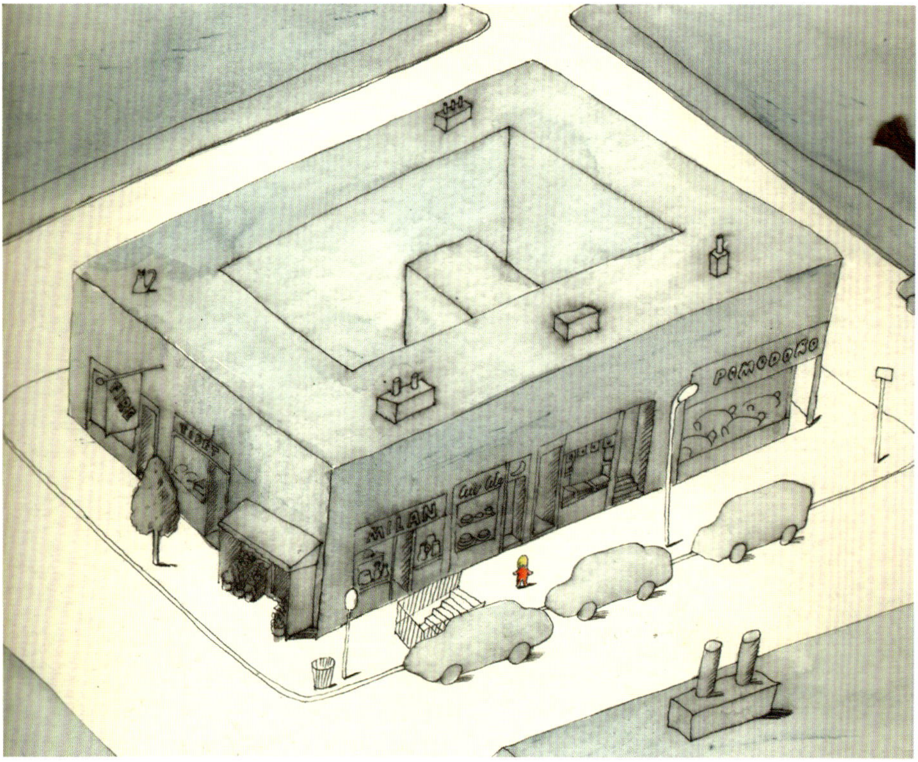

〈마들렌카네 동네〉. 피터 시스는 더 견고하고 기하학적인 접근을 시도한다. 잉크와 수채 물감.

PETER SÍS

〈마들렌카〉 시리즈의 초안 중 하나인 〈파리에 간 마들렌카〉. 이 꼬마 주인공의 세상 구경에 대해 작가가 구상한 책 중 한 권을 위해 수채 물감으로 그린 습작.

〈마들렌카〉 시리즈의 초안 중 하나인 〈이탈리아에 간 M & M〉. 마들렌카와 남동생 마테이의 이탈리아 모험 이야기를 위해 색지에 파스텔로 그린 베니스 장면 습작.

윌리엄 스타이그

《당나귀 실베스터와 요술 조약돌》 스타이그는 흑백으로 대충 그린 더미북을 만든 뒤, 여기저기에 색을 넣어 보면서 구도를 계속 바꾸어 갔다. 이 초안과 달리 최종본에서는 가족 초상화를 벽에 걸어, 실베스터가 사라진 정서적 충격을 강조했다.
위 흑연과 잉크. **아래** 흑연과 잉크, 수채 물감.

WILLIAM STEIG

이 장면의 최종본에서는 강렬한 노란색과 녹색이 즐거운 분위기를 보여 주는 데 큰 역할을 한다.
위 흑연과 잉크. **아래** 흑연과 잉크, 수채 물감.

로즈메리 웰스

- **위** 《사랑의 물결》 웰스는 이 장면(엄마가 손님들에게 음식을 나르는 모습)을 뚜렷하고 진한 외곽선으로 표현했다. 검은색 윤곽선은 고무도장으로 찍은 것이다.
- **아래** 이 습작에서 웰스는 생각 풍선 안에 위로가 되는 이미지, 즉 일이 끝나고 다시 만난 엄마와 아이의 따스한 모습을 그려 넣었다. 프랑스 시넬리에사의 파스텔용 샌드페이퍼에 고무도장과 소프트 파스텔, 연필 파스텔.

ROSEMARY WELLS

위 장면 전체를 지금 이 순간에만 집중하기로 한 웰스는 본격적으로 색채 실험을 시작한다. 프랑스 시넬리에사의 파스텔용 샌드페이퍼에 고무도장과 소프트 파스텔, 연필 파스텔.

아래 최종본에는 더 밝고 더 부드러운 색을 썼다. 프랑스 시넬리에사의 파스텔용 샌드페이퍼에 고무도장과 소프트 파스텔, 연필 파스텔.

모 윌렘스

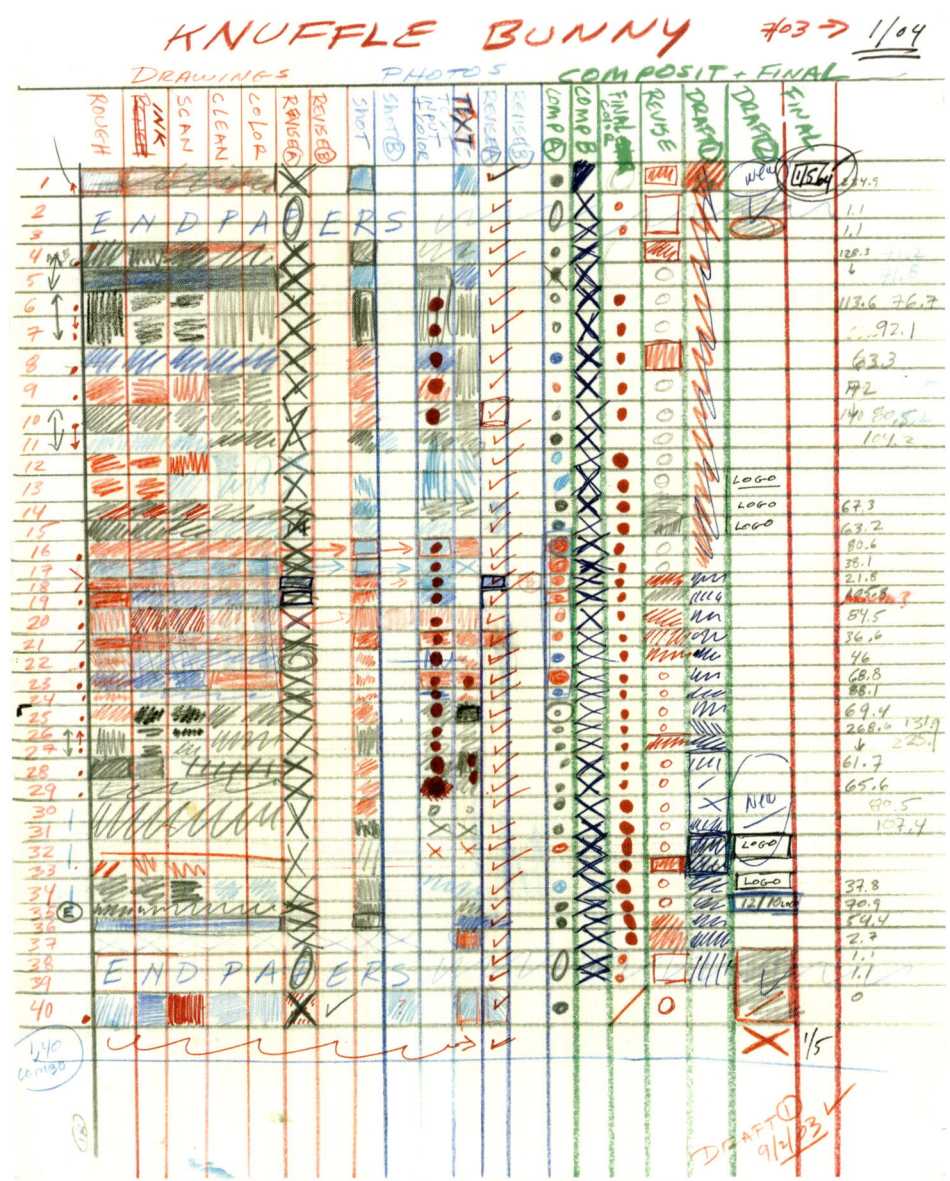

《꼬므 토끼》 윌렘스는 작업의 진행 상황을 기록하기 위해 애니메이션 제작에 쓰는 것 같은 꼼꼼한 제작 일람표를 만들었다.

Mo Willems

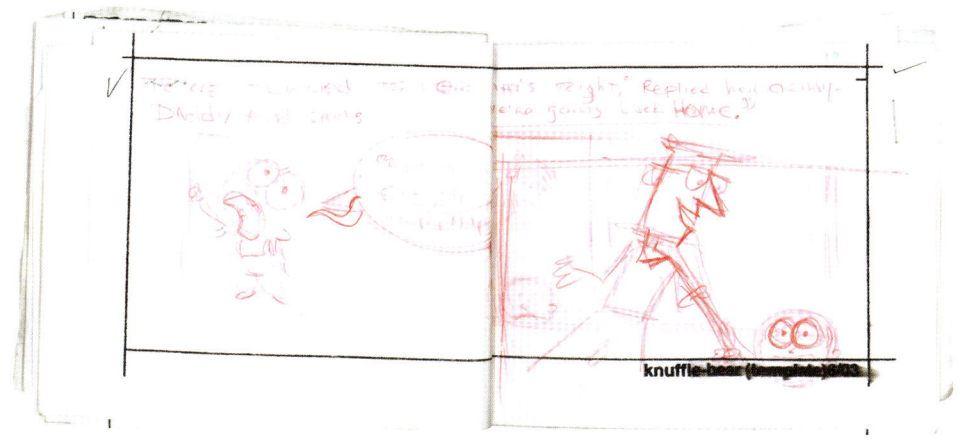

트릭시가 빨래방에 토끼 인형을 두고 온 뒤, 뭔가 잘못됐다는 사실을 처음으로 깨닫는 장면을 위한 더미북 스케치. 인쇄한 프레임 안에 색연필로 그렸다. 여기에 대충 스케치한 구도는 원화에 그대로 쓰였다.

윌렘스는 더미북을 준비하기 전에 먼저 사진으로 '테스트'를 했다. 사진을 배경으로 작업하는 것은 그가 생각한 것보다 훨씬 더 어려웠다. 연필, 디지털 컬러와 디지털 사진 콜라주.

베라 B. 윌리엄스

《또, 또, 또 해 주세요》 "작은 발가락" 편에서 아기와 할머니가 뛰는 모습을 색연필로 그린 러프 스케치.

위 윌리엄스가 "작은 발가락" 편을 위한 습작에 쓴 이 대담한 색은 대학 시절 화가인 요제프 알버스에게 배운 색채 이론에서 비롯된 것이다. 이 습작에는 구아슈, 수채 물감, 트레이싱지를 활용한 콜라주 기법이 쓰였다.

왼쪽 구아슈, 수채 물감, 마커 같은 여러 가지 재료와 색채를 조합하여 자신의 서명과 블록체를 연습한 흔적.

Vera B. Williams

위 "작은 발가락" 편의 아기를 그린 인상적인 습작. 윌리엄스의 아이는 단순히 귀엽기만 한 것이 아니다.

오른쪽 "작은 발가락" 편의 아기 습작. 연필.

오른쪽 위 장면을 위한 색채 연구. 윌리엄스는 매 장면마다 테두리를 넣은 화려한 배경을 먼저 그렸다. 그런 다음 인물들을 트레이싱지에 따로 그려서 마음에 들 때까지 다시 채색했다. 그리고 마지막으로 완성된 인물들을 오려서 제자리에 붙였다. 트레이싱지에 구아슈.

리즈베트 츠베르거

Lisbeth Zwerger

《노아의 방주》(하인츠 야니쉬 글) 방주에 들어갈 동물 몇 쌍을 연필과 색연필을 써서 자세히 그린 습작. 츠베르거는 자세를 살짝 바꾼 것 말고는, 이 구도를 거의 그대로 살려 원화를 그렸다. 옛날 동물학 책에 삽화로 실린 '목판화'가 지닌 형식적인 우아함을 재현하기 위해서였다.

내게 스무 고개 놀이를 가르쳐 준
누이 마리스 J. M. 크래머에게
사랑을 담아

차례

추천사 데이비드 위즈너 ·· 52
들어가며 ·· 54

안노 미쓰마사 ·· 60
퀜틴 블레이크 ·· 73
애슐리 브라이언 ·· 85
존 버닝햄 ·· 102
에릭 칼 ·· 114
로이스 엘러트 ·· 147
케빈 헹크스 ·· 156
허유미 ·· 166
타나 호번 ·· 175
제임스 마셜 ·· 188
로버트 맥클로스키 ·· 219
헬렌 옥슨버리 ·· 233

제리 핑크니 …………………………………………… 245

크리스 라슈카 ………………………………………… 265

모리스 센닥 …………………………………………… 280

피터 시스 ……………………………………………… 312

윌리엄 스타이그 ……………………………………… 329

로즈메리 웰스 ………………………………………… 350

모 윌렘스 ……………………………………………… 372

베라 B. 윌리엄스 ……………………………………… 385

리스베트 츠베르거 …………………………………… 402

작가별 저서 목록 ……………………………………… 411

일러스트와 사진 저작권 ……………………………… 434

출처 목록 ……………………………………………… 438

찾아보기 ……………………………………………… 440

감사의 글 ……………………………………………… 446

추천사

　그림책은 왜 중요할까? 물론 책이라서 그렇기도 하지만, 핵심은 바로 이름에 있다. 그림, 바로 그림이 핵심이다. 아이들은 글을 읽기 전에 그림을 먼저 읽는다. 다른 예술 형식과는 달리, 그림책에서는 그림이 글과 어우러지는 독특한 방식으로 작용한다.
　그림책은 겉보기에는 단순해도, 사실 풍요롭고 다층적이며 정교한 시각 언어로 이야기를 풀어 나간다. 아이들은 가장 먼저 책의 그림을 보면서 이야기의 세계를 이해한다. 어디서 일어나는 일인지, 언제 일어나는 일인지, 익숙한 것인지 새로운 것인지를 말이다. 아이들은 등장인물의 표정과 몸짓 언어를 보고 그들의 감정과 상호 작용을 읽어 낸다. 또한 주요 사건과 동시에 진행되는, 그림으로 표현된 부차적인 줄거리들을 마치 비밀을 추적하듯 알아차린다. 알고 보면 그림책만큼 시각적 유머를 많이 담으려고 애쓰는 분야는 없다. 찰리 채플린이나 버스터 키튼 정도는 되어야 가벼운 농담부터 세련된 위트, 슬랩스틱 코미디, 무질서한 포스트모더니즘을 그림책처럼 아우를 수 있을 것이다.

이런 그림 읽기는 글을 읽는 것만큼이나 어린이의 발달에 중요하다. 그림을 없애면 재미는 물론, 아이들이 이야기를 폭넓게 이해할 기회를 빼앗게 된다.

아이들은 대부분 그림책을 보며 처음으로 예술에 눈을 뜬다. 그래서 그림 작가의 책임이 매우 크다. 레너드 S. 마커스는 그 책임을 제대로 이해하고 그에 상응하는 일을 하는 예술가들을 소개한다. 그림을 통해서 아이들의 시각적 문해력이 활짝 피어날 수 있도록 영감을 주는 이들이다. 친밀하면서도 매력적인 인터뷰 스물한 편이 실린 《이야기를 보여 줘!》는 이 훌륭한 예술가들이 자신의 일에 쏟아붓는 꿈과 열정을 속속들이 보여 준다. 이들은 뛰어난 독창성을 제외하고는 공통점이라고는 전혀 없다. 이들의 책은 아이들에게 감탄과 감동을 선물한다. 아이들의 상상력에 날개를 달아 준다. 그리고 아이들이 배꼽을 잡고 웃게 할 때가 많다.

그림책이 중요한 건 바로 그 때문이다.

데이비드 위즈너

들어가며

　　미국 그림책은 대공황에서 회복되던 1930년대에 비로소 날개를 펴기 시작했다. 그때까지 미국인들은 문화적으로 유럽에 크게 의존했고, 삽화가 들어간 어린이책illustrated book의 가장 좋은 예를 주로 영국에서 찾았다. 영국 작가 랜돌프 콜더컷, 케이트 그리너웨이, 월터 크레인, 비어트릭스 포터, 레너드 레슬리 브룩의 그림책이 도서관 서가를 채웠고, 아직 수는 적지만 엘머 보이드 스미스, 찰스 버클스 폴스, 완다 가그, 로버트 로슨을 비롯한 미국 일러스트레이터의 책도 점차 늘고 있었다. 미국의 산업이 발달함에 따라, 이제 미국 일러스트레이터들도 대서양 너머 예술가들이 정한 높은 기준을 충족시킬 뿐 아니라, 심지어 넘어설 때가 되었다는 확신이 커졌다. 미국 도서관 협회American Library Association는 이 야심찬 목표를 염두에 두고, 1937년 영국의 위대한 그림책 장인의 이름을 따 '랜돌프 콜더컷상'이라는 그림이 뛰어난 그림책에 주는 상을 만들었다. 1942년, 로버트 맥클로스키는 《아기 오리들한테 길을 비켜 주세요》로 콜더컷상을 받은 다섯 번째 작가가 되었다. 담당 편집자인 바이킹 출판사의 메이 매시가 전화해서 이 반가운 소식을 알리자 맥클로스키는 내가 좋아해야 하느냐고 물었다. 그는 아직 이 상 이름을 들어 본 적이 없었다. 이 에피소드는 1930~40년대 미국의 어린이책 분야가 그야말로 생겨난 지 얼마 안 된 데다, 시야가 좁은 가내 수공업 수준에 머물러 있었다는 사실을 보여 준다.

맥클로스키 세대의 주요 일러스트레이터들은 앞으로 어린이·청소년 분야 예술가로 유명해지겠다는 꿈을 안고 시작한 경우가 드물었다. 대부분 우연히 이 분야로 흘러들었을 뿐이다. 일례로 맥클로스키는 화가이자 벽화가로 유명해지고 싶었지만 생활비를 벌어야 했다. 그런데 어쩌다 보니 절친한 친구가 편집자 메이 매시의 조카라서 포트폴리오를 그녀에게 보였던 것이다. 메이 매시는 맥클로스키의 가능성을 바로 알아보고 격려와 사려 깊은 비평을 아끼지 않았다. 그러고는 앞으로 계속 함께 일하자며 이 젊은 예술가를 저녁 식사에 초대했다.

채 한 세대도 지나지 않아 모리스 센닥이 등장하면서 미국의 상황은 극적으로 바뀌었다. 여러 해에 걸친 대공황과 전쟁에 지친 1950년대 베이비붐 세대는 자신들이 경험했던 것보다 더 행복하고 더 많은 기회를 누릴 수 있는 어린 시절을 자녀에게 선물하고 싶어 했다. 이들은 어린 자녀를 위해 수많은 책을 사들였고, 어린이책을 가장 많이 구매하는 두 기관인 공립 학교와 도서관을 후원했다. 이 분야가 활성화되자 그림 작가들의 지위도 높아졌다. 1963년 콜더컷상을 받은 센닥의 《괴물들이 사는 나라》가 처음 나오자, 진가를 알아본 대중들은 걸작이라 부르며 센닥을 대중문화계의 우상으로 떠받들었다. 물론 못돼먹은 꼬마와 무시무시하고도 멍청한 녀석의 또 다른 자아에 대한 논란도 더러 있었지만 말이다.

센닥의 성취는 그림책이 예술의 한 형태로 인정받는 데 엄청난 추진력으로 작용했다. 대서양 양편에서 점점 더 많은 재능 있는 젊은이들이 이 분야에 뛰어들었다. 그중에는 영국의 퀀틴 블레이크와 존 버닝햄도 있었다. 뒤이어 버닝햄의 아내인 헬렌 옥슨버리와 오스트리아 출신의 뛰어난 젊은 예술가인 리스베트 츠베르거가 합류했다. 미국 출판사들은 뒤늦게나마 다문화·다인종으로 이루어진 미국 사회를 이해하기 시작했다. 그리고 자신들이 차별받는 소수 집단을 위해 출판할 책임이 있음을 깨닫게 되었다. 민권 운동으로 촉발된 그 시대의 새로운 자각은 애슐리 브라이언과 제리 핑크니 같은 유색 인종 예술가들에게 전례 없는 기회를 열어 주었다.

당시 광고계의 별이었던 에릭 칼이나 《더 뉴요커》의 만화가 윌리엄 스타이그 같은 뛰어난 일러스트레이터들조차도 경력 중반에 자신들의 재능을 분출할 출구로 그림책을 선택할 만큼 그림책에 대한 관심과 선망은 대단했다. 칼은 상업적인 세계에 점점 환멸을 느끼다가 그림책의 세계로 뛰어들었다. 잡지 일로는 수입이 충분치 않아 광고 디자인까지 했던 스타이그 또한 보다 만족감을 주는 일을 갈구하게 되었다. 1969년에 스타이그의 《당나귀 실베스터와 요술 조약돌》(1970년 콜더컷상 수상)과 칼의 《아주아주 아주아주 아주아주 배고픈 애벌레》가 출간되었다. 이 획기적인 그림책들은 수많은 어린이들에게 기쁨을 주었고, 신세대 일러스트레이터들에게 영감을 던져 주었다.

칼의 이름은 과거에는 보기 힘들었던 특정한 유형의 그림책과 동의어가 되었다. 그러니까 전통적인 '그림책 나이'인 4~8세보다 더 어린 아이들을 위한 책이나 색다른, 그러니까 장난감 같은 요소를 넣어 만든 책 말이다. 칼의 비교적 짧고 소리 내어 읽기 좋은 이야기들은 숫자나 요일 같은 기본 개념을 '들려' 주는 것 이상으로 '보여' 주면서 놀이하듯 알려 준다. 아직 유아들이 원하는 것을 줄 자세를 갖추지 못했던 미국의 공공 도서관들은 칼의 책을 전혀 활용하지 않았다. 그러나 새로운 부모 세대가 직접 그 책들을 발 빠르게 찾아냈고, 도처에서 생겨나던 유치원과 어린이집 교사들도 그 대열에 합류했다. 이런 '유아' 그림책에 대한 수요가 늘어날 것이 확실해지자, 더 많은 예술가가 이 분야에 뛰어들었다. 그중에는 어린이 초상 사진을 전문으로 찍던 미국의 사진작가 타나 호번도 있었다. 보스턴의 교육 관련 출판사의 젊고 활기찬 북 디자이너 로즈메리 웰스도 그랬다. 1980년대에 로즈메리 웰스와 헬렌 옥슨버리는 각각 아동 발달에 대한 이해, 엉뚱한 유머, 좋은 부모 되기의 어려움에 대한 공감을 버무려 인상적인 영유아책을 펴냈다. 둘은 함께, 책만 보면 잡아당기고 물어뜯는 영유아에게 알맞은 판본인 보드북을 대중화시켰다.

그 무렵 어린이책 출판은 범위와 다양성 면에서 이미 국경을 넘나들고 있었다. 많은 나라의 출판사들이 자국 어린이에게 다른 문화의 책과 생각을 보여 주고자 하는 열망을 공유하고 있었기 때문이다. 일본의 그림책 작가 안노 미쓰마사는 1970년에 《이상한 그림책》이 출간되면서 미국 독자들에게 처음으로 알려졌다. 1970년대와 1980년대에 걸쳐 그의 특이한 그림책들은 전 세계적으로 수많은 독자를 매료시켰다. 에릭 칼과 마찬가지로, 안노는 학습을 언뜻 보기에 쉽고 재미있는 놀이로 바꾸는 비범함을 지닌 상냥한 '교사'라는 이유로 교육자와 사서들에게 인기를 끌었다.

미국 비평가들이 칼의 책처럼 '단순한' 그림책의 '특별한' 업적을 파악하기까지는 오랜 시간이 걸렸다. 그러니 칼이 콜더컷상을 못 받은 건 놀라울 일도 아니다. 책이 너무 우스꽝스럽다는 이유로 오랫동안 비평가들 사이에서 저평가되었던 작가도 있다. 미국에서 인기 있는 그림책 작가 중 한 사람인 제임스 마셜이 그렇다. 그는 그림을 거의 독학했는데, 모리스 센닥, 토미 웅게러, 에드워드 고리의 책을 발견한 뒤 어린이책을 만들고 싶은 열망에 사로잡혔다. 스승으로 삼고 싶었던 이들보다 기법적으로 뛰어나진 않지만, 마셜은 드로잉과 디자인에 대한 자신만의 독특한 접근법을 터득했고, 장난스럽고 재치 있는 표현과 완벽하게 어울리는 개성적인 선을 만들어 냈다. 나중에 센닥은 가볍고 장난스러운 마셜의 드로잉에 부러움을 표현하곤 했다. 조지와 마사, 미스 넬슨, 비올라 스왐프, 여우에 이르기까지 끝없는 즐거움을 안겨 주는 마셜의 악당 캐릭터들은 한결같이 재미와 진정성을 아우르는 특성을 지녔다. 콜더컷상 심사 위원회는 마셜의 가치를 어린이들보다 늦게야 인정했다. 마셜은 수십 권의 책을 펴낸 뒤에야 마침내 1992년에 《골디락스와 곰 세 마리》로 최종 후보작에 주는 콜더컷 명예상을 받았다. 그가 세상을 떠난 뒤, 미국 도서관협회는 그의 작품 전체를 인정하는 의미에서 2007년 로라 잉걸스 와일더상을 수여했다.

새천년이 다가오자 《괴물들이 사는 나라》의 첫 독자 세대는 부모가 되었고, 맥스는 그들의 갓난 아들 이름으로 인기를 끌었다. 미술관에서 그림책을 전시하는 일은 여전히 드물었지만 차츰 늘어나고 있었다. 어린이책 관련 작품을 전문으로 다루는 미술관을 세우거나 세우려는 새로운 움직임도 생겨났다. 미술 학교에서는 어린이책 일러스트레이션 관련 과목을 개설했다. 그리고 젊은 예술가들은 센닥, 스타이그, 버닝햄 등의 영향을 받으며 열정적으로 이 분야에 뛰어들었다.

이제 요제프 알베르스[1]에게서 배운 화가이자 판화가인 베라 B. 윌리엄스와 로이스 엘러트 같은 유명한 예술가들도 이 분야를 탐험하고 있었다. 이제 이 새로운 분야는 한 세대 전의 엉성하고 과시적인 요소는 줄고, 창의적이면서도 상업적인 산업으로서 모양새와 실체를 갖춰 갔다.

케빈 헹크스, 크리스 라슈카, 한국계 이민자 허유미, 냉전 말기에 미국으로 망명한 체코 예술가 피터 시스, 그리고 애니메이터 모 윌렘스는 한 살, 세 살, 일곱 살짜리들에게 다가가는 재능이 있는 예술가에게 그 어느 때보

---

1 Josef Albers(1888~1976): 독일에서 태어나 미국에서 활동한 예술가이자 교육자로 바우하우스와 예일 대학교에서 학생들을 가르쳤다. 뉴욕 메트로폴리탄 미술관에서 개인전을 연 최초의 예술가이기도 하다.

다 열려 있는 세계와 시장에서 자신들만의 독특한 틈새를 개척했다. 한편 신기술은 모든 장르의 전통적인 종이책을 전자책으로 대체할 태세를 갖추었지만, 그림책의 미래는 전자책이 혼재되어 있음에도 비교적 안전한 편이다. 예술가들은 놀랍도록 유연하면서도 아동 친화적인 형식이라는 그림책의 고유한 잠재력을 활용할 방법을 그 어느 때보다 활발하게 고안해 내고 있는 듯하다. 양육자들은 아이를 무릎에 앉히고 그림책을 손에 들었을 때의 친밀한 느낌, 어른과 아이가 멋진 이야기를 함께 나누는 신비하면서도 친숙한 따스함을 그 어느 때보다 소중히 여기는 것 같다.

나는 각각의 인터뷰에서 예술가들의 삶과 그들의 글과 그림을 연결하는 중요한 실마리를 찾으려고 노력했다. 이 어린이들은 어떻게 예술가로 자랐을까? 어린 시절의 어떤 경험이 이 특별한 스물한 명의 창작 활동에 영향을 미쳤거나, 혹은 미처 영향을 미치지 못했을까? 무엇이 이들에게 영감을 주었으며, 이들은 어디에서 필요한 용기를 얻었을까? 이 일을 계속 할 수 있도록 도움과 조언을 준 사람은 누구였을까? 그리고 모든 예술 형식 중에서 왜 하필 그림책을 자신의 삶과 열정을 바칠 대상으로 택했을까?

나는 성장과 성취의 과정이 담긴 귀중한 이야기로 가득한 이 인터뷰들을 통해 젊은이, 특히 글을 쓰고 그림을 그리기 좋아하는 이들과 지금 어느 단계에 있든 이 일을 하는 예술가들이 영감을 얻었으면 한다. 또한 교사, 사서, 부모, 도서 수집가, 어린이, 그리고 어린이책에 관심을 가진 모든 이들이 이 책을 통해 신비로운 예술 창작 과정에 새로이 눈을 뜨고, 보기보다 결코 단순하지 않은 이 예술 형식에 대해 폭넓게 이해하기를 바란다.

안노 미쓰마사
安野 光雅
1926년 출생, 일본 시마네현 쓰와노
2020년 사망, 일본 도쿄도 고가네이

"어릴 때······." 안노 미쓰마사는 회상했다. "나는 세상이 고무공처럼 동그란데, 뒤집으면 그 안에 사람이 사는 대륙이 있다고 상상했어요. 물론 그건 아이가 할 법한 상상이었지만······ 이런 식의 상상은······ 사물의 실체를 파악하는 또 다른 시각이기도 해요. 그리고 바로 그것이 내 모든 창작의 원천이랍니다."

강렬한 눈빛에 장난스러운 태도, 상체가 발달한 다부진 체격의 안노는 1970년대 일본에서 전성기를 누렸다. 미국, 유럽, 일본의 이상주의 편집자들이 협력해서 그림책을 출판하려고 노력하던 때였다. 이들은 세계 각국의 어린이에게 다른 문화를 열린 마음으로 받아들이는 개방성과 관용의 정신을 심어 주고자 했다. 한편으로는 이러한 합작 사업을, 여러 나라가 한꺼번에 대량으로 인쇄를 진행하면서 발생하는 규모의 경제[1]를 통해 비용을 절감할 기회로 여겼다.

이 실험적인 작업을 위해서는 폭넓은 호소력을 지닌 그림책이 있어야 했다. 안노 미쓰마사는 이러한 도전에 걸맞은 이상적인 예술가였다. 시각적 서사에 뛰어난 솜씨를 지닌 데다 옛이야기의 배경이 된 세계 여러 지역을 두루 여행하며 지식을 쌓았으며, 문화적 차이와 보편성을 섬세하게 이해하고 있었기 때문이다.

도쿄의 초등학교에서 미술을 가르치던 안노는 편집자로 일하던 어느 학부모에게서 어린이책을 만드는 데 그 재능을 써 보라는 조언을 들었다. 그의 첫 번째 그림책인 《이상한 그림책》은 1970년 미국에서 출간되었다[2]. 《ABC 그림책: 심술꾸러기 알파벳》(1975), 《안노의 여행》(1978), 《천동설 이야기:

---

[1] 생산량의 증가에 따라 단위당 생산비가 감소하는 현상.
[2] 일본에서는 1968년 어린이책 출판사 후쿠인칸쇼텐福音館書店의 월간 그림책 《어린이의 벗 こどものとも》 중 한 권으로 출간되었다. 이후에 언급되는 그림책 역시 미국 출간을 기준으로 출간 연도를 표기하였다. 일본 출판사와 공저자, 출간 연도 등은 작가별 저서 목록에서 확인할 수 있다.

하늘이 움직인다고 믿었던 때의 이야기》(1980), 《항아리 속 이야기》(1983)가 차례로 소개되면서 그는 혁신가이자 현대판 르네상스맨으로 널리 알려지게 되었다. 1984년, 안노는 '동양과 서양, 어느 쪽과도 소통할 수 있는 특별한 재능'을 인정받아 어린이 문학 최고의 영예인 한스 크리스티안 안데르센상을 수상했다.

거의 모든 아이들이 그의 그림책들을 보고 자라는 일본에서, 안노는 또한 성인 독자를 위한 수학, 철학, 역사, 여행서와 과학 잡지 《사이언티픽 아메리칸Scientific American》의 일본어판 《닛케이 사이언스日経サイエンス》의 매력적인 표지 디자인, 예술과 예술사를 다루는 활기찬 텔레비전 강연으로도 유명하다.

나는 뉴욕의 박물관 기념품 매장에서 판매되는 안노의 초창기 책을 보고 처음으로 그를 알게 되었다. 남다른 창의성과 독창성을 지닌 예술가임을 곧바로 알아보았고, 꼭 만나야겠다고 생각했다. 그리고 10년 뒤, 마침내 기회가 찾아왔다. 이 인터뷰는 1989년 4월 22일 뉴욕의 기타노 호텔 식당에서 점심과 저녁 사이에 녹음되었고, 구리타 아키코가 통역을 맡았다. 안노는 이야기를 나누는 중에도 이따금씩 연필을 집어 들고 노트에 아이디어를 스케치했다.

레너드 S. 마커스: 어른들은 아이들이 추상적 사고를 못 한다고 여길 때가 있습니다. 선생님 책을 보면 그런 생각에 동의하지 않으시는 것 같더군요.

안노 미쓰마사: 아이들은 피카소 그림을 이해하지 못할지도 몰라요. 그러

나 내가 동그라미를 그리고 꼭대기에 꼭지를 나타내는 짧은 선을 더하면, 두 살짜리라도 그게 사과인 줄 알아볼 겁니다. 색은 안 칠해도 그만, 선으로도 충분해요. 이게 아이들이 추상을 이해하는 첫 단계입니다. 그리고 내가 머리 대신 동그라미를 그리고, 몸 대신 직사각형을 그리고, 팔다리 대신 그냥 선들만 그은 다음, "이건 아빠야. 이건 엄마야."라고 말해도 아이들은 이해할 겁니다. 어른들은 그런 비약을 당연히 여기지요. 그런데 두 살짜리가 그렇게 할 수 있으면 기적이라고 하더군요.

Q: 선생님의 책은 세상에 대한 선입관에 도전하고, 독자들에게 나름대로 생각할 수 있는 능력을 키워 주려는 것 같습니다. 이를테면 《천동설 이야기》는 세계가 둥글다는 개념을 왜 옛사람들이 받아들이기 힘들었는지를 다루지요.

A: 아이들의 마음은 어른과 달리 무엇이든 흡수할 수 있고 어떤 새로운 생각이라도 다 받아들일 수 있어요. 그러니 아이들에게 오로지 '옳은' 것만 가르친다고 좋은 게 아니에요. 과학적 이해도 중요하지만 상상력도 북돋워 주어야 해요. 무지개를 보면 빛의 스펙트럼을 아이에게 설명해야 한다고 생각하는 어른들도 있어요. 그보다는 그런 현상을 경이로워하는 게 먼저 아닐까요?

최근에 오스트레일리아 시드니에서 초등학생들에게 강연을 했어요. 북반구인 일본에서 남반구인 시드니까지 내려오다가 지구에서 뚝 떨어질까 봐 겁이 났다고 했더니 아이들이 까르르 웃어 대면서 이렇게 설명하더군요. "지구는 둥글지만, 평평해서 안전한 곳도 있어요." 이 아이들은 아직 상상과 실제의 차이를 몰라요. 그 차이를 가르치기 전에 잠시나마 아이들이 마음껏 상상할 수 있도록 두는 것이 중요합니다.

Q: 미국에서 유명해진 첫 책은《ABC 그림책》이었지요. 왜 서양의 문자인 알파벳에 대한 책을 만드셨나요?

A: 어느 날 피곤한 상태에서 멍하니 책상 모서리를 바라보는데, 상판이 모이는 두 부분과 그 밑의 다리가 알파벳 T처럼 보이는 거예요. 그래서 내 눈에 보이는 대로 그려 놓고는, 문득 늘 T를 평면적으로 인쇄된 기호로만 여겨 온 서양인들이 탁자 모서리와 다리를 그린 내 그림도 T라고 생각할지 궁금해졌어요. 그 책은 거기서부터 발전했어요.

Q:《ABC 그림책》이나《이상한 그림책》을 보면, 선생님은 시각적 역설과 착시에 매혹을 느끼시는 것 같아요.

A: 10년 동안 학생들을 가르치다가 1960년인지 1961년에 파리에 갔어요. 아직 어린이책을 만들 생각은 없을 때였어요. 회화를 하고 싶었거든요. 그런데 거기서 네덜란드의 그래픽 아티스트 에셔[3]의 마술적인 판화와 드로잉을 처음 본 거예요. 에셔의 작품은 저를 몹시 흥분시켰어요. 일부 현대 미술과 달리 그의 스타일은 금방 이해되더군요. 그의 이미지들은 정말 재미있었고, 아이들도 재미있어할 것 같았어요. 그리고 이런 기법으로 알파벳을 그린 사람은 아직 한 명도 없다는 사실을 깨달았어요. 처음에는 글자만 있어도 좋은 그림책이 될 것 같았는데, 일본 출판사의 조언으로 각 글자에 해당하는 그림도 그려 넣게 되었어요.

Q:《ABC 그림책》은 여느 알파벳 책들과 달리, 그냥 글자 A로 시작하지

---

[3] Maurits Cornelis Escher(1898~1972): 네덜란드 출신의 판화가로 기하학적 원리와 수학적 이론을 바탕으로 착시 효과를 불러일으키는 작품을 많이 남겼다. 이미지를 2차원에서 3차원으로 바꾸는 방법, 그림의 전경을 배경으로, 또는 배경을 전경으로 인지하도록 명도 대비를 바꾸는 방법, 펜로즈 삼각형이나 뫼비우스의 띠를 이용한 작품 들로 인간의 시지각, 착각과 진실에 대해 이야기하고자 했다.

않아요. 먼저 나무로 조각한 물음표를 보여 주고, 그다음에 나무를······ 그리고 마지막으로 책 모양 조각품, 즉 알파벳 책을 보여 주지요. 그 장면 배치가 마치 영화의 오프닝 크레디트 같아요.

A: 그게 바로 내가 바라던 바예요. 나는 내 책이 모두 영화라고 생각하거든요.

Q: 《ABC 그림책》은 일본뿐 아니라 서구의 여러 나라에서 출간되었습니다. 이미지를 선택할 때 책의 대상 독자가 매우 다양하다는 점을 고려하셨나요?

A: 네, 물론이지요. 일례로 A를 표현하기 위해 나는 천사angel를 그렸어요. 백조 날개가 달린 아기처럼 생긴 천사였지요. 그런데 내 그림을 보고 미국과 영국의 편집자들이 말했어요. "이건 천사가 아니네요. 큐피드지." 나는 내 눈에는 천사 같다고 대답했어요. 그 그림은 천사를 트레이드마크로 내세우는 일본의 유명 제과 회사 상표와 비슷했거든요. 이 사건으로 나는 모든 문화권에서 같은 도상을 보고 같은 것을 연상하지는 않는다는 사실을 확실히 알게 되었어요. 결국 천사를 포기하고 모루anvil 그림으로 바꿔야 했답니다.

그다음에 B의 장식 테두리에 콩bean을 그려 넣으면서 이 콩이라면 서양인들도 확실히 알아보겠지 싶었어요. 백과사전에서 확인까지 했거든요! 일본에도 똑같은 종류의 콩이 있는 걸 알았던 터라 그림을 계속 그렸어요. 그런데 미국 편집자가 반대하더라고요. "이 콩꼬투리는 너무 짧아요. 더 길게 그리세요!" 결국, 백과사전을 보여 주었어요. 그런데도 편집자는 내 의견을 전혀 받아들이지 않았어요. "콩을 책에서 보나요? 슈퍼마켓에서 보지." 그래서 나는 꽤 복잡한 테두리를 모두 다시 그려야 했어요. 나중에야 내 백과사전에 나온 콩이 어디서도 구하기 힘든 옛날 콩이라는 것을 알았어요. 아무튼 다시 그려야 할 게 참 많았답니다.

Q: 《ABC 그림책》의 테두리 그림에는 어린아이가 지금 당장은 몰라도 몇 년 뒤면 아주 재미있어할 만한 작은 디테일들이 숨어 있습니다. 선생님은 어린이들의 교육과 발달 단계에 맞춰, 의도적으로 그림에 여러 층위를 만들어 넣으시나요?

A: 〈여행 그림책〉 시리즈의 한 장면에 밀레의 〈이삭줍기〉를 변형해서 집어넣었어요. 시골 아낙네들이 들판에서 일하는 모습을 담은 그 유명한 그림 말이에요. 그 책에서 그 여인들을 보는 아이들은, 그 이미지가 어디서 온 건지는 몰라도 그 여인들의 이야기를 상상해 볼 수는 있지요. 그들이 누구인지, 무슨 생각을 하고 있는지, 어떤 집에서 사는지 등을요. 나중에 밀레의 그림을 보고 그 여인들을 떠올릴지도 모르고요.

나도 어릴 때 그런 상상을 많이 했어요. 사람들을 관찰하고 이야기를 지어내는 걸 좋아했거든요. 지나가는 남자를 보면서 목수인지, 아이를 진찰하려고 병원에 가는 의사인지 따위를 추리하곤 했어요.

Q: 〈여행 그림책〉 시리즈에 상상과 실제 이미지를 섞어 쓰셨더라고요. 예를 들어 《여행 그림책 4: 미국편》(1983)에는 서부 영화 〈셰인Shane〉의 한 장면과 엠파이어 스테이트 빌딩이나 독립 기념관 같은 랜드마크가 함께 나오지요. 아이들이 이것을 통해 무엇을 배우기 바라시나요?

A: 상상은 불가능한 것에 대한 생각이지만, 상상과 실제는 반대가 아니라 서로 보완적이에요. 연극을 보는 관중이 배우들과 분리되어 있는 것과 비슷한 방식으로 서로 다르다고 말할 수 있습니다. 희망은 그 둘이 만나는 지점에 존재하지요.

나는 내 책으로 무언가를 가르치고 싶지는 않아요. 내가 해 온 일은 아이들이 스스로 배울 수 있게 한다는 의미에서, '가르치지 않고 가르치는 것'이라고 표현하는 것이 좋겠군요. 언젠가 한 아이가 신이 나서 《여행 그림책

4: 미국편》에 실려 있는 슈퍼맨 그림을 선생님에게 보여 주었다고 해요. 선생님은 이미 알고 있었지만 깜짝 놀라는 척했고요. 선생님의 반응을 보면서 아이는 다른 누구도 아닌 자신이 그것을 발견했다는 사실에 기쁨을 느꼈겠지요.

Q: 〈여행 그림책〉들은 형식 면에서 일본의 전통적인 에마키絵巻[4]와 비슷하지만, 그 안에 묘사된 나라는 영국, 이탈리아, 미국 등 모두 서양입니다.

A: 〈여행 그림책〉 시리즈를 만들 때, 에마키 형식을 빌려 올 생각은 없었어요. 저절로 그렇게 된 거지요. 처음부터 공간뿐 아니라 시간적인 면에서도 일정한 거리를 두고 그려 나갔어요. 내 그림을 보면 수많은 역사적 디테일들을 발견하게 될 거예요. 그 결과 시간에 대한 독자의 시각이 확장되지요. 여행 그림책들은 지리적으로 떨어져 있는 여러 지역들을 보여 주면서 독자들의 공간 감각도 확장시킨답니다.

Q: 일본 분인데 일본 여행책을 안 만드신 이유가 혹시 있나요?

A: 인간의 본질은 어디서나 똑같습니다. 많은 서양인들이 제게 그러더군요. "선생님은 유럽과 미국에 대해 우리보다 더 많이 아시는군요." 그러나 세계 어디를 가든 길과 강이 있으면 반드시 다리도 있습니다. 책을 만들면서, 나는 어떤 특정한 문화를 초월하는 원형을 추구했어요. 어디에 사는 사람이든 알아볼 수 있는 이미지들을 찾으려고 노력했지요.

Q: 특별히 일본적인 주제들을 다룬 책도 있으신가요?

---

[4] 이야기, 시, 불경, 전기, 역사 기록 따위를 글과 함께 그려 넣은 그림 두루마리.

A: 지금 청소년들과 어른들을 위한 역사 그림책,《헤이케 모노가타리平家物語》를 만들고 있어요. 13세기에 처음 쓰인 일본 전쟁 이야기의 고전이지요. 헤이케라는 유력 가문에 대한 이야기인데, 헤이케 일족은 한동안 번영을 누리다가 전투에서 경쟁자인 겐지 일족에게 패하고 서해 속으로 사라져요. 이 이야기는 인간의 덧없는 운명을 아름답게 그리고 있답니다.

Q: 태어나신 곳에 대해 말씀해 주시겠어요?

A: 나는 우리나라 사람들이 '바다 쪽'이라고 부르는 일본 서부의 산으로 둘러싸인 마을, 쓰와노에서 태어났어요. 지금은 '작은 교토'라고 불리는 관광지가 되었지요. 그러나 내가 어릴 때는 1년에 한 번 비행기가 지나다니는 마을이었어요. 산과 산 사이로 비행기가 얼핏 보이곤 했지요. 정말 신났어요.

그 많은 산에 가로막혀 바다는 보이지 않았어요. 바다는 어린 소년인 내게 머나먼 곳이었어요. 바닷물이 짜다는 것도 믿을 수가 없었어요. 바다를 처음 본 게 열 살 때였는데, 아무도 안 볼 때 몸을 숙여 바닷물을 맛봤답니다.

우리 부모님은 여관을 하셨고 어린 나는 심부름을 도맡았어요. 그때 일로 절대 여관은 하지 않겠다고 결심했지요!

Q: 어릴 때 그림 그리는 것을 좋아하셨나요?

A: 그럼요. 아주 어릴 때부터 혼자서 산과 집과 귀신들을 그리기 시작했어요.

Q: 귀신이 어떻게 생겼는지 어떻게 아셨지요?

A: 한참 나중에,《ABC 그림책》작업을 할 때, D에 맞춰 악마devil을 그렸어요. 영국 편집자가 그것을 보고 "이건 악마가 아닌데요."라고 하더군요. 그래서 내가 물었어요. "악마를 직접 본 적이 있나요?" 그는 아니라고 대답했

지만, 머릿속에는 악마란 이러저러하게 생겨야 한다는 확신이 있더군요. 자기가 생각하는 악마를 표현하려고 손짓 발짓을 다 해 보였어요. 이렇게 서로 의견을 교환하면서, 실제로는 절대로 존재하지 않는데도 사람들의 머릿속에 매우 구체적인 이미지로 존재하는 것들이 참 많다는 사실을 깨달았지요.

Q: 어린 예술가 시절에 어떤 그림과 이미지 들의 영향을 받았나요?

A: 부모님이 여관을 하신 덕분에 손님들이 남겨 둔 온갖 잡지들을 다 보았어요. 고전적인 스타일부터 현대적인 스타일에 이르기까지 온갖 종류의 그림이 다 있었지요. 어린 마음에도 '예술가라면 의도하는 바에 따라 어떤 스타일이라도 자유롭게 구사할 수 있어야 하는구나.' 하고 생각했어요. 지금은 저도 나름의 스타일이 있긴 하지만, 여전히 예술가는 그런 자유를 느끼는 게 중요하다고 생각해요.

Q: 어릴 때 배웠던 미술 선생님들도 같은 의견이었나요?

A: 아니요. 그러나 나중에 아이들에게 그림을 가르치면서, 기법은 가르칠 수 있어도 그림은 가르칠 수는 없다는 것을 깨달았어요. 사람들은 대부분 기법이 곧 예술이라고 생각합니다. 그건 엄청난 오해예요.

Q: 어릴 때 특히 좋아했던 책이 있나요?

A: 많았지요. 하지만 그림책은 없고 다 잡지뿐이었어요. 나는 마크 트웨인의 책을 일본어 번역본으로 읽었어요.

Q: 어린이들을 가르치는 게 생각했던 것과 많이 다르지는 않았나요?

A: 학교는 내가 앞으로 해야 할 일에 대해서 아무런 준비도 시켜 주지 않았어요. 그러나 나는 어찌 되었건 간에 실험적인 수업을 하고 싶었지요.

안노 미쓰마사 —— 69

수업 첫날, 밖에 벚꽃이 활짝 피었길래 아이들에게 꽃을 교실로 가지고 오라고 했어요. 내가 열한 살 때, 우리 선생님이 벚꽃 그리는 법을 가르쳐 주셨어요. 나도 내 학생들을 위해 똑같은 그림을 칠판에 그리고, 꽃의 암술과 수술을 보여 주었어요. 그러고는 자연 속의 모든 것은 암수 부분으로 이루어져 있다고 설명했어요. 우리 선생님은 안 그러셨지만, 나는 꽃을 향해 똑바로 날아오는 벌도 그려 넣었어요. 교실에는 동백꽃도 있었어요. 꽃잎이 엄청나게 많은 종류였죠. 아이들이 말했어요. "이 동백꽃에는 암술이 없어요!" 내가 대답했어요. "아니야, 너희들이 틀렸어." 그런 다음 내 말을 입증하려고 꽃잎을 모두 벌려 보니 암술은 없고 수술만 있더군요.

Q: 어쨌든 아이들을 잘 가르치긴 하셨네요. 아이들이 제대로 보았으니까요.

A: 네, 하지만 내 말이 틀려서 짜증이 났답니다!

Q: 교사들이 가끔 겪는 일이죠. (웃음)

A: 나중에 도쿄의 어느 박물관에 들렀을 때, 어느 분에게 그 이유를 물어봤더니, 그 동백은 암술이 꽃잎으로 바뀐다고 하더군요. 그래서 꽃잎이 그렇게 많은 거래요.

Q: 아이들의 흥미를 끌기 위해 또 무엇을 하셨나요?

A: 하루는 아이들을 밀밭으로 데리고 나가서 그림을 그리게 하려고 했어요. 반 고흐의 〈까마귀가 나는 밀밭〉이 떠오르면서, 아이들이 그런 풍경을 어떻게 표현할지 궁금했거든요. 그런데 갑자기 비가 퍼붓는 바람에 아이들을 데리고 나갈 수가 없었어요. 하는 수 없이 원래 계획을 포기하고, 나 혼자 들판에 나가 밀 한 줄기를 꺾어 교실로 돌아와서는 칠판에 그렸어요. 나

는 밀밭이란 내가 가져온 밀 줄기가 함께 모여 있는 곳이라고 설명했어요. 그리고 한 줄기만 보고도 밀밭 전체를 그릴 수 있다고 했지요. 아이들은 그렇게 했어요.

그 다음 날, 다른 반 수업이 있었어요. 이번에는 날씨가 좋아서 밀밭을 스케치하러 밖으로 나갔어요. 그런 밭은 그냥 칫솔같이 보여요. 칫솔모 하나, 밀 한 줄기가 낱낱이 보이는 건 아니니까 하나하나 그리면 효과적으로 그릴 수가 없어요. 그런데 아이들이 바로 그렇게 그리려고 했어요. 수없이 많은 수직선을 그어 대서 그림이 모두 새까맸지요! 교실에 있던 아이들은 중요한 디테일만 짚어 내 더 추상적으로 그렸어요. 아이러니하게도 교실에 있던 아이들이 그린 그림이 실제 들판에 더 가까웠지요.

Q: 선생님의 책에 담긴 그림들은 창의적일 뿐만 아니라 아름답기까지 하지요. 아름다움은 어린이책에서 어떤 역할을 하나요?

A: 아름다운 것을 보면 아이들은 경이로움을 느끼게 됩니다. 아이에게 경이로움을 주는 것은 모두 아름답지요. 수학 게임에 관한 책 세 권[5]과 다른 여러 책에서, 나는 수학이 아름다우며 꼭 어렵지만은 않다는 것을 보여 주려고 했어요. 수학이 기본적으로 어떤 것들을 생각하는 방식 중 하나라는 사실도요.

Q: 《함께 세어 보아요》(1975)는 숫자 책이 늘 그렇듯 1로 시작하지 않고 0으로 시작하는 게 특징이에요. 0의 개념을 그림으로 어떻게 표현할지 고민되지 않았나요?

A: 0은 '아무것도 없는' 게 아니라 '무언가 사라진' 거예요. 한번은 학습

---

5 〈어린이가 처음 만나는 수학 그림책〉(한림출판사, 1994) 시리즈를 말한다.

장애가 심한 아이와 이 책을 보고 있었어요. 아이는 마지막 장면부터 보기 시작했어요. 집 열두 채, 나무 열두 그루, 순록 열두 마리가 그려진 숫자 12 장면부터요. "와, 집이 많네." 아이가 말했어요. 그러다 책장을 넘기고 넘겨 모든 것이 점점 줄어들자 그러는 거예요. "점점 외로워져." 집 세 채 있는 숫자 3 장면에서 숫자 2 장면으로 넘어가자 아이가 말했어요. "집이 없어졌어." 마침내 눈 쌓인 들판 위로 강물이 흐를 뿐인 0 장면에 이르자, 아이는 한숨을 폭 내쉬며 말했어요. "이제 아무것도 없어." 나는 이 아이에게 무척 감동했답니다.

Q: 수학 게임에 관한 책에는 수학적인 개념이 담겨 있어요. 간단한 것부터 시작해서 조금 더 궁리해야 하는 개념으로 발전해 가지요. 이런 책은 한꺼번에 쭉 읽혀야 하나요?

A: 아직 어린 아이들의 경우 쉽게 이해하기 힘든 개념들도 있겠지요. 그럼 해당 페이지를 건너뛰고 아이가 준비될 때까지 기다려 주세요. 그러나 내가 책에 그려 놓았듯이, 아이들의 세계에는 수학적 개념이 담긴 실제 그림이 많답니다. 그저 아이에게 그것을 가리키기만 하면 돼요. 그럼 아이는 구태여 가르치지 않아도 절로 이해할 거예요.

Q: 그렇다면 세상 그 자체를 일종의 그림책으로 볼 수도 있겠군요. 어린이가 무언가를 배울 수 있는 일련의 그림이라는 점에서 말이지요.

A: 그렇지요. 이를테면 집에 형제가 둘인데, 한 명은 덩치가 크고 한 명은 덩치가 작다면 아이는 그 차이를 금방 알 거예요. 그게 수학이죠. 물론 아이들은 그런 것들을 전통적인 방식으로 배울 수도 있어요. 그러나 스스로 발견할 때의 즐거움은 훨씬 더 크게 마련이랍니다.

퀀틴 블레이크
Quentin Blake

1932년 출생, 영국 켄트주 시드컵

"다른 사람이 잠들어 있는 침대를 한사코 들여다보고 싶어 하는 사람은 없을 거예요. 하지만 그 사람이 무슨 꿈을 꾸는지 들여다보고 싶을 수는 있지요." 퀜틴 블레이크의 생각이다. 그는 바로 이런 생각을 가지고 그림책에 그림을 그린다. 개구리 등에 난 혹 하나하나, '조숙한' 초등학생 마틸다의 머리카락 한 올 한 올을 보여 주는 것은 그에게 중요하지 않다. 중요한 것은 대상의 본질, 즉 인물의 자세와 표정, 각 장면의 중심 사건(그리고 익살)들을 포착하는 일이다. 그에 못지않게 아무렇게나 휘갈긴 듯한 선이 주는 경쾌함과 생동감을 중요하게 여긴다.

언뜻 보면 블레이크의 그림은 누구라도 금방 따라 그릴 수 있는 낙서처럼 보인다. 슬렁슬렁 그린 것 같지만, 그렇다고 그의 명성에 해가 되지는 않는다. 도리어 그의 그림은 어린 독자들에게 상상할 수도 없이 멋진 세상을 펼쳐 보인다. 정신없고 꾸밈없는 블레이크의 그림은 수많은 아이들이 인정했듯이, 누구에게나 보내는 초대장이다.

블레이크는 오랫동안 민간 차원에서 어린이책의 수호자라는 공적 역할을 해 왔다. 그는 이러한 노력을 인정받아 1999년에 공식적으로 영국 최초의 '어린이 문학 계관 작가'가 되었고, 2001년까지 그 직함을 이어 갔다. 블레이크는 모든 주요 일러스트레이션 상을 휩쓸었고, 여왕에게서 작위까지 받았다. 2009년 11월 11일 내가 그와 전화 인터뷰를 하던 당시, 그는 중요한 새 프로젝트를 위한 기획에 열을 올리고 있었다. 제2의 고향인 런던 한복판에 어린이책 미술관을 세우는 프로젝트[1]였다.

---

[1] 이 프로젝트에 의해 설립된 것이 '하우스 오브 일러스트레이션houseofillustration'이다. 2014년 7월에 개관한 이곳은 영국에서 유일하게 일러스트레이션과 그래픽 아트만을 전문으로 다루는 공공 미술관이다.

레너드 S. 마커스: 선생님은 어린 시절에 어떤 아이였나요?

퀜틴 블레이크: 다소 조용하고, 수줍은 편이었던 것 같아요. 형과 열한 살 차이라 외동이나 다름없었지요. 나는 말이 많은 편이 아니었어요. 나중에는 수다쟁이가 되었지만요. 대신 그림을 많이 그렸어요.

Q: 칭찬을 많이 받으셨나요?

A: 중학교에 들어가자마자 학교 잡지에 그림이 실렸어요. 축구 경기를 마치고 옷을 갈아입는 아이들 그림이었죠. 사실 난 축구를 싫어했지만요. 열한 살 아니면 열두 살 때였어요. 그즈음 화가이자 만화가인 분을 소개받아서, 가끔 찾아가 개인 교습 같은 걸 받았어요. 그분은 내 그림을 살펴보고 나와 이야기를 나누곤 했어요. 그 주에 나온 《펀치Punch》[2]의 그림과 미켈란젤로에 대해서도 함께 얘기했지요. 주제가 엄청나게 폭넓었죠!

Q: 그다음에 케임브리지에 진학하셨던데요.

A: 그곳에 가기로 결정하기 전에 이런 생각이 들었어요. '만약 미술 대학에 가면 책은 더 이상 안 읽겠지. 하지만 일반 대학에 가면 그림은 계속 그릴 거야.' 과연 그 결정이 옳았는지 자주 고민했어요. 그러나 독서는 일러스트레이터인 내 일에 있어 중요한 부분이므로, 결국엔 좋은 훈련이 되었다고 생각해요.

케임브리지에서 나는 당시 뛰어난 영문학자이자 문예 비평가 중 한 사람이었던 프랭크 레이먼드 리비스[3] 밑에서 공부했어요. 리비스는 존재감이

---

[2] 1841년에 창간된 영국의 주간 풍자만화 잡지. 2002년에 폐간되었다.

굉장했고, 그에게 압도감을 느끼는 사람도 있었어요. 나는 그런 느낌은 못 받았지만, 수업에서 꽤 해방감을 느꼈어요. 리비스는 당시로선 드물게 넥타이를 절대 매지 않았어요. 그리고 많은 사람들과 의견이 맞지 않기로 유명했어요. 나는 이런 생각이 들었어요. '음, 생각이 다르면 굳이 동의하지 않아도 되는 거군.' 그야말로 계속 품고 있어야 할 생각이었죠! 나중에 일러스트레이터 앙드레 프랑수아[4]에게서도 같은 느낌을 받았어요. 그는 어린이책에 그림도 그리고 수많은 광고를 디자인하기도 했지요. 그의 작품 중 하나를 보고 이런 생각이 들었어요. '아, 너무 깔끔하게 굴 필요가 없구나!' 그는 그림을 그릴 때 더 거친 선을 표현하고 싶어서 파리의 우체국마다 돌아다니며 가장 상태가 나쁜 펜을 훔쳤다고 해요. 제 생각에 앙드레 프랑수아는 무엇이든 그릴 수 있을 것 같았어요.

Q: 《파리 대왕》은 읽으셨지요? 1954년에 출간되었으니, 아직 케임브리지에 다니실 때였겠군요. 반향이 엄청났던 것 같아요.

A: 네, 읽었어요. 《파리 대왕》에서 흥미로웠던 점은 어린이책의 관습을 따라가다가 뒤집어 버렸다는 거예요. 처음에는 한 소년의 모험 이야기로 시작하지만, 점차 상황이 최악으로 치닫는 것을 보여 주지요. 그게 상징적 이야기, 즉 일종의 은유라는 점도 흥미로웠어요. 우리는 그 이야기를 그대로 믿을 필요가 없어요. 그런 면에서 그 책은 내가 만든 그림책과 마찬가지예요. 나는 어린 시절의 추억을 바탕으로 한 마이클 로젠의 글에 그림을 그릴 때면 실제 일어난 일처럼 그리려고 애써요. 하지만 내가 만약 글을 쓴다면 우화 비슷한 것을 쓰겠지요. 일상은 참고만 할 뿐, 그걸 그대로 쓰지는 않을

---

3 Frank Raymond Leavis(1895~1978): 20세기 초중반에 활동한 영국의 문학 평론가로 케임브리지와 요크 대학교에서 영문학을 가르쳤다.
4 André François(1915~2005): 헝가리에서 태어나 프랑스에서 활동한 만화가이자 일러스트레이터, 그래픽 디자이너.

거예요. 《내 이름은 자가주》(1998)가 바로 그런 책이지요.

Q: 《내 이름은 자가주》는 아이를 야수로 표현한다는 점에서 《파리 대왕》과 좀 비슷하더군요.

A: 아이들은 가끔 야수나 다름없어요! 처음엔 정말 못되게 굴다가도 시간이 지나면 전혀 다른 모습으로 바뀌기도 하지요. 처음에 그 책을 편집자에게 보여 주자, 내용을 더 사실적으로 바꾸어야 한다고 했어요. 등장인물의 배경도 더 많이 보여 줘야 한다고 했고요. 그러나 내가 그랬어요. "아니, 이건 이오네스코[5]의 연극 같은 거예요." 부조리극 말이에요. 그는 그 비유를 마음에 들어 했어요. 그래서 그 이야기가 원래대로 살아남았답니다! 아이가 변하게 될 동물은 얼추 정해 두었고, 그 순서를 정해야 했지요. 제목도 뭘로 할지 온갖 궁리를 다 해 보고서야 마침내 《내 이름은 자가주》로 정했어요. 처음에는 제목이 《오리노코Orinoco》였어요. 그 책이 출간되자 "이건 사실상 부모들을 위한 책"이라고 한 비평가들도 있었어요. 사실 그런 면도 있어요. 그러나 어린이들도 그 책을 이해할 수 있어요. 무슨 상황인지 아이들도 알거든요.

Q: 케임브리지를 졸업한 뒤 무엇을 하셨나요?

A: 나는 영문학 학위와 함께 교사 자격증도 땄어요. 그런 다음에 첼시 아트 스쿨에 들어갔지요. 이미 여러 잡지에 그림을 그리고 있었지만, 내가 그리고 싶어도 못 그리는 것들이 있더군요. 그래서 시간제 등록생으로 2년 동안 일주일에 이틀씩 라이프 드로잉life drawing[6] 수업을 들었어요. 당시에는

---

[5] Eugène Ionesco(1909~1994): 루마니아 출신의 프랑스 극작가로 제2차 세계 대전 이후 인간 존재에 대해 근원적인 물음을 던지는 부조리극을 이끌었다.
[6] 사람이나 동물을 보고 실제 동작이나 자세, 상황 들을 생동감 있게 그리는 행위.

라이프 드로잉이 대세는 아니었지만, 나에게는 꼭 필요했던 터라 아주 열심히 했어요. 일러스트레이션 과목을 가르친 브라이언 로브[7] 선생님은 정말 좋은 분이었는데, 내게 자기 과목을 듣지 말라고 조언하시더군요. 내가 너무 늦었다고 생각하신 거예요! 그러나 늘 내게 조언을 아끼지 않았고, 나중에는 왕립 예술 대학에 강사 자리까지 구해 주셨어요. 그것도 일러스트레이션 과목을요!

나는 학생 노릇을 그만두고 나서야 진지하게 일러스트레이션에 몰두했어요. 마침 전에 일하던 《펀치》에서 매주 작은 그림 두 점을 고정으로 맡겼어요. 하지만 보수가 많지 않아 부모님에게서 독립할 수가 없었지요. 부모님은 그림에 대한 내 열정을 꺾지는 않았지만, 예술로는 밥벌이를 할 수 없을 거라고 진작부터 못을 박으셨어요. 그나마 《펀치》의 의뢰 덕분에 조금이나마 전문가로 인정을 받은 셈이지요.

Q: '퀜틴 블레이크 스타일'이라 할 만한 그 드로잉 스타일을 만들기 위해 오랫동안 노력했나요? 아니면 '어쩌다 보니' 생긴 건가요?

A: 어쩌다 보니 생긴 셈이지요. 어린이책에 그림을 그리기 전에는 《펀치》 같은 잡지에 그림을 그렸어요. 잡지에 실을 익살맞은 그림을 그리려면 먼저 초안을 보내야 해요. 그게 괜찮다 싶으면 완성작을 보내라고 하지요. 한번은 나와 함께 일하던 아트 디렉터가 완성작보다 초안이 낫다고 하는 거예요. 그 말을 들으니 작업할 때 어깨에 힘을 좀 빼게 되더라고요. 그다음부터는 손을 움직이는 게 한결 자유로워졌고요. 결국 손글씨나 드로잉이나 비슷해졌지요.

---

[7] Brian Robb(1913~1979): 영국의 화가이자 만화가, 일러스트레이터. 《펀치》에 만화를 연재했고, 첼시 아트 스쿨에서 학생들을 가르쳤다.

Q: 선생님만의 자유분방한 스타일을 찾았다고는 하지만, 그 스타일을 의식하지 않고 정말 자유분방하게 그리기란 쉽지 않았을 텐데요.

A: 그러려고 노력했지요. 나는 굉장히 빠른 속도로 원화를 완성하는 편이에요. 그 전에 밑그림을 여러 차례 그려서, 내가 원하는 그림의 전체적인 윤곽을 파악하지요. 원화를 그릴 때쯤이면 모든 것이 어디로 가야 할지 알고 있어요. 그 모든 것을 염두에 두고, 마치 처음 그리듯 그리려고 노력합니다.

Q: 어린이책에 관심을 가지게 된 계기가 있었나요?

A: 처음에는 그저 그림을 그리고 싶고, 그림으로 사람들을 웃기는 게 좋다는 생각밖에 없었어요. 그림책 작업을 하면 좋겠다는 생각은 훨씬 나중에 들었어요. 결국 그림책 작업을 하게 된 건 내가 교직을 이수했기 때문일 거예요. 왜냐하면 어린이책을 만드는 건 아이들을 가르치는 것과 아주 조금 비슷하거든요. 비록 교직을 업으로 삼지는 않았지만, 나는 그 둘의 상관관계에 관심이 있어요. 컬러 인쇄가 보편화되면서, 그림책에 더욱 매력을 느끼기도 했어요. 나는 흑백 일러스트로 이름을 얻고 있었는데, 그런 평판이 지겨워졌거든요. 그래서 첫 그림책인 《패트릭》(1969)의 글을 쓸 때 일부러 컬러로 그려야 하는 이야기로 만들었죠.

Q: 독자를 위해 그린다는 건 선생님에게 정말 중요한 문제인 것 같아요.

A: 네, 그런 것 같아요. 어떤 예술가들은 "나는 나 자신을 위해 그려요!"라고 주장하지요. 나는 독자와 자신, 둘 다를 위해서 그릴 수도 있다고 생각해요. 그건 내가 어린이책 만드는 일에 계속해서 매력을 느끼는 이유 중 하나지요. 어린 독자들을 염두에 두면서도 자기가 그리고 싶은 그림을 생각하잖아요. 그리고 그것을 보는 아이가 미처 생각 못 할 질문들도요.

Q: 프랑스 화가 도미에[8]의 작품에서 특히 감탄하는 점이 있으신가요?

A: 그림에 드러나지는 않지만, 도미에는 내게 큰 영향을 끼쳤어요. 물론 내 그림이 도미에의 그림에 비해 훨씬 가벼운 느낌이긴 해도요. 사람들이 서로에게 반응하는 모습이 그의 그림에서 가장 흥미로워요. 마치 연극 같거든요. 그림의 연극적인 면은 내게도 매우 중요해요.

Q: 도미에는 사람의 얼굴을 무척 생동감 있게 그리지요.

A: 네. 나는 그림을 그릴 때면 왠지 등장인물의 행동을 나도 실제로 하고 있는 기분이 들어요. 나와 그림책 여러 권을 함께 만든 시인 마이클 로젠이 그러더라고요. "선생님은 정말 무언극을 하시네요."

Q: 로알드 달의 《요술 손가락》(1966)에서 윌리엄 그레그라는 등장인물이 말하지요. "우아, 정말 멋지지 않아요? 새처럼 하늘을 나는 게 어떤 기분일지 항상 궁금했었는데, 이제야 그 기분을 알겠어요!" 선생님도 그게 궁금하신가요? 특히 새를 그리는 게 좋다고 말씀하신 적이 있는데, 선생님의 그림에서는 모든 것이 막 날아오르려는 것 같아요.

A: 초등학교 때 나는 새를 아주 열심히 관찰했어요. 그러다 보니 새를 어느 정도는 사람처럼 움직이게 그릴 수 있어요. 그래서 새라는 피사체에 더 끌리는 것 같아요. 새들은 다리가 두 개고, 서 있고, 그러잖아요. 내 책의 등장인물들은 상당수가 정말로 공중을 날아요. 사실 던져져서 그런 거긴 하지만요! 그래도 참 많이도 난답니다.

---

8 Honoré Daumier(1808~1879): 프랑스의 사실주의 화가이자 판화가. 1830년부터 주간지 《라 카리카튀르》와 《르 샤리바리》에 정치 풍자화를 꾸준히 발표했고, 〈삼등 열차〉처럼 날카로운 풍자와 인간애가 담긴 작품을 많이 남겼다.

Q: 어떻게 로알드 달의 책에 그림을 그리게 되셨는지요?

A: 내 담당 편집자 톰 마슐러 덕분이지요. 그는 내 첫 그림책과 내가 그림을 그린 로알드 달의 첫 그림책 《침만 꼴깍꼴깍 삼키다 소시지가 되어 버린 악어 이야기》(1978)를 편집했어요. 그러고 나서 나는 《멍청씨 부부 이야기》(1980)과 《내 친구 꼬마 거인》(1982)에 그림을 그렸지요. 그때쯤 되자 둘이 좀 친해졌어요. 《내 친구 꼬마 거인》은 다양한 결로 읽힐 수 있는 책이라, 자주 의견을 교환해야 했거든요.

Q: 두 분은 친구가 되셨나요?

A: 아, 그럼요. 로알드를 만나러 갔다가 가족들과도 친해졌지요. 내가 가면 그림 얘기를 한 다음에 같이 저녁을 먹고 또 같이 어울리곤 했어요. 로알드와 나는 서로 결이 달라서, 친해지는 데 시간이 좀 걸렸어요. 기본적으로 그는 젊어서 운동깨나 하던 활동적인 사람이었는데, 나는 운동이라면 종류를 막론하고 질색이었거든요. 로알드는 내가 겪어 본 중에 가장 공격적인 사람이었어요. 그래도 우리는 꽤 많은 공통점을 발견했지요.

Q: 움파룸파족[9]의 이미지는 어떻게 나온 건가요? 여러 가지 다른 스타일로도 그려 보셨나요?

A: 조금 그려 봤어요. 많이는 아니고요. 그 책은 여러 작가를 거쳐서 나한테 왔어요. 나는 그들을 조금은 악동처럼 표현하고 싶었고, 다른 작가들과 달리 특이한 헤어스타일로 그리고 싶었어요. 그 무렵 왕립 예술 대학에서 가르치던 여학생 둘이 머리를 짧게 잘라서 끝을 삐쭉삐쭉 세우고 다녔어요. 나는 그게 아주 마음에 들어서 그렇게 그리면 정말 멋지겠다 싶었어요.

---

[9] 로알드 달의 동화 《찰리와 초콜릿 공장》에 나오는 난쟁이 종족.

그래서 움파룸파족이 그렇게 생긴 거랍니다.

Q: 윌리 웡카[10]는 뮤직홀의 연주자나 거리의 음악가처럼 생겼어요.

A: 맞아요. 그림이란 그 자체가 일종의 공연이니까요. 때로 윌리 웡카는 독자들에게 말을 건네지요. 심지어 윙크도 하고요.

Q: 이미 나온 알파벳 책들이 엄청나게 많은 걸 알면서도 알파벳 책[11]을 만드셨지요. 방향을 어떻게 잡으셨나요?

A: 글자마다 어울리는 이미지를 찾고 그림을 정리하다 보니, 어쨌든 그리고 싶은 방향대로 그릴 수 있었어요. 상당히 미친 짓이 될 줄은 알고 있었어요. 그게 그 작업에 대해 느끼는 감정이었죠. 나는 그 책을 알파벳을 익히는 책이라기보다는 그걸 빙자해서 즐겁게 놀아 보는 책으로 여겼어요. 내가 가장 좋아하는 건 어린 소녀가 진흙탕mud으로 뛰어드는 글자 M 장면이에요. 글자 P 장면에는 이상한 모양의 소포parcel가 그려져 있는데, 그 안에 뭐가 들었는지 알 수가 없으니, 독자는 궁금해질 수밖에 없지요.

Q: 아미티지 아줌마[12]는 실제 인물이었나요?

A: 내가 아미티지 아줌마라는 사람을 아는 건 아니에요. 여러 사람이 자기가 그 아줌마 같다는 편지를 보내오긴 했지만요. 이름이 진짜로 아미티지인 사람도 있었답니다! 그 캐릭터를 만들면서 남편은 어떤 사람이었을까 하는 생각은 한 번도 해 본 적이 없어요. 어쩌면 남편이 죽었거나 결혼에 실패했을지도 모르지요. 하지만 아미티지 아줌마는 아랑곳하지 않고 계속해

---

10 《찰리와 초콜릿 공장》에 나오는 천재 발명가이자 초콜릿 공장의 주인.
11 《Quentin Blake's ABC》(1989)을 말한다.
12 퀀틴 블레이크가 쓰고 그린 그림책 《아미티지 아줌마 자전거를 타다Mrs Armitage on wheels》(1997)의 주인공.

서 나아가는 씩씩한 사람이에요. 때로는 좌절하기도 하지만 계속해서 나아가는 게 사람이니까요.

Q: 모델을 보고 그리시나요?

A: 아니요, 나는 스케치북도 잘 쓰지 않아요. 특정 자동차나 나무의 생김새를 알아야 할 경우, 참고 자료를 찾아보기도 하지만, 대부분 그냥 떠오르는 대로 그리는 편이에요. 나는 인체 구조도 잘 그리는 편인 것 같아요. 사람들이 어떻게 서 있고, 어떻게 움직이는지 감이 오거든요. 예전에 라이프 드로잉을 많이 해서, 지금 그 덕을 보는 것 같아요.

Q: 못 그리시는 것도 있나요?

A: 기기의 매끈한 부분을 그리는 게 어려워요. 페라리는 정말 못 그릴 것 같네요. 왜 그런지 몰라도, 망가져 가는 기계는 잘 그려요.

Q: 마이클 로젠이 아들의 죽음에 대해 쓴 가슴 아픈 책, 《내가 가장 슬플 때》(2005)를 그릴 때 이야기를 좀 들려주세요.

A: 나는 마이클과 가끔 전화는 했지만, 그 책을 특별히 긴밀하게 작업했던 건 아니에요. 마이클을 안 지는 이미 오래되었죠. 물론 그 책은 우울한 책이지만, 우울한 게 다는 아니에요. 무엇보다도 글이 참 아름답지요. 너무나 민감한 주제이다 보니, 정말 그리고 싶어 하면서도 다소 죄책감을 느낄 수밖에 없었어요. 그러나 그 안에 담긴 문제들에 마음이 끌려서, 그리는 게 즐거웠어요. 책에 이런 문장이 있을 거예요. "그러다 문득 무언가를 바라보기도 합니다. 창밖을 내다보는 사람들을……." 그게 무슨 뜻인지 깨달았을 때 비로소, 그리고 그 책이 과거를 돌아볼 뿐 아니라 미래를 바라보는 내용이라는 사실을 깨달았을 때 비로소, 그림을 그릴 수 있었어요. 이런 책은 꼭 있어

야 하는데, 어쩌다 그때 마이클이 비극을 겪는 바람에 책을 쓸 준비를 완벽히 갖추었던 거죠.

Q: 그림책 예술을 전문으로 다루는 미술관의 등장을 어떻게 생각하시는지요?

A: 그런 현상을 매우 기쁘게 생각해요. 사람들은 그림책 예술을 즐기지만, 그 역사나 그 분야의 풍요로움에 대해서는 잘 몰라요. 그림이 박물관이나 미술관에 걸려 있으면 예술로 여기면서, 종이에 인쇄되어 있으면 하찮게 여기다니 좀 이상하지 않나요. 그림책 그림을 책에서 꺼내 벽에 붙이는 것은 돋보기를 들고 봐 달라는 뜻이나 다름없어요. "잠깐 멈춰 서서 자세히 봐 주세요."라고 말하는 셈이랄까요. 사실 지금 런던에 그런 미술관을, 즉 일러스트레이션 센터를 지으려는 중이에요. 계획한 건축 자금을 마련할 수 있다면, '하우스 오브 일러스트레이션'이 세워지겠지요.

애슐리 브라이언
Ashley Bryan

1923년 출생, 미국 뉴욕주 뉴욕
2022년 사망, 미국 텍사스주 슈거랜드

애슐리 브라이언은 일러스트레이터이자 화가, 판화가, 작가, 민속학자, 이야기꾼으로서 어린이와 어른 모두를 위해 강렬하면서도 놀라우리만치 다채로운 작품을 만들었다. 그가 이어받은 아프리카계 미국인의 혈통은 이 뛰어난 업적에 큰 영감을 주었다. 1960년대 말부터 그가 쓰고 그린, 또는 그림만 그린 30권이 넘는 어린이책의 걸작을 포함해서 말이다. 작품 활동을 하는 내내 브라이언은 일본화, 중세 목판화, 〈머더구스〉[1]의 말장난, 그리고 메인주의 어린 학생들이 보내 온 속 깊은 편지에 이르기까지 온갖 독창적인 것들이 주는 영향에 늘 마음을 열고 있었다. 그는 "아무 것도 덧붙이지 않으면, 이야기는 아름답지 않다."는 토스카나 지방의 속담이 옳다는 것을 거듭 증명해 왔다. 이야기꾼 자신에게 깊은 인상을 남긴 개인적인 경험을 이야기에 덧붙여야 한다는 사실을 말이다.

현재 살아 있는 예술가 중에서 유치원 아이들에게 그림을 가르치는 동시에, 미국의 주요 고등 교육 기관인 다트머스 대학 미술 학과장을 맡은 사람은 아마도 브라이언뿐일 것이다. 그는 그 어떤 것도 아우를 수 있는 사람이다. 따스하고 우렁우렁한 목소리에, 키가 크고 강단이 있는 데다 곧잘 웃는 사람……. 브라이언은 자기 일의 모든 면을 배움의 기회로 여겼으며, 나이와 상관없이 학생과 독자에게 진정한 동료의식을 느꼈다. 이제 그는 더 이상 학생들을 가르치지는 않지만, 1년의 반을 길에서 보낸다. 초등학교 어린이들과 전 세계의 독자를 찾아다니며 시를 읽어 주고 이야기를 들려주느라 말이다.

브라이언과 나는 여러 해 동안 학회에서 만나 식사를 같이하곤 했다.

---

[1] Mother Goose: 17세기부터 영국 등지에서 유행한 동화나 동요 양식 또는 그 가상의 저자나 수집가를 가리키는 말. 고대 유럽의 전설 속 인물에서 비롯되었다는 설이 있으며, 1695년 샤를 페로가 '엄마 거위의 이야기Contes de ma mère l'Oye'라는 부제를 달아서 펴낸 민담집 《과거와 도덕에 관한 이야기들Histoires oucontes du temps passé, avec desmorités》을 통해 처음으로 출판물에 이름을 올렸다고 한다.

이 인터뷰는 1999년 10월 30일 전화 통화로 이루어졌다. 그는 메인주에 있는 작업실에서 내 전화를 받았다.

레너드 S. 마커스: 책을 만들게 된 계기는 무엇이었나요?

애슐리 브라이언: 대공황기에 나는 사우스 브롱크스의 공립 학교에 다녔는데, 처음부터 무엇을 배우든 그 내용으로 책을 만들었어요. 예를 들어 알파벳을 배울 때는 각 글자에 해당하는 그림을 그려서 묶었지요. 선생님은 이렇게 말하곤 했어요. "여러분은 이제 막 알파벳 책을 출판한 거예요!" 그게 시작이었어요. 책 만들기는 무척 재미있는 놀이였어요. 선생님은 이렇게 말씀하셨어요. "여러분은 글 작가예요. 여러분은 그림 작가예요. 여러분은 출판인이에요. 그걸 집에 가져가세요. 그럼 여러분은 책 판매자인 거예요!" 집에 가지고 가면 부모님과 형제자매들, 우리와 함께 자라는 사촌들이 따스하게 칭찬해 줘서 선물로 계속 책을 만들었어요. 안 만든 적이 없을 정도였지요. 내 작품에 아무런 물질적 보상을 받지 못했던 시절, 나를 지탱해 준 것은 처음 느꼈던 그 만족감이었어요. 내 작품이 인정받기까지는 꼬박 15년이 걸렸답니다.

Q: 대공황 시절이었는데도 교육이나 예술과의 첫 만남이 아주 근사했던 것 같군요.

A: 공공사업 진흥국WPA[2] 덕분에, 우리 동네를 비롯한 전국에서 무료로 미술 수업과 음악 수업을 들을 수 있었어요. 부모님은 무료라면 어디든 우리

---

2 Works Progress Administration, 경제 공황기에 세워진 미국 정부 기관으로 예술 지원 사업을 통해 예술가들을 대대적으로 지원했는데, 저소득층을 위한 예술 수업 지원도 그중 하나였다.

를 보내셨지요. "너희가 즐길 수 있는 것들을 배우렴." 하고 말씀하시면서요. 그 생각이 모든 것의 바탕이었죠. 나와 형제자매들은 모두 그림과 악기를 배웠어요. 공공사업 진흥국의 선생님들은 나 같은 아홉 살, 열 살, 열한 살짜리들을 정말 즐겁게 해 주셨어요. 가령 내가 사과를 빨간색이나 초록색으로 칠하면, 선생님은 인상파의 그림을 보여 주셨어요. 그러고는 과일의 고유한 색이 지닌 느낌을 유지하면서도, 그 과일을 얼마나 다양한 색으로 표현할 수 있는지 설명하셨지요. 나는 그런 개념이 신기해서 온갖 색을 칠하며 놀곤 했어요.

Q: 브롱크스에서 자라던 시절 이야기를 해 주세요.

A: 우리 동네와 내가 다니던 공립 학교는 여러 인종과 민족이 섞여 있었어요. 독일인, 아일랜드인, 이탈리아인, 유대인, 흑인이 같은 거리에서 살았지요. 상당히 관용적인 분위기였어요. 우리 학교 옆에는 매우 크고 아름다운 독일 루터파 교회가 있었어요. 우리가 부모님에게 "저 크고 멋진 교회에 다니고 싶어요."라고 졸랐더니, 어머니가 정말로 데리고 가 주셨지요. 예배는 독일어와 영어로 진행되었어요. 우리는 언제나 동네일에 활발하게 참여하는 그 교회 안에서 성장했어요.

Q: 그 동네의 공공 도서관에 다녔습니까?

A: 아, 그럼요. 책을 살 형편이 안 되서 도서관에서 빌려 읽었는데, 대출 기간 동안은 그게 우리 책이라고 생각했어요. 일간 신문에서 쿠폰을 잘라 모으기도 했어요. 쿠폰을 다 모으면 책 한 권을 받을 수 있었거든요. 나만의 책을 갖는다는 건 정말 특별한 느낌이었지요. 그런 책 목록에 워싱턴 어빙이 쓴 《스케치북》[3]이 있었어요. 그때는 그 책이 그림에 관한 책인 줄 알고 신청했는데, 표지에만 그림이 있어서 놀랐답니다. 우리 집에서는 책을 오렌지 상

자에 넣어 두었어요. 그게 우리 서재였던 셈이지요.

Q: 특별히 와 닿았던 책이 있나요?

A: 그럼요. 기본적으로 시, 옛이야기, 동화를 좋아했어요. 정말 속속들이 읽었어요. 《머더구스의 노래Mother Goose rhymes》부터 로버트 루이스 스티븐슨의 《한 어린이의 시 정원》[4], 유진 필드[5]의 《어린 시절의 시들Poems of Childhood》, 크리스티나 로세티[6]의 《노래해요Sing-Song》에 나온 시들까지요. 나는 시를 사랑했고, 직접 시를 쓰기도 했어요. 소설에는 나중에야 관심이 생겼어요. 읽는 데 오래 걸리는 책을 좋아하지 않았거든요. 나는 몇 쪽으로 끝나는 이야기들을 좋아했어요. 말맛을 즐겼고 운이 잘 맞는다 싶은 단어를 만나면 몇 번이고 다시 읽곤 했지요. 또 모험심을 자극하거나 단어의 아름다움에 설레는 대목을 만나면 일단 멈춰서 곱씹어 본 뒤 다시 읽곤 했어요.

Q: 훌륭한 학생이었나요?

A: 학창 시절 내내 공부를 매우 잘했어요. 고등학교 때는 의사나 변호사가 될까 하다가, 늘 그림을 그렸으니 예술을 공부하기로 했어요. 그리고 졸업반 때 선생님들의 도움으로 포트폴리오를 만들었어요. 그분들은 모두 백인이었지만, 내게 지원을 아끼지 않으셨어요.

---

[3] 《스케치북》 강경애 옮김, 동서문화동판, 2020
[4] 《한 어린이의 시 정원》 유병구 옮김, 부크크, 2018
[5] Eugene Field(1850~1895): 어린이를 위한 시와 유머러스한 수필로 유명한 미국 작가.
[6] Christina Rossetti(1830~1894): 영국 빅토리아 시대의 시인으로 세련된 시어와 신비로운 분위기, 독창적인 작품으로 주목을 받았다. 에밀리 디킨스와 더불어 영미 문학에서 가장 주목할 만한 여성 작가로 꼽히며, 첫 시집이자 대표작인 《고블린 도깨비 시장》(정은귀 옮김, 민음사, 2021)은 지금도 널리 읽히고 있다.

Q: 부모님들도 격려해 주셨나요?

A: 정말 다행이었던 게, 부모님은 내가 좋아하는 일을 하는 걸 방해할 생각이 전혀 없으셨어요. 창의적이고 건설적인 일을 하고 있다면 계속하지 않을 이유가 없다고 하셨지요. 그래서 나는 가르치는 직업을 통해 창작을 계속하면서 좋아하는 일도 계속할 방법을 찾은 거예요. 나는 초등학생들에게 이렇게 말하곤 해요. "여러분에겐 격려가 필요해요. 집에서 격려받지 못하면, 옆집 문을 두드리고, 그래도 안 되면 계속 다른 집 문을 두드려 보세요. 그러다 보면 여러분이 창의적이고 건설적인 일을 하고 있다고 격려해 주는 사람을 만나게 될 거예요."

Q: 자라는 내내 함께 살았던 할머니에 대해 말씀해 주세요.

A: 제 친할머니인 세라 브라이언은 정말 대단한 분이었어요. 우리 부모님은 1차 세계대전 말에 앤티과섬[7]에서 뉴욕시로 이주했어요. 할머니는 우리 아버지를 비롯한 다른 자식들을 오랫동안 보지 못하다가 브롱크스로 우리를 만나러 오셨어요. 나는 할머니와 함께 있는 게 참 좋았어요. 할머니에게 달라붙어 이야기를 나누고 질문을 퍼부었지요. 그리고 늘 할머니 옆에 앉아서 그림을 그렸어요. 한 번은 저녁때, 잠옷 차림으로 침대에 앉아 계신 할머니를 그리고 있는데 내 친구가 들어왔어요. 할머니가 쓱 보시더니 이렇게 말씀하시는 거예요. "아이고, 우리 서방님 오셨네." 정말 재치가 넘치는 데다 춤을 사랑하는 분이었지요. 내 책, 《춤추는 할머니 The Dancing Granny》(1977)는 앤티과에서 수집한 아프리카 옛이야기인데, 두 주인공 중 하나는 트릭스터[8]인 거미 아난시예요. 나는 우리 할머니에게 깃든 춤의 정신을 표현하기 위해 그 책을 만들었어요. 춤이라면 증손자들보다 훨씬 잘 추셨거든

---

[7] 카리브해 동쪽에 있는 영국 연방 내의 독립국 앤티과 바부다를 이루는 세 섬 중 하나. 인구의 90퍼센트가 앤티과 섬에 살며 주로 목화와 사탕수수를 재배한다.

요. 할머니는 자주 "음악은 나를 달뜨게 해."라는 말을 하셨어요. 나는 그 문장을 거미 아난시 이야기를 재화할 때 써먹었어요. 원전에서 거미 아난시는 계속 교묘한 속임수를 쓰지요. 트릭스터 이야기는 대체로 그게 핵심이에요. 트릭스터는 교묘한 속임수를 쓰게 마련이니까요. 그러나 이 이야기를 내 식으로 다시 쓰면서 나는 생각했어요. '흠, 거미가 아무리 우리 할머니를 여러 번 속여 먹어도, 할머니는 결국 모든 것을 훤히 알아차리고 거미를 이겨 먹을 거야!' 그래서 내 책에서는 할머니가 거미를 기다렸다가 나무에 올라가기 직전에 낚아채 함께 춤추지요. 그리고 "할머니가 이끄는 대로 춤은 계속되지만, 이야기는 이제 끝이랍니다."

Q: 《춤추는 할머니》의 그림에 묘사된 분이 선생님의 할머니인가요?

A: 그렇다기보다는 그분의 정신이지요. 아이들이 이렇게 물어요. "선생님네 할머니가 진짜로 그렇게 했단 말이에요?" 그러면 나는 대답해요. "꼬마 친구들, 잘 들어요. 과장을 해야 이야기가 생생해지는 거예요." 나는 움직이는 인물의 재빠른 정신을 포착하기 위해서, 일상을 그린 일본 화가 가쓰시카 호쿠사이[9]가 된 것 같은 기분으로 단숨에 붓질을 했어요. 그 그림들을 볼 때마다 여전히 우리 할머니가 살아서 빙글빙글 도는 모습이 보여요. 그 분은 아흔네 살쯤에 세상을 떠나셨답니다.

Q: 제2차 세계 대전 때 군복무를 하셨지요. 그 당시 겪은 일을 말씀해

---

[8] 신화나 옛이야기에서 신과 자연계의 질서를 깨뜨리는 말썽꾼. 선과 악, 창조와 파괴, 현자와 바보 같은 양면성이 있으며, 인류에게 중요한 생활 수단을 가져다주는 문화 영웅 노릇을 할 때도 많다.
[9] 葛飾北斎(1760~1849): 일본 에도 말기에 활동한 우키요에(일본 에도 시대에 성립된 풍속화) 화가로 삼라만상을 그림에 담는 것을 목표로 삼고 일생 동안 3만 점이 넘는 그림을 그렸다. 호쿠사이의 우키요에는 모네나 반 고흐 같은 인상파 화가들에게도 많은 영향을 끼쳤다.

주시겠어요?

A: 나는 쿠퍼 유니언 대학 예술 학부 3학년 때 징집되었어요. 군대가 흑백으로 분리되어 있던 시절로, 흑인들은 대개 수송병과 소속이었죠. 나는 부두에서 짐을 싣고 내리는 일을 하는 항만 노동 대대로 배속되었어요. 처음에는 보스턴에 주둔하다가 스코틀랜드 글래스고로 갔고, 그다음에는 노르망디 침공 작전에 투입되었어요. 노르망디 해안은 살벌하게 폭격 당했고, 많은 사람이 죽어 나갔어요. 그 일을 겪고 살아남았으니 운이 좋았지요.

Q: 흑백이 분리된 군대에서 자유를 위해 싸운다는 게 감정적으로 무척 복잡했을 것 같아요.

A: 이상을 안고 군대에 갔는데 현실에 의해 순식간에 짓밟혔으니 군대 생활이 매우 힘들 수밖에요. 보스턴에서도 글래스고에서도 우리는 끊임없이 규제를 받았어요. 군대는 흑인 병사들이 외출해서 백인 민간인들과 만나는 것을 바라지 않았거든요.

Q: 그 시기에도 계속 그림을 그릴 수 있었나요?

A: 나는 늘 그림 도구를 방독면 안에 쑤셔 넣고 다녔어요. 틈만 나면 꺼내서 눈앞에서 일어나는 일이라면 뭐든지 스케치하곤 했어요. 글래스고에서는 대대장을 찾아가 글래스고 예술 학교에 다닐 수 있도록 허락을 받아 냈어요. 일상적으로 규제를 받는 다른 동료들은 내가 수업 때문에 영외로 나가면 늘 내 일을 떠맡아 주었어요. 내가 장교들을 속이고 딴짓을 한다고 생각했거든요. 하지만 나는 내가 예술가로서 계속 성장할 권리를 위해 싸운다고 생각했어요.

공부를 마치려고 쿠퍼 유니언 대학에 복학한 뒤, 전쟁 중에 그린 그림으로 전시회를 열기도 했어요. 그러나 군대와 전쟁의 경험 때문인지 곧바로 창작을 하기는 힘들더라고요. 그래서 전공을 철학으로 바꿔 콜롬비아 대학교에서 학부 과정을 처음부터 다시 했어요. 나는 왜 인간이 자꾸만 전쟁을 일삼는지 이해해 보려고 했어요. 물론 답은 못 찾았지요. 대신 정신이 어떤 식으로 움직이는지, 그러니까 인간이 윤리, 정치, 미학 같은 철학 체계를 어떻게 구성하는지 알고 싶다는 생각에 사로잡혔지요. 나는 여름이면 쿠퍼 유니언 대학에 다닐 때 알게 된, 메인주의 크랜베리 제도에 가곤 했어요. 그러다 1946년에 설립된 메인주의 스코히건 회화 조소 학교[10]에서 장학금을 받았어요. 여름 내내 그림을 그렸고, 뉴욕에 돌아와서도 늘 스케치북을 가지고 다녔지요. 나에게 스케치북이란 늘 빈 공간에 무언가를 끄적이고 거기에서 생겨나는 것을 보는 신기하고도 놀라운 느낌과 이어진 물건이에요. 그러다 보니 그림을 그리기는 하는데, 더 깊이 들어갈 수가 없었어요. 콜롬비아 대학교를 졸업한 뒤, 나는 곧장 프랑스 남부의 엑상프로방스로 가서 제대 군인 원호법의 지원을 받아 온종일 그림만 그렸어요.

Q: 철학에 대한 관심은 선생님이 초기작에서 보이는 옛이야기에 대한 관심과 맞닿아 있었던 걸까요? 옛이야기 속 인물들은 트릭스터나 바보처럼 보편적인 인간 유형을 대표하곤 하지요. 그런 인물들이 모이면 인간의 가능성에 관한 일종의 목록이나 철학처럼 느껴지기도 합니다.

A: 인간의 정신은 연결 짓는 습성이 있기에, 무엇을 배우든 다른 모든 것과 통합되는 느낌이 들어요. 나는 세계의 이야기도 우리를 화합하게 만드는 면이 있다고 생각해요. 나는 옛이야기를 '말랑말랑한 다리'라고 부르곤 해요. 옛이야기가 과거의 문화와 역사를 현재와 연결하는 방식이라는 뜻으로요.

---

10 메인주 메디슨시에 있는 예술가 레지던시.

Q: 언제부터 청중들 앞에서 스토리텔링을 하셨나요?

A: 가르치는 게 내 일이다 보니 자연히 그렇게 되었어요. 나는 늘 학생들을 가르쳤어요. 대학교에서도, 초등학교 방과 후 수업에서도요. 뉴욕의 달튼 초등학교에 다닐 때는 유치원생과 1학년 아이들에게 그림을 가르쳤어요. 교사로서 내가 하는 모든 일은 이야기와 관련이 있어요. 이야기란 입에서 입으로 전해진다는 게 핵심이에요. 아이들은 다른 사람들이 말해 주는 모든 것에서 이야기를 길어 올려요. 이를테면 "엄마 아빠는 어른이 되니까 어땠어요?", "엄마 아빠 나라에서 여기로 배 타고 올 때 이야기를 또 해 주세요."라고 물어보면 부모들이 해 주는 대답 같은 데서 말이지요. 이 모든 것이 아이에게 구전 전통이 돼요. 그리고 삶의 일부가 되지요. 그 아이가 작가가 되면 그런 것들을 원천으로 삼아 이야기를 길어 올릴 거예요. 작가가 되지 않는다 해도 그 이야기에 자기 이야기를 덧붙여서 자녀에게 들려주겠지요. 이야기는 언제나 이렇게 이어지고 있어요. 내가 아이들에게 그림을 가르칠 때도, 그 안에 중요한 역할을 하는 일종의 스토리텔링이 있어요. 책에 나온 이야기를 가지고 그림을 그린다거나 왕과 왕비, 공주가 나오는 동화를 시각적으로 해석한다는 뜻이 아니에요. 열심히 그림을 그리던 학생이 새로운 시각을 발견하는 것, 이를테면 페이지 하나 가득 그린 직선에서 나무줄기를 떠올리는 것, 그런 것도 스토리텔링에 속하지요.

Q: 가르치는 일의 어떤 점을 가장 좋아하셨나요?

A: 대학생들을 가르칠 때는 특히 기본을 가르치는 개론 수업을 참 좋아했어요. 몇 년 동안 그림을 그리지 않았던 학생들도 실습을 하면서 감을 잡더군요. 예를 들어 학생들이 직선을 가지고 작업하면서 선과 선 사이의 간격과 리듬을 고민하면, 다음 시간에는 밖으로 나가 나무줄기를 그려 보게 했어요. 우리의 목표는 나무의 실체와 종이에 그리는 선의 추상성을 연관시

키는 것이었지요. 나는 어떤 예술 형식이든 그 추상적인 본질에 가 닿으려고 노력해 왔어요. 그게 춤이든, 그림이든, 시든 말이죠.

　나는 학생들에게 언제나 과제와 한계를 정해 주곤 했어요. "이것은 8×10 종이입니다. 이것은 연필입니다. 이제 탁자 위에 있는 이 사과를 그리세요. 이것이 과제입니다. 이것이 가진 한계를 이해하고, 자신을 계속해서 쏟아부으면, 그 한계를 넘어설 수 있을 거예요." 또 이렇게 말하곤 했어요. "렘브란트의 그림도 특정 크기와 모양을 한 종이 위에 그린 것일 뿐입니다. 하지만 렘브란트는 그 종이의 한계를 뛰어넘었고, 그 종이로 매우 귀중한 것을 창조했지요. 우리는 바로 그것을 추구합니다."

Q: 어린아이들에게는 어떤 식으로 미술을 가르치셨나요? 아이들과 즐겨 하던 게 있었나요?

A: 그 경우엔 그 애들이 무엇을 했는지가 중요하죠! 지금 하는 일에 푹 빠져 있는 아이들을 보는 게 재미있었어요. 어찌나 몰두하던지 시간이 가는 줄도 모르는 것 같더군요. 달튼 초등학교에서 오랫동안 가르쳤는데, 수업 시간에는 아이들에게 줄 재료만 간단히 준비해 두곤 했어요. 붓, 종이, 두 아이당 깡통 하나씩, 물감, 그러니까 3원색에다가 녹색, 검은색, 흰색을요. "오늘 우리는 이러저러한 걸 할 거예요."라고 말한 적이 한 번도 없었어요. 아이들은 교실에 들어오면 바로 그리기 시작했어요. 다들 나름대로 생각이 있었지요. 아이들은 계속 그렸어요. 혹시 뭘 그려야 할지 모르는 아이가 있으면, 나는 넌지시 "말이 몇 마리 있는 것 같아……." 정도만 말했어요. 그러면 그 아이는 곧바로 "말하지 마세요. 아무 말도 하지 마세요. 내가 그리고 싶은 게 있단 말이에요!"라고 하면서 곧바로 그리기 시작했지요. 내 목표는 아이들이 내게 기대는 게 아니라, 무엇을 그리든 아주 신나게 그릴 수 있는 환경을 만들어 주는 것이었어요. 날마다 다른 색깔로 별 모양 기둥을 그리던 아

이가 있었어요. 다른 아이들이 말했지요. "넌 항상 별만 그리네!" 그래도 그 아이는 계속해서 별을 그렸어요. 얼마 뒤, 다른 아이들도 슬금슬금 별을 그리기 시작했지요. 그러나 나는 늘 별만 그리는 그 아이에게 "전에 그린 거잖니."라고 말한 적이 단 한 번도 없었어요. 그저 아이가 한계에 이르게 두는 것, 즉 가능성을 완전히 소진하게 놔두는 것, 그게 바로 예술이지요. 어떤 주제든, 탐색 가능성은 무궁무진해요. 그러니 아이가 어떤 아이디어를 가지고 얼마나 멀리까지 가게 될지 누가 알겠어요?

Q: 지금까지 30년 넘게 함께 작업한 애서니엄 출판사의 편집자 진 칼과의 만남에 대해 말해 주세요.

A: 진은 애서니엄에 어린이책 출판부를 만든 사람이에요. 하루는 진이 브롱크스의 내 작업실에 찾아왔어요. 나는 그녀의 관심사가 어느 쪽인지 잘 몰랐어요. 그래서 내 가족에 대한 그림과 다른 주제의 그림들을 가져와 보여 주었지요. 그런데 진은 내가 책 작업을 하는 테이블로 가서는 거기 있는 그림들을 보더니, 리처드 루이스가 엮은 라빈드라나트 타고르의 시집 《달님, 무엇을 기다리고 있나요?Moon, For What Do You Wait?》(1967)의 삽화 계약서를 보내겠다고 하더군요. 곧이어 아프리카 옛이야기를 담은 내 그림들을 출판해도 되겠느냐고 물었어요. 목판화나 실크스크린으로 종종 오해받곤 하는 그 그림은 원래 판테온 출판사에서 펴낼 옛이야기 연구를 위해 그려 놓았던 거예요. 그 프로젝트는 나중에 볼링겐 재단[11]으로 넘어갔는데, 내 그림은 결국 채택되지 않았어요. 나는 그 그림을 고대 암벽화처럼 빨간색, 노란색, 검은색, 흰색으로 그렸어요. 어찌나 정교하게 작업했는지, 마치 아프리카 가면이나 조각상을 새기는 기분이었죠. 나는 민족학자들의 요약

---

11 1945년부터 1968년까지 연구자나 예술가, 그 저작물 출판을 지원하던 미국의 교육 재단.

본을 토대로 해서, 그 이야기들을 나름대로 다시 썼어요. 옛이야기를 연구하다 보니 이야기꾼들이 늘 해 오던 일, 그러니까 내 삶에서 이야기와 관련된 것들을 가져다가 이야기를 더욱 풍성하게 만드는 일을 하고 싶어졌어요. 그것이 구전 전통에 닿아 있는 출판 방식이라는 생각이 들었지요.

나는 늘 그렇게 도전하며 책을 만들었어요. 예를 들어 《멋진 뿔을 가진 황소와 다른 아프리카 옛이야기들The Ox of the Wonderful Horns and Other African Folktales》(1971)도 그런 방식으로 썼어요. 나는 먼저 해당 이야기가 전해지는 아프리카 부족의 배경을 연구해요. 언제나 이야기의 출처를 확인하고, 그다음에 그 이야기를 내 것으로 만들기 시작하지요.

Q: 더 구체적으로 여쭤볼게요. 입말의 느낌을 어떻게 글로 표현하셨나요?
A: 나는 시에서 답을 얻어요. 율격, 압운, 의성어 같은 시적 장치들을 이용하면 독자들이 느긋해지고, 마치 스토리텔러의 이야기를 듣는 느낌이 들거든요.

Q: 글이 주어지는 경우, 시각화의 방향은 어떻게 결정하시나요?
A: 내가 그린 그림은 글에 따라 참고 자료가 매우 다양해요. 예를 들어 흑인 영가를 다룬 《어린이와 함께 걸어요Walk Together Children》(1974)를 그릴 때는 중세 유럽 종교서의 분위기를 내려고 목판화 기법을 썼어요. 많은 이들이 노래하지만 흑인 노예들이 만들었다는 사실을 아는 이들은 드문 흑인 영가와 유럽 종교 음악의 전통을 연결시키고 싶었거든요. 나는 노예들이 자유를 얻는 방편으로 이 노래들을 지었다는 사실을 알고 전율이 일었어요. 비록 몸은 쇠사슬에 묶여 고통을 받았지만, 스스로 화려하고 아름다운 것을 낳아야 했던 거예요. 이런 노래들은 수천 곡에 이르며, 세계의 음악에 가장 아름답게 이바지했다고 해요. 그렇지만 아이들에게 책으로 소개된 적은

없었지요. 그래서 내가 이 시리즈를 만들기 시작했어요.

Q: 어릴 때 동네에서 노예 시절을 기억하는 노인들을 만난 적이 있나요?

A: 아니요. 어린 시절에 내가 그 역사에 대해 얼마나 알고 얼마나 궁금해했나 싶어요. 알다시피, 우리가 자랄 때는 흑인 세계에 관한 건 집이나 동네에서 배울 수밖에 없었어요. 학교에서는 가르치지 않았으니까요. 흑인 작가나 예술가, 흑인의 역사에 대해 조금이나마 알게 된 것은 따로 찾아보았기 때문이에요. 내가 폴 로런스 던바[12], 카운티 컬런[13] 같은 이들의 시를 처음 알게 된 건 중고등학교 때예요. 시를 사랑해서 열심히 찾아본 덕분이지요. 요즘도 여행을 하다 보면 어떤 책은 쉽게 눈에 띄지만, 아직도 따로 주문을 해야 하는 책이 있더라고요. 내가 학교에서 강연할 때 다루는 흑인 시인들 대부분을 지금도 교사들은 잘 모르는 것 같아요. 혹 랭스턴 휴스[14]는 알까요? 요컨대 내 주장은 이거예요. '이들은 영어로 쓴다. 마음만 먹으면 얼마든지 작품을 구해 읽을 수 있다.' 나는 니키 조반니[15]의 시집, 《태양은 정말 고요하네The Sun Is So Quiet》(1996)에 삽화를 그렸어요. 스티븐슨과 필드가 쓴 동시의 전통 위에 확고히 자리 잡은 시집이지요. 그녀의 시는 매우 새롭고 독창적이지만, 많이 알려져 있지는 않아요.

---

[12] Paul Laurence Dunbar(1872~1906): 1890년대부터 1900년대 초반까지 많은 인기를 누렸던 아프리카계 미국인 시인, 소설가, 극작가.
[13] Countee Cullen(1903~1946): 미국의 시인, 소설가, 극작가, 아동 문학가. 1920년부터 1930년까지 아프리카계 미국인 음악, 무용, 문학, 연극, 패션, 정치, 학문 분야의 부흥기였던 '할렘 르네상스' 시기에 이름을 떨쳤다.
[14] Langston Hughes(1902~1967): 미국의 시인, 소설가, 극작가로 인종 차별에 저항하는 시를 많이 썼다. 카운티 컬런과 더불어 할렘 르네상스 시대에 이름을 떨쳤다.
[15] Nikki Giovanni(1943~2024): 전 세계적으로 알려진 아프리카계 미국인 시인이자 작가, 평론가, 사회 운동가. 인종 및 사회 문제에서부터 아동 문학에 이르기까지 다양한 주제 가지고 다양한 분야에 걸쳐 글을 쓴다. 〈니키 조반니의 시 모음The Nikki Giovanni Poetry Collection〉이라는 음반으로 그래미상 후보에 오르기도 했다.

Q: 폴 로런스 던바의 시에 대해 더 말씀해 주세요. 그의 시선집 《나는 새벽을 맞는다: 시들I Greet the Dawn: Poems》(1978)을 엮으셨지요?

A: 던바에게는 흑인 사투리로 시를 쓴다는 꼬리표가 따라다녀요. 그는 흑인 사투리로 쓴 시들 덕분에 유명해졌지만, 그런 시는 극히 일부에 지나지 않아요. 키츠와 셸리의 전통을 이어받은 다른 시들은 다 표준 영어로 쓰였어요. 매우 감동적이고 쉽게 와닿는 다른 시들이 젊은이들의 관심을 받을 수 있었으면 해서 시선집을 엮었어요.

Q: 《거북이는 네 이름을 알아Turtle Knows Your Name》(1989)나 《밤에는 귀가 있어The Night Has Ears》(1999)처럼 최근 몇 년 사이에 작업한 컬러 그림책의 그림 스타일에 대해서 좀 말씀해 주시겠어요?

A: 나는 정규 교육을 받은 예술가지만, 늘 정규 교육을 받지 못한 예술가인 것 같은 기분에 시달리곤 해요. 그래서 가끔은 전통 민속을 이어 가는 솜씨 좋은 장인처럼 작업을 하지요. 그런 식으로 작업을 하다 보면 야망이, 잘하고 싶다는 갈망이 줄어들어요. 지금 작업하는 것들이, 그리고 이미 작업한 것들이 썩 괜찮다는 걸 절로 알게 되거든요. 그런 식으로 스스로를 느슨하게 만드는 건 참 멋진 일이랍니다.

Q: 《거북이는 네 이름을 알아》를 편집자인 진 칼에게 헌정한 까닭은 무엇인가요?

A: 그녀는 나에게 책을 만들라며 정말 끈질기게 닦달했어요. 그 책에서 할머니가 어린아이의 이름을 알아내려고 쫓아다니는 것처럼 말이에요. 진은 그간 정말 잘해 주었어요. 그녀가 없었다면 내 책이 가족이나 친구들을 넘어 더 많은 독자에게 다가갈 수 있었을까 싶어요. 이 책은 내가 지금까지 50년 넘게 살았고, 모든 세대가 자라는 것을 본 이곳 메인주의 크랜베리섬

에 사는 어린 소년에게 헌정하는 것이기도 해요. 여러 가지 면에서 이 섬의 분위기는 내가 자란 동네와 상당히 닮았어요.

Q: 낮에는 회화 작업을 하고, 밤에는 일러스트레이션 작업을 하는 걸 좋아하신다는 글을 읽은 적이 있어요. 시간을 그렇게 나눈 이유가 있나요?

A: 내 작업의 중심은 회화에 있어요. 화가로서 나는 풍경을 직접 보고 그리는 것을 좋아해요. 메인주에서는 봄부터 10월 말까지 정원이나 바닷가에서 그림을 그릴 수 있어요. 내 책들은 회화에 대한 사랑에서 뻗어 나온 곁가지들이에요. 예술사를 보면 화가들이 글에서 자라난 그림을 사랑한다는 것을 알 수 있어요. 박물관의 많은 예술 작품이 성서든 신화든 역사든 책에서 나온 것들이지요. 책을 읽는 사람들은 누구나 이미지를 마음속에 그리곤 해요. 예술가는 그것들을 실제로 그리고 싶어 하고요. 그래서 나는 늘 회화와 책 중 어느 한쪽에 치우치지 않으려고 노력해요.

Q: 전에 살던 사우스 브롱크스에 다시 가 본 적이 있으신가요?

A: 뉴욕에 갈 때면 들러요. 지금도 가족과 친구들이 그곳에 살고 있거든요. 10년 전쯤에 내가 어린 시절 대부분을 보냈던 세인트 존 복음주의 루터 교회에 불이 났어요. 앞서 말한 높은 궁륭 천장에 독일이나 이탈리아에서 가져온 스테인드글라스 창문이 달린 아름답고 큰 교회 말이에요. 스테인드글라스 창문에는 금발과 흑갈색 머리를 한 사람들이 나오는 성경 이야기가 담겨 있었지요. 그런데 불이 나면서 부활 장면이 담긴 제단 위의 큰 창이 녹아내리고 말았어요. 나는 늘 멀리서 교회를 후원했는데, 그 화재 이후 교회에서 내게 새 창문 디자인을 맡기더군요. 여기 바닷가에서 주운 유리 조각을 가지고 여러 해 동안 작업도 해 왔고 나만의 작은 창문도 만들어 보긴

했지만, 스테인드글라스는 만들어 본 적이 없었어요. 그런 기회를 맞으니 가슴이 떨리더라고요. 나는 흑인 그리스도가 향유를 든 마리아 세 명이 둘러싼 무덤에서 부활하는 모습을 디자인했어요. 세 마리아의 피부색도 아프리카계 미국인들의 다양한 피부색을 나타내려고 각기 다른 톤의 검은색을 썼어요. 이제 내가 만든 창문은 그 교회 안에서 다른 모든 창문들과 함께 빛나고 있답니다.

존 버닝햄
John Burningham

1936년 출생, 영국 서리주 파넘
2019년 사망, 영국 런던

"내 진정한 관심사는 풍경과 빛에 있다." 존 버닝햄은 예술가인 자신에 대해 이렇게 밝혔다. 온 가족이 경제적 어려움 때문에 기묘한 유랑 생활을 하던 2차 대전 당시, 자연은 그가 아는 첫 놀이터였다. 당시 그의 가족은 런던 남서부에 있는 소박한 집을 세주고는 이동식 주택을 끌고 영국 시골을 떠돌아다녔다. 그의 부모님은 이리저리 떠돌던 중에 어린이의 창의성을 강조하는 색다른 교육 이론에 흥미를 느끼게 되었다. 결국 존은 열여덟 살이 되기까지 아홉 군데나 되는 대안 학교를 다녔으며, 몇몇 학교에서는 기숙사 생활을 하기도 했다. 그러나 그는 어디에 있든 그림을 그렸다.

청년이 된 존은 양심적 병역 거부자 명단에 이름을 올리고 머나먼 곳으로 모험을 떠났다. 스코틀랜드, 이탈리아, 이스라엘에서 대체 복무를 한 것이다. 그런 다음 런던의 센트럴 예술 학교[1]에 등록해서 그림 솜씨를 갈고닦았다. 무대 디자인을 공부하던 미래의 아내 헬렌 옥슨버리도 이곳에서 만났다.

1960년대 초, 런던은 젊음의 문화가 폭발하던 세계적인 중심지였다. 비틀스와 롤링스톤스, 모드족[2]의 카너비 스트리트 패션[3], 무지개색 안경을 쓰고 삶을 보는 그래픽 아트에 대한 새로운 접근들이 모두 런던에서 시작되었다. 존 버닝햄은 어린이책 예술에 몸담으려는 생각이 전혀 없이 런던에 왔다. 그러나 기획력이 뛰어난 데다 따스한 격려를 아끼지 않는 편집자와 만나면서 일단 그쪽으로 방향을 잡았다. 그리고 첫 번째 작품으로 여러 상과 큰 칭찬을 받으면서, 그의 운명은 순식간에 결정되었다.

---

[1] 현 센트럴 세인트 마틴 예술 대학.
[2] 1960년대에 제2차 세계 대전 이후 인력 부족으로 일찍 일을 시작한 영국 청소년들이 만들어 낸 서브컬처. 모드Mod라는 말은 모던 재즈 팬을 일컫는 '모더니스트modernists'에서 비롯되었다.
[3] 1960년대 영국 런던의 카너비 거리에서 퍼져 나간 모드족의 옷차림. 화려한 군복풍의 재킷, 특이한 날염 디자인의 셔츠와 스카프, 좁은 바지, 미니스커트, 부츠 따위가 대표적인 아이템이다. 가수 비틀스를 통해 널리 알려졌다.

나는 2009년 12월 21일, 존 버닝햄과 전화 통화를 했다. 오만가지가 뒤죽박죽 즐겁게 넘쳐나는 햄스테드의 빅토리아풍 집에 살던 그와 그의 아내를 방문한 지 거의 20년 만의 일이었다(헬렌 옥슨버리와는 최근 뉴욕에서 인터뷰를 했다). 이번 대화는 그의 회고록 《존 버닝햄-나의 그림책 이야기》(이 책은 이렇게 끝난다. "1부는 여기까지입니다. 나의 그림책 이야기는 계속됩니다.")가 갓 출간되고 그의 활동 전반을 담은 전시회가 에든버러의 도브코트 스튜디오에서 열린 상황에서 이루어졌다. 그가 평생에 걸친 예술 작업과 스토리텔링을 돌아보며 적잖이 감상에 젖은 것은 그리 놀랄 일도 아니다.

레너드 S. 마커스: 어릴 때부터 그림 그리는 것을 좋아하셨나요?

존 버닝햄: 많이 그렸지요. 다행히 환경도 좋았어요. 많은 경우, 특히 학교에서 아이들은 그렇게 운이 좋지 않아요. 기껏해야 질 나쁜 종이 한 장에 딱딱한 크레용 두어 개를 주고 이래라저래라 하잖아요. 그러면 그림을 그릴 기분이 안 들겠지요.

Q: 부모님이 격려해 주셨나요?

A: 네, 우리 어머니는 그림을 꽤 잘 그리셨어요. 예술가가 되셨어야 하는데, 그 당시만 해도 여자는 엄마가 되어야 하고 직업을 갖는 것도 바람직하지 않다고 여겼어요. 참 안타까운 일이에요.

Q: 가족들이 이사를 아주 많이 다니고, 한동안 이동식 주택에서 살기도 했다고 알고 있어요. 요즘에 낡은 물건들, 이를테면 오래된 건물의 파편까지 열심히 모으시던데, 혹시 떠돌며 살던 어린 시절과 관련이 있나요?

A: 아마도요. 나는 늘 그런 물건들을 찾아다녀요. 최근에는 이베이에서 예술을 상징하는 젊은 여성들을 조각한 두상 네 개를 샀어요. 조각가가 누군지 알아내고 싶었지요. 재능이 뛰어난 것 같아서요.

Q: 어릴 때 이사도 자주 다녔지만, 학교도 꽤 많이 거치셨지요. 그중에는 영국의 유명한 대안 학교인 서머힐도 있었고요. 서머힐을 세운 A. S. 닐[4]을 좋아하셨나요?

A: 네, 좋아했어요. 매우 훌륭한 분이었죠.

Q: 서머힐에 다닐 때 식품 저장고 열쇠를 훔친 적이 있으시죠? 닐은 교사나 어른들이 흔히 보이는 것과는 다른 반응을 보인 걸로 알고 있어요.

A: 권위주의와 처벌보다는 사랑을 통해 결실을 맺는다는 게 그분 생각이었어요. 나는 그분이 옳았다고 생각해요. 그분은 열쇠를 돌려받으려 하셨지만, 매우 온화한 태도였고 벌을 줄 필요가 없다고 생각하셨어요. 사람 속을 꿰뚫어 볼 수 있는 분이었어요. 그런 분에게 거짓말을 하는 건 매우 어려운 일이에요. 우리 속을 훤히 들여다보고 계셨으니까요. 우리는 그런 점을 존경했고, 다시는 열쇠를 훔치지 않았어요.

Q: 닐이 사건을 다루는 방식을 보니 《검피 아저씨의 뱃놀이》(1970)에서 배가 뒤집혔을 때 아저씨의 반응이 떠오르네요. 검피 아저씨는 배에 탄 아이들과 동물들에게 배를 흔들지 말라고 미리 말하지만 다들 흔들어 대지요. 그런데도 야단치지 않아요. 심지어 모두 물에 빠져서 흠뻑 젖었

---

4 Alexander Sutherland Neill(1883~1973): 스코틀랜드의 교육자이자 작가. 1924년 대안 학교 서머힐을 설립하여 아동의 요구를 존중하는 자유주의 교육을 실천했다. 서머힐은 진보적이고 반문화적인 이념으로 1930년대, 그리고 1960~1970년대에 걸쳐 전 세계적인 관심을 끌었다

지만 그냥 넘어가고, 오히려 모두에게 차를 대접하지요. A. S. 닐과 검피 아저씨가 닮은 것 같지 않나요?

A: 그럴 수도 있겠군요.

Q: 어릴 때 집에 책이 있었나요?

A: 랜돌프 콜더컷의 그림책과 내 우상 중 하나인 세실 올딘[5]이 삽화를 그린 책이 있었어요. 그의 드로잉은 정말 굉장했지요! 어머니는 내게 책을 읽어 주곤 했어요. 다행히 우리 집엔 텔레비전이 없었어요.

Q: 일러스트레이터가 된 뒤, 콜더컷의 책이나 어릴 때 좋아했던 다른 책들을 자세히 들여다본 적이 있나요?

A: 아니요. 안 그랬던 것 같아요. 헬렌과 나는 우리 집 벽에 콜더컷의 복제화들을 붙여 놓았어요. 나는 그의 드로잉 솜씨를 존경해요. 하지만 나는 누구의 그림도 자세히 들여다보지 않아요. 그런 다음 그림을 치워 버리고 '이제 나도 그렇게 그려 봐야지.' 하는 일은 없어요.

Q: 영향을 주었거나 격려해 준 선생님이 계셨나요?

A: 헬렌과 내가 다녔던 런던의 센트럴 예술 학교에는 좋은 선생님이 몇 분 계셨어요. 그 학교에는 현역 예술가로 활동하는 강사들이 많았어요. 온종일 가르치기만 하느라 진부해지는 일이 없는 분들이라서 참 좋았어요. 예술을 가르치는 건 결코 쉽지 않아요. 수학 같은 것과 달리 정해진 규칙이 없으니까요.

---

5 Cecil Charles Windsor Aldin(1870~1935): 동물, 스포츠, 시골 생활을 소재로 한 작품으로 널리 알려진 영국의 화가이자 일러스트레이터.

Q: 제2차 세계 대전 이후, 한동안 영국에는 모든 것을 다시 시작하려는 분위기가 있었지요? 예술을 하는 새로운 방법을 찾으려는 분위기도 있었고요.

A: 네, 나는 1960년대에 일을 시작해서 다행이었어요. 우리는 제2차 세계 대전과 1950년대의 우울한 족쇄를 벗어던지려 하고 있었어요. 나라에서 배급 받아 살아가던 그 암울한 시기의 족쇄 말이에요. 그런 우리 앞에 갑자기 비틀스가 나타났어요! 모든 곳에 활기에 넘치고, 무엇이든 가능하다고 느꼈어요. 그건 참 좋은 느낌이었어요. 나는 운 좋게 그 시절에 속해 있었지요.

Q: 그 느낌을 색으로 표현하신 거군요.

A: 내 첫 그림책인 《깃털 없는 기러기 보르카》(1963)는 영국에서 처음으로 출간된 컬러 그림책 중 하나였지요.

Q: 그 책의 주인공과 본인이 좀 비슷하다고 느끼셨을 것 같네요. 이상한 새라도 아무 문제 없는 런던으로 간 이상한 새 말이에요.

A: 또 이 말을 하게 되네요. 그럴 수도 있겠군요. 《깃털 없는 기러기 보르카》가 케이트 그리너웨이상을 받고 큰 성공을 거두자 편집자가 말했어요. "우리 또 하나 만들어 볼까요?" 거절할 이유도 없어서, 계속 그림책을 만들기로 했어요. 곧이어 이언 플레밍[6]의 《치티치티 뱅뱅: 하늘을 나는 자동차》(1964)에 그림을 그려 달라는 의뢰를 받았어요. 별로 알려지지 않은 일러스트레이터로서는 엄청난 성공을 거둔 셈이지요.

Q: 그 무렵 런던 교통 공사의 의뢰로 포스터도 디자인하셨지요. 포스터

---

6 Ian Fleming(1908~1964): 전 세계적으로 1억 부 이상 판매된 스파이 소설 '007 시리즈'를 쓴 영국의 작가.

제작은 그림책을 만드는 데 도움이 되었나요?

A: 그다지요. 포스터를 의뢰하는 사람들은 대개 매우 소심해요. 포스터가 성공하면 온갖 칭찬을 받겠지만, 반응이 없으면 해고될지도 모른다는 것을 잘 알고 있거든요. 그래서 그 누구도 작가에게 독창적으로 해 보라는 말을 먼저 하려 들지 않았어요. 늘 그런 식이라 좀 안타까웠어요.

반면에 내가 처음 그림책 작업을 시작했을 때 함께한 편집자는 자기가 모든 책임을 지려는 매우 똑똑한 사람이었어요. 그(조너선 케이프 출판사의 톰 마슐러)는 말하곤 했지요. "자, 책을 한 권 합시다." 내가 《우리 할아버지》(1985)를 작업할 때 곧장 레이먼드 브리그스의 《눈사람 아저씨》를 만화 영화로 만든 존 코츠에게 전화를 걸어서 말했어요. "코츠 씨, 코츠 씨네 다음 영화가 길에 떨어져 있기에 주웠어요. 지금 와서 한번 보실래요?" 그러자 근처에서 일하던 코츠 씨가 바로 들러서 "그러네, 자네 말이 맞아!"라고 하고는 사라졌어요. 톰은 그런 쪽으로 안목이 있었어요. 존 레논에게 시를 쓰게 한 적도 있지요. 그런 사람과 함께 일해서 운이 좋았지 뭐예요.

Q: 1960년대에 뉴욕을 방문하셨지요? 굉장한 경험이었겠군요.

A: 아주 잠깐 머물렀는데, 좀 더 있고 싶은 마음이 들었어요. 그러나 아파트 16층에 살고 싶지는 않았어요. 한 발짝만 나가면 정원인 게 좋거든요! 그 무렵 모리스 센닥이 활동을 시작했고, 푸시 핀 스튜디오Push Pin Studios[7]에서 뛰어난 그래픽 디자인이 나오고 있었어요. 그때 진짜 멋진 것들은 뉴욕에서 나왔어요. 뉴욕이 런던보다 훨씬 활기찼을 거예요.

---

[7] 1954년 '아이 러브 뉴욕I♥NY' 로고를 만든 그래픽 디자이너 밀턴 글레이저Milton Glaser와 시모어 퀘스트Seymour Chwast가 설립한 그래픽 디자인 및 일러스트 스튜디오. 기능적이고 단순한 것을 추구하던 모더니즘 최전성기에 르네상스 회화부터 20세기 초 유행했던 아르누보 스타일까지 역사적인 요소를 자유롭게 결합한 새로운 디자인을 선보였다.

Q: 선생님만큼 다양한 매체를 써서 작업한 일러스트레이터도 드물 거예요. 이야기에 어울리는 그림 스타일을 정하기 위해 프로젝트 초반에 실험을 하시나요?

A: 목적이 따로 있지 않은 한, 같은 일을 되풀이하지 않는 편이에요. 다양한 매체를 써야 도전 정신이 생기고, 그림도 더 재미있어지지 않겠어요.

Q: 때때로 부모가 말하는 장면과 아이가 상상하는 장면을 각기 다른 매체를 써서 보여 주기도 하셨지요. 셜리 책, 그러니까 《셜리야, 물가에 가지 마!》(1977년)와 《셜리야, 목욕은 이제 그만!》(1978)에서처럼요.

A: 네, 맞아요. 그 책에서는 당연히 두 세계를 나란히 놓고 보여 주는 게 목적이었지요.

Q: 검피 아저씨 책, 그러니까 《검피 아저씨의 뱃놀이》(1973년)와 《검피 아저씨의 드라이브》(1978)에서는 동물을 회화적이고 감각적으로 표현하셨지요. 그런데 펼친 면의 한쪽은 그냥 선화로 표현하셨어요.

A: 처음에는 모든 그림을 채색했는데, 나중에 보니 한쪽을 단색으로 처리하는 게 훨씬 더 강렬할 거라는 확신이 들었어요. 이렇게 하면 직접 가서 보고 싶은 마음이 드니까요. 그림을 그리는 것은 대화를 해 나가는 것과 비슷해요. 즉, 수백 가지 색깔과 무늬를 쓸 수 있다 한들, 초기의 목적을 이루지 못하면 무슨 소용이겠어요. 어떤 사람들은 쉴 새 없이 말을 늘어놓아요. 그건 대개 불안하다는 신호예요. 그들은 침묵을 두려워해요. 잠깐의 공백도 참지 못해요. 흔히들 그림에 색을 많이 쓰면 쓸수록 아이들이 좋아할 거라고 착각하는데, 외려 지루해하기 십상이에요. 아이들은 정말 굉장해요. 지겹다 싶으면 솔직히 드러내거든요.

Q: 어린이들에게서 편지를 많이 받으시나요?

A: 아이들에게 편지를 받긴 받지만, 다행히도 내가 주로 만드는 책의 주요 독자층은 편지를 '쓰는' 나이대가 아니에요. 만약 열두세 살짜리들이 주요 독자층이라면 비서를 세 명쯤 두어야 했을 거예요. 나는 그런 처지에 놓인 사람들을 좀 알지요. 그건 매우 감사한 일이지만…… 아이고! 교사들도 편지를 많이 보내긴 해요.

Q: 부모들은 어떤가요? 셜리 책을 비롯한 다른 책에서, 선생님은 아이들뿐 아니라 부모의 관점도 보여 주곤 하시지요. 《마법 침대》(2003)에는 아침에 아이의 침대가 젖어 있는 이유에 대해 긴장을 풀어 주며 재미나게 설명하는 장면이 있어요. 침대에 오줌을 싼다고 너무 걱정하지 않아도 된다며 아이와 부모 모두를 안심시키지요.

A: 음, 부모 노릇은 참 힘들어요.

Q: 초기작인 《험버트의 아주 특별한 하루》(1965)를 보니, 선생님이 낡고 버려진 것에 관심이 많다는 사실이 새삼 떠오르는군요. 그 책의 주인공은 고철을 수집하며 그날그날 살아가지요. 선생님은 어떤 면에서 사람들이 낭비가 심하다고 생각하시는 것 같아요.

A: 글쎄요, 그런 것 같군요. 그런데 그 책은 내가 전에 살던 거리에서 자주 보던, 마차로 고철을 나르는 사람에 대한 이야기일 뿐이에요. 그런 면에서 저절로 써진 거나 다름없는 책이지요.

Q: 선생님은 자서전에서 아주 오래된 나무 식탁에 대해 애틋하게 이야기하신 적이 있지요. 그리고 그런 오래된 식탁에 담겨 있을 법한 이야기들도요. 낡은 물건을 모으시는 건 그것에 담긴 이야기와 관련이 있

나요?

A: 글쎄요, 그런 게 전해 내려오는 물건의 매력 아닐까요? 이야기가 담겨 있는 점 말이에요.

Q: 《마법 침대》는 고물상에서 산 낡은 침대에 대한 이야기잖아요. 그러고 보니 이야기를 꾸며 내기에는 가구점에서 산 새 침대보다 고물상에서 산 헌 침대가 훨씬 나을 것 같네요.

A: 그래요, 맞는 말씀이네요!

Q: 《뭔 소리야?Whaddayamean》(1999)에서 선생님은 어린이들에게 환경의 미래처럼 모두에게 중요한 문제에 대해서는 목소리를 높여야 한다고 하셨어요. 어린이들의 역할이 있다고 말씀하시는 것 같아요. 어린이책에서 강요하거나 무거운 느낌 없이 이런 이야기를 하기는 쉽지 않은 것 같아요. 안 그런가요?

A: 상당히 까다롭지요. 많은 시도가 있었지만, 가장 뛰어나면서도 성공적인 책은 환경 오염과 파괴에 대해 일찍이 문제 제기를 한 《로렉스The Lorax》[8]라고 생각합니다. 그야말로 논쟁의 여지가 없어요. 《뭔 소리야?》의 첫 번째 문제는 신에 대해 얘기하고 있다는 것, 두 번째는 신이 남성인지 여성인지 밝히고 싶지 않다는 점이었어요. 그 책은 논란이 엄청났죠! 그래도 나는 그 책이 꽤 마음에 들어요.

Q: 선생님은 작품을 만들 때 주변 경관에서 많은 영향을 받으신다면서요. 《야, 우리 기차에서 내려!》(1989)를 만들 때도 마찬가지였나요?

---

[8] 1971년에 출간된 닥터 수스의 그림책으로 지속 가능성과 환경 보호에 관한 내용을 담고 있다.

A: 그 책은 일본 오사카에서 열린 세계 박람회 엑스포 90을 위해 의뢰받은 것이었어요. 작업 준비 과정에서 나는 일본 남부의 믿을 수 없을 만큼 아름다운 국립 공원을 가로지르며 흐르는 강에 매료되었어요. 그 책의 그림은 그때 본 풍경을 바탕으로 그린 거예요.

Q: 미술관에서 풍경화를 보면서 시간을 보낼 때가 많으신가요?

A: 나는 미술관에 잘 가지 않아요. 사람이 너무 많아요! 사람이 너무 신경 쓰여서 그림에 집중할 수가 없어요.

Q: 최근에 미술관에서 작품 전시회를 여셨는데, 잘 되었는지요?

A: 시기가 좋았던 것 같아요. 나는 그림책 원화뿐 아니라 포스터와 이른바 성인 책(이 말은 들을 때마다 좀 어색해요.)에 그린 삽화도 넣고 싶었어요.

Q: 책의 틀에 갇혀 있던 그림을 액자에 끼워 박물관 벽에 걸면 달라진다고 생각하시나요?

A: 글쎄요, 그래야 할 것 같네요. 일러스트레이터의 작업은 대개 일종의 시각적 정점을 만들어 내는 과정이니까요. 책에 그림을 그리는 건 페이지마다 큰 소리를 내는 게 아니에요. 음악에 빗대면 조용한 악장 같다고나 할까요. 원래 의도했던 맥락에서 끄집어내 액자에 끼운다고 도드라져 보이리란 보장이 없지요. 그런데도 대체로는 기대했던 것 이상의 효과를 내니 신기하긴 해요.

Q: 최근에 처음으로 헬렌과 함께 그림책 《동생이 태어날 거야》(2010)를 만드셨지요?

A: 헬렌은 그림하고만, 나는 그저 글하고만 씨름하면 되니 정말 좋더군

요. 비록 다른 많은 프로젝트처럼 최소한의 글만 남을 때까지 수없이 고쳐 쓰는 과정을 거쳤지만 말이에요.

Q: 《비밀 파티》(2009)의 그림 일부는 스케치북의 드로잉 같아요. 그간 펴낸 책들 중에서 가장 힘을 뺀 그림인 것 같아요.

A: 나는 그 책이 좋아요. 그러나 개들을 묘사한 장면이 좀 아쉬워요. 나는 그 개들이 썩 마음에 들지만, 한 마리는 좀 바꾸고 싶었어요. 처음에는 모두 담배를 피우는 모습으로 그렸는데, 이제는 그런 게 완전히 금지되었다는 말을 들었어요. 그러면 그중 한 마리를 휴대폰을 들여다보는 모습으로 그려야겠다 싶었지요. 하지만 드로잉에 진절머리가 나서 다시 그릴 수가 없었어요. 지금 보기엔 아주 작고 사소한 부분이지만, 휴대폰을 들고 있는 개를 못 그린 게 아직도 아쉬워요.

에릭 칼
Eric Carle

1929년 출생, 미국 뉴욕주 시러큐스
2021년 사망, 미국 메사추세츠주 노샘프턴

에릭 칼의 그림책마다 환하게 빛나는 레몬색 태양은 언뜻 보면 유치원 아이가 그린 게 아닐까 싶다. 이것은 우연이 아니다. 칼의 그림에서 보이는 아이 같은 단순함은 능수능란하게 연출된 것이다. 어린이들이 온전히 자기 것이라고 느끼는 책을 만들기 위해 세심하게 다듬은 다른 모든 요소처럼 말이다.

칼은 독일에서 디자인을 전공하며 근대적인 응용 미술의 전통과 관행에 입문했다. 그것은 제2차 세계 대전을 전후로 수십 년 동안 서체에서부터 식기, 건축에 이르기까지 인간이 만든 모든 것을 간소화한 심미적 경향이다. 순수하게 디자인적 측면에서 볼 때 칼의 그림책의 시원스러운 여백과 세련된 레이아웃은 그림책 《넌 할 수 있어, 꼬마 기관차》(1976)보다는 현대 미술관에 걸린 그림들과 훨씬 더 공통점이 많다. 그럼에도 칼은 부드러운 우화가 전하는 삶의 교훈들을 통해 어린 독자에게 다가간다. 노동의 가치, 우정의 중요성, 그리고 애벌레의 변신이라는 일상의 기적에 대한 이야기가 집에서 학교로 삶의 무대가 바뀌어 가는 어린이들에게 특별한 의미를 지닌다고 믿기 때문이다.

칼은 꼼꼼하고 활기찬 사람이다. 커다란 작업실의 한쪽에서는 컴퓨터와 스캐너가 신기술을 자랑하며 윙윙거리고 달가닥거린다. 그리고 다른 쪽에서는 종이와 펜과 붓으로 작업하는 예술가들이 수백 년 동안 내 온 오래된 소리, 그러니까 바스락거리고 서걱거리는 소리가 난다. 이 인터뷰는 1994년 7월 28일 매사추세츠 서부 버크셔산에 있는 칼의 여름 별장에서 진행되었다. 당시 그는 내가 서문을 쓴 자전적 에세이 《아트 오브 에릭 칼》(1996)을 위한 자료를 정리하느라 바빴다. 훨씬 더 야심찬 프로젝트도 기다리고 있었다. 그것은 그림책이 예술의 한 형태라는 사실을 증명하기 위해, 매사추세츠주 애머스트에 에릭 칼 그림책 미술관을 건립하는 일이었다.

레너드 S. 마커스: 아버님도 그림 그리는 것을 좋아하셨다고 쓰신 글을 봤어요. 어떤 그림을 주로 그리셨나요?

에릭 칼: 어린 나를 재미있게 해 주려고, 지금 내가 하는 것처럼 나무와 동물과 때로는 사람들을 그리면서 이야기해 주시곤 했어요. 이를테면 "아, 여왕벌은 다른 벌보다 조금 더 크지." 하고 말씀하셨어요. 그러고는 벌떼를 그린 뒤 가장 큰 벌을 가리키면서 그러셨죠. "이게 여왕벌이란다."

Q: 아버님이 예술가가 되고 싶었다고 하신 적이 있나요?
A: 네, 그랬어요. 그런데 할아버지가 허락하지 않으셨지요.

Q: 1학년 때 담임 선생님이 어머니께 "아드님에겐 예술적 재능이 있다."고 말씀하신 뒤부터, 이런 일을 하겠다고 생각하신 건가요?
A: 그 나이 때는 그런 식으로 생각하지 않았어요. 하지만 그전부터도 그림 그리는 게 재미있고 아주 만족스럽다고 느꼈어요.

그 무렵의 내 생활에 대해서는 기억이 어렴풋해요. 얼마 전에 시러큐스에 강연을 하러 갔는데, 우리 선생님의 조카가 들으러 왔어요. 다음 날, 함께 옛 학교에 가 봤더니, 아파트가 되었더군요!

　나는 우리 교실 창문으로 빛이 흘러 들어오던 기억에 대해 쓴 적이 있어요. 아름다움을 경험한 최초의 기억이라고나 할까요? 지난번에 갔을 때 비로소 왜 빛이 그런 느낌으로 기억되었는지를 깨달았어요. 학교 건물은 동산 위에 있었어요. 주변에 나무나 집이 없으니, 창문으로 들어오는 빛이 그토록 강렬했던 거예요. 집과 나무로 둘러싸인 길을 따라 올라가다 보면 갑자기 학교 건물이 나타나거든요. 주변에는 아무것도 없고 말이에요. 다섯 살짜리가 그 경험을 그토록 인상적으로 느꼈다는 게 신기해요.

Q: 1학년 때의 기억이 또 있나요?

A: 지금도 그곳을 산책하던 기억이 나요. 붓과 종이와 물감, 그리고 내가 그린 커다랗고 알록달록한 그림도요. 우리 선생님은 여자였는데, 어떻게 생겼는지도 젊었는지 늙었는지도 기억이 안 나요. 그러나 지금까지도 왠지 모르게 그분의 영향력과 존재감을 느끼고 있어요.

그때부터 줄곧 나는 예술가가 될 거라고 생각했어요. 그때는 '예술가'라는 말은 안 했겠지요. 그냥 어른이 되면 먹고살기 위해 일해야 할 테고, 붓과 연필과 종이를 가지고 그림을 그리는 일을 할 거라고만 생각했어요. 그때는 그렇게 표현했을 거예요.

Q: 집에서 독일어를 썼나요?

A: 부모님은 독일어로 말씀하셨지만, 나는 영어로 대답했어요. 우리가 독일에 돌아갔을 때, 나는 친척들의 말을 알아 듣긴 했지만 대답은 못 했어요.

Q: 아, 그랬군요! (둘 다 웃음)

A: 하지만 독일어는 금방 늘었답니다.

Q: 선생님 가족이 독일로 건너간 게 1학년을 마치고 난 뒤였나요?

A: 나중에 알고 보니, 시러큐스에서는 1학년 1학기만 다녔더라고요. 최근에 1학년 때 성적표를 발견하고 알았어요. 우리 선생님 성함이 미스 프리키였더군요.

Q: 집에 어린이책이 많았나요?

에릭 칼 —— 117

A: 아니요, 없었어요. 미키 마우스 책 한 권만 있었다고 기억해요. 나는 〈플래쉬 고든Flash Gordon〉[1] 시리즈를 무척 좋아했어요. 지금은 수집가들의 애장품이 된 그 작고 두꺼운 책들 말이에요. 나는 플래쉬 고든에게 푹 빠져 있었고, 이 이야기에 나오는 아름다운 여자들은 더 좋아했어요! 그는 늘 위험에 처한 아가씨들을 구하고 있었지요. 어떤 장면들은 처음 봤을 때처럼 또렷하게 기억이 나요.

어느 장면에서 플래쉬 고든이 비행기를 타고 여행하는데, 날개 위로 운석이 날아들어요. 비행기에는 아름다운 아가씨도 타고 있었는데, 낙하산이 하나밖에 없어요. 그래서 플래시 고든이 그녀를 꼭 껴안고 낙하산을 타고 내려가지요. 겨우 네다섯 살 나이에도 그런 게 좋았어요!

Q: 영화관에도 갔나요?

A: 그럼요. 아버지는 자연에 대한 영화라면 빠짐없이 나를 데리고 보러 다니셨어요. 아버지는 동물을 좋아하셨어요. 나를 데리고 숲을 산책하는 것도 좋아하셨죠. 부모님은 시러큐스에서 살 때 자연 동호회에 가입했고, 주말마다 온 가족이 통나무집과 보트가 있는 핑거 레이크에 가곤 했어요. 한 번은 내가 뱀을 잡았는데, 다른 어른들은 벌벌 떨었어요. 그러자 아버지가 나서서 독이 없는 가터뱀이라고 설명해 주셨지요.

Q: 그러고 보니 선생님 책에는 가끔 뱀이 나와요. 아주 무섭지는 않지만, 보통은 보는 순간 깜짝 놀라게 돼요.

A: 그래요, 그럴 것 같긴 해요.

---

[1] 미국의 만화가 알렉스 레이먼드가 그린 공상 과학 만화 또는 그 주인공.

Q: 방금 뱀 사건을 얘기하시니 든 생각인데, 어릴 때 어른들을 놀리는 게 재미있으셨나 봅니다.

A: 아마도요! (둘 다 웃음) 모든 어린이들은 그런 짓을 좋아하죠. 독일은 여기보다 숲이 잘 가꿔져 있어서, 숲속으로 굽이굽이 난 오솔길을 따라가다 보면 아름다운 목초지가 나타나요. 독일에 살 때는 주말마다 온 가족이 하이킹을 가곤 했지요. 그런데 내가 열 살 나던 해에 아버지가 그만 제2차 세계 대전에 징집되고 말았어요. 우리 집 뒤로 조금만 걸어 내려가면 개울이 나오고, 개울을 따라가다 보면 목초지가 나오고, 그다음에는 숲으로 접어들었어요. 계속 가다 보면 성이 나타났지요.

Q: 환상적으로 들리네요. 독일 동화 같기도 하고요. 부모님과 친구 분들이 함께 누렸던 자연에 대한 사랑에는 영적인 면이 있었나요?

A: 우리 어머니는 꽤 실제적이고 현실적인 타입이었지만, 지금 생각해 보니 아버지는 매우 영적인 분이었어요. 당시에는 몰랐지만요. 또 매우 지적이고 야망이 없는 편이었지요.

Q: 아버님은 자신의 직업에 만족하셨나요?

A: 아버지는 시의 보건과 직원이었는데, 그 일을 특별히 좋아하셨던 것 같진 않아요. 사실 지루한 일이잖아요. 하지만 아버지는 사람들을 좋아했고 사람들도 아버지를 좋아해서 견디셨던 것 같아요. 나머지는 늘 하는 일이었고요. 그 일로 집세를 냈지요.

Q: 부모님은 전통적인 의미에서 종교적이었나요?

A: 아니요, 우리는 개신교 집안이었어요. 하지만 우리 식구 중 아무도 교회에 다니지 않았어요. 조부모님들조차도요. 사실 나는 세례도 안 받았

어요. 종교는 우리에게 아무 의미도 없었어요. 우리는 그것을 숭배하지도, 경멸하지도 않았어요. 그저 무의미하게 여길 뿐이었지요.

어쩌다 보니 우리는 교회 바로 옆에 살았고, 가끔 목사님이 지나가다가 어머니와 잡담을 나누곤 하셨지요. 우리 어머니는 늘 목사님에게 5마르크를 헌금했어요. 교회에 다니지 않는 자기 죄를 사해 달라는 의미였던 것 같아요. (둘 다 웃음)

Q: 선생님이 독일로 돌아갔을 때, 미국에는 독일인이 많았지요. 독일에는 미국에서 갓 돌아온 사람들이 있었고요. 그러다 보니 전쟁이 다가오고 발발하기까지 두 나라는 생각보다 더 밀접하게 이어져 있었지요.

A: 네, 정말 그랬어요. 우리가 살던 슈투트가르트 교외에는 미국에서 독일로 되돌아온 친척이 있는 사람들이 아주 많았어요. 아버지는 독일로 돌아갈 마음이 없었어요. 하지만 1934년에 우리 친할머니가 시러큐스에 다녀가신 뒤, 어머니가 향수병에 걸리셨어요. 그래서 돌아가기로 결정한 거예요. 물론 부모님도 나중엔 후회하셨지요.

Q: 선생님은 새 학교가 시러큐스에서 다니던 학교와 매우 달랐다고 쓰셨어요.

A: 네, 새로운 나라의 학교가 정말 싫었어요.

Q: 어떻게 적응하셨나요?

A: 잘 스며들어 있었거든요. 사실 선생님들은 내 존재를 거의 몰랐어요. 그 학교의 교육 철학 중에는 체벌이 있었어요. 나는 체벌에 대해 신경을 끄고 "이 또한 지나가리라." 하기로 마음먹었어요.

Q: 어릴 때 독일 고전 어린이 그림책인 《더벅머리 페터》를 보셨죠? 정말 무시무시하다고 생각하든 정말 웃기다고 생각하든, 독자들은 언제나 이 책에 열광적인 반응을 보였어요.

A: 나는 그 책을 참 좋아했어요. 대부분의 아동 심리학자들과 정신과 의사, 교육자, 그러니까 공직에 있는 사람들은 그 책에 반대해요. 아이들은 아주 좋아하고요. 그 책은 충격적이고, 잔인하고, 공포스럽고, 지나치게 과장된 부분이 많아요. 엄지가 잘리는 아이도 있고, 불에 타 죽는 아이도 있고, 심지어 굶어 죽는 아이도 있지요! 그런데 어린이에게 유머를 구사할 때는 에둘러서 하면 안 돼요. 어린이들은 이렇게 등골이 오싹해지는 '값싼 스릴'을 즐겨요. 속으로는 이런 이야기들이 지어낸 것이며, 유머와 잔인한 묘사, 무시무시한 괴물들은 그저 상상 속에만 있다는 것을 알고 있거든요. 에둘러서 표현하면 오히려 혼란스러워 할 수도 있어요. 유머는 슬랩스틱으로 표현해야 해요. 그리고 《더벅머리 페터》는 슬랩스틱이에요. 〈미키 마우스〉나 〈플래시 고든〉과 마찬가지죠. 그 책은 과장이 심해서 아이들은 그게 현실이 아니라는 것을 알아요. 과장은 긴장을 완화시켜 줘요. 《괴물들이 사는 나라》도 마찬가지랍니다.

Q: 《수탉의 세상 구경》(1972)의 '작가의 말'에서 선생님은 어릴 때 수학과는 거리가 먼 철학적인 아이였다고 회상하셨지요. 그걸 기억하시나요?

A: 네, 우리 선생님이 뺄셈을 설명하면서 "사과를 하나 빼면 몇 개 남지?"라고 하셨는데, 나는 사과를 정말로 뺄 수는 없다고 대답했어요. 등 뒤에 숨길 수는 있지만, 사과가 등 뒤에 있다는 것을 누구나 알잖아요.

Q: 정해진 방식대로 뺄셈을 하고 싶지 않았던 데는 반항심도 살짝 작용했나요?

A: 글쎄요. 나는 숨어서 은근히 반항을 했던 것 같아요. 시러큐스에 있을 때 상냥하고 좋은 선생님이 수학의 기초를 잡아 주셨는데, 독일에 오니까 케케묵은 규율을 강조하는 선생님이 그 기초를 허물어 버리려는 거예요. 어느 순간 이분한테 질 수 없다고 마음을 다진 것 같아요. 그게 내 본성이에요. 아주 고집 센 면이 있지요.

Q: 그림은 계속 그리셨지요?

A: 네, 언제나요. 부모님도 지원을 아끼지 않으셨어요. 친척들은 우리 집에 올 때면 나를 위해 연필과 수채화 물감과 붓 같은 걸 갖다주셨어요. 어머니가 내 그림을 자랑스럽게 내보이면 칭찬을 아끼지 않으셨고요.

Q: 어머님께서 1학년 때 담임 선생님 말씀을 마음 깊이 새겨 놓으셨나 보군요.

A: 물론이죠. 그런데 그것만 빼면 완전히 독일식이었어요. 다소 독단적이고 지배적인 성향이 있으셨죠. 그 당시 독일에서는 아이가 여섯 살이 되기 전에 기를 꺾어 놔야 한다는 분위기가 있었어요. 끔찍했지요. 그게 선생님들의 사고방식이었고, 체벌을 정당하다고 여긴 이유예요. 우리 담임 선생님은 이 자유분방한 미국 꼬맹이의 기를 꺾어 놔야겠다고 결심하셨어요. 그게 자기의 임무라고 여긴 거예요.

Q: 어느 순간, 가족이 미국으로 돌아가지 않을 줄 아셨나요?

A: 네, 나중에 기술자가 돼서 대서양을 건너는 다리를 만들겠다고 결심한 게 그때였어요. 돌이켜보니, 내 책을 통해 그렇게 했다는 생각이 들어요. 나는 독일에 대해 비판적인 말도 많이 하지만 독일을 사랑해요. 그러나 독일 역사에는 그냥 지나칠 수 없는 어떤 대목들이 있지요.

Q: 시각적인 것에 끌리던 어린 시절에 나치의 선전 포스터를 보셨지요? 분명히 여기저기 붙어 있었을 테니까요.

A: 네, 보았죠. 당시 유럽에서는 누구나 읽을 수 있도록 신문을 유리 진열장 안에 펼쳐 놓았어요. 나도 그런 것을 본 기억이 나요. 또 내가 9살 나던 해인 1938년 11월 크리스탈나흐트[2]에 핼러 씨네 가게가 파괴되었던 것을 기억해요. 학교 가는 길에 가게 앞을 지나가는데, 유리창이 다 깨져 있고 경찰이 지키고 섰더라고요. 그는 내게 가던 길을 계속 가라고, 학교로 가라고 말했어요. 그러고는 그 일을 잊었던 것 같아요. 그러나 실제로 잊었을까요? 지금 우리는 그 얘기를 하고 있잖아요. 나는 그 사건이 내게 더욱 크게 각인되지 않은 것이, 그리고 내가 분노하지 않았던 것이 부끄러워요. 유아 교육 전문가인 내 아내와 그 문제에 대해 토론한 적이 있는데, 그 나이대 어린이에게 그런 걸 기대하기는 어렵다고 하더군요.

Q: 처음 독일로 돌아갔을 때, 자신이 미국인이라서 다른 아이들이 유난히 관심을 보인 것 같다고 쓰신 적이 있어요. 미국이 독일의 적이 되니, 그 아이들도 등을 돌렸나요?

A: 미국은 절대 적이 된 적 없어요.

Q: 무슨 뜻이지요?

A: 전쟁 중에도 독일인들은 영국인과 미국인, 특히 미국인을 늘 존중했다고 생각해요. 사람들은 안 믿겠죠. 그 당시 독일의 선전물은 러시아인을 인간 이하의 존재로, 폴란드인을 열등하게, 발칸반도 사람을 원시적인 농부

---

[2] 독일 선전부 장관 괴벨스의 주도로 일어난 유대인 테러 사건. 이틀 만에 유대인 수십 명이 살해당하고, 교회 250군데가 불탔으며, 상점 7천 군데가 약탈당했다. 그 광경에서 '크리스탈나흐트(깨진 유리의 밤)'라는 이름이 비롯되었다.

로, 프랑스인을 퇴폐적으로 묘사했어요. 그러나 영국인과 미국인만큼은 존중했어요. 미국은 당시 재즈와 추잉검과 할리우드의 시대로 접어들고 있었지요. 또한 강한 힘과 산업력을 갖추기 시작했어요. 그들은 힘을 추앙했어요. 대영 제국의 태양은 절대 지지 않는다, 뭐 그런 거요. 우리는 학교에서 영국에 대해 배웠고, 영국 역사와 문화, 문학을 공부했어요. 셰익스피어 같은 거요.

Q: 선생님께 긍정적인 영향을 끼친 독일 선생님 중 첫 번째 분인 크라우스 씨는 어떻게 만나셨나요?

A: 독일 어린이들은 만 10세까지 4년 동안 초등학교에 다녀요. 그다음에 상급 학교에 진학할지, 다른 것, 이를테면 견습 석공이나 철도 노동자가 될지 선택해요. 만약 본인과 가족이 상급 학교 진학을 택한다면, 고등학교인 김나지움에 가요. 나는 이 길을 택했어요. 그곳에서 크라우스 선생님을 만났지요. 내 미술 선생님이고, 참 멋진 분이었어요.

Q: 그분이 선생님 그림에 대해 "스케치처럼 자유분방한 스타일"이라고 말씀하셨다고 쓰신 적이 있어요.

A: 네, 그 점을 짚어 주셨지요.

Q: 그럼 열 살 때 이미 예술가로서의 스타일이 있었다는 소리군요! 크라우스 씨가 나치 시절에 독일을 지배했던 선동적인 사실주의 예술 양식에 대한 혐오감을 표현했다고 쓰신 적도 있는데요.

A: 모든 것이 너무 무거웠어요. 국기, 치켜든 주먹과 손, 군인, 노동자, 농부, 자신만만한 독일인들이요. 그보다 감상적인 것으로는 농장 위로 지는 석양 이미지가 있었던 것 같아요. 감상적인 이미지와 권력의 이미지가 기묘

하게 결합되어 있었어요. 크라우스 선생님은 독일 표현주의자들과 함께 어울려 공부했어요. 나치들을 '타락했다'고 경멸한 그들의 예술 작품은 전시도, 심지어 남에게 보이는 것조차 금지되었어요. 그분은 사회주의 청년 운동에도 참여했어요. 젊은 시절에는 틀림없이 꽤나 보헤미안적이고 지적인 예술가 타입이셨을 거예요. 나중에는 부양가족이 생기면서 미술 교사가 되었지요. 선생님은 당시 상황에 동의하지는 않았지만, 많은 사람들처럼 그 문제에 대해서 침묵해야 한다고 생각했어요.

초등학교 미술 수업은 기억나지 않지만, 김나지움의 미술 수업은 체계적이라 그림 그리는 게 행복했어요. 크라우스 선생님은 나의 잠재성을 감지했어요. 내가 아는 것보다 선생님이 나를 더 많이 아셨지요. 선생님은 나를 집으로 초대해서 표현주의 작가들의 복제품과 추상화들을 보여 주셨어요. 내 그림이 스케치처럼 자유분방하다고 말씀해 주신 것도 그때였지요. 선생님이 나치를 "사기꾼"에 "돼지"라고 불러서 놀랐던 기억이 있어요. 그런 말을 하는 건 아주 위험한 일이었거든요. 이른바 퇴폐적인 그림들이 나는 별로 인상적이지 않았어요. 그러나 말로 표현할 수 없는 이상한 느낌을 안고 그 집에서 나왔지요.

Q: 그러나 지금도 그분의 말씀을 정확히 기억하시잖아요!

A: 맞아요. 그때는 분명 그분이 미쳤다고 생각했어요. '뭘 안다고 저러시는 거지?' 하고 말이에요.

Q: 선생님을 초대한 날, 그분은 자기 목숨을 걸었던 것일까요?

A: 그랬을 거예요. 사회주의자이자 표현주의자로서 그분은 이미 두 차례나 공격을 당했어요. 그럴 생각은 해 본 적도 없지만, 내가 만약 고발했다면 그분은 당국의 조사를 받았을 거예요. 자신의 과거와 잘못들을 추궁 당

한 뒤, 수용소로 쫓겨났겠죠. 지금 내가 아는 한 그런 일들이 실제로 일어났 거든요. 사실 그분은 나를 잘 몰랐잖아요. 나는 그저 학생들 중 하나일 뿐이 었는데, 우리는 둘 다 너무 이상적이었던 거예요. 그러니까 우리가 '좋은 사람'이라고 생각했던 거지요. 크라우스 선생님이 우리의 현실을 부정한 건 당연히 매우 위험한 행동이었어요.

나는 독일에 사는 누이를 방문할 때마다 그분이 살던 동네를 차로 한 바퀴 돌아보면서 말하곤 해요. "아, 크라우스 선생님이 저 모퉁이에 사셨지." 다시 미국으로 건너와 세월이 한참 흐른 뒤에 노년의 그분을 가끔 찾아뵈었어요. 마지막으로 뵈었을 때는 은퇴해서 치매에 걸린 상태였지요. 선생님은 나를 알아보지 못했어요. 가사 도우미가 약과 사과, 담뱃대, 가루담배를 담아 준 작은 바구니를 들고 이리 뒤뚱 저리 뒤뚱 돌아다니고 계셨지요. 선생님은 해바라기를 아주 깔끔하고 전통적인 방식으로 그리면서, 이게 정말 재미있는 대목인데, 추상 화가들에게 분노를 쏟아내셨어요. 치매에 걸린 뒤로는 그들을 완전히 사기꾼으로 여기시더군요.

Q: 전쟁이 끝나고 미술 학교에 진학하셨지요?

A: 종전 직후인 45년에요. 독일은 혼란에 빠져 있었어요. 모든 학교가 문을 닫았지요. 학교들은 폭격을 당했거나 석탄과 석유 부족으로 난방이 안 되거나 교사들이 탈나치화 교육을 받아야 하는 상황이었어요. 전쟁이 끝나고 첫 6개월 동안 나는 돈을 벌기 위해 미군정에서 문서 정리원으로 일했어요. 그 뒤, 복학했지만 정말 다니기 싫었어요. 어쨌든 예술 관련 일을 해야 하니까, 미래에 대한 조언을 들으려고 크라우스 선생님을 찾아갔어요. 선생님은 창문 장식가, 화가, 무대 디자이너를 비롯한 여러 가지 가능성을 말씀해 주셨어요. 모두 예술 관련 직업이었지요. 그러다 '그래픽 디자이너'를 추가하더니 말씀하셨어요. "이 사람들이 돈을 가장 잘 벌어." 그게 내 운명을 결

정했죠! (둘 다 웃음) 선생님은 슈투트가르트 조형 예술 대학의 그래픽 아트 학과장인 에른스트 슈나이더[3] 교수를 찾아가 보라고 하셨어요. 알다시피 우리 가족은 그냥 예술가나 되라고 나를 학교에 보낼 마음은 없었어요. 매우 실용적인 분들이거든요. 그러나 그래픽 디자인이라면 얘기가 달랐지요. 그래픽 디자이너는 전문직이고, 나도 좋다고 생각했어요. 그래서 그 길로 갔지요. 그때가 열여섯 살이었어요. 미국에서라면 나를 고등학교 중퇴자라고 여겼을 나이죠.

나는 독일에서 그 분야 최고로 꼽히는 교수님 밑에서 공부했어요. 에른스트 슈나이틀러 교수는 몇몇 유명 서체의 디자이너로 그래픽 아트 전문가들 사이에서 유명했어요. 우리 아버지는 그때까지도 머나먼 소비에트 연방의 포로수용소에 갇혀 계셨지요. 1947년 말에야 돌아오셨어요. 슈나이틀러 교수님을 만나고서야 나는 비로소 내가 우러러볼 만한 분, 나를 이해해 주는 분을 찾아냈다는 생각이 들었어요.

크라우스 선생님과 내 미래를 의논한 뒤, 어머니와 나는 그 학교에 등록하기로 결정했어요. 1946년, 어머니는 나를 슈나이틀러 교수님께 데려갔어요. 나는 어린 나이지만 특별 입학 허가를 받았어요. 슈나이틀러 교수님이 내 포트폴리오를 보고 기본 시험을 면제해 주셨거든요. 다른 기본 요구 사항도 대부분 면제해 주셨고요. 그 모든 일이 나를 우쭐하게 만들었어요. 스스로 참 대단한 놈이라고 생각했지요. (둘 다 웃음) 나는 연예인처럼 굴었어요. 자신을 제어할 수 없었고, 그 결과 내 작업은 완전 엉망이 되었지요. 학기 말이 되자 교수님이 나를 연구실로 호출하셨어요. 그러고는 나를 학교에서 내쫓아 버리겠다고 꾸짖으셨지요. 다음 날 찾아가 한 번만 기회를 달라고 애원하자, 교수님은 앞으로 세 학기 동안 조판소에서 도제로 일하라고

---

[3] Friedrich Hermann Ernst Schneidler(1882~1956): 독일의 타이포그래퍼, 컬리그러퍼, 대학 교수.

하셨어요.

조판소는 그래픽 아트과 소속이었죠. 바이트 씨가 나를 가르칠 분이었어요. 그는 구텐베르크의 조판소에서 튀어나온 듯한 전통주의자였어요. 활자와 조판, 인쇄술과 함께 살고 숨 쉬는 분이었죠. 나는 앞으로 세 학기 동안 그의 도제가 되어 손으로 조판을 하게 될 운명이었고요.

Q: 마치 도랑을 팠다는 소리처럼 들리는군요.

A: 진짜로 도랑을 파는 것 같았어요. 슈나이틀러 교수님으로서는 엄청난 기지를 발휘하신 거고요. 내 재능을 계속 키워 나가려면 그런 훈련이 꼭 필요했거든요.

Q: 슈나이틀러 교수님이 나중에는 선생님을 좋아해 주셨나요?

A: 복도에서 종종 마주치곤 했는데, 우리 독일인들은 교수님 앞에서 말할 때 언제나 격식을 차리거든요. 나는 이렇게 말했을 거예요. "교수님, 안녕하십니까?" "오, 그래. 어머니는 편안하신가?" "예, 잘 계십니다." 다음 1년 반 동안, 우리 관계는 그 정도였어요. 하지만 결국엔 그분을 찾아가 이렇게 말했지요. "교수님, 이제 세 학기를 마쳤습니다. 제가 한 일을 다시 한 번 평가해 주시고, 다시 미술 수업을 들을 수 있도록 허락해 주시면 감사하겠습니다." 그분은 그렇게 하라고 하셨고, 그 뒤로 우리의 관계는 매우 좋아졌답니다.

슈나이틀러 교수님은 까다로운 분이셨어요. 우리는 그분을 마이스터라고 불렀지요. 실제로도 대가이셨고요. 교수님은 일주일에 한두 번, 한두 시간 수업에 들어오실 뿐이고, 사실 말씀도 거의 안 하셨어요. 작품을 둘러보고, "한심해."라거나 "한심하진 않군." 하시는 게 고작이었지요. 그럼에도 그분은 40년 동안 독일의 뛰어난 그래픽 아티스트, 서체 디자이너, 포스터와 책 디자이너, 일러스트레이터, 그리고 미술 교사 대부분을 길러 내셨어요. 왠지 우리는 그분을 기쁘게 해 드려야 할 것만 같았어요.

교수님은 '우리의 존재 이유', 즉 사람들을 위해 더 나은 환경을 창조하는 디자이너로서의 책임에 대해 말씀하시곤 했어요. 괜찮은 재킷용 직물, 공공장소에서 눈에 띄는 포스터, 아름답고 읽기 좋은 서체, 만족감을 주는 컵 디자인…… 이것이 우리의 존재 이유였어요. 우리는 세상을 바꾸려 할 것이 아니라, 스스로를 사슬의 연결 고리 즉, 사회의 중요한 연결 고리로 여겨야 한다고 말씀하셨던 게 기억나네요. 그게 그분의 첫 번째 메시지였어요. 그 다음에는 구성, 색채, 디자인에 대한 말씀만 하셨죠. 그분은 늘 디자인에 대한 접근 방식, 즉 미적으로 결함이 없는지 확인하는 과정과 재능을 쓰는 목적에 '품격'이 있어야 한다고 말씀하시곤 했어요.

Q: 나치 시대의 잔재에 대한 반응이나 후일담으로 생각하니 매우 흥미롭군요.

A: 나는 지금까지도 내가 가진 가장 기본적인 직업적 가치를 그분에게서 배웠다고 생각해요. 그 생각이 그분을 대가로 만든 거예요. 제자들은 지금도 가끔 모여서 그분에 대해 이야기해요. 그분의 제자였다는 건 기사 작위나 다름없어요. 나는 1963년에 프랫[4]에서 초빙 강사로 1년간 학생들을 가르쳤는데, 그 당시 학생들은 교수가 자기들을 즐겁게 해 주기를 바라더라고요. 내 학창 시절에는 정반대였어요. 나는 슈나이틀러 교수님을 만족시키려고, 그분의 인정을 받으려고 그 학교에 다녔답니다.

Q: 그분은 연습할 거리나 과제를 주셨나요?

---

4 1887년 뉴욕시에 설립된 사립 미술 대학.

A: 많지는 않았어요.

Q: 그럼 정확히 무엇을 하셨나요?

A: 학생 개개인의 재능을 발견하고 키워 주셨죠. 컬리그러피를 잘하는 학생이 있고 포스터 디자인에 뛰어난 학생이 있으면, 양쪽의 재능들을 이어 주셨어요. 그러나 무엇보다도 우리 안에 정신을 불어넣어 주셨어요. 말도 안 되는 소리 같겠지만, 그건 종교 체험이나 다름없었어요.

내가 상인, 점원, 노동자, 제빵사, 푸주한, 양철공이던 가족들에게서 마침내 분리된 것은 이 시기였어요. 우리 집엔 책이 많지 않았어요. 어머니는 열여덟 살 때 오페라 〈라보엠〉을 보고 평생 그 이야기를 하셨어요. 부모님은 책을 거의 안 읽으셨어요. 그러다가 슈나이틀러 교수님 수업에서, 그 누구도 아닌 슈나이틀러 교수님 당신과 함께, 그 위대한 분을 내 멘토로 삼게 된 거예요. 우리보다 앞서 이 위대한 일을 한 사람들이 일군 지식을 가지고 동료 학생들과 함께 말이에요. 새로운 세상이 내 앞에 활짝 열린 거예요. 그들은 내 가족이 되었어요. 심지어 지금도 슈나이틀러 교수님의 정신은 나와 함께 있어요. 포스가 나와 함께 하리라![5] (둘 다 웃음)

Q: 그때는 주로 어떤 작업을 했나요?

A: 우리가 했던 게 그래픽 디자인과 응용 미술이었다는 것을 기억해 주세요. 예술 그 자체가 목표가 아니었어요. 우리는 '공간 나누기' 그러니까 구성 연습부터 시작했지요. 그 작업을 위해서 우리는 우리만의 색종이를 만들곤 했어요. 이를테면 빨간색 물감 통과 노란색 물감 통을 가져와요. 그다음 순수한 빨간색 종이를 한 장 만들고, 그다음엔 노란색이 한두 방울 섞인 빨

---

[5] 영화 〈스타워즈〉의 명대사 '포스가 너와 함께 하리라!May the force be with you!'를 비튼 농담.

간색 종이를 만들고, 나중엔 거의 순수한 노란색 종이가 될 때까지 노란색의 양을 늘려 가요.

그다음에는 녹색과 검정색, 파란색과 주황색 등으로 같은 일을 해 보곤 했어요. 이렇게 아주 다양한 색깔 종이를 잔뜩 만든 다음, 그것들을 조각조각 자르거나 찢어서 추상적인 패턴과 디자인으로 배열했어요. 그러고는 우리가 만든 구성 주위에 테두리를 두르고 구성이 흐트러지지 않도록 유리판으로 덮었어요. 그러면 슈나이틀러 교수님이 와서 보고 비평을 했지요. 종이들을 풀로 붙이지는 않았어요. 왜냐하면 모양, 색깔, 구성에 대한 감각을 훈련하는 게 목적이지 영원한 작품을 만들려는 게 아니었거든요. 우리는 4년 동안 정기적으로 이 훈련을 했어요. 피아니스트가 음계 연습을 하는 것과 마찬가지라고 생각해요.

거기서부터 컬리그래피, 제본, 석판 인쇄, 사진, 조판, 인쇄, 동판화, 목판화, 리놀륨 판화, 포스터 디자인, 일러스트레이션으로 뻗어 나갔어요. 조판소에서 일한 뒤, 나는 리놀륨 판화를 몇 점 만들었어요 슈나이틀러 교수가 그걸 보더니…… 뭐라고 하셨는지 아세요? "좋군!" 그 전에는 보통 "한심해."나 "한심하진 않군." 하는 소리만 들었는데 말이죠. "좋군!"은 아주 뛰어나다는 뜻이었죠. 그러나 교수님은 곧바로 방금 한 칭찬을 거둬들이셨어요. 정확한 프로이센 억양으로 "좋아, 좋기는 해. 그런데 그게 왜 좋은지 자네는 이해조차 못 하는군. 왜 그런지 파악해 봐." (둘 다 웃음) 그건 좋은 충고였지요.

Q: 그러니까 그분은 선생님을 계속 고민하게 만드셨군요.

A: 네, 그다음엔 동판화 작업을 몇 차례 했는데, 별로 잘하지 못했어요. 나는 가는 선을 다루는 게 영 서투르더라고요. 크고 대담한 모양은 잘 다뤘는데 말이지요. 그래서 동판화를 하면서 도로 "별로야, 별로. 한심해, 한심

해."로 돌아갔어요. 컬리그러피를 할 때는 나를 석 달 동안 지켜보다가 마침내 말씀하셨어요. "칼 군, 별로야. 한심해. 이건 더 이상 하지 마. 지금도 컬리그러퍼는 충분해."

Q: 그러니까 그분은 선생님에게 특정 방향을 제시하셨군요.

A: 네, 그분의 지도로 우리 중 상당수가 탄탄한 실력과 이런저런 전문 분야를 갖게 되었지요.

Q: 전통에 입문하는 기분이었나요?

A: 네, 우리 타이포그래피 선생님이 젊을 때만 해도 중세 시대부터 그랬듯 직인들이 있었대요. 3년간 도제를 하고 나면 직인이 되는 거죠. 직인은 걸어서 슈투트가르트에서 다음 도시로, 또 그 다음 도시로 장인의 공방을 찾아다니며 일자리를 구했어요. 모자나 두건을 쓰고 자기 직종을 나타내는 지팡이를 들고서 말이지요. 그리고 오랜 세월이 지난 뒤 자격이 된다 싶으면 마침내 장인이 되었고요. 내가 자랄 무렵에는 이런 교육 제도가 거의 사라졌어요. 하지만 나는 타이포그래피 선생님을 통해 마지막 직인 세대와 만난 셈이지요. 덕분에 그 전통의 일부가 나에게 전해졌다고 생각해요.

Q: '국제 양식 international style'은 전후 건축과 디자인 분야의 새로운 시도를 두고 자주 쓰던 용어인데, 선생님도 이 새롭게 떠오르는 전통의 일부를 느끼셨는지요?

A: 예, 독일에 있는 우리에게 그 양식은 매우 흥미로웠어요. 왜냐하면 나치 체제 12년 동안 예술과 디자인 분야는 너무 많이 억눌려 있었거든요. 이를테면 철저히 추상적인 형태로 구성된 실험 영화들을 보며 정말 충격적이라고 생각했던 기억이 나요. 그런 표현들이 가능할 거라고는 생각도 못 했거

든요.

그 끔찍한 전쟁을 겪으면서 우리는 국가주의가 어떤 결말을 초래할 수 있는지 깨달았어요. 그래서 다들 국제주의자가 되었지요. 적어도 예술가와 디자이너와 사상가들은요. 우리는 정말 선구자가 된 기분이었답니다.

Q: 그러다가 1952년에 미국으로 돌아오셨지요.

A: 나는 늘 미국으로 돌아갈 거라고 생각했지만, 전문적 경험을 쌓는 게 먼저였어요. 그래서 미국 중앙 정보국의 프리랜서 포스터 디자이너로 1년을 일했고, 다음 해에는 패션 잡지의 아트 디렉터로 일했어요. 그쯤 되니 포트폴리오가 쌓였고, 이제 돌아가도 되겠다는 확신이 들었어요.

풋내기인 채로 뉴욕에 도착했을 때, 나는 그래픽 디자이너로, 되도록 광고 쪽에서 일하고 싶었어요. 그때 누군가 내게 뉴욕 아트 디렉터스 쇼에 가 보라고 했어요. 그곳에서 레오 리오니가 아트 디렉터로 있던 《포천》지의 아름다운 디자인을 발견했지요. 나는 전시장을 나오자마자 그에게 전화를 해서 포트폴리오를 보여 주고 싶다고 말했어요. 그러자 다음 날 11시에 오라더군요. 그는 내 포트폴리오를 훑어보더니 《뉴욕 타임스》 홍보부의 아트 디렉터인 조지 크리코리안을 만나게 해 주었어요. 마침 사람을 구하고 있었더라고요. 덕분에 취업을 했죠! 레오 리오니는 전문 분야에서 두 번째로 나를 도운 분이었어요. 몇 년 뒤, 그는 직접 그림책을 펴내고, 내게도 그림책을 만들어 보라고 격려했어요. 그 뒤 2년 연속으로 나와 자기 편집자를 연결해 주었지만, 두 번 다 불발로 끝나 버렸어요. 내가 그림책 예술가로 활동하기 시작한 것은 한참 뒤, 빌 마틴 주니어를 통해서였답니다.

Q: 유럽을 떠나 미국으로 올 때, 문화가 덜 발달한 곳으로 가고 있다는 생각을 하지는 않으셨나요?

A: 전혀요. 전쟁이 터졌을 때, 그리고 종전 후에도 한동안, 젊은 내게는 그 유명한 유럽 문화, 그러니까 장엄한 대성당이나 훌륭한 박물관의 예술품을 접할 기회가 없었어요. 그러다 뉴욕에 와서 현대 미술관과 메트로폴리탄 미술관을 찾았어요. 그전까지 제가 경험한 그 어떤 것보다 문화적인 경험이었죠.

Q: 그러나 돌아오자마자 미군에 징집되셨지요. 제대하고는 《타임》지에서 일하다가, 제약 광고를 전문적으로 하는 광고 회사에서 일하셨고요. 나중에 어린이책 그림을 그릴 때 광고 예술가로서의 경험이 도움이 되셨나요?

A: 광고는 놀라워야 하고 달라야 해요. 모두가 큰 활자를 쓰면, 나는 작은 활자를 쓰는 거지요. 모두가 빨간색을 쓰면, 나는 녹색을 써야 해요. 녹색이 빨간색보다 나아서가 아니라, 그래야 돋보이니까요. 광고에서 놀라움과 충격은 중요합니다. 광고는 충격적일 수도 있고, 우아할 수도 있어요. 또는 두 가지를 결합할 수도 있답니다!

Q: 선생님의 책은 충격적이지는 않잖아요. 안 그런가요?

A: 《별을 그려 주세요》(1992) 전에는 안 그랬죠. 그 책에서 나는 아담과 이브를 발가벗은 모습으로 그렸어요. 그것 때문에 비난을 제법 받았고요. 그러나 아직도 나는 그게 과감했다고 생각하지 않아요. 어떤 교사는 이런 편지를 보내기도 했어요. "귀하의 할머니는 귀하가 수치스러울 것입니다."라고요. (둘 다 웃음) 하지만 그 그림은 자극적인 데가 전혀 없었답니다.

Q: 왜 광고계를 떠나셨나요?

A: 광고는 젊은이들을 위한 분야예요. 40세가 되면 공동 경영자가 되든

자기 사업체를 갖든 관리자나 경영자 노릇을 해야 해요. 내게도 그런 시기가 왔지요. 나는 에이전시 소속 디자이너로 출발했고, 솔직히 일을 꽤 잘하고 있었어요. 국제 아트 디렉터라는 매우 화려한 직함도 가지고 있었지요. 해외 사무소마다 미술부를 만드는 게 내 일이 되었어요. 그때 나는 아직 30대 초반이었고, 온갖 출장도 재미있게 느꼈어요. 그러던 어느 날, 더는 그 일을 하고 싶지 않더군요. 고객들을 만나 함께 식사를 하고 술을 마시고 회의에 참석해야 하는 일이 너무 많았어요. 배신과 음모도 난무했고요. 어느 날 문득 그림을 그리고 싶다는 생각이 들었지요.

Q: 이 순간 《소라게의 집》(1987)이 떠오르는군요. 이제 다른 일을 할 때라고 생각하신 거겠지요.

A: 그랬던 것 같아요. 나는 6월에 태어났어요. 게자리지요. 내 성향은 은자에 가까워요. 돌아다니는 것보다는 집에 머무르면서 정원에서 일하는 것을 훨씬 좋아해요. 그 책의 메시지는 슈나이틀러 교수님이 제자들에게 준 교훈 그대로예요. 새로이 시작하고, 앞으로 나아가고, 계속 놀라움을 주라.

Q: 광고 에이전시를 그만둘 무렵에 빌 마틴 주니어를 만나신 거지요?

A: 빌이 글을 쓴 《갈색 곰아, 갈색 곰아, 무엇을 보고 있니?》(1967)에 그림을 그린 다음에 회사를 그만두었어요. 헨리 홀트 출판사에서 편집자이자 작가로 일하던 빌을 처음 만났을 때, 이미 회사를 그만둘 생각을 하고 있었어요. 헨리 홀트는 서점에서 판매하는 책이 아니라 학교에 납품하는 책을 만드는 회사였거든요.

우리가 어떻게 만났는지에 대해 빌은 이렇게 기억해요. 자기가 병원에 갔다가 의학 잡지를 뒤적이는데, 내가 콜라주로 만든 가재 광고가 있더래요. 그래서 아트 디렉터에게 이 광고를 만든 예술가를 찾으라고 했대요. 내 기억에 따르면 프리랜서로 일할 준비를 하느라 그 아트 디렉터에게 내 포트폴리오를 보냈는데, 그가 그것을 빌에게 보여 준 거고요. 빌의 이야기가 더 극적이지만, 내 얘기가 진실이라고 생각해요!

어쨌든 빌 마틴 주니어와 에릭 칼의 조합은 행운이었어요. 몇 년 전에 우리는 함께 사인회를 다니면서 더 친해졌어요. 어느 날 아침, 그는 호텔 방에서 아침 식사를 하러 내려와서 말했어요. "에릭, '다 다 다 다 다 다아'와 '다 다 다아 다 다 다아' 중에서 어느 쪽 더 나은 것 같아?" "빌, 대체 무슨 말씀을 하시는 거예요?" "아아, 내 다음 책 말이야. 나는 보통 리듬을 먼저 정하고, 그다음에 글을 쓰거든." 정말 멋지지 않나요? 그가 성공한 비결이 바로 이거예요. 그의 책들은 모두 리듬이 살아 있어요. 심장 박동처럼요!

Q: 그림책 쓰기에 대해 그에게서 또 무엇을 배웠나요?

A: 내가 《갈색 곰아, 갈색 곰아, 무엇을 보고 있니?》에 그림을 그릴 때, 빌은 내게 그림책 세상의 문을 활짝 열어 주었어요. 우선, 나는 반복과 리듬의 중요성을 배웠어요. 그 교훈은 내가 《아주아주 배고픈 애벌레》(1969)를 쓸 때 큰 도움이 되었지요.

빌을 만나기 전에 어느 교육 출판사에서 프리랜서 일을 의뢰받았는데, 한 페이지에 좋은 아이디어를 서른두 가지나 그리라는 거였어요. 나는 차라리 좋은 아이디어 하나를 가지고 32페이지에 펼쳐 그리겠다고 대답했지요. 그림책에 대한 빌의 생각은 나와 똑같았답니다.

Q: 그러고 나서 오랫동안 선생님의 편집자였던 앤 베네두스를 만나셨지요?

A: 내가 그녀에게 처음 가져간 책은 《1, 2, 3 동물원으로》(1968)였어요. 나는 무척 조심스러웠어요. 발만 살짝 담가 보는 기분이었지요. 이 책에는

글이 없어요. 일부러 안 쓴 거예요. 아직은 글을 쓸 자신이 없었거든요. 이 책은 코끼리 한 마리, 기린 두 마리 하는 식으로 진행되는 전형적인 숫자 책이에요. 앤은 그것을 검토하고 말했어요. "숫자 책은 많아요. 독특한 책을 만들려면 뭔가 덧붙여야 해요. 잘하실 수 있어요!" 그녀가 말한 건 그게 전부였어요.

나는 집에 돌아와서 각 장면 하단에 작은 기차를 덧붙였어요. 그게 내가 두 번째로 얻은 교훈이었지요. '뭔가 덧붙이라'는 것 말이에요. 《아주아주 배고픈 애벌레》를 만들 때는 앤이 "구멍을 내면 어떨까요?"라고 말할 필요가 없었어요. 앤을 만나기 전에 가제본에 이미 구멍을 다 뚫어 놓았거든요. 이 책의 원래 제목은 《벌레 윌리와 함께한 일주일 A Week With Willi Worm》이었답니다! 그런데 앤이 책을 진행하면서 '벌레 worm'보다는 '애벌레 caterpillar'가 어떠냐고 하는 거예요. 당연히 그 제목으로 출판했지요.

Q: 아이들에게 책을 찢지 말라고들 하지요. 《아주아주 배고픈 애벌레》에 모양 따기 die-cut[6] 기법을 쓰면서 책에 놀이의 요소를 도입한다는 자각을 하셨나요?

A: 자각하지는 못했지만, 그러지 않았을까요. 그러나 처음엔 구멍을 디자인적 요소로 생각한 면이 커요. 나는 늘 종이 한 장에서 되도록 많은 것을 끌어내려고 노력해요. 그저 단순한 종이 한 장은 사양해요. 접거나 구멍을 내거나 다른 장치를 넣어 보는 편이지요. 어떻게든 종이의 평면성을 바꿔 보고 싶거든요. 그런 이유로 내 안의 디자이너가 책에 구멍을 뚫게 된 거죠.

Q: 장난감도 되는 책들을 만들고 싶다는 말씀을 하신 적이 있는데요.

---

[6] 칼을 박아 넣은 목형으로 인쇄물을 눌러 다양한 모양으로 재단하거나 구멍을 뚫는 기법. 국내 인쇄업계에서는 장비 회사의 이름을 따서 '톰슨'이라고 부르기도 한다.

A: 그런 충동은 관찰에서 비롯되었어요. 가만히 살펴보니 아이들은 언어보다는 촉감에 더 예민하게 반응하더라고요. 손을 잡거나 젖병이나 딸랑이를 들고 품에 안겨 있는 것이 무엇보다 중요해요. 나중에 학교에 가서야 가만히 앉아서 책에 나온 글자에 집중하지요. 그런 만큼 장난감을 쥐거나 누군가에게 안겨 있는 따스한 경험과 책을 통해 배우는 추상적인 경험 사이에 연결 고리가 있어야 한다고 생각했어요. 그것이 내가 이를테면 구멍 뚫린 책, 그러니까 장난감으로도 느낄 수 있는 책을 만들려고 했던 까닭이에요. 읽을 수 있는 장난감, 만질 수 있는 책을 만들려고 했던 거죠.

Q: 어린이책에 콜라주 기법을 쓰시는 까닭은 무엇인가요?

A: 책을 구상할 때, 콜라주 자체에 크게 중점을 두지는 않아요. 그건 그저 기법일 뿐이죠. 어떤 사람은 유화 물감으로, 어떤 사람은 펜과 잉크로 그려요. 적어도 내가 보기엔 그래요. 내가 콜라주로 작업을 하게 된 것은 조형예술 대학을 다닐 때 슈나이틀러 교수님 밑에서 직접 만든 화려한 색종이로 '공간 나누기'를 해 본 경험 때문인지도 몰라요. 아마 그럴 거예요.

Q: 콜라주는 무척 자유로운 표현 방식인 것 같아요.

A: 음, 그렇기도 하고 아니기도 해요. 종잇조각을 이리저리 옮길 수 있다는 점에서는 아주 자유롭지요. 하지만 종잇조각의 모양은 대단히 제한적이고, 일단 종잇조각을 풀로 붙이면 그 형태는 더더욱 제한될 수밖에 없지요.

Q: 《그래피스Graphis》(1959년 11월, 15호)에 실린 선생님 작품에 대한 기사를 보면 우연이라는 요소에 관심이 있으시더군요. 그것 역시 슈나이틀러 교수님 수업과 관련이 있나요?

A: 네, 때로는 우연에 귀를 기울여야 할 때가 있어요. 벽에 난 금을 자세

히 보세요. 금을 따라가다 보면 놀랍게도 그 안에서 그림을 발견하기도 해요. 이건 구름에서 양의 모습을 발견하는 아이들 놀이와도 비슷해요.

내 작업실에는 색깔별로 분류된 박엽지가 수도 없이 쌓여 있어요. 나는 무심코 맨 위 칸에 있는 종이를 꺼내요. 그게 괜찮다 싶으면 풀로 붙여요. 자주 그렇게 하는 편이에요. 물론 마음에 들지 않을 때도 있어요. 그럼 다른 종이를 계속 꺼내요. 그런데 마음에 드는 종이가 우연히 맨 위 칸에 놓여 있는 경우가 많아요. 나는 우연을 믿어요. 방으로 커피 한 잔을 들고 온다고 해 봅시다. 조심조심 들고 오다가 그만 쏟기도 하고, 슬렁슬렁 들고 오는데 안 쏟기도 해요. 내가 생각하는 우연한 사건이란 그런 거예요.

예를 들어, 이런 기법으로 《오늘은 월요일》(1993)에 나오는 호저 이미지를 만드는 과정을 생각해 보지요. 나는 가장 먼저 호저를 어떻게 만들까 하는 생각부터 했어요. 그때 회색 종이나 희끄무레한 종이가 눈에 들어와요. 나는 우선 회색 종이를 꺼내고, 그 위에 붓으로 검은색과 흰색을 툭툭 칠했어요. 그러고는 호저의 가시를 표현할 조각들을 오려 냈지요. 그때는 가시가 어떻게 보일지 알 수 없어요. 짐작조차 할 수 없지요. 그런 다음 진청색 종이를 호저의 몸 모양으로 잘라 흰 보드지에 붙이고 가시를 덧붙였지요. 어떤 결과가 나올지는 전혀 몰랐어요. 그런 식으로 하면 될 거라는 아이디어만 있었을 뿐인데, 결과적으로 내 판단이 옳았어요.

잘 안되는 경우도 있어요. 나는 똑같은 충동을 느낄 거예요. 내가 이렇게, 이렇게, 이렇게 하고 이렇게, 이렇게, 이렇게 하면 이러저러하게 될 거라고 말이에요. 그러나 그런 일은 결코 일어나지 않아요.

내 호저 그림에는 하나하나 붙여 넣은 가시가 수백 개나 돼요. 이건 오래 걸리지만 즐거운 일이에요. 나는 일할 때 일종의 '정지 상태'에 들어가요. 그게 내 일에서 가장 마음에 드는 부분인 것 같아요. 그냥 그 상태로 있는 거죠.

Q: 선생님의 작업 방식을 담은 비디오를 보니, 종이를 만드는 과정이 거의 명상이나 다름없더군요. 색깔들을 쓱쓱 칠하고 그것들 스스로 만들어 내는 패턴과 효과를 유심히 지켜보시는 게 말이에요.

A: 그래요, 마치 완벽하게 평화로운 알파 상태 같아요. 다른 예술가들도 분명히 비슷한 경험을 하겠지요?

Q: 책에 대한 아이디어는 금방 떠오를 때가 많지만, 그 아이디어로 마음에 드는 책을 만드는 데는 몇 년이 걸릴 때도 있다고 하셨지요?

A: 맞아요. 보통 그래요. 대강의 아이디어, 그냥 씨앗이고 출발점인 아이디어가 떠올라요. 《울지 않는 귀뚜라미》(1990)의 경우, 나는 그저 귀뚜라미에 대한 책을 만들겠다는 생각만 했을 뿐이에요. 처음에는 그게 다였어요. 《아주아주 배고픈 애벌레》의 경우, 그저 종이 더미에 구멍을 뚫어야겠다고만 생각했죠. 그다음에야 '주인공'이 필요하다는 생각이 들었어요.

그렇다고 내가 날마다 책 때문에 고민하고 애쓰는 건 아니에요. 나는 고민하던 아이디어를 2주나 6개월, 또는 1년 이상 밀쳐 두었다가 다시 꺼내 씨름하기도 해요. 처음에 만든 가제본은 아주 거칠지만 점점 더 정돈이 되지요. 마지막으로 나를 위해, 그리고 편집자에게 보여 주기 위해 만드는 가제본에는 크레용 같은 것으로 색을 넣어요.

책을 만들다 보면 그 책이 좋기도 하고 싫기도 해요. 끔찍하다는 생각이 들기도 하지요. 그러다 정말 멋지다는 생각이 들어요. 그럴 때면 나는 편집자와 좀 더 의논을 하지요. 그런 다음에 책이 괜찮다고 느껴지는 순간이 와요. 왠지 몰라도 그런 느낌이 들어요. 그제야 책이 완성되었다는 생각이 들지요.

Q: 최근에 자전적인 책을 펴내기 시작하셨지요?

A: 전시에 독일에서 보냈던 어린 시절에 대해 그림이 안 들어간 긴 책을 쓰려고 했어요. 막상 쓰기 시작하니까, 그 경험이 무척 충격적이었구나 싶었어요. 전쟁과 탱크, 나에게 총을 쏘는 사람들이 나오는 악몽까지 꿀 정도였거든요. 그래서 그만 두고 대신 《꽃과 호랑이: 내 삶에서 찾은 열아홉 가지 짧은 이야기Flora and Tiger; 19 Very Short Stories from My Life》(1997)를 썼어요. 그냥 동물, 친척, 친구, 그리고 나와 관련된 자전적인 이야기들이에요.

Q: 학교에 어린이 대상 강연을 가셨을 때의 경험을 좀 들려주세요.

A: 나는 학교 강연을 많이 다녔어요. 어느 정도 지나니까 학교에 들어서는 순간, 그 학교 교장이 어떤 성향인지 감이 오더군요. 교장의 정신이 온 학교에 스며 있는 걸 안 거죠. 걸어 들어가면서 '이 학교는 엄격하구나.' 싶은 곳은, 실제로 교장을 만나 보면 확실히 엄격하더군요. 정반대인 학교도 있었고요.

어떤 강연 얘기를 들려드리지요. 아이들과 나는 함께 책의 그림 작업을 한다고 가정했어요. 내가 물어봐요. "여러분이 좋아하는 동물은 무엇이죠?" 누가 대답하겠지요. "고양이요." 그럼 나는 고양이 머리를 그려요. 그다음에 다른 아이가 말해요. "기린이요." 그럼 나는 기린 목을 덧붙여요. 그다음에 다른 아이들이 거북이라고 하면, 내가 거북이 등딱지를 덧붙이는 식이었어요. 《뒤죽박죽 카멜레온》(1975)은 그 강연에서 비롯된 거랍니다.

교실에서 아이들과 했던 또 다른 활동도 말씀드리지요. 우선 이렇게 물어요. "내가 여러분의 눈을 속일 수 있을까요?" 그다음은 아이들이 어떻게 대답하느냐에 달려 있지요. 만약 "아니요!"라고 하면, 내가 아이들과 소통하지 못했다는 뜻이에요. 하지만 "네, 네, 속일 수 있어요!"라고 대답하면, 내가 신뢰를 얻었다는 뜻이지요. 그럼 이렇게 물어요. "검은색의 반대가 뭐지요?" 아이들이 외쳐요. "하얀색이요!" 그럼 다시 물어요. "빨간색의 반대는 무엇이지요?" 아이들은 잠시 뜸을 들이다가 늘 긴가민가하는 목소리로 대답하곤 해요. "빨간색의 반대라는 게 무슨 말이에요?" 바로 그때 나는 하얀 벽에 커다란 빨간 점을 비춰 주며 말해요. "자, 이 빨간 점을 가만히 보세요. 계속해서 보세요. 계속 보세요. 눈동자를 다른 데로 돌리지 말고 계속 보세요. 내가 이 빨간 점을 치우면 어떻게 되는지 지켜보세요. 잘 지켜보세요. 다른 색이 보일 거예요. 그게 바로 빨간색의 반대, 다른 말로 보색이랍니다." 내가 점을 치워도 아이들은 계속해서 보고 또 보지요. 마침내 머뭇거리며 이렇게 말하는 아이가 꼭 있어요. "녹색?" 그러고 나면 다른 아이들도 녹색 잔상을 보았다고 확신하게 돼요. 이 연습은 괴테의 색채론[7]에 바탕을 둔 거예요. 그리고 내 책 《빨간 여우야, 안녕》(1998)의 바탕이 되기도 했답니다.

Q: 앤 베네두스는 미국에서 안노 미쓰마사의 책을 처음으로 출판한 편집자이기도 해요. 선생님은 그의 책을 아시나요?

A: 아, 그 작가 책 참 좋지요. 그는 내가 정말 좋아하는 작가예요. 언젠가 앤이 런던에서 그를 소개해 준 적이 있어요. 그의 책과 내 책은 매우 다르지만, 목표는 같아요.

Q: 안노 선생은 자기 책에 대해 매우 함축적인 말씀을 하셨어요. 자기 책이 '가르치지 않고 가르치기'를 바란다고 하셨지요.

A: 나도 그래요. 그러나 나는 그것을 살짝 다르게 표현하고 싶군요. 나는 안 그런 척 하면서 가르친다고 말하고 싶어요. 그래요, 나는 안 그런 척하는 책을 만들어요.

---

[7] 괴테는 1810년에 펴낸 《색채학》에서 빨강, 파랑, 노랑의 세 가지 기본색이 있고, 이 기본색으로 모든 색을 만들 수 있으며, 모든 색은 저마다 반대색 즉, 보색을 가지고 있다고 했다.

Q: 마거릿 와이즈 브라운의 책들도 잘 아시겠지요?

A: 그림책을 작업을 하기 전에 《잘 자요, 달님》을 본 적 있어요. 그림책에 별로 관심이 없는 어른이었던 나는 《잘 자요, 달님》의 매력을 잘 이해하지 못했어요. 어른들은 그림책, 특히 영유아를 위한 그림책의 예술성을 그다지 높이 평가하는 것 같진 않아요. 그때는 나도 '이 책이 뭐가 그렇게 대단하다는 거지?' 하고 생각했어요. 나중에 그림책을 만들기 시작하면서 마거릿 와이즈 브라운 작품의 깊은 경지를 깨달았지요. 이제는 왜 아이들이 그토록 그녀의 책에 열광하는지 이해해요. 그리고 덕분에 재미있는 사실을 알았어요. 먼저 내 책을 받아들이는 건 아이들이지 어른들이 아니라는 것을 말이에요. 내 책을 보고 싶어 하고 빌리고 싶어 하는 수많은 어린이가 없었다면, 교사나 사서들은 여전히 내 책을 잘 몰랐을 거예요. 그게 마거릿 와이즈 브라운과 나의 공통점이에요. 전문가나 사서나 교사나 할머니들이 아니라, 아이들이 우리를 선택한 거지요. 이건 그저 내 느낌이 아니라 진짜 그래요.

Q: 세월이 흐르면서 선생님의 작품은 어떻게 변했나요?

A: 점점 회화적으로 변해 왔지요. 오랜 세월이 흘렀으니 더 좋아져야 하지 않겠어요. 지금은 미술관에서 그림을 볼 때 전체적으로 보기보다는 붓놀림이나 풀, 나뭇잎, 벽돌, 물 따위의 패턴이 만들어 내는 텍스처에 매료되곤 해요. 그런 식으로 보면 그림은 추상으로 바뀌어요. 특히 인상파 화가들의 붓놀림이나 점, 패턴을 보고 있으면 황홀해져요. 르누아르, 쇠라, 모네, 드가 같은 화가들 말이에요. 반 고흐도 빼놓을 수 없고요. 나는 붓놀림이나 점들이 만들어 내는 어떤 패턴 같은 것을 집중적으로 보면서 영감을 받아요. 그러고 작업실로 돌아오면 작업에 한층 열을 올리게 된답니다.

에릭 칼 추가 인터뷰, 2009년 9월 1일

레너드 S. 마커스: 첫 인터뷰 이후, 매사추세츠주 애머스트에 에릭 칼 그림책 예술 박물관을 설립하셨어요. 이토록 야심찬 프로젝트를 시작한 동기와 그 아이디어의 발전 과정에 대해 말씀해 주시겠어요?

에릭 칼: 씨앗은 아주 오래전에 뿌려졌어요. 1980대 초 아내 바비와 함께 일본에 갔다가 어린이책 예술가 이와사키 치히로의 작품 전시관인 치히로 미술관을 방문했어요. 그녀가 세상을 떠난 뒤, 이웃들이 아들인 마쓰모토 타케시를 찾아와 원화를 보고 싶다고 했대요. 그래서 원화를 벽에 압정으로 붙여 놓은 게 미술관의 씨앗이 되었다고 해요. 처음에는 도쿄에서 작은 미술관으로 시작했는데, 지금은 나가노현 아즈미노시에 훨씬 크고 멋진 미술관이 들어섰지요. 그 경험이 우리에게 큰 영향을 끼쳤어요.

처음에 우리는 미술관을 커다란 방 하나로 꾸미려고 했어요. 이쪽 문으로 들어가서 그림들을 보고 저쪽 문으로 나가서 엽서 몇 장 살 수 있는 정도면 되겠다 싶었죠. 그런데 이런 생각이 들었어요. 도서관도 있어야 할 것 같은데. 작업실도 있어야 할 거고. 강당과 음식과 선물들도……. 그랬더니 이제 이런 의문이 들더군요. 얼마나 커야 할까? 건축가는 고개를 갸웃거리다가 이렇게 묻더군요. "주차장에 학교 버스를 몇 대까지 세우면 될까요?" 내가 말했어요. "두 대 정도?" 미술관은 그렇게 발전된 거랍니다.

나는 그림책에 흰색을 많이 쓰는데, 우리 건축가인 얼 포프도 똑같이 하고 싶어 했어요. 우리도 어쨌든 로비가 환한 게 좋아서 보색을 칠한 패널 네 개를 설치하기로 했지요. 즉, 빨간색 패널 옆에는 초록색 패널을, 그리고 노란색 패널 옆에는 파란색 패널을요. 나는 그게 그림이 아니라 장식이라고 생각했어요. 마치 책의 면지처럼 말이에요. 나는 작업실 바닥에 공사 중인 건물을 두르는데 쓰는 질기고 가벼운 타이벡을 깔고 그 위에서 패널을 칠했어요. 붓 대신 청소용 빗자루로, 하루에 하나씩 칠했지요. 아무 계획도 없었어요. 내가 아는 건 오로지 색깔뿐이었죠! 정말 재미있었어요.

Q: 처음 박물관에 들어서던 순간을 기억하시나요?

A: 나는 건축 과정에 줄곧 많은 신경을 썼어요. 그래서 완공된 건물에 처음 들어갔을 때도 놀라울 게 없었지요. 그래도 경이롭긴 했어요. 바비와 나는 정말 자랑스러웠어요. 그동안 한밤중에 진땀을 흘리며 깨어나 '내가 무슨 짓을 하고 있는 거지?' 했던 적이 많았어요. 하지만 나는 깨달았어요. 이 세상의 많은 일이 자기가 무슨 일을 하고 있는지 모르는 사람들에 의해 이루어진다는 것을요. 더 알았더라면 시도조차 하지 않을 일이 많지요.

Q: 요즘에는 어떤 종류의 예술에 흥미를 느끼시나요?

A: 로버트 라우셴버그[8], 리처드 디벤콘[9], 사이 트웜블리[10]의 작품이 좋아요. 왜 그런지는 잘 몰라요. 전에 어떤 친구가 그러더군요. "눈앞에 훌륭한 식탁이 차려져 있으면 분석하거나 먹거나 둘 중 하나 아니겠어."

Q: 선생님은 디자인에 관한 한 완벽주의자세요. 거리의 표지판이나 포스터 앞을 지날 때, 그 순간 머릿속으로 다시 디자인하기도 하시나요?

A: 항상 그러죠! 외식을 할 때면 주문을 하면서 메뉴판을 다시 디자인

---

8 Robert Rauschenberg(1925~2008): 일상적인 사물과 이미지를 화폭으로 끌어들인 미국 화가로 추상표현주의와 팝아트 사이의 가교 역할을 했다. 회화, 조각, 사진, 판화, 공연에 이르기까지 다양한 방식으로 작업을 한 것으로도 유명하다.
9 Richard Diebenkon(1922~1993): 미국의 화가이자 판화가로 구상 회화와 추상 표현주의 회화 사이를 자유롭게 넘나들며 선명한 색으로 미국 풍경의 정수를 화폭에 담았다. '오션 파크' 연작으로 널리 알려져 있다.
10 Cy Twombly(1928~2011): 미국의 추상표현주의 화가로 그림과 낙서, 컬리그러피를 결합한 독창적인 화풍을 선보였다. 미국의 그래피티 아티스트 바스키아와 키스 해링에게 커다란 영향을 끼친 것으로 알려져 있다.

해요. 보는 것마다 다 그렇게 해요. 그건 저주예요, 완벽한 저주! 고속도로를 달리다가 표지판이 나타나면 이렇게 말할 거예요. "왜 글자를 더 키우지 않았지?"

최근에는 내가 '거리 예술'이라고 이름 붙인 작업을 하고 있어요. 차선, 아스팔트에 그려진 화살표, 인도에 난 균열 따위를 사진으로 찍고 있지요. 사물을 살짝 비틀어 보면서 그 속에 담긴 아름다움을 찾으려는 생각인 거죠. 뜻밖에 구석구석 많이 있더군요.

로이스 엘러트
Lois Ehlert

1934년 출생, 미국 위스콘신주 비버댐
2021년 사망, 미국 위스콘신주 밀워키

"사실 미술 재료는 전부 우리 주변에 있어요." 로이스 엘러트는 말한다. 나뭇잎, 깃털, 단추, 옥수수 알갱이, 막대기, 플라스틱 포크는 물감이나 색종이에 뒤지지 않는 미술 재료라는 게 그녀의 생각이다. 엘러트의 콜라주에서 가게에서 사거나 집 또는 야외에서 찾은 이런저런 재료들이 모여 이미지나 장면을 이루는 방식을 자세히 살피는 것은 시각적 모험이나 다름없다. 그러나 엘러트는 또 다른 이야기도 들려준다. 고양이, 새, 눈사람 가족을 만드는 아이나 채소 수프를 만드는 아이 이야기를 말이다.

목수 아버지와 재봉사 어머니 밑에서 자란 덕분에, 엘러트는 손으로 물건을 만드는 과정과 거기에서 얻는 보람에 대해 훤히 알고 있었다. 부모의 격려로 일찍부터 그 일을 하기도 했다. 미술과 공예 재료들은 어린 시절 엘러트가 가장 좋아하는 놀잇감이었다. 나중에 그래픽 디자인 교육을 받을 때, 엘러트는 물질적인, 심지어 조각 같기도 한 오브제인 책에 흥미를 느꼈다. 다른 대부분의 그림책과 달리 그녀의 책은 페이지의 크기와 모양을 바꾸고, 페이지 사이에 창문 역할을 하는 구멍을 내는 등 온갖 기발한 방법으로 이미지를 연결하면서 이야기를 풀어 나간다.

나는 워싱턴 D.C의 코코런 미술관의 일일 그림책 만들기 프로그램을 맡았던 1993년에 그녀를 처음 만났다. 엘러트는 드로잉 테이블에 앉아 방문자들에게 그림책이 어떻게 만들어지는지 보여 주던 그림 작가 스물세 명 중 한 명이었다. 로이스는 위스콘신주 밀워키의 자택에서 전화로 나와 인터뷰를 했다.

레너드 S. 마커스: 어릴 때 어떤 아이였나요?

로이스 엘러트: 조용한 아이였어요. 큰 무리에는 끼지도 않았어요. 인기

를 바라지도 않았고요. 다른 아이들과는 관심사가 달랐어요. 나만의 세계에 빠져 있었지요. 나도 자신만의 세계에서 사는 아이들을 가르친 적이 있는데, 그 애들을 알아 가고 격려할 수 있다는 건 정말 멋진 일이에요.

Q: 부모님이 어릴 적부터 예술가가 되라고 격려해 주셨다고요? 무척 드문 경우군요.

A: 그때는 그게 드문 일인 줄도 몰랐어요. 부모님은 두 분 다 늘 직접 물건을 만드셨어요. 나는 누구나 다 그러는 줄 알았어요. 아마 달리 방법이 없어서 그랬을지도 몰라요. 부모님은 필요한 것은 스스로 만들어야 했던 대공황기를 겪으셨거든요. 나는 세 아이 중 막내였는데, 어머니는 우리 옷을 직접 지어 입히셨어요. 아버지는 목공일을 하셨고요. 내가 미술 학교에 진학했을 때는 아버지가 직접 서랍장을 만들어 주셨지요. 우리 집에는 내가 그림 그릴 때 쓰는 특별한 접이식 탁자가 있었어요. 아버지가 특별한 합판으로 상판을 만드신 바람에 특별한 탁자가 되었지요. 아직도 가지고 있어요. 그 탁자의 또 다른 특별한 점은 그림을 다 그린 뒤에 치울 필요가 없다는 거였어요. 오빠와 언니는 그런 행운을 못 누렸어요. 부모님은 내가 남다른 아이라고 느끼셨나 봐요. 나는 젊은이들에게 강연을 할 때 이런 말을 하곤 해요. "혼자만 있을 곳을 찾으세요. 널찍하지 않아도 괜찮아요. 그림을 그리건 글을 쓰건 뭔가 창조적인 일을 할 수 있는 곳을 찾으세요." 부모님은 하지 말라는 소리를 웬만하면 안 하는 방식으로 나를 북돋워 주셨어요. 집 안의 내 자리에 있는 나를 절대 방해하지 않으셨거든요.

Q: 가장 어릴 때 만들었던 게 뭐였는지 기억나나요?

A: 어머니에게 냄비 집게Potholder를 만들어드렸는데, 그게 아직도 있더라고요. 나중에 내가 발견해서 지금은 내가 가지고 있어요. 《아빠의 손: 이

다음에 커서 화가가 되고 싶어요》(1997)에 사진이 실려 있어요. 위에는 꽃을, 아래쪽에는 화분flowerpot을 뜻하는 갈색 천 조각을 꿰매 붙인 거예요. 냄비 집게를 말 그대로 화분 모양의 집게로 이해했던 거죠.

이제 나는 책의 그림 작업을 할 때 아이들이 보고 "흠, 이 정도는 나도 하겠는걸."이라는 말이 나올 수 있게 하려고 노력해요. 알다시피 나는 단추와 리본과 천을 쓰는 걸 좋아해요. 아이들이 집에서 쉽게 찾을 수 있는 것들이죠. 어릴 때 어머니한테서 얻은 자투리 천의 색은 당시 색종이의 뜨뜻미지근한 색보다 훨씬 나았어요. 나는 언제나 그 천들을 오리고 붙이며 놀았답니다.

Q: 어릴 때 직접 만든 것 말고, 다른 예술품을 본 적이 있었나요?

A: 나는 어릴 때 미술관에 못 가 봤어요. 근처에 없었거든요. 미술사 책과 그림책에 실린 그림 외엔 본 적 없어요. 우리 집에는 책이 많지 않았지만, 근처에 훌륭한 공공 도서관이 있었죠. 오빠와 언니와 나는 매주 어머니와 함께 그곳에 갔어요. 한 명당 한 번에 다섯 권씩 빌릴 수 있었죠. 《백만 마리 고양이》[1]라는 그림책이 생각나요. 나중에는 로라 잉걸스 와일더의 책을 좋아했어요. 그림은 내 취향이 아니었는데, 글로 사물의 생김새를 묘사한 부분들이 참 좋았어요.

Q: 반에서 그림을 가장 잘 그렸나요?

A: 그럼요. 그리고 내 꿈은 예술가라고 늘 생각했어요. 유일한 문제는 예술가가 되는 방법을 몰랐다는 거죠. 전혀 아는 게 없었어요.

고등학교를 졸업하고 운 좋게 미술 학교에서 장학금을 받았어요. 나도,

---

[1] 《백만 마리 고양이》 완다 가그 글·그림, 강무환 옮김, 시공주니어, 2009

부모님도 돈이 없었거든요. 그 무렵 내가 책을 사랑한다는 것을 깨달았어요. 혹시나 책의 삽화 작업을 할 수 있다면, 하늘을 둥둥 떠다니는 기분일 거라고 생각했지요.

Q: 그래서 일러스트레이션을 공부하셨나요?

A: 아니요. 당시에는 미술 학교에 지금처럼 일러스트레이션 과목이 없었어요. 나는 색채 이론과 사생을 공부했어요. 모두 기초 과목들이었죠. 졸업할 때 목표는 책에 그림을 그리는 것이었지만, 그런 일은 안 생겼어요. 할 수 없이 밀워키의 어느 상업 미술 스튜디오에 인턴으로 들어갔어요. 시카고나 뉴욕도 생각해 보긴 했는데, 위스콘신주가 너무 좋아서 떠나고 싶지 않았어요. 물론 뉴욕에 출판사가 몰려 있다는 걸 알았지만, 직접 안 가더라도 그림만 보내면 되지 않을까 싶었지요. 스물두 살 때 작가 에이전시에 들어갔는데, 그게 도움이 되었어요.

Q: 1960년대에 처음 책을 내셨지만, 초기작들과 지금 선생님을 유명하게 만들어 준 많은 그림책 사이에는 약 20년의 간격이 있어요. 왜 그토록 오래 기다리셨나요?

A: 당시의 인쇄 품질에 몹시 실망했더랬어요. 게다가 옛날에는 내 작품의 인쇄 결과에 대해 입도 뻥긋할 수 없었거든요. 중간에 유럽에 갔는데, 그곳은 색 구현이 훨씬 잘되고 있더라고요. 그래서 존경하는 이탈리아 일러스트레이터 브루노 무나리의 그림책을 비롯해 좋아하는 유럽 어린이책을 여러 권 사 가지고 왔어요. 그 경험을 통해 대량 인쇄를 해도 색 구현이 잘될 수 있다는 사실을 알았어요. 사실상 흥미를 잃은 적도 없지만, 책 만드는 일에 대한 관심도 되살아났고요.

나는 포트폴리오를 다시 돌리기 시작했어요. 모양 따기 기법을 써서 그림 작업을 할 때였는데, 처음에는 편집자들이 어떻게 해야 할지를 모르더군요. 그때는 그런 게 지금보다 훨씬 드물었으니까요.

《알록달록 동물원》(1989)은 처음에 아트 북으로 만들었어요. 책의 제작 과정 하나하나가 몹시 까다로워서, 출판될 거라고는 생각지도 못했어요. 그러나 출판이 되었지요. 보드북으로 만들어질 무렵에는 레이저를 이용해 모양 따기를 할 수 있게 되었고요. 내가 그림책 일을 하는 내내 새로운 제작 방법들이 잇따라 나왔답니다.

Q: 아이들과 함께 그림 수업을 할 때 이야기를 좀 해 주세요.

A: 나는 대학교 때부터 아이들에게 미술을 가르쳤어요. 지금도 가끔 밀워키 미술관에서 수업을 해요. 그 일을 참 좋아하거든요. 마음만 먹었으면 미술 선생님도 될 수 있었을 거예요. 어린이집이나 유치원 아이들, 1학년짜리들이 제일 좋아요. 아이들도 정말 재미있어해요. 나는 아이들에게 내 책 《알록달록 물고기》(1990) 관련 활동으로 수족관을 만들게 해요. 우선 샐러드 바에서 흔히 볼 수 있는 재활용 플라스틱 상자를 구해 와요. 그리고 그것을 똑바로 세운 뒤, 그 안에 가볍게 들어갈 만한 양면 물고기를 만들어요. 많이 만들어도 되고, 커다란 물고기 한 마리만 만들어도 돼요. 그런 다음 물고기를 상자 뚜껑에 실로 대롱대롱 매달아 놔요. 상자를 흔들면 물고기가 요리조리 헤엄치지요. 아이들은 늘 아주 멋진 물고기를 만든답니다.

Q: 《알록달록 물고기》는 어떻게 만들게 되셨나요? 가로로 긴 책을 만드신 건 그저 변화를 주기 위해서인가요?

A: 《알록달록 물고기》는 물고기가 나오는 숫자 책을 만들고 싶다는 생각으로 시작했어요. 먼저 사전 조사를 하러 시카고에 있는 셰드 아쿠아리움에 갔어요. 물론 열대어들이 대체로 가장 화려하지요. 스케치북도 가지고

갔어요. 다른 때라면 그냥 보기만 했을 텐데 말이에요. 나는 시각적 기억력이 아주 뛰어나거든요. 《날개를 기다리며》(2001)는 겨울에 작업했는데, 우리 동네에서는 그 계절에 꽃이 피는 것을 보기 어려워서 사진을 참고할 수밖에 없었어요.

《알파벳 먹기Eating the Alphabet》(1989)를 만들 때는, 매주 동네 청과물 가게에 가서 각각의 글자에 해당하는 것을 한 가지씩 사곤 했어요. D를 그릴 때는 대추Dates, E를 그릴 때는 가지Eggplant 하는 식으로요. 과일과 채소는 집에 가져와 그림을 그린 뒤 먹어 치우곤 했지요. 세잔도 그 사과들을 가지고 나와 똑같이 했겠지요?

Q: 잘생긴 오렌지나 바나나 따위를 고르는 건 참 재미있었겠군요. 아니, 재미있었나요?

A: 네, 재미있었어요. 가게에서 언젠가 내가 무엇을 하는지 눈치 챌 거라고 생각했는데, 끝끝내 아무도 모르더군요.

Q: 선생님은 글자 X에 해당하는 과일 이름으로 특이하게 '시과西瓜, xīguā'를 쓰셨어요. 중국어로 '수박'이죠. 그건 거의 마지막에 나오는 깜짝 선물이자, 사물에는 이름이 하나만 있는 게 아니라는 사실을 아이들에게 보여 주며 책에 새로운 층위를 더하지요.

A: 위스콘신 대학의 중국 학자가 도움을 줬어요. 그 책을 만들 때 키위가 막 인기를 얻고 있었어요. 나는 키위와 스타프루트를 비롯한 몇몇 이국적인 과일과 채소를 책에 싣기로 했어요. 독자들이 한눈에 알아볼 수 없는 과일이나 채소를 책에 싣는 것이 과연 옳은가에 대해 출판사와 갑론을박이 조금 있었지요. 하지만 나는 '안 될 게 뭐야?' 하고 생각했어요. 독자들은 책 밖에서 그것을 찾아보며 새로운 사실을 배울 수 있으니까요.

Q: 특별히 좋아하는 서체가 있는지요?

A: 아, 그럼요. 하코트 출판사에서 나온 내 책들은 모두 센트리스쿨북 Century Schoolbook 서체를 썼어요. 하퍼콜린스 출판사에서 나온 책에는 아방가르드 Avant Garde 서체를 썼고요. 센트리스쿨북체는 가독성이 아주 높으면서도 무척 아름다운 서체예요. 그러니 안 쓸 이유가 없지요. 나는 서체가 또렷할수록 더 좋다고 생각해요. 특히 이제 막 읽기를 배우는 아이들을 위한 책에서는 더더욱이요. 아방가르드체는 제도용 컴퍼스로 만들었다고 해요. 그건 아이들이 인쇄체를 배우는 방식과 매우 비슷해요. 《알록달록 동물원》처럼 기하학적인 모양을 다룬 책에 딱 들어맞는 서체죠. 잘 어울리는 것 같아요.

Q: 자신이 시각 예술가인 동시에 글 작가이기도 하다는 사실이 놀랍지 않으셨나요?

A: 그럼요. 원래 《알록달록 동물원》과 《아빠의 손: 이다음에 커서 화가가 되고 싶어요》는 위스콘신 대학에서 북 아트 과목을 들을 때 만든 거예요. 내가 만들 책이 글 없는 책은 아닐 거라는 사실, 책에 넣을 글을 써야 한다는 사실을 깨달은 건 그때였어요. 그래서 시도해 보았지요. 나는 언제나 시각적인 아이디어에서 출발했고, 지금도 마찬가지예요. 심지어 글이 어떤 내용이 될지 이미 알고 있을 때도요. 언제나 그림을 먼저 그려서 분위기를 만들어요.

Q: 《와글와글 즐거운 장날》(2000)에 대해 여쭐게요. 오랫동안 민속 공예품을 수집하셨나요?

A: 아마 미술 학교를 졸업한 뒤부터일 거예요. 그러니까 경제적 여유가 생긴 뒤부터 줄곧 사 모았지요. 많이 갖고 있긴 한데, 그다지 비싼 건 아니에

요. 그냥 꽤 독창적인 것들이라 《와글와글 즐거운 장날》을 통해 어린이들에게 민속 예술을 재미있게 소개할 수 있겠다 싶었어요.

Q: 무척이나 다양한 사물들을 조합해서 이야기를 잘 엮어 내신 것 같아요.

A: 먼저 컬러 사진으로 각 장면을 구성한 다음, 완성 장면은 사진작가에게 촬영을 맡겼어요. 《나뭇잎 아저씨》(2005)를 만들 때는 복사기를 유용하게 썼답니다.

Q: 《날개를 기다리며》를 비롯한 몇몇 책은 디자인이 매우 복잡해요. 그 책에 들어갈 여러 장면의 크기를 어떻게 정할지, 어느 정도의 복잡성이 적당한지, 그 모든 요소를 어떻게 서로 어우러지게 할지 고민하는 데 시간이 많이 걸리지는 않았나요?

A: 많이 걸렸죠. 최종 그림보다 책의 개념을 잡는 데, 그러니까 레이아웃이나 가제본에 시간을 더 들였어요. 여러 단계를 거쳤지요. 《날개를 기다리며》의 디자인을 끝낼 무렵에는 더 이상의 수정은 무리였어요. 그대로 가거나 말거나 해야 했지요.

케빈 헹크스
Kevin Henkes

1960년 출생, 미국 위스콘신주 라신

"어린아이들은 살면서 처음 겪는 일이 많아요." 케빈 헹크스는 말한다. "영원히 계속될 것 같은 처음들이 줄을 잇지요." 그는 종종 자신의 여러 그림책에서 이런 기념비적인 사건, 이를테면 형제 관계, 우정, 학교에서 겪는 첫 경험을 다루곤 한다. 그러면서 남다른 공감 능력을 발휘하여 거의 누구나 겪어 봤을 곤란한 상황을 다정하고 유머러스하게 풀어낸다. 그의 책이 꾸준히 사랑받는 것은 그 안에 담긴 심리적 진실 덕분이다. 아이와 어른이 함께 책을 읽다 보면 감정의 극단까지 갔다가 돌아오는 것이 어떤 느낌인지 알게 된다. 그리고 그 대가로 조금 더 단단해지고 현명해진다.

2005년 헹크스에게 콜더컷상을 안긴 《달을 먹은 아기 고양이》(2004)는 어린 고양이가 나무에 더 높이 오르는 행동이 사실상 구성의 핵심이다. 이 책을 위해 그는 기존의 그림 스타일을 완전히 바꾸는 모험을 감행했다. 고전적인 단순함을 지닌 서정적이고 둥글둥글한 검은색 선화를 구현하느라 잠시 색을 밀쳐 둔 것이다. 최근 작업에서 그는 색을 갓 발견한 사람처럼 그림을 그리면서 새로운 방향으로 나아간다. 그 과정에서 놀라운 작품이 잇따라 나오고 있다.

나는 1980년대 말부터 《페어런팅Parenting》 잡지에 그의 책에 대한 서평을 써 왔지만, 인터뷰는 이번이 처음이었다. 2009년 11월 25일, 헹크스는 위스콘신주 매디슨에 있는 자택에서 나와 전화로 인터뷰했다.

레너드 S. 마커스: 어린 시절 어떤 아이였나요?

케빈 헹크스: 수줍음이 많은 아이였어요. 책 읽기를 좋아했죠. 그림 그리는 것도요. 나는 내적으로 풍요롭게 살았다고 생각해요. 형제가 다섯이라서 집에서 온갖 일이 다 벌어졌죠. 나는 몸을 웅크리고 책을 보거나 겨울이면

공책을 들고 라디에이터 옆 구석에 쏙 들어가서 그림을 그리는 게 가장 좋았어요.

Q: 몇 번째 아이였나요?

A: 넷째인데, 그게 작업에는 도움이 된 것 같아요. 나는 막내인 게 어떤 기분인지도 알고, 그다음에는 동생이 생기는 게 어떤 기분인지도 아니까요. 동생과는 터울이 꽤 벌어져서, 그 애가 태어났을 때 잔뜩 들떠 있었던 기억이 나요.

Q: 가족 중에 예술가가 있었나요?

A: 할아버지가 사진사였어요. 내 고향인 위스콘신주 라신 시내에서 사진관을 운영하셨지요. 사진관 지하에는 암실이 있었는데, 손자들을 거기로 데려가는 것을 좋아하셨어요. 나는 사진관 일이 무척 신기했어요. 그 일을 마음껏 해 보았는데도 결국엔 그림을 선택했다는 게 재미있긴 해요. 돌이켜 보면 그림이 결과를 통제하기가 좀 더 쉬워서이지 싶어요. 사진에는 변수가 너무 많은데, 그림은 나와 종이와 연필로 충분했으니까요.

Q: 《우리 선생님이 최고야!》(1996)에서 릴리는 연필과 분필, 책상에 이르기까지 학교의 모든 것들을 좋아해요. 선생님도 그랬나요?

A: 그럼요. 몇몇 책은 외향적인 디테일을 좋아하기도 했어요. 〈리틀 골든 북스Little Golden Books〉[1] 시리즈는 라신에서 인쇄를 했는데, 나는 이 시리즈의 금박 제본이 아름답다고 생각했지요. 우리 동네 아버지들 여럿이 〈리틀 골든 북스〉 인쇄를 맡은 웨스턴 퍼블리싱 컴퍼니에서 일했기 때문에 이

---

[1] 사이먼 앤 슈스터 출판사에서 1942년에 펴낸 아동 도서 시리즈로, 지금은 펭귄 랜덤 하우스에서 출판권을 가지고 있으며 60년이 지난 지금까지도 꾸준히 사랑받고 있다.

시리즈가 주변에 많았어요. 나는 인쇄소에 가 본 적도 있어요. 이웃과 함께 갔을 거예요.

Q: 어릴 때 알던 다른 책은 어떤 것이 있나요?

A: 우리 집에는 스콜라스틱 북 클럽 책 외엔 별로 없었어요. 하지만 라신 공공 도서관이 정말 훌륭해서, 정기적으로 그곳에 갔지요. 나는 책을 고르는 것도, 그다음에는 그게 진짜로 내 것 같은 기분이 드는 것도 참 좋았어요. 엄마도 같은 생각이라서 실제로 그런 기분이 들게 해 주셨지요. 어린 시절 도서관에 대한 가장 생생한 기억은 내 첫 어린이책 사서였던 쇼월터 선생님의 은퇴식이에요. 활짝 펼친 책 모양의 커다란 케이크 위에 이야기책 주인공들의 작은 조각상이 놓여 있었어요. 정말 화려하다는 생각이 들었지요.

Q: 읽기를 배웠던 게 기억나나요?

A: 유치원에 《헨젤과 그레텔》을 가지고 가서 반 아이들 앞에서 읽었던 게 기억나요. 제대로 읽은 건지, 그냥 외워서 말한 건지는 잘 모르겠어요. 헝겊 인형을 사진으로 찍은 그림이 실린 책들 중 하나였지요. 나는 그게 매우 자랑스러웠고, 책 읽기에 대해 생각할 때마다 그 기억이 떠올라요.

Q: 《우리 선생님이 최고야!》에서 릴리는 그림 백과사전을 갖고 싶다고 말하지요. 어릴 때 집에 《골든 북 백과사전 Golden Book Encyclopedia》이 있었나요?

A: 우리 집엔 없었고 이웃집에 있었어요.

Q: 그럼 선생님도 갖고 싶었겠군요.

A: 당연하지요. 학교에 있긴 했어요. 그래서 지금도 그 표지들이 떠올라요.

Q: 아주 어릴 때부터 그림을 그리기 시작하셨지요?

A: 그림을 안 그렸던 때가 있었나 싶어요.

Q: 반에서 그림을 가장 잘 그렸나요?

A: 네, 그랬어요. 그건 내 정체성의 큰 부분을 차지했어요. 큰형도 그림을 매우 잘 그렸는데, 나보다 다섯 살 위라 내가 아직 도달하지 못한 수준의 전문 지식을 가지고 있었어요. 집에서 함께 그림을 그릴 때도 가늘고 좋은 붓은 형 차지였고, 굵고 거친 붓만 내 몫이었죠. 한번은 부모님이 형의 수채화를 액자에 넣어 거실 벽에 걸어 놓았어요. 나는 그것을 바라보면서 생각했어요. '어쩜 저렇게 잘 그릴 수 있담?'

Q: 부모님이 지원을 매우 잘해 주셨나 봅니다.

A: 네. 우리는 미술관 바로 근처에 살았는데, 어릴 때 거기서 수업을 들었어요. 정말 좋았지요.

Q: 할로윈 때는 어떤 분장을 했나요?

A: 어릿광대와 나무꾼 분장을 했던 게 생각나요. 나는 얼굴에 바셀린과 커피 가루를 발라 나무꾼의 턱수염을 만들었어요. 내 눈에도 멋있어 보였지만, 수줍은 성격 탓에 남의 시선을 엄청 의식했던 것 같아요. 어떤 해에는 남들과 좀 더 어울려 보려고 그린 베이 패커스Green Bay Packers[2]로 분장을 하기도 했어요.

Q: 아직 고등학생일 때 첫 그림책을 만드셨지요? 예술도 분야가 매우 많

---

[2] 미국 위스콘신주 그린베이에 본거지를 둔 내셔널 풋볼 리그 소속 미식축구팀.

은데, 왜 그림책을 선택하셨나요?

A: 고등학교 1학년 때 영어 선생님이 내 작문을 칭찬하면서 이렇게 말씀하셨어요. "언젠가 네 이름이 적힌 책을 보게 될 것 같아." 그것은 엄청난 경험이었어요. 가장 좋아하는 건 여전히 그림이었지만요. 나는 앞으로 무엇을 하면 좋을까, 내가 원하는 직업은 무엇일까를 생각하기 시작했어요. 그러다가 미술에 대한 내 사랑과 새로이 깨달은 글쓰기에 대한 사랑을 합쳐 그림책을 만들면 성공할 것 같았어요.

나는 언제나 그림책에 매혹을 느꼈어요. 일반적인 그림책 독자의 나이를 넘어섰을 때도 말이지요. 스콜라스틱 북 클럽판《괴물들이 사는 나라》안에 써 놓은 손 글씨로 보아, 나는 좀 컸을 때 그 책을 받은 게 분명해요. 나는 그런 책의 그림들을 꼼꼼히 연구하곤 했어요. 또한 찰스 슐츠의 연재만화〈피너츠〉를 읽던 시절에는 그 그림을 베끼곤 했지요. 신문 연재만화의 등장인물들을 빼곡히 베껴 그린 공책도 있답니다.

Q: 슐츠의 드로잉은 단순하지만 매우 인상적이지요.

A: 네, 그의 그림을 통해 단순하다고 해서 그리기 쉬운 건 아니라는 사실을 깨달았어요.

Q: 아직 대학생인데 이미 책을 출판한 경우는 아주 드물지요. 어떤 기분이었나요?

A: 대학에는 내가 가르침을 받고 싶은 훌륭한 미술 선생님들이 계셨어요. 그런 분들께 계속 배울 기회가 있어서 좋았어요. 하지만 그림책을 만드는 시간이 점점 늘어났어요. 나는 책을 만드느라 한 학기를 쉬었다가 다시 복학하곤 했어요. 한동안 휴학했다 복학하는 패턴이 반복되었지요.

Q: 어릴 때 가장 좋아했던 책이 루스 크라우스와 크로켓 존슨이 만든 《이게 너야?Is This You?》라고 하셨지요? 어떤 점이 그토록 좋으셨나요?

A: 그 책을 사랑한 이유 중 하나는 본질적으로 자신에 대한 책을 만드는 방법을 알려주는 지침서이기 때문이에요. 나는 그 책이 보여 준 공식에 따라 작은 책자들을 많이 만들었어요. 내가 가진 책에는 발음 나는 대로 표기한 글이 들어 있는데, 마치 외국어처럼 생겼지만 어쨌든 읽을 수는 있었어요! 그런 특징 때문에 매우 이국적인 느낌이 드는 책이었지요. 그리고 나는 찰스 슐츠의 그림을 좋아하듯 크로켓 존슨의 그림도 좋아했어요.

Q: 첫 책 《가끔은 혼자서》(1981)와 《웬델과 주말을 보낸다고요?》(1986)는 글도 그림도 아주 달라요. 어떻게 이렇게 바뀌었나요?

A: 정말 어린 나이부터 책을 내기 시작했기 때문에, 나이 들어가면서 뭐랄까, 내가 어떤 예술가인지 종이 위에 밝혀 보려고 했던 것 같아요. 열아홉 살 때 나는 이상주의자였고 심오하고 싶었어요. 그래서 나온 게 《가끔은 혼자서》이고요. 시간이 흐르며 내 글은 좀 더 유머러스해졌어요. 두 번째 책인 《싹싹 씻어요Clean Enough》(1982)에서 이미 그런 기미가 보이지요. 글이 점점 더 유머러스해지니까 그때까지 등장인물을 표현하던 방식, 그러니까 실제 사람처럼 그리는 것이 더는 어울리지 않는다는 생각이 들더군요. 그림에서 힘을 더 빼고 동물을 등장시키면 글의 유머가 더 잘 살아날 것 같았지요.

Q: 아버지가 된 것이 그림책을 만드는 방식에 영향을 끼쳤나요?

A: 특별히 그런 것 같진 않아요. 아이가 생기기 전에도 사람들은 내게 아이가 있을 거라고 생각했지요. 그러다 아버지가 되자, 이런 말을 들었어요. "이제 아이디어가 무한정 샘솟겠군요!" 그런 일은 없었던 것 같아요. 아버지가 되어서 달라진 점이라고는 영아 책을 다시 톺아보게 된 것뿐이에요.

집에 영아 책이 가득하다 보니 다시 사랑하게 된 거지요. 그러나 나는 아버지가 되기 전에 이미 삼촌이었어요. 《내 사랑 뿌뿌》(1993)는 담요를 끌고 다니는 조카딸에게서, 《줄리어스, 세상에서 제일 예쁜 아기》(1990)는 다른 두 조카딸에게서 영감을 얻은 책이지요.

Q: 그 무렵에 부모들의 즐거움을 위해 풍자를 점점 더 많이 넣고 계셨지요? 이를테면 《내 사랑 뿌뿌》에 부모들은 자녀들에게 아니라고 말하는 법을 절대 배우지 못한다는 언급을 한 것이나 피카소와 뭉크의 〈절규〉 같은 여러 그림의 패러디를 넣은 것처럼요.

A: 나는 아이에게 책을 읽어 주는 어른을 위해 뭔가 넣는 게 참 좋아요. 그러나 내 책은 어린이를 위한 것이라는 사실을 늘 마음에 새기려고 노력해요. 내가 그런 식으로 덧붙이는 것들이 어린이에게 즐거움을 주는 책을 만든다는 주된 목적에 방해가 되지 않으면 좋겠어요.

Q: 선생님의 그림은 장식적인 문양이 더 늘어나고, 배경이 더 자세해지고, 공간적 깊이에 대한 관심이 커지면서 더 많은 층위가 생겨나고 있었어요. 그러다가 《달을 먹은 아기 고양이》에서는 스타일이 완전히 바뀌었지요. 새 책을 시작할 때 이번에는 이런 기법을 써 보겠다고 미리 정하는 편인가요? 그게 책 만드는 재미를 유지하는 방법 중 하나인가요?

A: 나는 《달을 먹은 아기 고양이》가 다른 책과 달랐으면 했어요. 흑백으로 대담하게 그리고 싶었지요. 그간 나는 특정한 종이와 특정한 펜촉과 특정한 잉크를 쓰는 데 익숙해져 있었어요. 여러 해 동안 똑같은 재료로 작업하다 보니, 지금 무엇을 하고 있는지 아니까 매우 편안했어요. 어떤 결과가 나올지도 알고 있었고요. 나는 습관의 동물이라서 그 모든 것을 옆으로 밀쳐 두는 게 무척 겁이 났어요.

그러나 《달을 먹은 아기 고양이》의 글이 뭔가 다른 것을 호소했어요. 글이 나를 다른 방향으로 끌고 갔지요. 나는 색을 제한했을 뿐 아니라, 필요하지 않은 것은 그리지 않으려고 노력했어요.

초기 스케치에는 몇몇 배경 요소가 있었지만, 결국 대부분을 없앴어요. 제임스 매튜 배리는 '반으로 줄이고 아무것도 빼먹지 말라'는 식의 말을 했어요. 나는 그게 그림책에서 추구해야 할 이상이라고 생각해요. 남들한테 무언가를 보여 주기 전에 여러 가지 시도를 했어요. 원래는 전체를 다 구아슈나 잉크로 그릴 생각이었지요. 그러나 내가 바랬던 벨벳처럼 부드러운 느낌은 색연필을 썼을 때 가장 잘 표현되었어요.

Q: 시금석으로 여기는 그림책은 어떤 것이 있나요?

A: 정말 많아요. 우선 마거릿 와이즈 브라운과 진 샬럿의 《모두 잠이 들어요》[3]가 있어요. 《개구쟁이 해리: 목욕은 정말 싫어요》[4]도 좋아해요. 그 책은 실제 이야기이고, 독자에게 놀라움을 안겨 주죠. 실제로 다 그렇거든요. 또한 M.B. 고프스타인의 《나와 선장 Me and My Captain》도 넣고 싶어요. 이 책은 갈망을 정말 아름답게 표현해요.

Q: 《난 내 이름이 참 좋아!》(1991)는 자기 이름을 정말 싫어하는 아이에 대한 이야기지요. 어릴 때 자기 이름이 싫었던 적이 있나요?

A: 아니요, 이런 식으로든 저런 식으로든 이름에 대해 생각해 본 적이 없어요. 어릴 때 참 좋아한 책이 있는데, 제목이 《패트릭 마이클 케빈 Patrick Michael Kevin》이었어요. 그 책을 좋아한 유일한 이유는 제목에 내 이름이 있

---

[3] 《모두 잠이 들어요》 마거릿 와이즈 브라운 글, 진 샬럿 그림, 나희덕 옮김, 비룡소, 2001
[4] 《개구쟁이 해리: 목욕은 정말 싫어요》 유진 자이언 글, 마거릿 블로이 그레이엄 그림, 임정재 옮김, 사파리, 2022

어서였죠.

Q: 최근작들을 보면 색채에 더 빠져 계신 것 같아요.

A: 시간이 흐르면서 진화했어요. 《올드 베어》(2008)를 작업할 때 각 계절에 따른 꿈에 두 페이지씩을 배당할 수 있다는 것을 알고, '어떻게 하면 꿈의 시퀀스를 확장하고 풍성하게 만들 수 있을까?' 생각했어요.

종이 위에 낙서를 하다 보면 생각이 꼬리에 꼬리를 물고 이어질 때가 있잖아요. 처음 떠오른 생각은 책의 다른 부분은 다 갈색으로 그리고 꿈만 다른 색으로 그리자는 것이었지요. 그다음에는 꿈을 각각 다른 색으로 그리고 그에 상응하는 색으로 활자를 인쇄하자고 생각했어요. 그게 맞는 것 같았어요. 그러자 작은 창이 활짝 열리며 흥분이 몰려왔지요.

Q: 시간이 지날수록 그림책을 만드는 게 더 쉬워졌나요?

A: 아니요. 오히려 점점 더 어려워지는 것 같아요. 과연 다른 책의 아이디어가 떠올라 줄지 전보다 더 걱정이 돼요. 하루 일이 끝나면 눈이 피곤한 것 따위도 걱정이고요.

Q: 본인 책에 나오는 인물들 중에서 누구와 가장 비슷하다고 생각하나요?

A: 자꾸만 릴리를 주인공으로 쓰는 것으로 보아, 틀림없이 릴리를 가장 좋아하나 봐요. 하지만 릴리는 나와 전혀 달라요.

Q: 릴리는 매우 활달해요. 그야말로 '인물'이지요. 릴리를 닮고 싶으신가요?

A: 아마도요. 릴리는 자기가 입은 핼러윈 의상을 조금도 쑥스러워하지 않을 거예요.

허유미
Yumi Heo

1964년 출생, 대한민국 서울
2016년 사망, 뉴욕주 화이트플레인스

일러스트레이터들은 '어디에서 아이디어를 얻느냐'는 질문을 자주 받지만, 사실 그들 자신도 잘 모를 때가 많다. 허유미는 이렇게 회상한다. "《청개구리: 한국의 옛이야기 The Green Frogs: A Korean Folktale》(1996)의 샘플 그림을 그릴 때, 종 모양 꽃이 달린 식물을 그렸어요. 그때는 그냥 머릿속에서 상상해 낸 꽃이라고 생각했어요. 그런데 몇 년 뒤에 한국에 가서 우연히 똑같은 꽃을 보고, 비로소 어린 시절의 기억이 처음 어린이책을 만들 때 중요한 역할을 했구나 싶었어요."

허유미의 예술적 재능은 일찍부터 돋보였고, 학창 시절부터 끊임없는 격려와 과외 수업을 받을 수 있을 정도로 운이 좋았다. 그러나 한국 선생님들의 구태의연하고 형식적인 미술 교육은 곧 갑갑증을 불러왔다. 허유미는 뉴욕에서 미술 공부를 할 기회를 향해 도약했다. 25년이 훌쩍 지난 지금, 그녀는 미국에서 활동하며 삶을 꾸려 나가기로 한 자신의 선택에 후회는 없어 보인다.

허유미는 가녀린 몸매에 활력이 넘치는 여성으로 진지한 눈빛과 생기발랄하고 장난스러운 태도를 지녔다. 그녀는 남편과 함께 뉴욕 교외에서 아이와 부모들이 공예 체험을 하러 오는 도자기 공방을 운영하고 있었다. 우리는 공방이 문을 열기 전에 두세 차례 자리를 함께했다. 발랄한 간판과 벽 장식도 모두 그녀가 만든 것이었다. 나는 2009년 9월 18일 그녀의 그림책들이 선반 위에서 내려다보는 가운데, 이른 아침의 고요함을 틈타 이 대화를 녹음했다.

레너드 S. 마커스: 한국에서 자랄 때 이야기를 좀 해 주세요.

허유미: 부모님은 예술가가 아니었어요. 그러나 나는 늘 그림 그리는 걸

좋아했고, 어머니도 그걸 알고 계셨지요. 어머니는 가족 나들이를 갈 때조차 나한테 스케치북을 챙기라고 하셨어요. 나는 우리 가족이 무엇을 하든 다 그림으로 그려야 했지요. 아버지는 직업 군인이라 이곳저곳으로 옮겨 다니시는 바람에 우리 가족은 해마다 이사를 해야 했어요. 그러다 보니 나는 친구도 별로 없었어요. 중학교에 들어가자, 어머니는 나를 미술 학원에 보내 주셨어요.

Q: 당시에도 한국 전통 미술에 대해 알고 계셨나요?

A: 아니요, 학원에서 그리스 신들의 조각상을 그렸어요! 그때 한국에서는 그림을 그런 식으로 배웠어요. 지금은 그렇지 않지만요.

Q: 어린이책에 대해 말씀해 주세요.

A: 나는 책이 많지 않았어요. 5학년 때 한국의 옛이야기 모음집이 한 권 생겨서 어딜 가든 꼭 들고 다녔어요. 날마다 수업이 끝나면 연못가에 앉아 그 책을 읽곤 했지요. 《청개구리: 한국의 옛이야기》의 원작도 그 책에서 발견했어요. 내 책에 나오는 이야기들은 대체로 《이솝 우화》와 비슷했지만, 어떤 이야기들은 무척 섬뜩하기도 했어요. 우렁 각시 얘기도 있고, 외눈박이에 코가 반쪽뿐인 반쪽이 얘기도 있었죠! 삽화라곤 흑백 그림 몇 장뿐이었어요. 만화풍의 삽화가 실린 위인전도 읽었어요. 당시 한국에는 어린이가 읽을 만한 책이 많지 않았어요. 나는 시골에서 자랐지만, 대도시에서 살았다 해도 별반 다르지 않았을 것 같아요.

Q: 언제 한국에서 미국으로 오셨나요?

A: 스물네 살 때요. 혼자 왔어요. 나는 순수 미술을 공부하고 싶었는데, 한국에서는 원하는 대학에 못 들어갔어요. 대신 그래픽 디자인을 가르치는

대학에 갔지요. 대학을 졸업한 뒤에는 놀이공원에서 그래픽 디자이너로 일했어요. 공원 직원들의 유니폼을 디자인하고, 정문에 걸 커다란 간판을 만들었지요. 작년에 아직도 그것들을 쓰는 것을 보고 뿌듯했답니다! 그러나 나는 늘 순수 미술을 공부하고 싶었어요. 그러다 잡지에서 뉴욕의 스쿨 오브 비주얼 아츠[1] 광고를 보고 지원할 마음이 들었고 합격했어요.

SVA에는 석사 과정으로 들어갔고, 그래픽 디자인을 공부할 생각이었어요. 그런데 SVA의 그래픽 디자인 분야에는 석사 과정이 없었어요. 일러스트레이션이 가장 가까운 분야였지요. 그래서 생각지도 않게 일러스트레이터가 되었어요. 그때부터 내 인생의 황금기가 시작된 거지요. 어느 날 거리를 걷다가 문득 자부심이 들더라고요. 나는 생각했어요. '여기 내가 있어, 세계에서 가장 큰 도시 중 한 곳에, 이토록 많은 사람들에 둘러싸여서, 이토록 재미있게 배우면서!' 그때가 1989년이었어요. 내 관심은 온통 미국이라는 나라에 쏠려 있었어요.

Q: 일러스트레이션 중에서도 어떤 분야를 전공했나요?

A: 처음부터 어린이책 일러스트레이션을 한 건 아니에요. 석사 2년차 프로젝트로 직접 만든 막대 인형을 가지고 애니메이션을 만들 작정이었어요. 뉴욕의 인종적 불협화음에 대한 내용을 담으려 했지요. 나는 한국계 미국인 인형, 유대인 인형, 아프리카계 미국인 인형을 만들었답니다. 1990년에 브루클린에서 인근 아프리카계 미국인들이 작은 한국 식료품점에 대해 불매운동을 벌인 사건이 뉴스에 나왔어요. 그때 한 아프리카계 미국인 고등학교 교사가 가게 주인과 화해할 작정으로 자기 반 학생들을 가게로 데려갔어요. 그는 그 도시의 한국계 미국인 사회에서 영웅이 되었지요. 그런데 문제는 내

---

[1] 이하 SVA.

가 애니메이션을 만들 줄 모른다는 거였어요. 마감 시한은 점점 다가오고 있었고요. 그때 지도 교수님이 내게 그 이야기를 책으로 만들어 보라고 하셨어요. 그래서 내가 이 길로 들어서게 된 거랍니다.

나는 가제본을 만들어 뉴욕, 보스턴, 캘리포니아의 편집자들에게도 보냈어요. 그들은 내 그림과 내가 책을 만든 방식을 사랑했지요. 하지만 그렇게 민감한 주제를 담은 이야기를 어떻게 다뤄야 할지 잘 몰랐어요. 그때 한 편집자가 내게 한국 옛이야기 모음집을 보내면서 그중 하나로 그림책을 만들어 보자고 제안했어요. 그래서 수전 크라우더 한[2]이 글을 쓴 내 첫 그림책 《토끼의 재판The Rabbit's Judgement》(1994)이 세상에 나왔지요.

Q: 그림책에 흥미를 느끼게 되면서 다른 작가의 책도 좀 찾아보셨나요?

A: 우선 도서관에서 그림책을 보기 시작했지요. 미국에 오기 전에는 모리스 센닥이나 닥터 수스에 대해 전혀 몰랐어요. 내가 처음으로 좋아한 그림책 중 하나는 움베르토 에코가 글을 쓰고 에우제니오 카르미가 그림을 그린, 《폭탄과 장군The Bomb and the General》이었어요. 원자 폭탄을 만드는 나쁜 장군에 대한 책이지요. 콜라주로 작업한 그림은 매우 단순하지만, 많은 의미를 담고 있어요. 헨리크 드레셔[3]가 SVA에서 내가 듣던 강좌에 초빙된 적이 있어요. 그는 자기 스케치북들을 가져와서 보여 주었지요. 그의 작업을 보고 나는 생각했어요. '바로 이런 걸 하고 싶어!' 나는 마이라 칼만[4]의 작품

---

2 Suzanne Crowder Han(1953~2025): 미국 출신으로 1977년 평화 봉사단으로 한국에 온 뒤 줄곧 한국에 머무르며 교육자이자 작가, 번역가로 활동했다. 번역과 집필을 통해 한국 문화를 널리 알리는 한편, 한국과 미국을 연결하는 가교 역할을 했다.
3 Henrik Drescher(1955~): 덴마크 출신 일러스트레이터로 《뉴욕 타임스》, 《워싱턴 포스트》, 《뉴스위크》 같은 유명 일간지와 시사 주간지, 어린이책에 그림을 그린다.
4 Maira Kalman(1949~): 이스라엘 출신의 작가이자 디자이너, 일러스트레이터. 어린이책뿐 아니라 여러 책을 쓰고 그렸으며, 〈더 뉴요커〉의 표지 그림을 그리고 글을 쓴다. 그밖에도 무대 미술이나 전시 기획에 이르기까지 다양한 분야에 걸쳐 활발하게 활동한다.

도 좋아했어요. 내 편집자들 중 하나가 내게 에즈라 잭 키츠의 책들을 보여 주기도 했어요.

Q: 스타일이 매우 독특한데, 어떻게 발전시켜 온 건가요?

A: SVA 석사 과정 2년 차에 내 스타일을 찾았어요. 한국에서는 매우 사실적인 그림을 그렸어요. 나는 렌더링rendering[5]을 참 잘해요. 무엇이든 렌더링할 수 있지요! 한국의 미대에서는 사물을 있는 그대로 그리는 연습을 했어요. 그때 그린 그림에는 내 감정이 전혀 실리지 않았어요. SVA에 다니는 동안 나는 스튜디오에서 그림을 그리며 많은 시간을 보냈어요. 기차역에서도, 기차를 타고서도 그림을 그렸지요. 어시장을 그리러 차이나타운에 가기도 했어요. 아크릴과 파스텔로도 그려 보았고요.

어느 날 문득 그게 다 합쳐졌어요. 나는 젯소[6]를 종이에 발라 질감을 주고, 젯소가 마르자 유화 물감을 덧발랐어요. 그 위에 낙서도 해 보았어요. 나는 전화를 할 때 낙서하는 것을 좋아해요. 그런데 갑자기 낙서하는 습관이 내 스타일이 된 거예요. 나는 나선을 좋아해요. 이유는 묻지 마세요! 그리고 내 그림에는 떠 다니는 것들이 많아요. 낙서의 영향이 크지요. 나는 연필 자국을 번지게 해서라도 화면을 채우고 싶어 해요. 이런 작은 디테일들에 집착하는 편이지요.

Q: 인물의 외곽선 주위에 흰 여백을 남기는 일이 자주 있으시던데요?

A: 나는 먼저 유화 물감으로 배경을 칠하고 나서 일부를 지워요. 테레빈유가 닿으면 유화 물감이 지워지면서 하얀 바탕이 드러나는데, 그게 참 좋아요.

---

5 2차원적인 그림에 광원, 위치, 색상 따위를 고려하여 사실감을 불어넣은 3차원 화상을 만들어 내는 기술 또는 과정.
6 석고와 아교를 섞어 만든 재료로 캔버스에 밑칠을 하는 데 쓴다.

Q: 그런 데서 독자는 예술가의 손길을 느끼겠지요.

A: 네, 그건 내가 일부러 그렇게 한다는 것을 보여 주죠! 나는 패턴과 직물도 좋아해요. 패턴이 들어간 물건을 모으기도 해요. 수제 종이나 심지어는 쇼핑백까지도요. 내 커다란 서류함은 그런 것들로 가득하답니다.

편집자들에게 보여 주는 스케치에는 배경이 전혀 없이, 그냥 주요 등장인물들만 그리곤 해요. 나조차도 자리에 앉아서 그림을 그리기 전까지는 배경에 무엇이 들어갈지 모르니까요. 그건 즉흥 연주와 비슷한데, 보통은 처음 그린 게 가장 마음에 들어요. 그러나 그런 식으로 그리는 게 고통스러울 때도 더러 있어요. 내 친구 중에는 사전에 모든 디테일을 계획하고 나서 그리는 사람도 있는데, 내 경우에는 그림을 완성하기 위해 자리에 앉아야 비로소 진짜 작업이 시작돼요.

Q: 이야기를 영어로 쓰시나요? 한국어로는 떠오르지 않는 생각들이 영어로 떠오르기도 하나요?

A: 나는 언제나 영어로 글을 써요. 처음 미국에 왔을 때 영어를 배우려고 최선을 다 했어요. 한국어로 말하지 않고, 한국 영화와 텔레비전 프로그램을 보지 않았지요. 스스로를 단련시킨 거예요. 이제는 내가 한국인이라는 사실이 글쓰기에 영향을 미친다는 생각이 전혀 들지 않아요. 물론 내가 이따금씩 다루는 내용을 빼고요. 《아버지의 고무신 Father's Rubber Shoes》(1995)은 어머니가 내게 들려주시던 이야기예요. 그 이야기에는 모든 한국 이민자가 이곳에 온 까닭이 담겨 있어요. 자신이나 자녀들이 더 나은 삶을 누렸으면 하는 것이지요. 현재 내 책은 다섯 권이 한국어로 번역되어 있어요.

Q: 자신의 그림에 한국적인 느낌이 있다고 생각하세요?

A: 재미있네요. 첫 책이 출판되자 한국 친구들이 입을 모아 말했어요.

"어머, 정말 미국적이다!" 미국인 친구들도 입을 모아 말했지요. "오, 정말 아시아적인데!" 나는 어릴 때 함께 놀던 벌레와 개구리를 그림에 자주 그려 넣어요. 그러나 스타일에 대해서는 단정하기가 어렵군요. 내 그림 스타일은 확실히 한국에서 배운 것과는 전혀 달라요.

Q: 서양 작품은 종종 물질적이고 사물의 견고성을 다루고 주인공을 작품의 중심에 두곤 해요. 반면 선생님 작품 속 등장인물들은 종종 공간 속을 떠다니지요. 그림 속의 많은 것들이 중력에 저항하는 것처럼 보여요. 그런 의미에서 내가 본 몇몇 일본 병풍 그림들이 떠오릅니다.

A: 무슨 말인지 알겠어요. 일본화가 매우 차분하고 섬세하긴 하지요. 하지만 일본화는 너무 고요해요. 색채가 화려하지도 않고 활기차지도 않아요. 내 그림 방식에는 이토록 복잡한 도시에서 살아가는 내 개성이 더 많이 반영되어 있을 거예요.

Q: 아시아를 주제로 한 책을 그려 달라는 의뢰를 받을 때면 기분이 어떠세요?

A: 기뻐요. 왜냐하면 여기서 자란 그림 작가들보다는 내가 아시아 문화에 대한 이해도가 높을 테니까요. 그렇다 해도 종종 자료 조사를 해야 해요. 레노어 룩의 《피터 삼촌의 멋진 중국식 결혼식 Uncle Peter's Amazing Chinese Wedding》(2006) 그림을 맡고서는 차이나타운에 가서 결혼식 참석자들의 옷을 그릴 때 참고할 천의 견본을 구했어요. 매우 아름다운 꽃무늬가 있는 검정색으로 어머니의 옷을 그렸는데, 그것을 본 편집자가 결혼식에 참석한 사람의 옷차림이 불행을 상징하는 검정색일 리 없다고 하더군요. 그래서 그림을 모두 다시 그렸어요.

Q: 한국에서 보낸 어린 시절과 이곳에서 자라는 자녀들의 생활을 비교하면 어떤가요?

A: 전혀 달라요! 지금 미국에서 자라는 아이들은 물질적으로는 모든 것을 가지고 있어요. 음식, 옷, 컴퓨터 게임에 이르기까지요. 하지만 자신을 위한 시간, 그러니까 앉아서 생각할 시간이나 자연을 누릴 시간은 없어요. 아이들의 시간은 지나치게 계획되어 있어요. 나는 6학년이 되어서야 집에 텔레비전이 생겼어요. 우리가 살던 작은 시골 동네에는 도서관도 없었어요.

날마다 다니던 미술 학원에서 나는 틀에 박힌 수업만 받았어요. 빛과 그림자와 반사에 대한 모든 것을 배웠는데, 그걸 배울 수 있어서 기뻤어요. 그러나 그곳에서는 스스로를 표현하는 법을 가르쳐 주지는 않았어요. 그저 본 것을 정확하게 그리는 법만 가르쳤지요. 교육 전반이 다 그랬어요. 우리는 말대꾸하지 말라고 배웠고, 질문하지 말라고 배웠어요. 나는 늘 착한 학생이었어요. 선생님 말씀을 잘 듣는 법과 하라는 대로 하는 법을 배웠지요.

Q: 선생님이 기존의 틀을 벗어나는 데 SVA 선생님들이 어떤 도움을 주셨나요?

A: 그분들은 우리를 생각하게 하셨어요. 한 선생님은 우리에게 아홉 칸으로 나뉘어진 11×17인치짜리 종이 한 장과 아홉 가지 소리를 적은 목록을 주셨어요. 이를테면 개 짖는 소리 같은 거요. 그다음에 우리는 소리마다 시각적으로 어울리는 것을 궁리했지요. 색깔이든 무늬든 원하는 것은 무엇이든 쓸 수 있었어요. 처음에는 이런 식의 과제가 몹시 힘들었어요. 시키는 대로 하는 것에 익숙해 있었으니까요. 그냥 무엇을 하라고 말해 주면 좋겠다고 생각할 정도였지요! 하지만 차츰차츰 내 나름의 아이디어를 내는 법을 배웠답니다.

타나 호번
Tana Hoban

1917년 출생, 미국 펜실베니아주 필라델피아
2006년 사망, 프랑스 루브시엔느

러시아와 우크라이나계 이민자의 세 자녀 중 맏이였던 타나 호번은 필라델피아와 그 인근에서 자랐다. 그녀는 그림을 배우려고 미술 학교에 들어갔지만, 점차 사진에 마음이 끌렸다. 그래서 졸업을 하자마자 예술 사진과 상업 사진 양쪽 분야에 뛰어들어 경력을 쌓았다. 1940년대가 되자, 호번의 사진은 《굿 하우스키핑Good Housekeeping》[1], 《레이디스 홈 저널Ladies' Home Journal》[2]을 비롯한 여러 잡지에 실리곤 했다. 그 후 10년 동안 전설적인 사진작가이자 큐레이터인 에드워드 스타이컨[3]은 1955년에 열린 획기적인 전시 〈인간 가족전The Family of Man〉[4]을 비롯해 뉴욕 현대 미술관에서 열린 두 차례의 전시에 호번을 참여시켰다.

호번이 첫 그림책인 《모양과 사물Shapes and Things》(1970)을 출판한 1970년에는 유아 책에 대한 비평가들의 관심이 높아지고 있었다. 하지만 여전히 사진은 어린이의 상상력을 북돋는 데 부적합한 무미건조한 매체라고 여기는 비평가들이 많았다. 이렇듯 복잡한 상황 속에서 시각적으로 독특하고 시사하는 바가 큰 호번의 '개념 책'은 일종의 계시처럼 다가왔다. 《모양과 사물》에 이은 그녀의 많은 책은 사진이 현실을 '복사'할 뿐 아니라, 어린 독자들이 일상 세계를 더 잘 받아들이도록 하는 힘이 있다는 사실을 증명해 보였다.

그녀는 여러 해 동안 파리에 살았다. 그녀의 남동생인 러셀 호번 또한

---

[1] 건강, 미용, 요리, 홈 데코에 이르기까지 라이프 스타일 전반을 다루는 미국의 여성지로 1885년에 창간하여 지금도 발행하고 있다. 세계에서 가장 인기 있는 라이프 스타일 잡지 중 하나이며 대공황기에도 발행 부수가 100만 부를 넘었다. 타나 호번의 사진이 실리던 1940년대에는 발행 부수가 250만 부에 이르렀다고 한다.
[2] 20세기 미국을 대표하는 여성지로 1883부터 2014년까지 130년 넘게 발행되었다. 1903년에 미국 잡지 최초로 구독자 100만을 넘어서기도 했다.
[3] Edward Jean Steichen(1879~1973): 룩셈부르크계 미국인 사진가, 화가, 큐레이터. 패션 사진의 선구자로 패션지 《보그》와 《배너티 페어》에서 일했으며, 뉴욕 현대 미술관의 사진 부장으로 있으면서 〈인간 가족〉 전을 기획했다. 미술 기법과 주제를 모방한 사진 양식 '픽토리얼리즘'의 대가이자 사진을 예술 장르로 끌어올린 사람 중 하나로 꼽힌다.
[4] 인간의 생로병사와 희로애락을 담은, 68개국 출신 작가 273명의 사진 503점으로 구성된 전시. '인류애에 대한 서사'로 불리며 2003년 세계문화유산으로 지정되었다.

〈프란시스〉 시리즈[5]와 《꼬마 방랑자: 아빠 우리는 무엇일까요?》 같은 어린이책과 《리들리 워커Riddley Walker》 같은 소설을 쓴 작가이다. 이 인터뷰는 1997년 8월 27일 그녀가 그림책 《더 많이, 더 적게, 더 조금More, Fewer, Less》(1998)의 가제본을 그린윌로우 출판사에 가져다주러 뉴욕에 왔을 때, 출판사 사무실에서 진행했다.

●────────●

레너드 S. 마커스: 카메라를 들고 거리에 나가면 무엇을 찾아내고 싶으신가요?

타나 호번: 나는 어딜 가든 카메라를 들고 다녀요. 요즘엔 카메라가 점점 무거워져서 작은 것을 들고 다니죠! 요즘은 작업 중인 책의 그림을 찾아서 종종 밖으로 나가요. 대개 동시에 두 권을 만드는 편이라, 그 책에 쓸 사진을 찍으러 다니는 거지요. 나는 거리로 나가서 아이들이 금방 어딘지 알아볼 만한 곳을 가요. 가끔은 두 책에 같은 장면을 써도 좋을 거예요. 이를테면 모양 책과 색깔 책에요. 한번은 모든 것을 세어 보면서 다닌다고 치면, 다음번에는 동그라미와 네모를 찾아다니겠지요.

나는 언제나 〈보아요Look book〉 시리즈에 쓸 이미지들을 찾아다녀요. 쓸 만한 것들을 찾으면 뛸 듯이 기쁘답니다.

Q: 〈보아요〉 시리즈의 사진에 나온 대상을 바로 알아볼 수 있나 확인하기 위해서 사진을 작은 구멍 안에 놓고 시험해 보시나요?

---

[5] 국내에서는 《잘 자라, 프란시스》(가스 윌리엄스 그림, 이경혜 옮김, 1999), 《프란시스는 잼만 좋아해》(릴리언 호번 그림, 이경혜 옮김, 1999), 《너 정말 이러기야》(릴리언 호번 그림, 이경혜 옮김, 2001)가 비룡소에서 출간되었다가 절판되었다.

A: 네, 그 책들은 바로 그렇게 시작되었어요. 작업실에서 우연히 동그라미나 네모 따위를 오렸는데, 그게 우연히 사진 위에 놓인 거예요. 그러다 우연히 그것을 보고 생각했지요. "아, 이런 책을 만들면 되겠구나!"

Q: 《다시 보아요!Look Again!》(1971)는 초창기에 만든 책이죠?

A: 당시 맥밀런 출판사의 편집자였던 수전 허시먼에게 《다시 보아요!》의 가제본을 보여 주자, 처음에는 독자들이 이해하기 어려울 것 같다는 반응을 보였어요. 그녀는 "작가님이 또 뭘 할 수 있는지 보여 주세요."라며 언제까지 전화를 달라고 하더군요. 그래서 그 다음 주에 《모양과 사물》의 가제본을 보여 주었어요. 그건 맥밀런에서 출간한 첫 번째 포토그램 그림책이 되었지요.

포토그램은 감광지 위에 물체를 올려놓고 빛을 비추어서 일반적으로 필름을 인화하듯 사진을 만드는 거예요. 만들기가 너무 쉬워서 누군가 똑같은 생각을 하고 있을 것만 같았죠. 그래서 밤낮으로 나 자신을 몰아세워 가며 책을 완성했어요.

Q: 초창기 책들은 흑백 사진으로 만드셨지요? 그때는 컬러 사진도 쓸 수 있지 않았나요?

A: 아니요, 그렇지 않았어요. 그게 컬러 인쇄 비용 때문인지는 잘 모르겠어요. 나중에 컬러를 쓸 수 있다는 얘기를 듣고 나서야 그렇기 하기 시작했어요. 흑백은 컬러보다 훨씬 그래픽적이라 더 풍성한 느낌을 주기도 해요. 그러나 컬러는 알다시피 우리가 보는 그대로만 담아내지요.

Q: 《다시 보아요!》의 사진을 찍던 때가 기억나시나요?

A: 물론이지요. 그때 필라델피아에 살고 있었는데, 필라델피아 동물원

에서 어린 얼룩말을 발견했어요. 틀림없이 그게 그 책을 위해 찍은 첫 번째 이미지였을 거예요. 그런 줄무늬는 시각적으로 매우 강렬하지요.

서양배 사진은 작업실에서 찍었어요. 우리 어머니는 늘 사과를 가로로 잘라서, 우리가 그 안에 있는 별 모양을 볼 수 있게 해 주셨지요. 나도 어릴 때 여동생에게 내 사진 속에 나온 것처럼 서양배를 잘라 주곤 했어요. 나는 원뿔 모양 윗부분을 갖고, 동생에게는 아래쪽을 줬지요.

Q: 작업을 하면서 어린 시절의 이미지를 찍는다고 생각하실 때도 자주 있나요?

A: 그럼요. 우리는 시골에 살았어요. 그런 만큼 자연을 사랑하던 어린 시절의 내 마음이 분명히 책에 담겨 있어요. 우리는 자라는 내내 개, 고양이, 비둘기, 다람쥐에 이르기까지 많은 동물을 길렀어요. 내 책에는 언제나 동물이 나와요. 아버지와 어머니는 흰 비둘기를 기르셨어요. 5천 마리에 이를 때도 있었지요. 그 영향인지 나는 공원에서 비둘기들을 볼 때마다 그 아름다운 등의 디자인에 매료되곤 해요. 《보아요 책Look Book》(1997)을 만들 때도 비둘기 사진을 많이 찍었어요.

나는 〈보아요〉 시리즈를 만드는 게 참 좋아요. 아이들은 답을 맞히면 정말 즐거워해요. 그리고 사진을 자꾸자꾸 들여다보는 것을 좋아하더군요. 무엇이 달라졌나 알아내려고 말이에요.

Q: 어릴 때 소중하게 여긴 책들이 있었나요?

A: 아니요. 하지만 아버지가 러시아 옛이야기를 많이 들려주셨어요. 이를테면 날씨가 너무 추워서 하늘에서 새들이 꽁꽁 언 채 떨어졌다는 이야기 같은 거죠. 나는 러시아계 유대인 아이들이 모두 그 이야기를 아는 줄 알았지 뭐예요. 아버지는 사회주의자였는데, 영웅적인 기관사 이야기도 해 주

셨어요. 그는 철길 위에 뭔가 떨어져 있는 것을 발견하고 기차를 세운 뒤, 뒤에 오는 기차도 세우려고 자기 팔을 잘라 셔츠를 피로 물들였대요!

남동생인 러셀의 추억에 따르면, 아버지는 컵에 5센트짜리 동전을 가득 담아 두었다가 저녁밥을 먹을 때 재치 문답을 잘하는 아이에게 하나씩 주셨대요. 어느 날 저녁밥을 먹는데, 내가 여동생과 얘기하다가 이런 말을 했대요. "네스파N'est-ce pas?"[6] 여동생이 "그게 뭔데?" 하고, 묻자 내가 "늙은 프랑스 장군."이라고 대답했대요. 그러자 남동생이 "테쿰세!"라며 끼어들었고, 내가 "그건 뭔데?"라고 묻자, 남동생은 "늙은 인디언 추장!"이라고 대답했대요. 동생은 그 말로 동전을 받았대요. 우리 둘 다 받았대요.

Q: 어릴 때 카메라를 가지고 있었나요?

A: 없었어요. 하지만 아버지에겐 커다란 클래식 카메라인 그라플렉스가 있었어요. 플래시 파우더[7]도 있었는데, 태우면 엄청나게 큰 소리가 났지요. 아주 멋졌어요! 하지만 아버지는 사진가가 아니라 《주이시 데일리 포워드The Jewish Daily Forward》지의 광고 부장이었어요.

나는 어릴 때 그림 그리는 게 좋아서 일찍부터 예술가가 되겠다고 마음먹었어요. 나중에 미술 학교에 가서 사진을 공부했는데, 작업용 사진기를 받아보니 아버지 것과 비슷한 그라플렉스였어요. 신기한 인연이라는 생각이 들었어요.

Q: 어릴 때부터 존경해 오거나 영향을 받은 사진작가가 있나요?

A: 그럼요. 에드워드 웨스턴[8]과 에드워드 스타이컨을 존경했어요. 그들의 사진에는 내가 좋아하는 시적인 느낌이 감돌았어요. 내가 스타이컨에게

---

6 '그렇지 않아?'라는 뜻의 프랑스어.
7 사진 촬영에 필요한 인공조명을 만들기 위해 태우던 마그네슘과 염소산 칼륨 분말의 혼합물.

내 사진을 보여 주자, 그는 자신이 큐레이션 한 뉴욕 현대 미술관의 1949년 여성 사진작가 단체전과 1955년 〈인간 가족전〉에 나를 참여시켜 주었어요.

Q: 스타이컨의 사진이 실린 어린이책, 《첫 번째 그림책The First Picture Book》과 《두 번째 그림책The Second Picture Book》을 알고 계셨나요?

A: 네. 그런데 내 책을 만들기 전에 보았는지, 그 뒤에 보았는지 잘 모르겠어요.

Q: 선생님의 그림책은 유아들에게 일상적인 사물과 활동에 대한 아주 새롭고 매력적인 이미지를 보여 주려고 한다는 점에서 스타이컨의 책과 매우 비슷해요.

A: 네, 나도 아이가 공감할 수 있는 일상적인 것들을 사진으로 찍어 배울 수 있게 해야 한다고 생각했어요. 단순하고 평범한 것들을요. 미키 마우스 말고요!

Q: 그때까지 속해 있던 광고계와 비교할 때, 어린이책의 세계는 어떤 느낌이었나요?

A: 나는 광고 일을 계속하면서 책을 열 권 남짓 냈어요. 두 세계는 매우 달랐어요. 광고 쪽의 스트레스 지수가 훨씬 더 높았지요. 자, 광고 의뢰가 들어와요. 보수에 동의해요. 나가서 찍어야 할 것들을 찍어요. 그러나 결과가 좋지 않을 수도 있어요.

미술 학교를 졸업하고 사진을 시작했을 때, 나는 주로 나 자신을 위해

---

8 Edward Weston(1886~1958): 20세기 사진 거장으로 꼽히는 미국의 사진작가로 '사진계의 피카소'라고 불릴 만큼 현대 사진계에 큰 영향을 끼쳤다. 1937년 사진작가로서는 처음으로 구겐하임상을 받았다.

찍었어요. 나는 어린이 사진 전문이었어요. 카메라를 잘 받을 것 같은 아이들을 찾아내 자연스러운 배경이 있는 공원으로 데리고 가서 자연스러운 반응을 끌어내려고 했어요. 늘 유대인도, 흑인도, 이탈리아인도, 중국인도 아닌 금발 머리 아이, 언제나 카메라 앞에서 생글거리는 아이를 보여 주던 전형적인 이스트먼 코닥 광고 이미지와 달리, 더 생각이 깊고 내성적인 느낌의 다양한 아이들을 찍었어요. 나는 어린 시절이 늘 행복하지만은 않다는 것을 보여 주고 싶었어요. 아마 때를 잘 만났던 것 같아요. 내 사진이 인정받고 유명해졌거든요. 다양한 광고 캠페인을 통해 그 시대의 시각적 고정관념을 만드는 데 큰 역할을 했던 J. 월터 톰슨 광고사마저 자기네 미술관에서 내게 큰 전시회를 열어 주었어요. 그러고 나서는 코닥과 폴라로이드의 일도 맡아서 했어요.

Q: 어린 시절에 대한 정형화된 이미지와 관련해서, 방금 언급하신 코닥이 기꺼이 다른 것을 시도하려고 했나요?

A: 네, 그들은 내 사진들을 보고 내가 한 작업을 좋아했어요. 그러나 나는 언제나 스스로의 즐거움을 위해서 사진을 찍었답니다.

Q: 남동생도 광고계에서 일했지요?

A: 네, 카피 작업이요. 동생은 나보다 훨씬 전에 어린이책을 쓰기 시작했지만, 그 분야에서 우리는 어떤 접점도 없었어요. 내 경우에는 단순히 아이들을 사진에 담는 데서 아이들이 볼 이미지를 사진에 담는 방향으로, 어찌 보면 어린이의 시각으로 자연스럽게 나아갔다고 할 수 있어요.

Q: 어린이 그림책을 만들어 보겠다고 생각한 특별한 계기가 있었나요?

A: 뉴욕의 뱅크 스트리트 스쿨Bank Street School[9]에서 한 실험에 대한 기

사를 읽었어요. 처음에 교사들이 아이들에게 날마다 학교 오는 길에 무엇을 보았느냐고 묻자, 아이들은 "아무 것도 못 봤어요."라고 대답했대요. 그러고 나서 아이들에게 카메라를 주었더니, 갑자기 날마다 지나오는 길에서 강과 건설 현장, 음식 가판대를 발견했다는 거예요. 카메라가 아이들의 눈을 뜨게 한 거지요. 그 기사를 읽으면서 내가 하루 동안 못 보고 지나친 것이 무엇인지 궁금해졌어요. 그때부터 내 주위를 전과 다르게 바라보기 시작했답니다.

Q: 다른 책의 아이디어도 그렇게 떠오른 건가요?

A: 《26자와 99센트26 Letters & 99 Cents》(1987)의 아이디어도 마찬가지였어요. 어디선가 읽었는데 아이들은 어느 정도 나이까지는 알파벳을 알아야 하고, 그즈음에 돈도 어느 정도까지, 39센트였을 거예요, 셀 줄 알아야 한대요. 수전 허시먼과 이런 전제를 바탕으로 책을 만들자는 이야기를 하면서, 돈의 액수를 마음 내키는 대로 정했다는 느낌이 덜 들게 99센트로 하기로 했어요. 그 정도면 나중에 인플레이션이 일어나더라도 케케묵은 옛날 책처럼 보이지는 않을 것 같더라고요.

Q: 상당히 많은 장난감을 그 책의 소재로 썼어요. 평소에 장난감을 모으시나요?

A: 특정 상표나 캐릭터, 디자이너와 관련 없는 것을 보면 사는 편이에요. 《26자와 99센트》에 쓴 소문자 세트도 그렇게 사 모은 거예요. 어울리는 대문자 세트도 사고 싶었지만 못 찾았어요. 그래서 그 소문자 세트를 디자인

---

9 미국 뱅크 스트리트 교육 대학의 실험 학교를 말한다. 저소득층 유아를 대상으로 개발·활용된 이 프로그램은 미국에서 가장 오랜 역사를 지닌 유아 교육 프로그램으로 존 듀이의 진보주의 교육 철학에 뿌리를 두고 있다. 유아에게 주변의 물리적·사회적 환경과 상호 작용을 통한 다양한 교육적 경험을 제공함으로써 창의성과 자신감을 가진 유능한 인재로 길러 내는 것을 목표로 한다.

하고 제작한 사람들을 추적해서, 영국 바스에 사는 젊은 부부였어요, 그들에게 대문자를 만들어달라고 주문했지요. 그 글자의 스타일을 그대로 살리는 게 중요하다고 생각했거든요.

그 책에 쓴 사진은 그냥 아이들이 좋아할 것 같은 장난감을 골라서 찍은 거예요. 장난감 공룡, 용, 로봇, 자동차 같은 것들이요. 달걀, 금붕어, 젤리빈즈는 아주 일반적인 거고요. 퀼트 이불은 그린윌로우 출판사에서 재혼 선물로 받은 거예요. 몇 년 전, 바닷가에서 찍은 해마도 있더군요.

Q: 촬영할 소재를 배치하는 데 시간을 많이 쓰는 편이신가요?

A: 별로요. 예를 들어 《색깔과 사물Of Colors and Things》(1989)에 실은 사진 속 물건들은 그냥 툭툭 놓은 거예요. 광고처럼 완벽하게 세팅하는 건 싫어요.

Q: 32쪽짜리 그림책을 만들려면 사진을 얼마나 찍으시나요?

A: 경우에 따라 달라요. 샬럿 졸로토가 글을 쓴 《달님이 최고였어The Moon Was the Best》(1993)의 표지 사진을 예로 들어 볼게요. 앞표지는 독자를 뒤로 한 채 뛰어 가는 여자아이의 사진을 썼어요. 뒤표지도 똑같은 장면인데, 이번에는 여자아이가 독자 쪽으로 뛰어오고 있어요. 이 두 장을 얻는 데 꼬박 이틀이 걸렸어요. 생생하고 자연스러운 사진을 원했거든요! 게다가 혹시라도 다른 사람이 앵글 속으로 들어가지는 않았는지 일일이 확인도 해야 했지요. 이 작업을 할 때, 나는 처음부터 원하는 장면에 대한 확실한 상이 있었어요.

보통은 어떤 아이디어가 있어도 그대로 찍지 않을 때도 있고, 찍고도 사용하지 않을 때도 있어요. 처음에 상상했던 것보다 더 좋은 무언가가 우연히 사진에 담기기도 하고요. 가령 《다시 보아요!》의 사진을 찍으면서 필라델피아 동물원에서 처음으로 공작을 보았어요. 처음 본 게 뒷모습이라 공작이 몸을 돌릴 때까지 그냥 기다려야겠다고 생각했어요. 뒷모습을 찍겠다는 생각은 하지도 않았지요. 그런데 공작은 아주 느릿느릿 몸을 돌려요. 살짝 춤도 추면서요. 깃털을 활짝 편 공작의 뒷모습만 하염없이 보고 있다가 문득 깨달았어요. 아, 바로 이거야!

Q: 책에 쓸 사진은 시각적 연속성을 위해서 하루 중 같은 시간에 찍거나 같은 조명을 써서 찍나요? 조명이 책 디자인에서 중요한 부분이라고 생각하시나요?

A: 아니요, 조명은 신경 쓰지 않아요. 나는 대부분 자연광에서 사진을 찍고, 인공조명을 써야 하면 자연광과 비슷하게 맞춰요.

Q: 책 디자인에 얼마나 관여하시나요?

A: 많이 해요. 내 가제본은 결과물인 책과 거의 비슷해요. 그린윌로우 출판사의 아트 디렉터인 에이바 와이스는 디테일을 꼼꼼하게 챙기는 편이에요.

나는 펼침 장면을 준비할 때, 사진을 모두 바닥에 놓고 한 번에 두 장씩 골라 가면서 잘 어울리는지를 봐요. 그러나 그래픽 디자이너들의 업계 용어인 S-커브, 즉 이목을 끄는 특정 포인트를 찾지 않아요. 그냥 직관을 따르고, 처음 내린 결정이 옳을 때가 많아요.

Q: 책을 해외에서 출판할 경우, 그 나라 어린이들에게 더 친숙한 대상을 찍은 사진으로 바꿔야 하는 경우도 있지요?

A: 《26자와 99센트》의 프랑스판 《동전들과 글자들 Des Sous et des Lettres》 (1996)을 위해 프랑스 동전 사진을 찍었어요. 다른 책의 독일어판을 위해서

는 소화전 사진을 바꾸어야 했고요. 그대로 하면 독일 아이들이 못 알아볼 테니까요. 그런 경우가 몇 번 있었지요.

Q: 파리 풍경이 나온 《달님이 최고였어》를 제외하면 선생님 사진에서는 대체로 촬영 장소가 어디인지 잘 드러나지 않아요.

A: 맞아요. 어디든 그곳이 될 수 있어요. 나는 독자들이 장소가 아니라 보는 행위 자체에 집중하기를 바라요.

Q: 《아기 코끼리 Little Elephant》(1994)는 따님인 미엘라 포드가 처음으로 글을 쓴 책이지요. 어떻게 하다 그렇게 된 건가요?

A: 나는 동물들을 찍으러 파리 동물원에 자주 가는데, 어느 날 보니 새끼 코끼리가 꼭 어린아이처럼 굴더라고요. 그 코끼리가 그러는 걸 처음 보았어요. 얼른 사진을 찍었지요! 여느 때 같으면 여기저기 돌아다니고, 코를 도르르 말고, 늘 보던 행동을 할 텐데, 그날은 거의 그대로 책에 담아도 될 만큼 다양한 자세를 선보이는 거예요. 다음날 가 보니 그냥 서 있더라고요. 아무것도 하지 않고요!

'거의 그대로 책에 담아도 될 만큼'이라고 말한 이유는, 수전에게 그 사진을 보여 주었더니 좋긴 한데 이번에는 사진에 어울리는 글도 있으면 좋겠다고 했기 때문이에요. 그녀는 여러 글 작가들에게 맡겨 보았지만 잘되지 않았어요. 그런데 딸아이가, 내가 처음 책을 만들 때 이미 성인이었고 책을 써 본 적도 없는 그 애가, 자기가 써 보고 싶다고 하더니 실제로 쓴 거예요. 이제 그 애는 글도 쓰고 사진도 찍어서 자기 책을 만들어요. 나는 우리가 함께 책을 만들었다는 게 참 좋아요.

Q: 세월이 흐르며 작업이 어떻게 변했나요?

A: 나는 한때 아이들 사진을 찍었지요. 그러나 내 그림책에는 아이들 사진을 싣지 않을 때가 많아요. 왜냐하면 그 책의 주인공이 누구라고 특정하고 싶지 않거든요. 독자들이 그 책에 자신을 투영하면 좋겠어요.

Q: 선생님의 책은 뱅크 스트리트 스쿨을 비롯한 진보주의 교육 센터들의 발달 단계별 학습 이론과 직접적으로 연결되어 있어요. 그런 학교들과 공식적인 관계를 맺으신 적이 있나요? 아니면 존 듀이[10]나 루시 스프레이그 미첼[11]의 이론을 공부하셨나요?

A: 아니요. 앞서 말했듯이 나는 상당히 직관적으로 작업해요. 아이들에게 내 책을 미리 읽혀 보지 않아요. 나는 스스로에게 물어요. 이건 아이 같니? 나는 내 일을 할 뿐이고, 그게 옳다는 것을 알아요.

Q: 학습 장애가 있는 아이들이 선생님의 책을 이용한다고 하던데요.

A: 내 책은 학습 장애가 있는 아이들에게 효과적인 것 같아요. 왜냐하면 글자가 안 나오니까 겁먹을 필요가 없거든요. 만약 그림에 짧은 설명글이 달려 있다면, '이건 이거고 저런 저거예요.'라고 적혀 있다면, 아이가 틀릴 수도 있잖아요. 그러나 글이 없으면 '차'는 '자동차'로도, '탈것'으로도, 아니면 아이가 생각하는 어떤 이름으로도 불릴 수 있어요. 글이 없으면 아이는 어느 정도 자유로워질 수 있어요. 그림 자체만으로도 아이의 발달에 도움이 되는 반응을 끌어낼 수 있어요. 내 책이 아이들을 자극해서 말을 하게 하고 자신을 표현하게 한다고 생각하면 기분이 좋아요.

---

10 John Dewey(1859~1952): 실용주의를 대표하는 철학자이자 기능주의 심리학자, 진보주의 교육학자로 미국의 철학, 사회학, 교육학, 미학 전반에 걸쳐 커다란 영향을 미쳤다.
11 Lucy Sprague Mitchel(1878~1967): 미국의 교육자이자 어린이책 작가로 나중에 뱅크 스트리트 교육 대학이 된 뉴욕시 교육 실험국을 설립해 발달적 상호 작용 접근법을 보급했다.

제임스 마셜
James Marshall

1942년 출생, 미국 텍사스주 샌안토니오
1992년 사망, 미국 뉴욕주 뉴욕

글 작가로서 제임스 마셜은 우정의 끝없는 복잡함이나 감당할 수 없는 일을 벌인 결과 같은 삶의 자잘한 깜짝 사건을 담은 교묘하고 익살맞은 이야기를 주로 썼다. 그림 작가로서 그는 되는 대로 그린 듯한 분방함을 뽐내는 그림을 좋아했다. 그런 효과를 얻기 위해 엄청난 노력을 기울일 준비도 되어 있었다. 모리스 센닥이 관찰한 바에 따르면, 사실 마셜은 겉보기와는 달리 "악명 높은 완벽주의자"였다. 그가 쓰고 그린 많은 그림책 중 첫 번째 책인 《조지와 마사》(1972)가 나오면서, 마셜은 절제된 농담, 전형적인 성격 묘사, 유머를 넣는 정확한 타이밍의 달인으로 자리매김했다. 꽤 많은 책을 내는 동안, 마셜은 때로 글 작가 해리 앨러드와 함께 여우, 장난꾸러기 스퍼드와 조, 넬슨 선생님, 스왐프 선생님, 멍청 씨 가족처럼 상상을 초월하는 신선한 캐릭터를 수도 없이 만들어 냈다. 마셜의 주인공들은 언제나 아슬아슬한 상황을 겪지만, 대부분 마지막에는 잘된다.

마셜은 말도 못 하게 웃기고 화려하고 외향적인 사람이었다. 대책 없이 솔직한 것이 약점이었고, 그 약점을 굳이 감추려고도 하지 않았다. 슬랩스틱과 가벼운 풍자가 자신의 자연스러운 표현 방식임을 인정하면서도, 이러한 경향 때문에 자신의 창의적 노력이 비평가들의 진지한 관심을 받지 못하는 것을 유감스럽게 생각했다. 언젠가는 이렇게 말하기도 했다. "지금까지 만든 모든 책에서 '엉뚱함'이라는 단어를 지워 버리고 싶네요."

마셜은 자신이 다시 쓴 《골디락스와 곰 세 마리Goldilocks and the Three Bears》(1988)로 1989년 콜더컷 명예상을 받았다. 이미 책이 수십 권은 나온 뒤였지만, 그림책 작가로서 처음 받는 중요한 상이었다. 2007년 미국 도서관 협회는 그의 작품 전체에 대해 로라 잉걸스 와일더상을 추서했다.

마셜은 사람들과 이야기하고 어울리는 것을 좋아했다. 이 인터뷰는 1989년 5월 24일 맨해튼에 있는 마셜의 아파트에서 이루어졌다. 우리가 함께 보낸 이날 오후는 즐거움 그 자체였다.

레너드 S. 마커스: 책에 대한 첫 기억을 들려주세요. 책읽기를 처음 배운 때를 기억하시나요?

제임스 마셜: 아니요. 기억 안 나요. 그러나 처음 읽었던 책 몇 권은 기억나요. 《끌배 터비Tubby the Tugboat》나 《넌 할 수 있어, 꼬마 기관차》[1] 같은 책이요. 우리 어머니는 엄청난 독서가인데, 파머 콕스[2]의 〈브라우니Brownie〉 시리즈[3] 중 한 권을 가지고 있었지요. 지금도 그 책 냄새가 기억나요. 아직 우리 집 어딘가에 있을 거예요. 나는 아주 어릴 때부터 어른 책을 읽기 시작했어요. 여섯 살 때 가장 좋아한 책은 슈테판 츠바이크[4]의 《마리 앙투아네트Marie Antoinette》였어요. 글을 읽을 줄 알았는지는 모르겠지만 무척 흥미로워했어요. 그러자 어머니께서 《찰스 디킨스의 영국사 산책》[5]을 주셨어요. 아마 그 책을 읽거나 읽는 척했겠지요. 어쨌든 나는 식물이 물을 빨아들이듯 읽기를 배운 것 같아요.

Q: 집에 읽을 만한 것이 또 있었나요?

A: 주로 어머니가 보시던 1920년대의 낡은 영화 잡지들이요. 사실 나는 은막을 통해 읽기를 배웠던 것 같아요. 어머니가 엄청난 영화광이라, 새 영화가 나오면 빠짐없이 보시곤 했지요.

---

1 《넌 할 수 있어, 꼬마 기관차》와티 와이퍼 글, 도리스 하우먼 그림, 노은정 옮김, 비룡소, 2006
2 Palmer Cox(1840~1924): 캐나다에서 태어나 미국에서 활동한 작가이자 시인, 일러스트레이터.
3 콕스가 할머니에게 들은 영국과 스코틀랜드의 신화 및 전설을 바탕으로 창작한 유머러스한 운문집과 연재 만화. 19세기 후반부터 20세기 초반까지 여러 잡지에 연재되었고 책으로도 출판되었으며 연극으로 만들어지기도 했다.
4 Stefan Zweig(1881~1942): 오스트레일리아의 소설가이자 극작가, 저널리스트. 1920~30년대에 세계에서 가장 널리 읽히고 인기 있는 작가 중 한 사람이었다.
5 《찰스 디킨스의 영국사 산책》 민청기·김희주 옮김, 옥당, 2014

나는 20대 중반에야 어린이책에 눈길이 갔어요. 모리스 센닥의《괴물들이 사는 나라》와 1960년대에 출판된 도메니코 뇰리[6]의 우화집《오레스테스 또는 웃음의 기술Orestes or The Art of Smiling》이 출발점이었어요. 바보처럼 그 그림책들을 들여다보다가 이렇게 말했죠. "흠, 이런 건 나도 하겠네." 그러고 그림을 그리기 시작했어요.

Q: 어릴 때는 그림을 많이 안 그렸지요?

A: 안 그렸던 것 같아요. 어린애들이 낙서하는 정도였죠. 한때 열심히 그리기도 했지만 그만두었어요. 정말 손을 딱 끊었죠. 열 살이나 열한 살쯤이었어요. 아버지가 나더러 음악가가 되라고 하셨어요. 그게 내 미래였어요. 어느 날 아버지가 바이올린을 가져다주셔서 켜기 시작했어요. 음악가가 되기로 한 거지요. 그러다가 음악 학교에 갔고, 여름은 늘 미시간주에서 열리는 음악 캠프인 인터로켄에서 보냈어요. 고등학교 때 나는 대학 장학금을 받으려면 바이올린보다 비올라를 전공하는 게 낫다는 사실을 깨달았지요. 왜냐하면 1950년대에는 바이올린 하는 아이들이 너무 많았거든요. 그래서 비올라로 바꿨더니 사방에서 장학금을 준다더군요. 그중에서 골라잡은 게 보스턴의 뉴잉글랜드 음악원이었어요.

Q: 부모님과 텍사스에 살던 어린 시절부터 반에서 음악가로 이름을 날리셨나요?

A: 나는 학교에서 괴짜였죠! 괴짜 친구 두 명과 함께 보몬트 고등학교의 예술가로 불렸지요. 나는 내 고향인 샌안토니오를 사랑해요. 그러나 서던 퍼시픽 철도에서 일하던 아버지가 보몬트로 전근 가는 바람에 보몬트 고등학

---

[6] Domenico Gnoli(1933~1970): 이탈리아의 화가이자 무대 디자이너. 레오 리오니가 아트 디렉터로 있던《포천》지를 비롯해 여러 잡지에서 일했다.

교에 다니게 된 거지요. 사실 보몬트를 썩 좋아하지는 않았어요. 보몬트는 해수면 아래 있는 늪지예요. 9학년 때 아는 사람 하나 없는 그런 곳에 가서 바이올린을 켜야 했던 거지요. 그곳에서 탈출할 방법은 장학금밖에 없다는 걸 알고 미친 듯이 비올라 연습을 했어요.

Q: 비올라 스왐프Violoa Swamp[7]라는 이름은 보몬트에 대한 선생님의 감정에서 비롯된 건가요?

A: 네, 맞아요. 비올라 스왐프는 그 둘을 합친 이름이에요. 해리 앨러드와 나는 함께 책을 만드는데, 누가 어느 부분을 썼는지 콕 짚어 말하기가 힘들어요. 그러나 그 인물만큼은 내가 만든 거예요! 나는 비올라 스왐프를 참 좋아한답니다.

Q: 그토록 성실하게 연습하셨다니, 짓궂은 장난꾸러기는 아니었군요.

A: 짓궂은 장난꾸러기가 아니라 건방진 녀석이었지요. 늘 성적을 잘 받아서 학교에서 뽐내고 싶어 했어요. 하지만 아주 밉살맞게 굴 용기는 없었어요.

Q: 그럼 짓궂은 장난꾸러기를 용기 있다고 생각하시나요?

A: 어느 정도는요. 나는 매우 소심했어요. 겁쟁이였지요. 한번은 누가 넘어져서 이마가 심하게 찢어졌는데, 반대쪽으로 달아나 버렸던 게 생각나요. 그 아이를 돕지 않았던 거죠. 그 일로 오랫동안 속을 끓였어요. 짓궂은 장난꾸러기란 내가 코네티컷에서 살 때 알던 친구들이지요. 그런 애들은 결국 감방에 가거나…… 천재적인 재능을 발휘하거나 둘 중 하나라고 생각해요. 한 명은 지금 지역 극단과 하계 극장의 배우로 활동하고 있어요. 그 친구는

---

[7] 마셜의 책 〈넬슨 선생님〉 시리즈에 등장하는 세상에서 가장 못된 임시 교사. 'Viola'라는 이름은 자신이 연주하던 악기에서, 'Swamp'라는 성은 늪지인 보몬트에서 따왔다.

앞으로 잘될 거예요. 하지만 그 친구들과 나는 전혀 달라요. 나는 학교를 사랑했어요. 학교가 미치도록 좋았어요.

Q: 알라모[8]가 샌안토니오에 있지요.

A: 내가 태어난 곳이 알라모 건너편 거리예요!

Q: 그토록 역사가 풍부한 곳에서 컸으니 재미있었겠군요?

A: 사실 시내에서 20마일 떨어진 시골에서 살았어요. 그래서 자랄 때 늘 혼자였어요. 방과 후에 같이 놀 친구가 없었으니까요.

샌안토니오에서 살게 된 건 열두 살쯤부터였어요. 여동생이 거기서 태어났지요. 하지만 그 전까지는 농장에서 살았어요. 나는 내 모든 상상력의 원천이 그곳이라고 생각해요. 영국 역사를 미친 듯이 좋아한 나머지, 농장 주변의 미개간지를 보즈워스 전투[9]가 벌어진 곳이라고 상상하곤 했어요. 거기가 텍사스라고는 생각조차 안 했어요. 늘 상상 속의 다른 곳이었지요.

Q: 말하자면 텍사스는 역사적으로 매력이 없었다는 소리인가요?

A: 한동안은 그렇게 느꼈어요. 그런데 그 무렵에 서부 텍사스 출신인 친가에 큰 관심이 생겼고, 그러다 보니 서부에 대해 알고 싶은 열정이 솟구쳤어요. 그분들이 서부 텍사스에 정착한 1880년대는 여전히 인디언의 습격이 이어지던 시기였어요. 한번은, 그러니까 1910년쯤에 판초 비야[10]가 할머니네

---

[8] 정식 명칭은 샌안토니오 데 발레로 전도소Mission San Antonio de Valero로 18세기 초에 설립된 프란체스코 수도회의 전도소였으며, 19세기 초에는 스페인군의 주둔지로 쓰였다. 멕시코가 스페인으로부터 독립한 뒤에는 텍사스 주민들이 이곳을 요새로 삼아 샌안토니오를 되찾으려는 멕시코 정부군과 전쟁을 벌이기도 했다.
[9] 15세기 잉글랜드의 장미 전쟁 기간에 벌어진 전투 중 하나. 이 전투로 요크가의 리처드 3세가 전사하고 헨리 튜더 왕가가 세워졌다.

농장을 습격해서 소를 훔쳐 갔대요. 열 살짜리가 그런 얘기를 들었으니 상상력에 날개를 단 셈이었지요.

Q: 가족 중에 뛰어난 이야기꾼이 있나요?

A: 우리 할아버지가 그런 편이었어요. 나는 정보를 얻으려고 할아버지를 비롯한 여러 분께 자꾸만 여쭤보았어요. 한번은 브라우니 카메라로 찍은 옛날 사진 상자를 잔뜩 찾아냈어요. 할머니께 여쭤봤더니 그러시더군요. "아가, 여기서는 그것밖에 할 게 없었단다." 그곳은 단조로운 풍경들만 끝없이 이어질 뿐 아무것도 없었어요. 그래서 두 분은 브라우니 카메라들을 사서 서로의 모습을 계속 찍은 거예요. 나는 엽총을 들고 사륜 짐마차를 탄 할아버지 할머니의 사진을 발견했어요. 개척 시대가 끝날 무렵에 찍은 그 사진은 우리 가족이 그 시대를 겪어 냈다는 확실한 증거였지요. 내 눈엔 그 사진이 그저 경이롭기만 했답니다.

Q: 그 사진을 아직 가지고 계시나요?

A: 많이 가지고 있어요. 텍사스에 갈 때마다 아무도 가지려 하지 않는 앨범들을 챙겨 와요.

Q: 선생님 책에 나오는 학교 교실에는 늘 텍사스 깃발이 걸려 있어요. 여전히 텍사스주에 애정을 느끼기 때문인가요?

A: 네, 내 뿌리는 그곳에 있어요. 그곳의 기후도 좋아해요.
나는 특히 서부 텍사스를 좋아해요. 2년 전에 할머니 장례를 치르러 마

---

10 Pancho Villa(1878~1923): 멕시코 혁명의 주역이자 농민군 지도자. 농장 노동자의 자식으로 태어나 누이를 강간하려는 농장주를 살해하고 산적이 된다. 1910년 자유주의자 프란시스코 마데로가 30년간 독재를 이어 온 포르피리오 디아스 정권을 무너뜨리기 위해 혁명을 일으키자, 그의 휘하에 들어가 전설적인 혁명가로 거듭난다.

라톤이라는 작은 마을에 갔어요. 그리스의 마라톤에서 이름을 딴 그 마을은 마치 유령 마을 같았어요. 풍차 외엔 아무것도 없었지요. 그곳에 도착했을 때, 그 풍차가 해체되는 것을 보았어요. 내 책에도 늘 그려 넣던 풍차인데 말이지요. "저런, 허물면 안 돼요." 소리가 절로 나왔어요. 그곳에서 볼 만한 건 풍차뿐이었거든요. 텍사스주 마라톤의 에펠탑이었던 셈이죠. 그러자 그들이 말했어요. "그럼 댁이 사시든가." 그래서 사 버렸답니다.

이제 나는 아무도 모를 곳에 풍차를 가지고 있어요. 나는 그것을 할머니의 무덤에 둔다는 조건을 달고 샀답니다! 할머니는 유머 감각이 뛰어난 데다 입담 좋은 이야기꾼이었지요.

Q: 동부 보스턴으로 공부하러 갔을 때가 인생의 전환점이었나요?

A: 네, 나는 보몬트를 탈출해야 한다고 생각했고 동부로 가고 싶었어요. 누군가가 보스턴을 추천했거든요.

Q: 그 무렵까지 언어를 공부하셨나요? 한때 프랑스어와 이탈리아어를 공부하셨지요? 둘 다 매우 음악적인 언어예요. 그 언어에 끌린 건 음악과 관련이 있어서인가요?

A: 아니요. 그냥 속물근성 때문이었어요. 나는 언제나 엉뚱한 데서, 그러니까 피상적인 데서 시작하는 경향이 있어요. 내가 화가가 된 것도 작업실을 갖고 싶어서, 미술 용품을 사고 싶어서였던 것 같아요! 그러다 무언가를 증명해 보여야 하는 순간이 닥쳤지요. 나는 늘 오페라와 심포니와 클래식 음악을 사랑하고 싶었어요. 남들이랑 달라 보이고 싶었거든요. 나중에야 깨달았어요. 내가 정말 이런 것들을 좋아한다는 사실을요. 나만 그런 게 아니에요. 열다섯 살 때는 허세라고 생각했던 부분을 나중에 불현듯 자신의 일부로 받아들이게 되었다는 사람이 많더라고요.

Q: 어디서 보니, 음악 학교에 다니는 동안 비행기 사고가 나서 손을 다쳤다고 하던데요.

A: 내가 왜 그런 말을 했는지 모르겠어요. 그건 사실이 아니에요. 비행기와 아무 상관 없는 가벼운 사고로 손을 다치긴 했어요. 아마 그 사고로 그럴듯한 이야기를 지어내고 싶었나 봐요.

여하튼 내 손은 완전히 망가졌고, 근육에 만성적인 염증이 생겼어요. 연습을 할수록 점점 더 나빠졌지요. 열여덟 살이 되자, 연주를 그만둘 수밖에 없었어요. 갑자기 경력도, 미래도 다 사라진 거예요. 허공에 붕 뜬 거죠. 정말 끔찍하기 그지없는 시간이었어요. 어쨌거나 보몬트로 돌아가야 했지요. 그런 작은 마을에 한번 들어가면 다시는 나올 수가 없어요. 그런데 다행히 아버지가 다시 샌안토니오로 전근을 가게 된 거예요. 뉴잉글랜드 음악원 1학년을 마쳤을 때니까, 열여덟 살인가 열아홉 살 때였지요. 나는 1년쯤 보몬트에서 살면서 리마 주립 공과 대학에 다녔어요. 재니스 조플린[11]도 같은 학교에 다녔지요. 내가 재니스보다 한 살 많았어요. 전공을 얼마나 많이 바꾸었는지 기억도 안 나요. 어쨌든 그렇게 해서 두 번째로 보몬트를 벗어났죠. 라마 대학 다음에는 동부의 대학에 다녔고, 그다음에는 보스턴의 고등학교에서 가르쳤어요. 정말 미쳐 버리는 줄 알았어요. 사실 난 스페인어를 하나도 모르는데 스페인어를 가르쳤거든요. 참 어이없는 일이었지요.

Q: 어떻게 해 나갔나요?

A: 나는 교사 자격증이 없었어요. 그 말은 공립 학교에서 가르칠 수 없다는 뜻이지요. 하지만 사립 학교는 상관없고, 불어 관련 학위도 있었어요.

---

[11] Janis Joplin(1943~1970): 1960년대에 활동한 미국의 싱어송라이터로 사망한 지 25년 만인 1995년 로큰롤 명예의 전당에 올랐다. 2004년 《롤링 스톤》지가 선정한 '역사상 가장 위대한 아티스트 100인'에 선정되었으며, 미국에서 음반이 가장 많이 팔린 가수이기도 하다.

일자리를 구하려고 어느 원장 수녀님께 전화를 했더니, 첫 질문이 "스페인어를 하나요?"였어요. "멕시코시티에서 2주일 머무른 적이 있어요."라고 하자 그분이 말했어요. "당장 오세요!" 그런데 하필 전교생의 반이 스페인어를 할 줄 아는 푸에르토리코 출신이지 뭐예요. 정말 난처한 상황이었지요. 그래도 고등학생들한테는 겁을 좀 줘도 괜찮으니까 협박을 했지요. "나를 곤란하게 하면, 이 세상의 어떤 가톨릭 학교에서도 너희를 안 받아 줄 거야." 가톨릭 신자도 아닌 주제에 그렇게 말한 거죠. 아이들의 눈이 휘둥그레졌어요. 나는 말했어요. "너희가 입을 다물어 주면 C를 주겠어. 하지만 내게 스페인어를 가르쳐 주면 B를 주지." 우리는 최선을 다해 그 사태를 헤쳐 나갔어요. 아이들은 매우 감명을 받았지요. 나는 그곳에서 2년을 견뎠어요. 아이들에게 불어를 조금 가르치기도 했고요. 그러나 고등학교에서 가르치며 일생을 보낸다면 뇌졸중으로 죽을 게 뻔했어요. 내가 그림을 그리기 시작한 게 그때부터였어요. 낙서를 시작한 거지요.

Q: 탈출구로요?

A: 그렇죠. 혹시 고등학교에서 가르쳐 봤나요? 아침 8시부터 오후 3시까지 계속해야 해요. 쉬는 시간도 별로 없어서, 마칠 때쯤이면 파김치가 돼요. 나는 교사들이 참 안됐다는 생각이 들어요. 교사는 어쨌든 다른 사람들보다 체력이 좋아야 해요. 그리고 어느 순간이 지나면 바퀴벌레처럼 천하무적이 되는 것 같아요. 나는 다른 일을 해야 한다고 생각했어요. 집에 가서 밤늦도록 그림을 그려 댔지요. 호턴 미플린 출판사의 편집자인 내 친구가 그걸 보고 그러더군요. "이건 어린이책 그림인데." 그 무렵 어린이책 그림 비슷한 걸 그려 보려고 하긴 했어요. 《괴물들이 사는 나라》와 도메니코 뇰리 책과 토미 웅게러 책을 봤거든요. 에드워드 고리의 그림책에도 열광했죠. 그러다가 아주 짧은 장으로 이루어진 아놀드 로벨의 〈개구리와 두꺼비〉 시리즈[12]를 봤

는데, '나도 이 정도는 할 수 있겠다'는 생각이 들더라고요. 내가 그걸 어떻게 해냈는지 모르겠어요. 사실 두세 쪽 짜리 이야기를 쓰는 게 가장 힘들어요. 어린이책을 만만하게 보고 뛰어들었던 것 같아요 어린이책은 때때로 아주 재미있어요. 그렇다고 쉬운 건 아니에요. 어쨌든 시작은 그렇게 했어요. 나는 냅킨 따위에 그린 포트폴리오를 월터 로레인에게 가져갔어요. 잘 생각한 거죠. 다음 날 그의 전화를 받았거든요. "그림을 의뢰할 책이 있습니다."라고 하더군요. 그게 버드 베일러가 글을 쓴 《달그락, 달그락, 달그락Plink, Plink, Plink》(1971)이었어요. 그렇게 출발해서 달리기 시작했어요.

Q: 잠깐 교사 시절로 돌아가 볼까요? 그런저런 어려움에도 불구하고 학생들에게 공감이 좀 되시던가요? 학생들을 알아 가면서 어린 시절이나 10대 때 감정이 되살아나진 않던가요?

A: 나는 그 애들이 정말 좋았어요. 그 애들은 대부분 망나니들이었어요. 질서를 잡기가 무척 힘들었지요. 학교는 보스턴의 사우스엔드 지역에 있었어요. 그런데 보스턴 시내에 한 번도 가 본 적 없는 아이도 있었어요. 나는 그 애들이 점점 더 좋아졌어요. 그런데 참 이상하지요. 아이들을 휘어잡아 입을 다물게 하는 법을 터득하고 나니까, 아이들과 친구로 지낼 수는 없다는 걸 깨닫고 나니까, 아이들에게 애정이 샘솟더라고요. 이제야 깨닫지만 제가 아이들을 무척 좋아하더군요.

Q: 앞서 말씀하신 것 같은 상황에서도 스스로를 진짜 교사라고 생각하셨나요?

A: 그건 그야말로 역할 놀이였어요. 거짓으로 점철된 상황인 걸 스스로

---

12 《개구리와 두꺼비는 친구》,《개구리와 두꺼비가 함께》,《개구리와 두꺼비의 사계절》,《개구리와 두꺼비의 하루하루》(엄혜숙 옮김, 비룡소, 1996)를 말한다.

도 알고 있었지요.

화판 앞에 앉을 때도 연기와 역할 놀이를 해야 한다고 생각해요. 최소한 화판 앞에 갈 때까지 예술가인 척해야 하고, 그런 다음엔 황홀한 무아지경에 빠져 자신을 잊어야 하지요. 학생들을 가르치는 데 가장 방해가 되는 건 피로감이었어요. 내가 얼마나 좋은 선생님이었는지는 잘 모르겠어요. 나중에 파슨스 디자인 학교에서 가르칠 때도 마찬가지였어요. 나는 모리스의 그림책 수업을 넘겨받았는데, 편애가 심하다고 비난을 받았어요. 그 반에 천재가 둘 있었는데, 그 애들한테만 시간을 쏟아부었거든요. 나는 그 애들에게 영감을 많이 받았고, 다른 학생들에게는 크게 신경을 안 썼어요. 공정하지 않은 행동이었죠. 그래서 가르치는 일을 접었어요. 가르치는 것은 재미있지만, 행동을 아주 조심해야 하니까요.

나는 적어도 학생들에게 그림책이 무엇인지, 그리고 어떤 스타일로 그리든 그림책이라는 장르로서 갖춰야 할 어떤 원칙이 있다는 것을 가르쳤어요. 사건을 진행시키는 방법, 끝맺는 방법, 속도를 조절하는 방법, 생략해야 할 것들, 온갖 자잘한 요령들, 이를테면 책 가운데 물리는 부분에 중요한 요소를 넣지 말아야 한다는 것까지 말이에요. 그림책은 제대로만 만들면 그 자체로 하나의 완전한 세계가 돼요. 가끔 사람들이 이 점을 이해하지 못하거나 그림책이 예술의 한 형태라는 사실을 깨닫지 못하는 것을 보면 어이가 없어요.

Q: 냅킨에 낙서를 할 때도 이미 조지와 마샤 같은 동물 캐릭터를 만들어내고 있었나요?

A: 네, 그런데 조지와 마샤는 아니었어요. 그들은 좀 나중에 나왔죠. 나는 버드 베일러 책의 그림을 맡기도 전에 교사직을 그만뒀어요. 그러면서 출판계에 진출해 보겠다, 적어도 시도라도 해 보겠다고 결심했어요. 그러고는

한동안 텍사스 집에 가 있었죠. 거기 살면서 스케치북에 조지와 마사를 그리기 시작했어요.

Q: 그럼 어느 날 갑자기 하마들을 주인공으로 하자는 아이디어가 떠오르신 건가요?

A: 누군가가 그걸 보고 하마라고 말했어요. 나는 작은 점 두 개로 시작했어요. 종이에 제대로 그린 것도 아니었어요. 그냥 그렇게 시작했지요. 마침 어머니가 텔레비전을 틀어 놓고 영화판 〈누가 버지니아 울프를 두려워하랴?〉[13]를 보고 계셨어요. 그래서 조지와 마사라는 이름이 떠오른 거예요. 아이들에게는 이 이야기를 안 해요. 한번은 시카고에서 라디오 생방송에 출연한 적이 있어요. 방송국에 도착해서 진행자에게 물었어요. "저에 대해 알고 싶으신 게 있나요?" 그러자 그녀가 말했어요. "아니요, 미리 조사를 다 했답니다." 그러고는 방송을 시작했는데, 갑자기 그녀가 묻는 거예요. "미국의 초대 대통령 부부에 대해 쓰는 게 어떠셨어요?" 그래서 내가 대답했지요. "음, 대통령 내외인 조지와 마사가 아닌데요." "그럼 누구죠?" "음…… 조지와 마사는 하마예요." 그 순간 그녀는 혼이 나갔어요. 그 뒤부터는 내가 방송을 이끌어 가야 했지요.

Q: 그러니까 점 두 개로 시작했고, 거기서 주인공들이 나온 거군요. 이야기가 놀라우리만큼 간결해요. 이 새로운 인물들에 대해 더 깊이 이해하려고 동시에 여러 편을 쓰신 적도 있었나요?

A: 우선 나는 다양한 상황에 놓여 있는 조지와 마사를 그렸어요. 어떤 장면에서 이야기가 나오기도 하니까요. 물론 글 쓰는 재미는 적절한 표현을

---

13 미국 극작가 에드워드 올비Edward Albee의 희곡을 각색한 마이크 니콜스Mike Nichols 감독의 데뷔작. 주인공 부부의 이름이 조지와 마사이다.

찾아 가며 이야기를 다듬는 데 있지요. 사람들은 너무나 자의식이 강하고 너무나 점잔을 빼요. 그러느라 이야기가 지나치게 매끈해지지 않도록 주의해야 해요. 나는 어떤 인물에 흥미를 느끼게 되면 이야기도 곧 떠오를 거라고 확신해요. 이야기는 인물에서 나와요. 내 고민은 언제나 결말이에요. 결말이 좋지 않아 망친 책도 많아요. 책을 읽거나 영화를 볼 때, 굉장히 멋진 장면이 이어지더라도 결말이 그저 그러면, 책을 덮거나 극장에서 나오면서 별로였다는 기분이 들잖아요. 결말을 어떻게 맺어야 할지 확신이 들 때면 늘 감사한 마음이 들어요.

Q: 좋은 결말이 무엇이라고 생각하세요?

A: 좋은 결말이란 필연적인 동시에 의외성이 있어야 해요.

Q: 조지와 마사는 시시때때로 자잘한 도덕적 딜레마에 빠지는데, 그래도 이야기가 교훈적이라는 느낌은 안 들어요.

A: 안 들어야지요. 도덕적 딜레마가 있는 경우, 나는 대개 우스개로 넘겨 버리는 편이에요. 설사 무언가를 '가르친다' 해도 등장인물의 성격을 통해 전달하지, 직접적으로 들려주는 일은 거의 없어요. 예를 들어 '친구들에게는 언제나 진실만을 말하렴.' 같은 건 새빨간 거짓말이에요. 늘 그렇게 진실만 말하지는 않을 테니까요.

Q: 많은 이야기가 조지와 마사가 의견이 다를 때도, 양쪽 모두의 관점에 장점이 있다는 것을 보여 주더군요.

A: 너무 뻔히 보이나요? 가끔은 그게 좀 걱정돼요. 반드시 필요한 상황이라도 해도 자연스러워야 하거든요. 조금이라도 교훈을 입히려 들면, 이야기가 아주 불편해지니까요.

Q: 조지와 마사에 대해 설명해 주시겠어요?

A: 천진하고 손재주가 좋고 예의 바르지요. 둘은 서로에게 매우 공손해요. 좋은 의미에서 세련되었고요. 유머 감각도 있어요. 나는 마사가 나오는 꿈을 꾼 적이 있어요. 무척 화를 내더군요. 이야기도, 대사도 좀 더 잘 쓰라면서 말이에요. 제대로 못 하면 모리스에게 가 버리겠다고 말한 게 또렷이 기억나요. 나는 식은땀을 흘리며 깨어났답니다!

내가 가장 좋아하는 작가 중 한 명이 체호프예요. 그의 소설과 희곡을 사랑하는 이유 중 하나가 바로 설명하지 않아서예요. 그가 말하고자 하는 바는 이야기 안에 녹아 있고, 등장인물 안에 녹아 있고, 배경에 녹아 있어요. 모든 것이 아주 직관적이지요. 작가는 꼼꼼하게 설명할 필요가 없어요. 동시에 예술적 기교도 있어야 해요. 작품이란 작가의 지성과 관점으로 걸러진 현실 세계니까요.

Q: 〈조지와 마사〉 시리즈의 그림은 매우 우아해요. 하지만 예술적 기교가 느껴지지는 않아요.

A: 모리스는 〈조지와 마사〉 시리즈를 "날 것"이라고 했어요. 그 시리즈의 그림은 산뜻하면서도 선이 살아 있어야 하지요. 그 정도를 그리는 데도 때때로 오랜 시간이 걸리곤 해요. 그냥 쉽게 나올 때도 있지만요.

Q: 선이 살아 있어야 한다는 게, 정확히 무슨 의미인가요?

A: 이야기를 담아내야 한다는 뜻이지요. 선은 무언가를 해석하는 거예요. 그저 현실을 반영하는 것이 아니라 의미를 담아내는 것이 선이지요.

Q: 예를 들어 에드워드 리어[14]의 작품은 선에서 주제에 딱 들어맞는 강박적이고 열광적인 특성이 느껴져요. 선생님의 선과 비교하면 어떤가

요? 이를테면 〈조지와 마사〉 시리즈에서 굵은 선을 쓰는 것은 주인공들의 거대한 몸집을 강조하기 위해서인가요?

A: 선이 굵지요. 그 굵은 선을 그리는 데도 손이 살짝 떨려요. 그래서 연필로 먼저 그린 뒤 트레이싱지를 대고 베껴 그려요. 가끔은 그림의 얼개를 잡기 위해 먼저 연필로 스케치를 하기도 해요. 그림의 어떤 요소도 잘못 배치되는 걸 참을 수가 없거든요. 비례는 매우 중요해요. 모리스의 작품을 보면서 비례에 대해 많이 배웠어요. 서로 접근 방식이 다르긴 하지만요. 나한테 비례는 그림 안팎으로 초점을 맞추는 일과 같아요. 그림의 프레임과 독자의 시점, 배경을 고려할 때 등장인물이 놓여야 하는 지점은 딱 한 군데밖에 없어요. 나는 등장인물의 위치가 내가 바라는 대로 완벽해질 때까지 지웠다 올렸다 내렸다 하며 많은 시간을 보내요. 그런 다음에는 모든 것을 잊고 선이 생생하게 살아나도록 최종 스케치를 해요. 가끔 선에 너무 힘이 들어가 있으면 다음 날 아침에 그림을 보고 이렇게 말해요. "이건 지워야겠어. 도무지 자연스럽지가 않아."

에드워드 고리의 작품은 굉장히 깊은 생각 끝에 나온 거예요. 전에 누가 고리는 2~30년째 똑같은 책을 만들고 있다고 그러더군요. 틀렸어요. 그는 완벽해지려 애쓰며 점점 나아지고 있는 거예요. 우리는 모두 가끔 별 볼 일 없는 책을 만들어요. 누군가 눈에 띄는 스타일을 갖고 있다면, 어떤 사람들은 그걸 정형화되었다고 생각하기도 해요. 물론 그럴 수도 있어요. 그건 예술가에게 일어날 수 있는 최악의 일 중 하나지요. 그런 상황을 어떻게 견딜 수 있겠어요?

---

14 Edward Lear(1821~1888): 영국의 시인이자 작가, 일러스트레이터, 음악가로 19세기 난센스 문학의 대가로 불린다. 논리에서 벗어난 무의미한 말과 기이한 그림으로 환상적인 세계를 표현하곤 했다. 국내에 소개된 책으로 헬렌 옥슨버리가 그림을 그린 《꽝글왕글의 모자》가 있다.

Q: 조지와 마사는 여러 가지 면에서 매우 연약해요. 떨리는 선이 그런 특성과 관계가 있나요?

A: 아니요. 선에 너무 힘이 들어갈까 봐 일부러 그러는 거예요. 화면에 무엇을 그리든 모두 심리와 관련이 있지만, 여하튼 그건 일종의 기법이에요. 조지와 마사는 연약해요. 아이들이 조지와 마사를 좋아하는 건 결국 그 점 때문이라고 생각해요. 아이들은 바보가 아니잖아요. 내 책의 등장인물들은 대부분 빈틈이 없어요. 그리고 재치가 있다는 게 장점이지요. 힘든 상황을 유머 감각으로 헤쳐 나오는 사람들이 몇이나 되겠어요?

Q: 조지와 마사는 어떤 관계라고 보시나요?

A: 그들은 내 인격의 두 가지 측면을 반영하는 것 같아요. 조지는 뭘 몰라서 갈팡질팡하는 편이고, 마사는 매사에 좀 거침없는 편이에요. 이런 가벼운 오락물에 사람들이 파르르하는 게 정말 웃겨요. 심지어 분노에 찬 편지까지 보낸다니까요. 최근에 테네시주의 장로교 목사는 잔뜩 화가 나서 편지를 보냈어요. 내가 남자 이름으로 글을 쓰는 여자가 틀림없고, 과격한 페미니스트라는 거예요. 내 책을 보면 여자가 늘 남자를 휘어잡고 있다고 말이죠. 그리고 자기가 아프리카에 갔다 왔는데, 거기서 하마가 사람을 죽인다는 얘기를 들었다는 거예요. 어떻게 감히 그런 동물을 주인공 삼아 그림책을 그리느냐는 거죠. '맙소사, 이런 편지에 답장을 해야 하나!' 싶었지만 곧 마음을 고쳐 먹었어요. '그건 지어낸 이야기일 뿐이잖아.' 마사는 정말 여러 가지 면에서 잘난 체하긴 하죠.

Q: 조지와 마사 책을 만들 때, 이야기의 순서에 대해 많이 생각하는 편인가요? 등장인물이 겪는 정서적 변화를 고려해서 배열하나요?

A: 물론이지요. 다음 이야기가 어떤 내용인지를 생각해야 해요. 그건 매

우 중요해요. 어떤 책이든 속도를 고려해야 하는 건 마찬가지예요. 느슨하게 풀어 줘야 할 때, 에너지를 한껏 끌어올려야 할 때, 쉬어 가야 할 때, 등장인물을 드러내지 않아야 할 때, 그리고 언제나 등장인물의 배경이나 성격의 범주 안에서 무언가를 해야 하는 것까지 고려해야 할 점이 참 많답니다.

Q: 악기 연주를 배운 것이 어린이책 만드는 일과 이어지는 부분이 있나요?

A: 그게 참 재미있어요. 나한테 비올라 연주를 녹음한 테이프가 몇 개 있어요. 사실 나는 꽤 잘하는 편이었어요. 그런데 내가 비올라 연주를 하던 방식이 지금 내가 그림을 그리는 방식과 매우 닮았더군요. 왠지 몰라도 소리와 공간은 상관관계가 있는 것 같아요. 나는 아주 굵은 소리를 내는 비올리스트였어요. 내가 비올라로 연주했던 음악적 선이 지금 내가 그리는 선이라고 말할 수 있을 정도예요. 둘은 무게가 같아요. 비올라는 알토 음역에 해당하는 소리를 내는 현악기예요. 내 드로잉의 톤도 그래요. 이렇게 말하니 좀 잘난 체하는 것 같은데, 진짜 그래요.

Q: 선생님의 그림에는 명확성이 있습니다. 앞서 말씀하신 자세한 설명을 하지 않는 것과 관련이 있는 것 같아요. 작업을 할 때 그림 속의 요소들을 덜어 내는 편인가요?

A: 그럼요. 그건 내가 주안점을 두는 부분이에요. 주안점을 둘 뿐 문제라고 생각하지는 않아요. 대체로 큰 문제나 사고 없이 작업을 하는 편이에요. 확신을 가지고 그리지요. 좋은 그림이 될지 말지는 나중 문제고, 내가 원하는 대로는 나올 거예요. 진짜 힘든 건 구성이죠. 이를테면 〈넬슨 선생님〉 시리즈 같은 책이 그랬어요. 이야기를 만족스럽게 엮어 내기가 쉽지 않았지요. 어떤 책은 몇 주만에 나오기도 하고 어떤 책은 1년이 걸리기도 해요. 책이 성공을 거두면 속편 계약을 하기도 해요. 등장인물이야 이미 있으니까

자신만만하게 시작을 하지요. 그러다 문득 생각해요. '내가 왜 그랬지? 미칠 것 같아! 끔찍해!' 그러다 그림을 그리기 시작하면 '이거다!' 싶은 해결책이 나와요. 내가 그림 그릴 줄 몰랐으면 지금쯤 어디서 뭘 하고 있었을까 싶네요.

Q: 저는 〈조지와 마사〉 시리즈의 속표제지가 좋아요. 옛날 뉴스 영화나 무성 영화의 타이틀이 떠오르거든요.

A: 나는 속표제지를 장도 있고 장 제목도 있는 책의 구성을 어린이들에게 안내하는 수단이라고 생각해 왔어요. 그리고 이 짧은 이야기로 어떤 느낌을 전하는 데는 서너 장면이면 충분하기도 하고요.

내 책상 서랍에는 조지와 마사 이야기가 가득해요. 다 쓴 것도 있고, 덜 쓴 것도 있어요. 나는 늘 만들고 싶은 책이 있어요. 곧 만들지도 몰라요. 짧은 이야기를 담은 스크랩북이나 스케치북 같은 거, 어쩌면 재미있고 흥미진진한 어린이용 워크북 같은 거요.

나한텐 시작만 해 놓고 끝맺지 못한 이야기가 수백 편은 있는 것 같아요. 누군가 마무리를 짓긴 하겠지요. 그중에 탱고를 추는 소들을 그려 놓고 "후버 가족이 춤을 출 수 있다는 사실을 안 그날부터 이들의 삶은 전혀 달라졌어요."라고 써 놓은 것도 있어요. 그 다음 장을 넘기면…… 아무것도 없어요. 이런 이야기가 많아요. 중간 토막만 있는 것들도 있어요. 이런 걸 여덟 편쯤 합친 다음에 이러면 재미있을 것 같아요. "얘들아, 가져라. 그리고 내게 인세를 보내 주렴!"

내 가장 소중한 보물은 스케치북 안에 있다고 늘 생각해요. 그런 스케치북이 수백 권에 이르지요. 나는 밤에 작업하는 게 좋아요. 자기 검열이 조금 느슨해지는 시간이라 그런가 봐요. 가장 독창적인 아이디어는 주로 밤에 떠오르는 편이에요. 억압에서 벗어나 마구 달리거든요.

Q: 〈조지와 마사〉 시리즈로 돌아가 보지요. 에드워드 올비의 《누가 버지니아 울프를 두려워하랴?》와 달리 선생님의 책은 세상을 근본적으로 부드럽고 친절한 곳으로 보여 줍니다.

A: 세상이 괜찮은 곳이기를 바라기 때문이겠지요. 샌프란시스코의 텔레비전 프로그램에 나갔을 때 누군가 내 책이 매우 환하다고 하더군요. 아마 나는 세상이 온통 순결하기를 바라나 봐요. 그 여성도 내게 똑같은 질문을 했어요. "선생님은 세상을 밝고 행복하고 건강한 곳으로 보시는 게 틀림없어요." 나는 이렇게 대답했지요. "글쎄요. 생각을 좀 해 봐야겠네요. 나는 대부분의 사람이 이기적이고 부도덕하며 세상에서 일어나는 참상을 당하는 게 당연하다고 생각해요." 그녀는 자기 앞에 뱀이 도사리고 있는 듯한 표정으로 나를 보았어요. 〈조지와 마사〉 시리즈를 쓰는 뱀 말이에요! 밝고 행복한 책을 쓴다고 해서 작가도 반드시 밝고 행복한 사람이어야 한다는 법은 없지요.

Q: 그 책들이 감상적이라는 뜻은 아니었어요.

A: 가볍다고 해도 상관없어요. 맥스 비어봄[15]은 사람들이 너무 심각한 나머지 자신을 망치는 멋진 재능이 넘친다고도 했잖아요.

Q: 그렇지만 선생님도 〈조지와 마사〉 시리즈에서 사는 게 늘 생각보다 더 복잡하다는 사실을 보여 주시잖아요.

A: 뜻이 통했다니 기쁘군요. 그게 바로 내가 느끼는 감정이거든요. 그저 괜찮은 책을 만드는 것도 어떤 면에서는 심오한 일이에요. 구성이 좋고 처음부터 끝까지 수준이 고른 책을 볼 때 사람들은 아주 행복해지거든요. 그것만으로도, 그저 그렇게 할 수 있다는 것만으로도, 대단한 성취라고 생각해

---

15 Henry Maximilian Beerbohm(1872~1956): 영국의 수필가이자 비평가, 풍자화가.

요. 가장 좋아하는 책이 무엇이냐는 질문을 자주 받는데 모른다고, 아직까지 만들지 못했다고 대답하곤 해요.

그러나 내가 제대로 했다고 느끼는 장면도 있어요. 때로는 그런 장면이 잇따라 나오기도 해요. 비올라 스웜프의 등장 장면은 특히 잘 만들었다고 생각해요. 가짜 코를 단 마리아 칼라스라고나 할까요? "나는 너희의 새 선생님이다. 쾅!" 《빨간 모자Red Riding Hood》(1987)도 잘 만든 것 같아요. 그런데 처음에는 '와, 이 장면 정말 끝내주는데. 사람들이 이 장면을 보면 웃다 쓰러지겠는걸.' 하다가 다음 날 아침이면 '미쳤나 봐. 완전 엉망이잖아!' 할 때가 많아요. 일이 너무 고되고 단조로워서 놀랄 때도 많아요. 온몸 구석구석에서 거부 반응이 일어날 정도로 말이에요. 그러나 이윽고 책이 출판돼요. 밝고 보송보송하고 약간의 유머가 담긴 책이요. 그럼 이런 생각이 드는 거죠. '이런 게 대체 어디서 나온 거야?'

Q: 조지와 마사는 아이가 아니라 어른 같아요. 그러나 몇 살인지는 분명치 않지요.

A: 그래서 좋은 것 같아요. 일부러 그렇게 그리는 거죠. 그들은 아이가 아니에요. 청소년도 분명 아니에요. 어른인지도 확실치 않아요. "둘이 결혼을 하기는 할 건가요?" 같은 질문을 받으면 재미있더군요. 왜냐하면 내가 그렇게 만들 일은 절대 없을 테니까요. '아이 같은'과 '순수한'이란 말이 같은 뜻일까요? 그들이 어떻게 돈을 버는지 우리는 전혀 몰라요. 그들의 현실 같은 건 아예 몰라요. 둘의 집은 정말 엉성하지만, 그렇다고 골판지를 오려 만든 집은 아니에요. 그들만의 차원이 있어요.

Q: 여백을 가지고 노는 걸 좋아하시는 것 같아요. 가끔은 등장인물이 아무것도 없는 화면 중간에 떠 있기도 해요.

A: 어디선가 그것 때문에 비판을 받았어요. 당연히 의도적으로 그러는 거예요. 나는 늘 일본 판화를 좋아했어요. 일본 판화의 영향을 받으면 누구나 그렇게 해 볼걸요. 그런 기법이 있어요. 놀라운 극적 효과를 내지요.

Q: 선생님은 책의 장면을 일종의 무대라고 생각하시나요?

A: 물론이지요. 연재만화라고 생각하지 않아요. 내 작품은 '만화 같다'는 얘기를 많이 들어요. 틀렸어요. 나는 책을 연극으로 생각해요. 나는 오페라를 사랑해요. 연극도 사랑해요. 나는 인위적일수록 좋다고 생각해요. 제대로 연출하기만 한다면 인위적일수록 더 진실할 수 있어요.

Q: '인위적'이라는 말은 책 그 자체로서의 책에 더 주목하게 한다는 뜻일까요?

A: 때때로 나는 무대 앞보다는 뒤에서 벌어지는 일을 더 좋아해요. 하지만 그건 내가 별난 거죠. 난 정말로 그림책의 한 장면 한 장면이 무대라고 생각해요.

Q: 조지와 마사는 나올 때마다 옷이 바뀌어요. 그들이 다음에는 어떤 옷을 입고 나올지 지켜보는 게 이 시리즈를 보는 즐거움 중 하나지요. 그래서 그런지 그들이 배우 같기도 하네요.

A: 그들이 다시 좋아지기 시작하는데요. 책을 한 권 더 만들까 봐요.

Q: 선생님은 왜 에드워드 마셜이라는 '공동 저자'를 꾸며냈나요?

A: 다이얼 출판사와 에드워드 마셜이라는 이름으로 책을 냈다가, 호턴 미플린 출판사의 월터 로레인한테 죽을 뻔했지요. 그런데 호턴 미플린 출판사에서는 저학년 동화책을 안 만들었어요. 다이얼 출판사의 필리스 포겔

먼은 만들었고요. 에드워드란 이름은 그렇게 시작된 거예요. 어느 날, 출판사 사람들과 긴 시간 점심을 먹고 집에 돌아갔는데 누가 전화를 했더라고요. 나는 사실 꽤 알딸딸했어요. "마셜 씨인가요?" 하고 묻기에 내가 대답했지요. "으으음…… 예에에……." "에드워드 마셜 씨와 연락할 방법을 좀 알려주시겠어요?" 그래서 내가 말했어요. "음, 그 사람은 찾기가 아주 어려워요. 저어기 화장터 옆에서 애들 열네 명을 데리고 살거든요." 상대방의 연필이 삐끗하는 소리가 들리더군요! 정말 허무맹랑한 이야기를 꾸며 댔는데, 그게 나중에 책이 됐어요. 어디서 냈는지는 잊었어요. 《에드워드 마셜 전기The Biography of Edward Marshall》 말이에요. 그러나 마침내 월터는 에드워드 마셜이란 사람이 존재하지 않는다는 사실을 알게 되었죠. 내 미들네임이 에드워드예요. 필리스와 나는 〈여우〉 시리즈[16]의 서평이 본명인 '제임스' 항목으로 분류되는 게 낫겠다고 판단했어요. 그러고는 시내에서 둘이 점심을 먹는데, 필리스가 그러더군요. "아무래도 에드워드가 카멜[17]에서 행글라이더를 타다가 사고로 죽는 게 좋겠어." 그래서 내가 그랬죠. "전 반대예요, 필리스……." 그랬더니 우리가 대화하는 모습을 옆 테이블에 앉은 두 사람이 흥미롭게 바라보더라고요. 에드워드는 흐지부지 사라진 것 같아요.

Q: 해리 앨러드는요? 그는 실존 인물인가요?

A: 네, 불행하게도요. 사실 저와 매우 친한 친구예요. 해리는 멕시코에 살고 내게 불어를 가르쳤던 사람이에요. 우리는 〈멍청 씨 가족The stupids〉 시리즈와 〈넬슨 선생님〉 시리즈를 같이 만들었어요. 공동 작업은 그다지 재미있지 않아요. 그러나 해리는 유머 감각이 뛰어나요. 멍청 씨 가족은 해리가

---

16 에드워드 마셜이 글을 쓰고 제임스 마셜이 그림을 그린 책으로 출간한 저학년 동화 시리즈. 국내에는 《선생님이 뭐가 어려워》(노은정 옮김, 비룡소, 2012)와 《나 겁쟁이 아니거든》(노은정 옮김, 비룡소, 2012)이 출간되었다가 절판되었다.
17 미국 인디애나주 해밀턴 카운티의 도시.

만들었어요.

그 시리즈 때문에 우리가 어떤 편지를 받는지 짐작하시죠? "감히 지적 장애가 있는 사람들을 놀림거리로 삼다니……." "아이들이 '멍청이'라는 말을 쓰지 못하게 하는데 평생을 바쳐 왔는데……." 그야말로 격분하더군요.

나는 그 책을 반대하는 어른들 대부분이, 그러니까 열에 아홉은 아이들과 함께 그 책을 보지 않았다고 생각해요. 그 책을 읽는 아이들은 그 이야기가 멍청하다는 생각은 절대 안 할 거예요. 그 책을 쓴 멍청이가 멍청하다고 생각하겠지요. 소가 담 위에 올라가 있는 그림이 실려 있으니까요. 처음 그 책을 접한 아이들은 어떤 그림도 글과 전혀 맞아떨어지지 않는 걸 엄청나게 재미있어해요.

Q: 그 책에서 다시 한 번 세상은 생각보다 조금 더 복잡하다는 것을 보여 주고 계시지 않나요. 글과 그림이 맞아떨어지지 않고, 상식이 뒤집히니까요.

A: 그런 특성은 내 책 전반에 걸쳐 나타난다고 생각해요. 부드러운 방식으로 말이에요. 예를 들어 멍청 씨 가족은 늘 즐겁게 지내잖아요.

Q: 안 그러는 법을 모르니까요.

A: 맞아요. 그들은 삶의 기쁨을 누리지요. 그 책을 만드는 건 재미있어요. 그들의 유머 감각이 거의 멍청함 그 자체의 경계에 맞닿아 있으니까요.

Q: 학교 강연을 많이 다니시나요?

A: 예전엔 그랬어요. 그런데 시간이 너무 많이 들어서 그만뒀지요. 나는 학교에 가는 것을 참 좋아했어요. 처음에는 무서웠어요. 고등학교에서 가르치기 전에 빈민가의 여러 학교에서 3년간 임시 교사 일을 했어요. 그때 아이

들을 제대로 휘어잡지 못해서 아이들이 죽을 만큼 두려웠어요. 그러나 초등학교만큼은 늘 좋아했지요. 일단 초등학교에 가 보니 안도의 한숨이 나오더군요. 그냥 좋았어요. 아이들도요. 내가 아이들과 잘 어울릴 수 있다는 사실에 깜짝 놀랐어요. 처음에는 이렇게 생각했죠. '난 지금 이 애들을 속이고 있는 거야.' 그런데 그 애들이 나를 정말 좋아해서 그만 깜짝 놀랐어요. 아이들은 농담을 이해했어요. 4학년 아이들이 그렇더군요. 3~4학년들이요. 그 아이들은 언제나 자지러지게 웃어 댄답니다. 수준이 좀 있거든요. 그 애들은 말귀가 밝은 것 같아요.

Q: 그 아이들에게 그림을 그려 주곤 하셨나요?

A: 글쎄요. 내가 휙휙 그림을 그리는 순간 아이들은 조용해져요. 그렇게 해서 처음부터 교실을 평정하지요. 그림을 보느라고 그 어린 눈들이 튀어나올 지경이에요. 그런데 간혹 아주 불쾌한 교장들도 있었어요. "60명까지는 괜찮습니다."라고 말했는데, 600명이 들어차 있는 강당이나 구내식당으로 데리고 들어가는 거죠. 아이들은 나를 전혀 볼 수 없어요. 후끈후끈, 열기가 지독해요. 교사들은 자유 시간을 원해요. 청중들은 꼼지락거리고 강연은 계속되니 '지옥의 공연'이 따로 없지요.

Q: 아이들이 가끔 〈조지와 마사〉 시리즈에 나오지 않는 이야기를 물어본다는 게 사실입니까?

A: 그래요. 당연히 아이들은 그들만의 이야기를 만들어요. 나는 가끔 아이들에게 내 책에는 사실 안 나오는데 너희는 나온다고 생각하는 것들을 말해 보라고 해요. 우리 모두 어느 정도는 그런 생각을 해요. 작가의 마음을 읽을 수 없고, 책에 나온 모든 말을 나름대로 해석해야 하니까요. 하지만 나처럼 열린 결말을 가진 책을 만드는 사람이라면 누구나 독자와 비슷한 경험

을 해 봐야 한다고 생각해요.

Q: 어떤 아이가 선생님의 책에서 읽었다고 상상한 이야기를 하나 해 주실 수 있나요?

A: '마사가 배를 가라앉혔을 때'가 그중 하나예요. 처음에 나는 생각했죠. '음, 이 이야기는 기억이 안 나. 집에 가면 찾아봐야겠어.' 아니나 다를까, 마사가 배를 가라앉힌 이야기가 어디에도 없는 거예요. 조지가 마사를 다이너마이트로 날려 버리는 얘기도 들었어요. 나는 생각했지요. '이건 상담 교사에게 말해 주는 게 낫겠군!'

나는 독자 편지를 엄청나게 많이 받아요. 내 친한 친구 아놀드 로벨이 그러더라고요. "그 편지에 하나하나 답장을 하게." 개인이 보낸 편지에는 마땅히 답장을 하겠지요. 그러나 반 전체가 보낸 편지를 받으면, 선생님이 칠판에 적어 주었다는 게 환히 보이면, 대개 그 반 앞으로 답장을 한답니다.

Q: 몇 년 동안 계속 편지를 주고받은 아이들도 있었나요?

A: 꽤 많아요. 하지만 열두 살쯤 넘어 가면 감감무소식이죠. 나랑 편지를 주고받는 걸 들킬까 봐 민망한가 봐요. 그러다 열여덟 살이나 열아홉 살이 되어 대학에서 어린이책 과목을 듣게 되면 다시 편지를 보낸답니다.

Q: 정말이요?

A: 꽤 많아요. 재미있는 것 같아요. 이 일의 좋은 면 중 하나죠. 그런데 날마다 조금씩 답장을 쓰지 않으면 귀찮은 일이 되기 십상이죠. 언제나 독자 편지는 가득 쌓여 있으니까요.

Q: 아이들이 개인적인 얘기도 털어놓나요?

A: 그럼요. 그래도 진짜로 끔찍한 이야기는 안 하더군요. 아마 내 책의 특성 때문에 끔찍한 일을 겪은 건 말하지 않나 봐요.

Q: 아이들이 책 만드는 방법에 대해 물어보나요? 잘못 알고 있는 것도 많은가요?

A: 어릴 때 나는 사람이 책을 만드는 줄 몰랐어요. 지금은 모든 아이가 책은 사람이 만든다는 것을 알지요. 아주 어린 아이라면 똑같은 책이 수도 없이 많다는 것을 이해 못 하고 깜짝 놀랄 것 같아요. 그러나 아이들은 대체로 지적으로 매우 뛰어나요. 인쇄기가 어떻게 돌아가는지 이해하지는 못하겠지만, 그건 나도 마찬가지인 걸요. 나는 기본적인 단계들도 아직 잘 이해하지 못해요. 제판[18] 단계로 넘어 가면 뭐가 뭔지 하나도 모르겠더군요.

Q: 선생님이 만든 등장인물 중에서 아이들이 가장 좋아하는 건 누구인가요?

A: 조지와 마사, 멍청 씨 가족과 넬슨 선생님이요. 전국에서 교사들이 비올라 스왐프처럼 분장을 하곤 해요. 캘리포니아에서 열린 사인회에 그런 사람이 왔어요. 그녀가 샌프란시스코의 우리 집에 전화해서 말하더군요. "제게 멋진 생각이 떠올랐어요. 제가 비올라 스왐프처럼 입고 갈게요. 선생님이 책에 사인을 하는 동안, 제가 자로 선생님을 때릴게요!" 나는 생각했어요. '맙소사, 나는 어른인데. 어쩌다 내가 이런 직업을 갖게 된 거지?' 그러고는 말했어요. "좋은 생각이 아니군요. 우선, 그 자리에는 비올라 스왐프가 누군지 모르는 사람들도 있을 거예요. 이건 아마 학교에서만 호응이 있을 겁니다." 그러자 그녀가 말했어요. "난 할 거예요. 할 거라고욧!" 마침내 그날이

---

[18] 인쇄기에 걸어 인쇄하는 데 쓰는 판을 만드는 일.

왔어요. 사인회는 잘 되어 가고 있었어요. 아이들과 어른들이 문밖까지 줄을 섰지요. 문득 길거리 쪽에서 바로 그 고함 소리가 들려왔어요. 나는 생각했어요. '올 것이 왔군.' 그녀가 들이닥쳤어요. 분장을 정말 잘했더군요. 비올라 스왐프와 똑같았거든요. 그때 다섯 살 남짓한 일본계 여자아이가 내 앞에 막 와 있었어요. 내가 그 아이의 책에 사인을 해 주는데, 아이는 이런 경험이 신기했는지 테이블보를 잘근거리며 나를 올려다보고 있었어요. 그러다가 어떤 여자가 불쑥 나타나서 진짜로 내 머리를 자로 때리는 모습을 보고만 거지요. 이 꼬마 아이가 어떻게 되었겠어요? 사람들은 뻣뻣해진 아이를 밖으로 데리고 나가야 했어요. 완전히 굳어 버렸거든요. 아마 지금까지 치료를 받고 있을지도 몰라요. 나는 그 교사에게 말했어요. "거봐요!" 그러자 그녀가 말했어요. "그래도 재미있지 않나요?" 등장인물이 그렇게까지 인기를 얻으니 좋긴 하죠. 넬슨 선생님 책을 한 권 더 만들어 볼까 해요.

Q: 선생님 책에서는 많은 등장인물들이 일거리를 찾고 있어요. 《일하는 여우》의 여우나 랩스캘리언 존스[19]도 그렇지요.

A: 그건 전혀 생각해 본 적이 없어요. 내 책이 실패할까 봐, 내가 일거리를 찾아다녀야 할까 봐 무의식적으로 걱정하고 있는지도 모르지요. 분명 그럴 거예요. 늘 그런 게 두려웠으니까요. 다른 모든 사람이 그렇듯 나도 되풀이해서 꾸는 꿈이 있어요. 학교로 다시 돌아가는 꿈이에요. 화학 시험을 봐야 하는데, 깜빡 잊고 공부를 안 한 거지요. 그 꿈이 아니면 다른 비슷한 꿈을 꿔요. 다시 가르치러 그 카톨릭계 고등학교로 돌아가는 거요. 그 수녀님들과 다시 만나 50년 계약을 맺고 고등학교에서 평생을 보내야 하는 거죠. 그러다 식은땀을 흘리며 깨어나 비명을 질러요. "나는 책을 내고 싶어! 그림

---

[19] 《Rapscallion Jones》(New York: Viking Books, 1983)에 나오는 주인공 여우 이름.

을 그리고 싶다고!" 학교에, 복도에 아무도 없는 꿈도 꿔요. 아마도 내가 학교에서 사나 보더라고요. 그러고 나면 다음 날 아침, 정말 빨리 작업대에 앉아요! 그림도 정말 잘 그려지고요. 그러고 보니 좋은 면도 있네요.

Q: 요즘에는 옛이야기 그림책을 만들고 계시지요? 가벼운 분위기를 불어 넣어서 좋더군요. 브루노 베텔하임[20]이 사람들에게 느끼게 했던 옛이야기의 무게를 좀 덜어 낸 것 같아요.

A: 그 늙어 빠진 멍청이! 나는 그의 생각이 반은 틀렸다고 생각해요. 그리고 또 그는 음…… 그런 책은 만들기가 까다로워요. 확실히 나는 재미있게 만들려고 애써요. 늘 그러는지는 모르겠지만요. 옛이야기를 왜곡하고 그 안에 담긴 진실을 날려 버리고 싶지는 않지만, 그래도 그 이야기들이 재미있고 가벼울 수도 있다고 생각했어요. 그러면서도 디즈니처럼 원전과 전혀 다르게 만들고 싶지는 않았어요. 그래서 정말 엄청나게 노력했지요. 요즘 한 권 더 하고 있어요. 《헨젤과 그레텔 Hansel and Gretel》(1990)인데, 두 가지 면에서 아주 까다로울 것 같아요. 나는 거기 나오는 끔찍한 엄마 캐릭터를 극단까지 밀어붙이기로 했어요. 로알드 달처럼 말이에요. 순화할 필요가 없잖아요? 자기 아이들을 굶주리게 내다 버리려던 괴물인데 말이죠.

Q: 그러면 그 엄마는 새엄마가 아니겠군요?

A: 그렇지요. 나는 엄마를 최대한 기괴하게 만들려고 해요. 그림으로 얼마나 잘 표현될지 아직은 잘 모르겠어요.

---

20 Bruno Bettelheim(1904~1990): 오스트리아에서 태어나 미국에서 활동했던 아동 심리학자이자 교육자로 정서 장애가 있는 어린이, 특히 자폐아의 치료와 교육에 공언했다. 국내에 소개된 책으로 옛이야기를 통해 어린이의 심층 심리를 분석한 《옛이야기의 매력》(시공주니어, 1998)을 비롯해 《프로이드와 인간의 영혼》(하나의학사, 2001), 《이만하면 좋은 부모》(창지사, 2006) 들이 있다.

Q: 엄마가 비올라 스왐프의 냄새를 풍기는군요.

A: 네. 하지만 나도 그러고 싶지는 않아요. 힘든 작업이 될 것 같군요.

Q: 아버지는 어떤가요? 어떤 역할을 하나요?

A: 존재감이 미미할 거예요. 《신데렐라Cinderella》(1989)의 아버지도 똑같은 문제가 있었어요. 나는 아예 그를 내내 재워 버렸지요. 능동적인 인물로 만들고 싶지 않았거든요. 그 끔찍한 일들이 일어나는 것을 빤히 보면서도 아무것도 하지 않는 사람으로 만들고 싶지도 않았어요. 그래서 내내 재워 버린 거예요. 겁을 먹은 거죠.

Q: 옛이야기 그림책은 〈조지와 마사〉 시리즈에 비해 배경의 디테일이 훨씬 많지요?

A: 배경이야 더 많지만 현실적인 배경이 아니라 정교한 무대 장치에 가까워요. 《빨간 모자》에 나오는 숲은 인위적으로 보이게 그렸어요. 왜 자꾸 그렇게 보이고 싶어 하는지는 모르겠어요. 내가 자연스러운 그림을 못 그리기도 하지만, 인위적인 것들이 더 큰 시적 울림을 주기 때문인 것 같아요.

Q: 그 그림들은 선생님의 다른 그림과 매우 달라요. 수많은 전통이 깃들어 있는 옛이야기라서 그런 게 아닐까요?

A: 맞아요.

Q: 그런데 선생님이 만들어 낸 일부 인물들은 옛이야기에 나오는 인물들과 매우 비슷해요. 트릭스터와 바보들 말이에요.

A: 나는 트릭스터가 좋아요. 바보도 좋고요. 내가 좋아하는 작가인 몰리에르[21]의 희곡에 나오는 늙은 바보들이 대표적이지요. 이를테면 《인간 혐오

자》[22]의 등장인물들 말이에요. 그 엉큼한 성격이 좋아요. 아이들도 그런 것 같아요.

Q: 왜 그렇게 생각하시나요?

A: 변장은 매력이 있으니까요. 두 번째 넬슨 선생님 책[23]에서, 그녀는 수도 없이 변장해요. 나는 변장이 세상을 향한 얼굴을 만드는 것이라고 생각해요. 변장하면 재미있어요. 그냥 그것만으로도요. 세상사를 놀이로 바꾸는 일이지요. 트릭스터는 매우 다양한 유머를 구사하는 대단히 폭넓은 인물들이에요.

Q: 선생님 책에는 앞일을 불안해하는 내용이 많아요. 조지와 마사는 공포 영화에 무엇이 나올지 몰라 걱정하고, 포틀리 맥스윈[24]은 파티의 성공 여부를 걱정하지요.

A: 내 성격이 비루해서 그래요. 그건 내 성격일 뿐 아니라, 내가 아는 많은 이들의 성격을 패러디한 거예요. 언제나 전전긍긍하는 것 말이죠. 간디는 말했어요. "결코 비극을 예행연습하지 말라." 나는 틀림없이 만 번쯤 했을 거예요. 40대가 되어서야 겨우 현재에 사는 법을 배웠답니다.

---

21 Molière(1622~1673): 17세기 프랑스의 배우이자 극작가, 연출가로 프랑스 고전 희극을 완성했다.
22 《인간 혐오자》 몰리에르 지음, 이경의 옮김, 지만지, 2009
23 《요 사고뭉치들 내가 돌아왔다!》 해리 앨러드 글, 김성희 옮김, 문학동네, 2006
24 《Portly McSwine》(Boston: HMH Books, 2002)의 주인공.

로버트 맥클로스키
Robert McCloskey

1914년 출생, 미국 오하이오주 해밀턴
2003년 사망, 미국 메인주 디어아일

로버트 맥클로스키는 미국 그림책이 첫 번째 황금기의 절정을 달릴 때, 그림책 작가로 성공적인 데뷔를 했다. 그의 첫 책인 《하모니카 소년 렌틸 Lentil》(1940)은 루드비히 베멀먼즈의 《씩씩한 마들린느》(1939) 하디 그래매트키의 《꼬마 끌배 투트Little Toot》(1939), 그리고 한스 아우구스토 레이의 《아프리카여 안녕!》(1941)과 비슷한 시기에 출간되었다. 《하모니카 소년 렌틸》을 출판하면서, 맥클로스키는 바이킹 출판사의 편집자 메이 매시가 거느린 전설적인 그림 작가 그룹에 합류했다. 배멀먼즈, 로버트 로슨, 마저리 플랙, 쿠르트 비제, 제임스 도허티, 인그리와 에드거 파린 돌레르[1]가 이 그룹에 속해 있었다.

매시의 작가들은 콜더컷상을 받는 데 남다른 재능이 있었다. 맥클로스키는 1942년에 두 번째 그림책인 《아기 오리들한테 길을 비켜 주세요》(1941)로 첫 콜더컷상을 받았고, 16년 뒤에 《기적의 시간》(1957)으로 두 번째 콜더컷상을 받았다. 콜더컷 명예상도 세 차례나 받은 그는 일러스트레이션 역사에서 가장 빼어난 예술가 중 한 사람으로 꼽히며 1970년에 은퇴했다.

미국의 영화감독인 프랭크 카프라[2]나 잡지 예술가인 노먼 록웰[3]과 마찬가지로, 맥클로스키는 사람들의 선한 본성에 대한 깊은 신뢰를 담은 따뜻하면서도 유머러스한 이야기를 주로 다루었다. 그의 책들이 오래 인기를 누리는 까닭은 일상의 경험 속에서 시대를 초월하는 어떤 경지를 보여 주기 때문이다. 《어느 날 아침》(1952)에서는 어린 소녀의 잃어버린 이빨을 통해 어린 시절의 통과의례를, 《아기 오리들한테 길을 비켜 주세요》에서는 새끼들

---

[1] Ingri and Edgar Parin D'Aulaire: 미국의 글 작가, 그림 작가 부부. 주로 목판과 석판으로 작업했다. 《에이브러햄 링컨Abraham Lincoln》으로 1940년 콜더컷상을 받았다.
[2] Frank Capra(1897~1991): 시칠리아 출신의 미국 영화감독. 대표작으로 〈스미스 씨 워싱턴에 가다〉가 있다.
[3] Norman Rockwell(1894~1978): 20세기 미국 화가이자 일러스트레이터. 미국 중산층의 생활상을 친근하고 인상적으로 묘사한 작품으로 유명하다. 유명 주간지 《새터데이 이브닝 포스트》의 표지 그림을 40년 넘게 그렸다.

을 키우기 위해 안전한 보금자리를 찾아다니는 부모의 과제를 담는 식으로 말이다. 경이로움은 늘 가까이 있다는 것을 아는 맥클로스키만의 감성이 실려 있기에, 그의 모든 책에서 익숙한 것들이 주는 위로는 더더욱 크게 다가온다.

맥클로스키는 오래도록 살면서 말년에는 오롯이 자신의 즐거움을 위해 그림을 그리고, 야생 보호 단체를 비롯한 여러 비영리적 단체를 후원하고, 어린이 애니메이션에 쓸 새로운 형태의 관절이 있는 나무 인형 시제품을 만들기도 했다. 좀처럼 공개 석상에 모습을 드러내지 않았지만, 드물게 모습을 드러내면 사람들은 줄지어 서서 감사를 표했다. 우리는 1990년 보스턴 애서니움 출판사의 1일 프로그램에서 함께 연사로 나서면서 처음 만났다. '밥'으로 불리기를 좋아했던 그는 어떤 매스컴의 관심도 달가워하지 않았다. 이 인터뷰도 여러 차례 설득한 끝에 어렵사리 허락을 받아 낼 수 있었다. 우리는 1991년 2월 11일 그가 소규모 워크숍을 진행하던 코네티컷주 웨스턴의 웨스턴 우즈 영화 스튜디오에서 두 번째 만남을 가졌고 이어지는 대화의 대부분을 녹음했다. 그리고 그해 4월 13일과 11월 4일에 전화로 추가 인터뷰를 했다.

레너드 S. 마커스: 어릴 때 책 읽기가 삶의 중요한 부분이었나요?

로버트 맥클로스키: 어린이책이 많지 않던 시절을 떠올리기가 어려울 텐데요. 내가 어릴 때 살던 오하이오주 해밀턴의 공공 도서관에서 어린이책은 다 해야 책꽂이 한 칸 뿐인 데다 그나마도 거의 복사본이었어요. 〈둘리틀 선생〉 시리즈와 《곰돌이 푸》가 좋았다고 기억해요. 동화 《호머 프라이스Homer Price》(1943)를 쓸 때는 어린 시절 도서관 책꽂이에는 없었지만 아이들이 좋

아할 것 같은 이야기를 쓰겠다는 생각이었어요.

Q: 대단한 꼬마 발명가셨다고요?

A: 우리 할아버지가 양철공이셨어요. 그 영향인지 어릴 때 크리스마스 트리 회전판을 만들기도 하고 전기 청소기 모터와 설거지통을 가지고 솜사탕 기계를 만들어 보기도 했어요. 내가 만든 기계에 설탕을 부으면 카니발에서 본 것처럼 빙글빙글 돌아가겠거니 했는데 전혀 아니더군요. 그제야 설탕을 녹여야 한다는 사실을 깨달았지만, 방법을 몰라서 녹인 설탕이랑 비슷한 당밀을 부었어요. 당밀이 내 몸과 온 부엌에 다 튀어 버렸지요. 열 살 때쯤이었을 거예요.

더 어린 시절로 거슬러 올라가면, 우리 집에 전기가 처음 들어왔을 때가 생각나요. 세 살 무렵이었을 거예요. 스위치에 대한 기억은 없지만, 빛의 밝기가 달랐던 건 기억나요.

나는 에디슨에 대한 뉴스라면 뭐든지 눈을 반짝였고, 오랫동안 모형 비행기 제작에 열을 올렸어요. YMCA에서 다른 아이들에게 비누 조각과 모형 비행기 만드는 법을 가르치기도 했지요.

군복무를 하던 전시에는 접착테이프를 접는 기계와 야전 차트를 넘기는 기계를 발명했어요. 그러나 군대는 예술가를 위한 곳은 아니라서 나를 골칫거리 취급하며 슬쩍 치워 버리곤 했어요. 트럭에 태워 외진 곳으로 보내 버리기 일쑤였지요.

Q: 어릴 때 예술에 관심이 있었나요?

A: 네, 그러나 나중에 무엇을 할지 정할 수는 없었어요. 나는 피아노와 오보에를 연주했고, 한때는 음악가가 될 생각도 했어요. 하모니카 밴드에 들어가 지역 집회나 교회 모임에서 연주하기도 했지요. 첫 그림책인《하모니카

소년 렌틸》은 그 시절의 부산물인 셈이에요.

Q: 부모님은 선생님의 예술적인 면을 격려해 주셨나요?

A: 그러셨어요. 하지만 내가 공학 분야의 직업을 선택했다면 훨씬 더 기뻐하셨겠지요.

해밀턴은 내게 우주의 중심이었어요. 가족들과 갔던 이리 호수의 여름 휴양지말고는 달리 가 본 곳이 없었어요. 인디애나주의 농장에서 잠깐 여름을 보낸 게 전부죠.《내셔널 지오그래픽》과《새터데이 이브닝 포스트》와 시어스 앤 로벅[4]의 카탈로그가 바깥세상에 대한 정보를 얻는 중요한 원천이었어요. 왠지 모르게, 어째서 그랬는지는 모르겠지만, 예술가로 성공하면 어디든 원하는 곳에서 살 수 있을 거라고 생각했어요. 그러다 고등학교를 졸업할 때 장학금을 받고 보스턴의 미술 학교에 진학하게 되었죠. 이미 대공황이 시작되었기 때문에, 그 장학금이 없었다면 오하이오주를 한 발자국도 벗어날 수 없었을 거예요.

Q: 미국 소도시의 따스한 초상인《하모니카 소년 렌틸》은 해밀턴에 대한 나름의 작별 인사였나요?

A: 아니요, 나는 그 책을 그렇게 생각하지 않았어요. 나는《하모니카 소년 렌틸》을 특정 장소에 대한 이야기라고 생각하지 않았어요. 내 고향의 이모저모를 써먹긴 했지요. 기념비적인 건축물이나 그 밖의 다른 건물들은 조금 변형해서 배치했어요. 1930년대는 미국 풍경 회화[5]의 시대였어요. 예술

---

[4] 19세기 말에 설립된 미국의 유통업체.
[5] 20세기 전반 미국에서 유행했던 회화의 경향. 미국적인 삶의 모습과 풍경을 주로 담았다. 미국 지역주의와 사회적 사실주의를 포괄하지만 그 경계는 모호하다. 대표적인 작품으로 토마스 하트 벤튼Thomas Hart Benton의 〈쟁기질Plowing It Under〉과 그랜트 우드Grant Wood의 〈아메리칸 고딕American Gothic〉이 있다.

가들이 유럽이나 고전을 주제로 삼는 대신 전형적으로 미국적인 주제를 묘사하는 데 열을 올리던 시절이었지요. 《하모니카 소년 렌틸》은 그 시대와 맥을 같이 해요. 소년 시절에 나는 내 이야기의 주인공처럼 멜빵바지를 입고 다녔어요. 물론 우리 어머니는 맨발로 다니는 걸 절대 허락하지 않으셨지만요.

Q: 선생님이 《호머 프라이스》에 묘사한 사기꾼들 같은 이들이 헤밀턴에 있었나요?

A: 마을 광장에 있는 법원 근처에서 농부들이 나와 농산물을 파는 토요 장터가 열리곤 했어요. 농부들과 함께 뱀 기름 같은 것을 팔러 온 사람들도 있었어요. 윤활유나 이상한 걸 섞어 만든 기름이었겠지요. 그리고 티눈 제거제도 팔았어요. 모두 사기꾼들이었지요. 나는 약장수들이 벌이는 쇼를 끝까지 구경하곤 했어요.

Q: 어린이책을 만들게 된 계기는 무엇이었나요?

A: 어릴 때 친구가 편집자인 메이 매시의 조카였어요. 그 친구와 함께 자랄 때 그분에 대해 들었어요. 그러면서 이 분야에 대해 처음 알게 된 셈이지요. 어린이책에 관심이 생기자마자, 가장 먼저 그분을 찾아갔어요.

해밀턴에서 동부로 갔을 때, 내게는 《하모니카 소년 렌틸》에 대해 아주 기본적인 아이디어뿐이었어요. 그 책은 하모니카를 부는 소년을 그린 많은 그림에서 출발했어요. 그림에 글을 넣을지 말지 대한 생각도 전혀 없었어요. 나는 그 드로잉들로 석판 인쇄를 할 마음이었지, 꼭 어린이책을 만들겠다는 생각도 없었어요. 그런데 일단 글을 조금 넣었더니 글이 자라났고, 그다음에는 그림이 자라났어요. 한동안 그렇게 끝없이 이어질 것만 같았지요. 시작도 끝도 없이요. 그러다 메이 매시를 만나 제자리를 잡았어요.

Q: 선생님이 다녔던 미술 학교에 어린이책 일러스트레이션 수업이 있었나요?

A: 일러스트레이션 수업은 있었지만, 어린이책 일러스트레이션은 아니었어요. 그리고 그 무렵에는 그런 걸 따로 가르치는 과정 자체가 없었던 것 같아요. 그 당시에는 일감이 생기면 닥치는 대로 그렸어요. 《새터데이 이브닝 포스트》가 최고였지요. 《포스트》지에서 일러스트 일감을 받으면 성공한 거고요! 《포천》지에서 일감을 받으면 다들 아주 행복해했어요. 그 당시에는 프로빈스타운⁶에서 여름을 나면서 소묘나 판화라도 한 점이라도 팔면 온 동네에 소문이 돌고 친구들이 몰려드는 통에 결국 한턱을 내야 했어요. 혹시 채색화라도 한 점 팔면, "기운 좀 받읍시다." 하며 옷자락이라도 만질 기세였지요.

Q: 다음 책인 《아기 오리들한테 길을 비켜 주세요》는 보스턴으로 옮긴 뒤에 만드셨지요?

A: 《아기 오리들한테 길을 비켜 주세요》 역시 부산물인 셈이에요. 그때 나는 국회의사당, 찰스강, 루이스버그 광장 등 보스턴을 소재로 벽화 작업을 하는 어느 예술가의 조수로 일했어요. 그래서 이런 소재들을 어떤 공간에, 어떤 비율로 배치해야 하나 고민해 왔던 터라, 같은 소재를 종이 위에 옮기는 것이 자연스럽게 느껴졌어요.

Q: 《아기 오리들한테 길을 비켜주세요》는 보스턴 신문에 실린 실화를 바탕으로 하셨지요?

A: 네, 언젠가 나도 연석 위에서, 보스턴 퍼블릭 가든 쪽으로 길을 건너

---

6 미국 매사추세츠주 북동부에 있는 항구 도시.

는 아기 오리들을 본 적이 있어요. 내 책에 나온 것처럼 지켜보는 행인과 경찰은 없었지만요.

Q: 그 이야기는 시작부터 호기심을 자아낸다는 생각이 늘 들었어요. 야생 동물 가족이 안전한 보금자리를 찾아 대도시로 오다니······.

A: 그 당시 오리들에게는 보스턴이 훨씬 더 살 만했을 거예요. 지금은 세상을 떠난 아내와 뉴욕주 베드퍼드의 연못가에 살 때, 거북이가 백조를 물고 사라지는 것도 몇 번 봤거든요.

Q: 《아기 오리들한테 길을 비켜 주세요》를 만들 때 이야기를 해 주세요.

A: 그 무렵, 나는 보스턴에서 뉴욕시의 스튜디오 아파트로 이사했어요. 스케치는 보스턴에 가서 했는데, 날은 춥고 비는 추적추적 내리고 아주 기분이 안 좋았어요. 여기선 오리를 관찰하기 힘들겠다 싶었지요.

그런데 어느 조류학자가 그리니치빌리지의 시장에 가면 살아 있는 오리를 살 수 있다는 거예요. 거기 가서 오리들을 사 가지고 집에 돌아와 욕조에 넣었지요. 물론 계속 넣어 두었던 건 아니에요. 나도 가끔 욕조를 써야 했으니까요! 새끼 오리들은 어릴 때는 그럭저럭 다룰 만했는데, 먹성도 몸집도 엄청나게 빨리 불어나더군요.

Q: 책 전체, 그러니까 글과 그림을 특이하게 모두 갈색으로 인쇄하셨어요.

A: 그 책은 갈색 잉크만으로도 최대한 재미있게 만들어야 했어요. 당시 내가 풀 컬러에 대형 판본으로 책을 인쇄할 기회를 얻을 만큼 유명하지 않았거든요. 원래는 원래는 흑백 석판화로 작업을 했어요. 인쇄를 하면서 갈색 잉크를 썼지요. 흑백이 어린이책에는 꽤 차갑게 느껴졌거든요. 그리고 오리들에게도요. 나중에 《딸기 따는 샐》(1948)[7]을 작업할 때도, 파란색 잉크를

쓰지 말까 고민하다가 마지막 순간에야 쓰기로 했답니다.

그때는 실험의 시대였고, 당시 예술가들은 디자인 작업에 훨씬 더 많이 관여해야 했어요. 내가 그토록 많은 부분을 하지 않았다면, 출판사는 《아기 오리들한테 길을 비켜 주세요》 같은 책을 겨우 2달러에 내놓을 수 없었을 거예요. 제판 비용을 절감한 거죠.

나는 모든 노하우를 동원해 석판을 제작했어요. 처음에는 석판이 아니라 판목 목판woodcut[8]과 목구 목판wood engraving[9] 사이에서 한참을 고민하다가, 내가 무엇으로 작업하든지 결국 출판사에서는 석판 인쇄를 한다는 걸 알고 직접 석판 인쇄를 하는 게 낫겠다 싶었어요. 그래서 《아기 오리들한테 길을 비켜 주세요》는 앞서 나온 《하모니카 소년 렌틸》처럼 아연판에 석판화로 작업을 했어요. 나중에 출판사에서 그 그림들을 인쇄용 판에 전사하기는 했지만요. 나는 석판화를 할 때 돌레르 부부처럼 돌을 써 본 적은 한 번도 없어요. 보관도 골치 아파서요.

Q: 《아기 오리들한테 길을 비켜 주세요》는 제목이 참 좋아요. 제목이 금방 떠올랐나요?

A: 아니요, 사실 내 생각이 아니었어요. 나는 《보스턴은 봄에 사랑스러워》쯤으로 하려고 했어요. 그 책 제목은 메이 매시의 비서가 생각해 낸 거예요.

Q: 그 무렵 순풍에 돛 단 듯 활발한 활동을 펼치고 계셨죠. 어린이책 그

---

7 원제는 《Blueberries for Sal》로 우리말로는 '블루베리 따는 샐'이라고 해야겠지만, 이 책이 처음 국내 출간될 당시만 해도 블루베리가 낯선 과일이라 딸기로 번역한 것으로 보인다. 원서도 국내 번역서도 블루베리색인 푸른색으로 인쇄했다.
8 나무를 세로로 켠 판목을 사용한 목판.
9 나무를 가로로 켠 목구를 사용한 목판.

림과 무관한 큰 예술상 두 개, 그러니까 수채화로 로마 대상Prix de Rome 과 티파니 재단상Tiffany Foundation Prize도 받으셨고요.

A: 네, 하루는 바이킹 출판사의 홍보부 직원이 전화를 했더라고요. 《라이프Life》지에서 내 작업실을 방문하고 싶어 한다고요. 《라이프》는 그 당시 잡지계의 지존이었어요. 사진 기자가 와서 오리들의 모습이며 내가 오리를 그리는 모습, 나는 하모니카를 불고 오리들은 꽥꽥거리는 모습을 찍었어요. 정말 아수라장이었지요. 그런데 《라이프》지에 기사가 실리기로 한 날, 해당 호 기사가 전부 슝! 날아가 버렸어요. 히틀러가 폴란드를 침공했거든요.

Q: 아까 말씀하신 그 따스한 느낌은 보스턴에 대한 자세한 묘사에서 잘 나타나는 것 같아요.

A: 나는 정확성에 관한 한 매우 꼼꼼한 편이에요. 하지만 그 정확성이란 건 자로 잰 듯이 똑같이 흉내 내는 게 아니에요. 내가 사랑하는 보스턴의 느낌을 정확히 전달하는 거죠. 아무도 보스턴을 누비고 다니면서 내가 그린 굴뚝이나 벽돌의 숫자를 세어 보고 확인하지는 않을 거예요. 그러나 아이가 바짝 붙어서 손이나 막대기로 훑으며 지나갈 법한 철제 울타리의 디테일 같은 건 정확히 살리고 싶었어요.

Q: 그림에 담긴 에너지가 엄청나요.

A: 아이들은 그림을 골똘히 들여다보는 것을 좋아해요. 그리고 앞서 말했듯이 당시 나는 스스로를 벽화 화가로 여겼어요. 나는 벽을 칠하고 싶었어요. 내 그림과 아이디어 들을 축소해서 책의 페이지에 담기가 어렵다고 생각했지요. 그래서 온갖 방법을 동원해 되도록 많은 그림을 넣었어요. 장면과 장면의 속도를 조절하고, 공중에서 내려다보는 등 다양한 시점에서 그려서 공간과 움직임, 무언가 일어나고 있다는 느낌을 만들어 냈어요.

Q: 자전거를 타고 굉장한 속도로 달리고 있는 소년처럼요?

A: 그렇죠.

Q: 《아기 오리들한테 길을 비켜 주세요》의 성공에 크게 놀라셨나요?

A: 네, 그랬지요. 콜더컷상 때문에 놀라기도 했어요. 한 번도 들어 본 적이 없었거든요. 그때는 그 상이 만들어진 지 몇 년 안 되긴 했어요.

Q: 지금도 그 책을 좋아하시나요?

A: 가끔 책이 가득한 창고에 있는 꿈을 꾸다 깨기도 해요! 지게차와 트럭에 그 책 수천 부가 실려 있는데, 모든 책에서 똑같은 부분이 잘못 인쇄된 거예요. 글자가 조금이라도 비뚤어져 있으면 화가 나잖아요. 마치 물방울이 똑똑 떨어지는 수도꼭지 같은 느낌이죠. 내가 그걸 다 고쳐야 하는 거예요.

나는 《아기 오리들한테 길을 비켜 주세요》로 뭔가 일어나게 했다는 무거운 책임감을 느껴요. 세계 각국에서 편지와 어린이들이 그린 오리 그림이 날아들어요. 아기 오리들이 엄마 오리와 함께 도로를 건너고 차들이 그들을 위해 멈춰 서는 장면을 담은 엽서나 직접 찍은 사진도 보내요. 이것이 나라와 대륙에 상관없이 전 세계에서 일어나는 일이랍니다.

Q: 《아기 오리들한테 길을 비켜 주세요》가 한결같은 인기를 누리는 이유가 그것 때문이라고 생각하세요?

A: 사람들은 그 책을 여러 가지 다른 각도에서 보더군요. 그 책이 가족생활의 전범으로 여겨지리라는 생각은 못 해 봤어요. 하지만 아빠 청둥오리가 돌아오겠다고 약속하고, 그 약속을 지키는 이야기에는 분명 독자를 안도하게 하는 면이 있을 거예요. 설명하기는 좀 힘들지만요.

그런가 하면 아이들에게 길을 건너기 전에 일단 멈춰 서서 양쪽을 살펴

본 뒤 건너라고 가르치는 데 《아기 오리들한테 길을 비켜 주세요》를 활용하는 사람들도 있더라고요. 교통 법규를 가르치는 데 쓰는 거죠. 물론 많은 사람들에게 보스턴 안내서 역할도 했어요.

내 책들은 모두, 어쨌든 내 손을 떠난 뒤, 나름대로 자리를 잡았어요. 도서관마다 책을 읽을 구석 자리를 마련하는 게 한때 대단한 인기였는데, 예를 들면 버트 도우[10]의 배처럼 낡은 보트를 구해서 페인트칠을 하고 덮개를 씌워 놓기도 했지요. 또는 렌틸의 욕조처럼 갈고리 모양 발이 달린 욕조를 놓은 곳도 있었어요. 분명히 폭신한 천을 씌워 편안한 곳으로 꾸며 놓았던 것 같아요. 매트리스와 쿠션도 있었던 것 같고요.

나는 그 책들이 이토록 인기를 누릴 줄 전혀 몰랐어요. 출판사도 몰랐죠! 어린이책들이 이토록 널리 받아들여지게 될 줄은 아무도 몰랐어요.

Q: 메인주를 배경으로 한 첫 번째 책인 《딸기 따는 샐》은 음악적 형식을 띠고 있어요. 곰과 사람들이 블루베리를 따러 나갔다가 뒤섞이면서 벌어지는 이중주지요.

A: 그렇게 생각해 본 적은 없어요. 하지만 그건 일종의 대위법[11]이에요. 그렇지 않나요? 어느 날 아내랑 딸을 데리고 블루베리를 따러 가면서 스케치북도 가져갔어요. 내가 게으름을 피우다 햇빛을 받으며 졸고 있는데, 샐이 든 양동이 바닥에 블루베리들이 톡, 톡, 톡, 부딪치는 소리가 들렸어요. 그 모든 것이 그렇게 시작된 거예요. 음악이 아니라, '톡!' 소리 때문에 함께 노래하게 된 거지요.

Q: 그림책에 나온 것처럼 곰들이 따라왔나요?

---

10 맥클로스키의 책 《바다로 나간 버트 도우 Burt Dow, Deep-Water Man》(1963)의 주인공.
11 독립적인 두 멜로디를 동시에 결합하는 작곡 기법.

A: 아니요. 곰은 내가 상상한 거죠. 예전에는 메인주에서 블루베리를 따다가 곰과 마주치는 일이 꽤 흔하긴 했지만요.

참 묘해요. 내 책은 대부분 특정 지역을 배경으로 하고 있거든요.《하모니카 소년 렌틸》의 무대는 오하이오예요. 그러나 나는 이 책을 뉴욕시에서 만들었어요. 보스턴에 대한《아기 오리들한테 길을 비켜 주세요》의 초고는 코네티컷주에서 만들고, 뉴욕시에서 마무리했어요. 그리고《딸기 따는 샐》은 메인주의 이야기인데, 뉴욕 근교에 머무를 때 드디어 그 책의 그림을 그리기 시작했죠. 나는 뉴욕 식물원에서 블루베리 나무를 조사하고, 센트럴파크 동물원에 가서 곰을 스케치했어요.

Q: 전에 메인을 처음 가 보았을 때, 정말 마음에 들었다고 하셨지요. 어떤 부분이 특히 매력적인가요?

A: 메인주는 정말 아름다운 곳이에요. 뉴욕 같은 곳의 대도시에 사느라 머릿속에 낀 거미줄을 털어 내고 주위를 찬찬히 둘러볼 시간을 선물한답니다.

Q: 선생님의 책에는 자세히 봐야 누릴 수 있는 것들이 자주 나와요.《어느 날 아침》에서 샐은 '마법' 깃털을 발견하고,《기적의 시간》에서는 아이들이 벌새를 보지요.

A: 사물의 표면이나 책의 그림 구석구석을 들여다보면서, 무엇이 무엇과 연결되어 있는지, 왜 그런지를 알아채고 상상하고 깨달을 때 커다란 만족감이 있다고 생각해요.

Q: 1958년에 두 번째 콜더컷상을 받고 수상 소감에서 더 나은 예술 교육이 필요하다고 역설하셨어요. 그해는 스푸트니크[12]가 발사된 다음 해이자, 과학 교육을 강화해야 한다고 다들 목소리를 높이던 때였는데 말

로버트 맥클로스키

이지요. 왜 그러셨어요?

A: 사람들은, 어린이뿐 아니라 어른도 자신이 무엇을 보고 있는지 모를 때가 많아요. 거기 담긴 의미는 생각하지 않는 거죠. 그저 '저건 책꽂이야.' 또는 '저건 코끼리야.'라고만 생각해요. 그리고 눈에 보이는 사실 외엔 아무것도 보지 않아요. 관계에 대한 생각이 없어요. 집과 환경과의 관계, 사람과 환경과의 관계, 규모에 따른 사물의 관계 같은 거 말이에요. 원인과 결과에 대한 이해도 점점 약해지고 있어요. 평가하지 않고, 그냥 보기만 하는 경우가 너무 많으니까요. 텔레비전까지 온갖 속임수를 동원해서 이런 현상을 부채질해요. 본다는 것은 사실 의사 결정 과정이고, 주위에 있는 것을 평가하는 일이에요. 아이들이 이런 능력을 키우는 데에는 그리기만 한 게 없어요.

Q: 보스턴 퍼블릭 가든에 있는 아기 오리 조각상은 어린아이들이 기어 올라가기 딱 좋은 크기더군요.

A: 그 오리들의 크기를 결정하기가 참 어려웠어요. 청동 아기 오리들은 실제 아기 오리에 비하면 엄청나게 커요. 조각가의 작업실에서 처음으로 그 청동상을 보았는데, 실내에 있으니 어마어마하게 커 보이더군요. 충격적이었죠. 그래서 내가 제안했어요. "밖으로 가지고 나가 보면 어떨까요?" 우리는 그것들을 짐수레에 실어서 눈이 내리는 바깥으로 가지고 나가 나무 밑에 내려놓고 바라보았어요. 그랬더니 정말 멋져 보이더군요. 내게는 사람들이 아이들을 데리고 그 조각상과 찍은 사진이 많아요. 이럴 줄은 정말 몰랐는데, 그 아기 오리들이 금방 자기 삶을 찾은 거지요.

---

12 1957년 구소련에서 발사한 인류 최초의 인공위성. 미국은 이 일에 크게 충격을 받아 과학 기술 개발에 박차를 가했고, 이후 18년에 걸쳐 양국의 우주 경쟁이 이어졌다.

헬렌 옥슨버리
Helen Oxenbury

1938년 출생, 영국 서퍽주 입스위치

헬렌 옥슨버리는 무대 디자이너로 먼저 이름을 얻었다. 그러나 두 아이를 돌보는 엄마가 되자 무대 일을 계속하기가 너무 힘들어 다른 길을 찾기로 했다. 남편인 존 버닝햄은 이미 어린이책 글 작가이자 그림 작가로 성공적인 경력을 쌓아 가고 있었다. 옥슨버리는 카드 디자이너로 잠깐 활동한 뒤, 남편처럼 집에서 작업할 수 있는 예술 형식인 그림책에 눈을 돌렸다. 그녀는 1967년 첫 번째 어린이책인 《숫자를 세어요Number of Things》를 펴냈고, 불과 2년 뒤에 나온 《쾅글왕글의 모자》(1969)와 《아빠가 용을 사 왔어요The Dragon of an Ordinary Family》(1969)로 영국의 콜더컷상이라 할 수 있는 케이트 그리너웨이상을 받았다.

부부의 세 번째 아이가 태어나면서, 옥슨버리는 영유아를 위한 책에 특별한 관심을 갖게 되었다. 1980년대에 나온 보드북은 '대학 교육을 받은 부모'라는 새롭게 떠오르는 시장을 겨냥한 초창기 상품이었다. 이 세대는 자녀에게 갓난아기 때부터 책을 보여 주려고 열심이었다. 전체적인 디자인의 품격이나 상큼하면서도 현실적인 유머(아기들은 주스를 쏟고 음식을 철벅거리고 부모들은 얼굴을 찌푸리고 허둥대는)로 보아 옥슨버리의 보드북과 견줄 만한 책은 없었다. 수채화와 데생의 대가였던 옥슨버리는 온종일 아이와 부모 사이에서 오가는 온갖 복잡한 감정을 잘 포착하는 영리한 심리학자이기도 했다.

이 인터뷰는 1989년 11월 6일, 옥슨버리가 《곰 사냥을 떠나자》(1989)의 출간 문제로 뉴욕주의 마거릿 K. 맥엘더리 북스 사무실을 찾았을 때 녹음했다. 이 책은 독자에게 많은 사랑을 받았고, 소리 내어 읽는 책의 고전으로 자리 잡았다.

레너드 S. 마커스: 아기들은 책을 볼 때 주로 무엇을 보나요?

헬렌 옥슨버리: 아기들은 얼굴과 다른 아기들과 주위에 있는 작은 것들, 그러니까 자기들이 먹는 음식, 유아용 식탁 의자 같은 것을 알아봐요. 자연을 경험한 적 없는 아주아주 어린 아기들이 볼 책에 자연 경관을 담는 것은 바보 짓이나 다름없어요. 아기들은 엄마 아빠와 함께 지내는 집에서 일어나는 일만 알아차려요. 그림책 작가라면 아이들이 무엇을 인지하는지 잘 알아차려야 해요.

Q: 영아 책을 만들 때 또 무엇을 고려해야 하나요?

A: 부모도 같이 본다는 사실을 고려해야지요. 아이들은 부모가 "이거 보이니?", "그거 어디 있지?"라고 말할 때 무척 좋아해요. 그러니 엄마나 아빠가 알아차리고 웃을 만한 것들을 살짝 책에 넣어야 해요. '맙소사, 이런 책은 다신 보지 말아야지!'라는 생각이 안 들게 말이에요.

Q: 《일해요Working》(1981)의 표지에는 얼굴에 음식을 잔뜩 묻힌 아기가 나와요.

A: 맞아요. 우리 모두 잘 아는 상황이지요? 아이와 다른 가족, 또는 아이와 친구 사이의 관계도 보드북의 그림이 될 수 있어요. 《입어요Dressing》(1981)의 마지막 장면에는 옷을 다 입고 나갈 준비를 한 아기가 나와요. 실제로 그림에 넣지는 않았지만, 그 장면에는 부모가 아이를 도와주고 있다는 암시가 담겨 있어요.

Q: 선생님 책은 그렇지 않은데, 많은 보드북에서 아기들은 늘 방글거려요.

A: 아기들도 음식을 먹거나 볼일을 볼 때는 웃지 않아요. 왜냐하면 집중하고 있으니까요. 나는 책을 만들 때 실제 상황을 보여 주려고 노력해요.

Q: 부모로서의 경험이 또 어떤 면에서 책 만들기에 도움이 되었나요?

A: 첫째와 둘째가 아주 어릴 때는 애들이 책을 보고 싶어 할 거라고는 생각도 못했어요. 그런데 셋째인 에밀리는 어릴 때 아토피로 고생을 좀 했어요. 긁지 못하게 하려고 어찌나 데리고 걸어 다녔던지 우리가 쓰러질 지경이었죠. 아기한테 잡지도 보여 주곤 했어요. 그런데 아주 어릴 때, 그러니까 한 살도 되기 전에, 아기가 어떤 것들을 분명히 가리켜서 깜짝 놀랐어요. 집집마다 굴러다니는 아동복 카탈로그 같은 거 있잖아요? 그걸 보면서도 웃고 좋아하더라고요. 나는 우리가 감당해야 하는 이 어린 아토피 환자를 위해 사물을 아주 단순하게 그린 보드북을 찾으러 서점에 갔어요. 그런데 쓸 만한 책이 거의 없더라고요. 그때부터 내가 직접 만들기 시작한 거예요.

Q: 가장 최근에 낸 보드북 시리즈 《손뼉 쳐요Clap Hands》(1987)에는 인종이 다른 아기 네 명을 그렸어요. 그 월령의 아기도 책에 나오는 인물과 자신을 동일시하나요?

A: 아기들은 그런 거 신경도 안 쓸 거예요. 아이들이 인종이나 민족에 주목하기 시작하는 건 그에 대한 부모의 생각을 들으면서부터니까요. 그렇다 치더라도 아이들에게 인종 감수성을 길러 줄 보드북이 한 권도 없었어요. 나는 생각했지요. 왜 없어야 하는 거지? 왜냐하면 세상이 그렇게 돌아가니까요. 나는 그 시리즈를 만들면서 백인이라는 자의식에 갇히지 않으려고 매우 애썼어요.

Q: 〈여기저기 나가요Out-and-About〉 시리즈는 보드북을 갓 졸업한 아이

들을 위한 책이에요. 그 책들의 공통점은 무엇인가요?

A: 그 책들은 학교에 간 첫날이나 생일 파티 같이, 아이의 삶에서 일어나는 아주 인상적인 작은 사건들을 다뤄요.

Q: 《생일 파티The Birthday Party》(1983)에서 손님으로 온 여자애는 생일을 맞은 남자애에게 자기가 가져온 선물을 주고 싶어 하지 않아요. 남자애는 손님보다는 선물에 훨씬 더 관심을 보이고요.

A: 또 말하지만, 우리 모두 그런 경험을 해 본 적 있어요. 그 모습을 지켜보는 부모는 생각하지요. '고마워.'라고 하면 좋을 텐데. 물론 아이는 하지 않아요. 그저 다음에 무슨 일이 일어날지 알고 싶어 할 뿐이지요. 어른들은 아이를 몹시 곤란한 상황 속에 밀어 넣고 잘 대처하기를 바라요. 어른들은 차를 타고 여행하고, 시골 풍경을 바라보고, 밖에 나가 차 마시는 것을 매우 좋아해요. 그러나 아이 입장에서는, 자동차 뒷좌석에 묶여 있는 것만큼 지겨운 일도 없지요. 그래서 《자동차 여행The Car Trip》(1983)의 아이가 개를 놀릴 궁리만 하는 것을 탓할 수 없어요…… 또 뭐가 있더라…….

Q: 아이가 토하지요.

A: 아, 맞아요! 너무 많이 먹어서 그랬죠. 자동차 뒷좌석에 앉아서 아이가 할 수 있는 일은 먹는 것뿐이니까요.

《식당에 가요Eating Out》(1983)에는 식당에 가는 게 너무나도 싫은 아이들 이야기가 나와요. 아이들로서는 집에 있는 편이 훨씬 낫지요. 하지만 나는 그 불쌍한 부모가 외식을 하지 말아야 한다는 이야기를 하려던 게 아니에요. 외식을 못 견디는 아이를 둔 부모가 그들만은 아니라는 이야기를 하려던 거죠. 자녀가 버릇없이 굴 때 부모들은 우리 애만 이렇다고 생각하는 것 같아요. 하지만 안 그런 아이가 어디 있겠어요?

Q: 같은 맥락에서 아이들은 때때로 자기들만 어떤 걸 무서워하거나 잘못 참거나 잘 못한다고 생각해요. 선생님의 책은 그렇지 않다는 것 또한 아이들에게 보여 주지요.

A: 맞아요. 그럼에도 나는 무언가를 가르치려 드는 책을 무척 경계하는 편이에요. 어쨌든 그림책이란 근본적으로 책 읽기로 나아가는 디딤돌이지요. 그게 사람들이 궁극적으로 바라는 거예요. 책이 할 일은 아이가 읽고 싶은 마음이 들게 하고, "와, 다음엔 무슨 일이 일어날까?"라고 생각하게 하고, 책장을 넘기게 하는 거예요.

Q: 어릴 때 선생님에게 그만큼 큰 영향을 미친 책이 있었나요?

A: 나는 제2차 대전 때 유아기를 보냈고, 그때는 책이 귀했어요. 우리 집에는 커다란 셜리 템플[1] 사진집이 있었지요. 그때는 정말 좋아했는데, 지금 생각해 보니 꽤나 기괴한 책이었어요.

Q: 아이들이 실제로 좋아하는 책들을 보면 놀라울 때가 자주 있어요. 그렇죠?

A: 그래요. 오빠와 내게는 케네스 그레이엄의 《버드나무에 부는 바람》과 비어트릭스 포터의 《피터 래빗 이야기》 같은 고전도 있었는데 말이죠.

Q: 《피터 래빗 이야기》는 선생님 작품들과 마찬가지로 유아를 위한 책이죠. 그 책이 고전이 된 이유가 무엇이라고 생각하나요?

A: 그 작품은 매우 뛰어난 모험 이야기예요. 사건이 일어나면서 독자는 모든 감정을 느끼게 되지요. 처음에는 가족이 비교적 안전한 상황에서 이야

---

1 Shirley Jane Temple(1928~2014): 미국의 배우. 1930년대를 통틀어 가장 유명한 아역 배우였다.

기가 시작돼요. 엄마 토끼는 장을 보러 가면서 아이들에게 얌전히 있으라고 해요. 그러나 꼬마 반항아인 피터는 엄마가 하지 말라는 바로 그 일을 해요. 맥그리거 씨네 정원에 들어가는 거죠. 아이들은 분명히 피터와 자신을 동일시할 거예요. 그래서 살짝 긴장감을 느끼죠. 왜냐하면 거기 가면 안 된다는 것, 왠지 불길하다는 것을 아니까요. 곧이어 피터가 발각되고, 대추격전이 벌어지고, 가엾게도 그물에 걸리는 장면에서는 정말 안타까운 마음이 들지요. 하지만 마지막에 피터가 탈출하면서 안도감을 느끼게 돼요. 그 책은 교훈적인 이야기가 아니라, 그저 순박한 장난꾸러기에 대한 이야기예요.

Q: 어릴 때 시각적인 것에 흥미를 느꼈나요?

A: 늘 그림을 그렸던 게 기억나요. 아버지는 건축가였는데, 오빠와 나를 위해 작은 그림들을 꽤 많이 그려 주셨어요. 강에 드리워진 나무뿌리에 사는 요정들을 그린 아름다운 그림도 있었어요. 정말 못 잊을 그림이지요.

Q: 어린 시절의 추억이 작품에 영향을 끼치기도 하나요?

A: 《곰 사냥을 떠나자》에 나오는 질퍽질퍽한 강어귀는 내가 어릴 때 놀던 곳과 많이 비슷해요. 그 책의 그림들은 나 홀로, 또는 다른 아이들과 함께 내가 시골 정취를 느끼던 자유로움을 담고 있다고 생각해요. 요즘 아이들은 그런 걸 못 느껴요. 혼자 밖에 돌아다니게 두지 않잖아요, 특히 런던에서는요.

Q: 궁금한 게 있는데, 아이들이 곰 사냥을 하러 나가는 장면에 부모도 나오잖아요. 그건 아이들이 보호받아야 하는 우리 시대를 반영한 건가요?

A: 음, 글쎄요. 어릴 때 내가 좋아한 건 사실, 어른이 하나도 안 나오는 이야기였어요. 아이들이 스스로 헤쳐 나가는 모험 이야기들이었지요.

《곰 사냥을 떠나자》는 그림이 글만큼이나 많은 역할을 하게 해 준다는 점이 참 마음에 들었어요. 이를테면 "곰 잡으러 간단다."라는 문장의 주체가 누구인지 글은 말해 주지 않아요. 주체를 알려주지 않으니, 등장인물들을 만들어 내는 일은 순전히 그림 작가의 몫이에요. 눈보라와 진흙탕 장면도 자세히 묘사하지 않아요. 그래서 그 장면을 어떻게 보여 줄지도 저한테 달려 있었지요. 곰도 종류가 무엇인지, 사나운지 사근사근한지 설명한 적이 없어요. 글이 점점 속도가 빨라지는 멋진 구조를 가지고 있어서, 나는 그림이 글의 발목을 잡지 않을 방법을 찾아야 했어요. 그래서 마지막으로 가면서 온 가족이 꽁무니에 곰을 달고 집으로 허둥지둥 돌아오는 장면들을 만화 컷처럼 구성한 거랍니다. 맨 마지막 장면에서 나는 곰을 외로워 보이게 표현했어요. 곰은 아이들이랑 어울려 놓고 싶어 하는데, 다들 도망가 버린 것처럼 말이에요. "기다려! 나와서 같이 놀자!" 뭐 그런 느낌으로요.

Q: 요즘 출판사들은, 그리고 많은 부모도 그림책에 색이 많이 들어 갈수록 좋다고 생각하는 것 같아요. 선생님은 종종 흑백 장면과 채색 장면을 번갈아 쓰시곤 하는데 무슨 이유가 있나요?

A: 《곰 사냥을 떠나자》 작업을 할 때는 좀 우겨야 했어요. 나는 어릴 때 좋아했던 흑백 그림책들이 지금도 기억나요. 다음엔 채색 그림이 나올 것 같은 느낌이 문득 들어서, 기대감에 부풀어 책장을 넘기면 그런 그림이 짠 나타났지요. 그 대비가 너무도 극적이었던 것 같아요.

Q: 선생님 책에는 무방비 상태의 부모들이 자주 나와요. 지쳐서 소파에 발을 올려놓은 아빠, 백화점 탈의실 안에서 옷을 반쯤 벗은 엄마 같이요. 왜 그런 걸까요?

A: 모든 것이 완벽하고, 엄마는 세탁기에서 새하얀 옷을 꺼내는 텔레비전 광고와 정반대지요. 나는 그런 광고가 불쾌해요. 현실은 그렇지 않으니까

요. 게다가 사람들에게 불만을 느끼게 하고 자신을 부족하다고 생각하게 만드니까요.

《곰 사냥을 떠나자》에서 드디어 곰을 발견하자, 아빠는 아이들보다 앞서 죽기 살기로 도망쳐요. 물론 웃기려고 넣은 거지만요. 나는 자녀에게, 부모도 그저 사람일 뿐이라는 사실을 보여 주는 게 매우 중요하다고 생각해요. 부모도 약점이 있다는 사실을 보여 주는 게 그리 나쁘지는 않을 거예요.

Q: 선생님은 때때로 버려진 병이나 낡은 타이어가 강에 떠다니거나 무더기로 쌓여 있는 모습을 작품에 그려 넣곤 하시죠. 아이들이 그런 디테일을 재미있어할 거라고 생각하시는 이유가 있나요?

A: 어릴 때 비싼 장난감을 가지고 노는 것보다 바닷가에서 깡통에 돌을 던지며 노는 게 훨씬 더 재미있었던 기억이 나요. 우리 아이들만 해도 주어진 장난감을 다 잘 갖고 노는 것 같지는 않았어요. 어떤 부모들은 그 비싼 장난감들을 모두 사 주지 않으면 좋은 부모가 아니라는 극단적인 생각을 하더라고요.

Q: 왜 그럴까요?

A: 아이의 생활을 수업, 장난감, 과외 활동으로 한 순간도 빠짐없이 채워 주려는 욕망 때문이지요. 결과적으로 많은 아이들이 고요히 있는 능력, 스스로 만든 판타지 게임으로 재미있게 놀 수 있는 능력을 잃었거나, 잃을 위험에 처했어요.

Q: 〈톰과 피포Tom and Pippo〉 시리즈는 그런 판타지 게임에 대한 책이지요?

A: 맞아요. 리틀 톰에겐 어마어마하게 비싼 장난감 따위는 없어요. 친구인 피포뿐이에요.

Q: 그 책들은 경험에서 나온 건가요?

A: 톰은 제 아들의 어린 시절과 비슷해요. 피포는 아들의 개예요. 인형이 아니라 진짜 개요. 둘은 늘 붙어 있었고, 개가 온갖 저지레의 책임을 뒤집어쓰곤 했어요. 물론 우리는 어떤 상황인지 알았고요.

Q: 그 이야기들은 1인칭, 그러니까 톰이 말하는 거잖아요. 그럼 부모가 아이에게 읽어 줄 때 부모는……

A: '나'가 되는 거지요. 그게 맞아요.

Q: 부모에게 아이의 시각에서 볼 기회를 주는 거군요.

A: 내가 이야기를 그렇게 쓰게 된 것은 '나'에 담긴 따스함 때문이에요. 나는 학교 강연을 많이 다녔는데, 한 반 아이들이 자기들만의 톰과 피포 이야기를 쓰는 일도 더러 있었어요.

Q: 그 애들의 이야기는 선생님의 이야기와 많이 달랐나요?

A: 대개는 아주 많이 비슷해서, 그 애들이 책을 참 열심히 읽었구나 싶었어요.

Q: 톰은 따라 하기를 잘해요. 아빠가 책을 읽으면 톰도 읽고 싶어 하고, 뭐든 따라 하던데요?

A: 그래요, 그런 다음 원숭이 인형에게 아빠 노릇을 하지요.

Q: 그런 식의 역할 놀이가 아이들이 하는 가장 기본적인 놀이지요.

A: 실험하는 거죠, 안 그래요? 뭐든지 해 보는 거죠.

Q: 선생님 책에서 역할 놀이가 웃음도 주더군요.

A: 가장 중요한 점은 아이들과 함께 웃고, '우리가 뭔가 흉내 내면 엄마 아빠가 재미있어하는구나.'를 아이들이 알 수 있게 하는 거예요. 부모를 웃겼다고 생각하는 순간, 아이들은 엄청나게 즐거워해요. 엄마 아빠와 뭔가 통했다고 생각하지요. 톰은 완전 아수라장을 만들어 놓고 이렇게 말해요. "저 애가 그랬어요. 원숭이가 그런 거예요." 그림책 작가인 나는 당연히 그 아이 편이랍니다.

헬렌 옥슨버리, 추가 인터뷰, 2009년 12월 21일

레너드 S. 마커스: 1989년에 우리가 마지막으로 이야기를 나눈 뒤, 《이상한 나라의 앨리스》(1999)로 두 번째 케이트 그리너웨이상을 받으셨어요. 루이스 캐럴의 글에 그림을 그리겠다고 마음먹은 이유가 있었나요?

헬렌 옥슨버리: 나는 그 책과 천천히 친해진 셈이에요. 어느 방송사가 내게 연락을 해서, 〈앨리스〉 시리즈를 만들 생각이라고 하더군요. 그들은 캐럴이 쓴 원작으로 시작해서 점차 다른 이야기를 덧붙여 나갈 계획이었고, 좀 더 현대적인 앨리스를 원했어요. 그들이 그러더군요. "앨리스와 다른 등장인물들 초안을 좀 그려 주시겠어요?" 그래서 그렇게 했어요. 그쪽에서는 내 드로잉을 아주 마음에 들어 했고, 모든 일이 잘 흘러가는 듯했어요. 그러다 갑자기 그 부서가 해체돼 버렸어요. 제작은 하나도 안 된 상태였고요. 하지만 나는 이미 앨리스에 대한 조사도, 생각도 너무 많이 해온 터라 출판사에 가서 책을 만들어 보자고 했어요. 그 책은 그렇게 나온 거예요.

Q: 그 유명한 존 테니얼의 그림들을 머릿속에서 지우려 애쓰셨나요?

A: 처음에는 그러려고 했어요. 그러다가 불가능하다는 것을 깨달았어요. 왜냐하면 다른 수많은 사람처럼 나도 그 그림들과 함께 자랐기 때문이에요. 다소 딱딱하고 무섭긴 해도 정말 좋아했거든요. 그러고 나서 생각해보니, 그냥 생각대로 밀고 나가든 원작에 휘둘리든 내 뜻대로 할 수 없긴 마찬가지더라고요. 그나마 나는 존 테니얼이 그린 것보다 훨씬, 정말 훨씬 더 많은 장면을 그릴 수 있고 색도 쓸 수 있었지요.

Q: 그리고 앨리스를 어린 독자들이 쉽게 공감할 만한 소녀로 만드셨지요.
A: 요즘 아이들은 옷 위에 덧입는 긴 앞치마 같은 건 잘 몰라요. 그래서 앨리스에게 그냥 간단한 짧은 원피스를 입힌 거예요.

Q: 루이스 캐럴 작품을 그리면서 다른 고전을 다시 그리고 싶다는 생각을 하진 않으셨나요?
A: 그다지요. 나는 《버드나무에 부는 바람》을 정말 사랑하지만, 그 책은 새로운 그림을 넣어 나온 판이 아주 많아요. 내 남편도 그렸잖아요. 뭐, 재미있을 것 같긴 하네요. 얼마 전에 《동생이 태어날 거야》(2010)를 끝냈는데, 처음으로 존과 함께 만든 책이에요. 새로운 식구가 될 동생이 엄마의 관심을 독차지할까 봐 불안해하는 아이의 마음을 담았지요. 내가 그림을 그리고, 존이 글을 썼어요. 서로 파르르했던 적은 전혀 없어요! 사실 함께 일하는 게 꽤 괜찮았답니다.

제리 핑크니
Jerry Pinkney

1939년 출생, 미국 펜실베니아주 필라델피아
2021년 사망, 미국 뉴욕주 슬리피 할로우

옛날식 스토리텔링은 제2차 세계 대전 시기에 필라델피아에서 살았던 제리 핑크니의 어린 시절에 중요한 역할을 했다. 흑인 노동자 계급으로 이루어진 동네에서 어른들은 자주 함께 모여 브레어Brer[1] 토끼, 브레어 여우, 존 헨리John Henry에[2] 대한 옛이야기들을 아이들에게도 해 주고 자신들도 즐기곤 했다. 제리 핑크니도 어릴 때 늘 그 무리에 끼어 넋을 잃고 귀를 기울였고, 일러스트레이터로서 이런 이야기를 포함해 아프리카계 미국인들의 옛이야기를 보존하는 데 힘을 보탠 것에 대해 특별한 자부심을 가지고 있다.

제리 핑크니는 1960년대에 처음으로 삽화가 들어간 어린이책을 작업하는 한편, 대학에서 전공한 상업 미술 분야의 일을 계속하고 있었다. 당시 출판사들은 들불처럼 번지는 민권 운동에 호응하여, 그간 어린이책에 흑인 글작가와 그림 작가를 쓰지 않았던 과거의 잘못을 반성하고, 미국 사회의 다인종적인 본질을 정확하게 반영하는 책을 출판하기 시작했다. 이러한 역사적인 인식 전환은 핑크니에게 전에 없던 새로운 기회를 열어 주었고, 그는 재빨리 기회를 포착했다. 그 뒤 몇 년 동안 핑크니는 버나 알디마, 밀드러드 D. 테일러, 퍼트리샤 맥키색, 버지니아 해밀턴, 엘로이즈 그린필드[3], 그리고 가장 자주 함께 일한 줄리어스 레스터가 쓴 수많은 어린이책에 그림을 그렸다.

그러나 예술가들은 자신을 어느 한 분야에만 한정 짓고 싶어 하지 않는 법이다. 아프리카계 미국인을 다룬 그림책을 만들어 달라는 요구가 늘어나면서 핑크니는 그 분야 전문 일러스트레이터로 알려지는 게 고민스러웠다. 그래서 어릴 때 어머니가 읽어 주던 한스 크리스티안 안데르센의 《성냥팔이

---

[1] brother의 흑인 남부 사투리.
[2] 미국 옛이야기 속에 자주 등장하는 흑인 영웅으로 엄청난 완력을 가진 철도 노동자로 그려진다. 존 헨리의 이야기는 지역에 따라 수많은 버전이 존재하며 소설, 연극, 음악의 소재로도 널리 쓰인다.
[3] Eloise Greenfield(1929~2021): 아프리카계 미국인의 경험을 생생하면서도 긍정적으로 묘사한 작품으로 유명한 어린이책 작가이자 시인.

소녀》(1999)와 《미운 오리 새끼》(1999)를 그리기로 마음먹었다. 1999년 10월 27일, 뉴욕 근교에 있는 그의 작업실에서 이 인터뷰를 녹음할 때, 핑크니는 《이솝 우화》를 새롭게 작업하려고 참고 자료를 모으고 있었다. 거의 정확히 10년 뒤에 그는 《이솝 우화》를 바탕으로 한 그림책인 《사자와 생쥐》(2009)를 출간했고, 그 책으로 2010년 콜더컷상을 받았다.

레너드 S. 마커스: 대부분의 작품을 수채화로 작업하셨는데, 그 매체의 매력은 무엇인가요?

제리 핑크니: 내가 처음 열정을 품은 분야는 드로잉이에요. 드로잉 작업의 역동성과 즉흥성을 늘 사랑했거든요. 하지만 내가 처음 삽화 작업을 시작했던 1960년대에는 어린이책에 풀 컬러 인쇄를 하는 것은 비용 면에서 지나치다고 생각했어요. 그래서 색이 들어갈 부분을 남겨 놓고 선화로만 작업한 뒤 나중에 두어 가지 색을 보탰지요. 처음 책을 만들 때는 그 선들을 채색을 위한 밑그림 정도로 여겼어요. 그러다 1980년대 중반에 어린이책도 풀 컬러 인쇄를 하게 되면서, 밑그림에 수채 물감을 칠하면 자연스럽게 역동성과 즉흥성을 살릴 수 살릴 수 있겠다는 생각이 들었지요. 《조각 이불 Patchwork Quilt》(1985)은 이렇게 그린 첫 그림책이에요.

수채화로 작업을 하면 무척 세심하게 궁리하고 계획해 온 밑그림에 신선함을 더할 수 있지요. 나는 수채화의 반투명한 특성, 그러니까 붓 자국 밑으로 종이가 얼비칠 때 빛이 느껴지는 게 참 좋아요. 정말 신비롭지요. 그림의 모양과 분위기에 영향을 미치는 종이의 질감, 그 느낌 때문에 예술가들이 수채 물감에 이끌리고 대중들도 수채화 감상을 즐기는 거겠지요. 어찌 보면 그 느낌이 관객들을 그림 속으로 걸어 들어가 마음의 눈으로 그림을 보면서 자기만의 방식으로 완성하게 하는 건지도 몰라요.

Q: 종종 연필 선이 비치게 그리시던데요?

A: 모든 작업은 진한 선화에서 시작돼요. 더 회화적으로 보이고 싶을 때면, 그 선 위에 색을 계속 덧칠해요. 그러면 마침내 선이 부드러워지다가 사라지기 시작하죠. 하지만 선이 책의 역동성에 한몫한다고 생각하면 덧그리기도 해요. 독자들이 그림의 진행 과정을 엿볼 수 있도록 일부러 선을 남겨 두기도 하고요. 이러면 그림의 즉흥성이 살아나지요.

Q: 언제부터 그림을 그리기 시작했나요?

A: 돌이켜보면 늘 그림을 그렸어요. 처음에는 바퀴 달린 것이면 무엇이든 다 그려 댔지요. 열한 살 때 처음으로 신문 가판대에서 일하기 시작했는데, 늘 공책과 연필을 가져가서 버스나 전차를 기다리는 사람들을 그렸어요. 가판대 건너편 백화점 쇼윈도에 진열된 것들도 그렸지요. 그때는 눈에 보이는 건 뭐든지 그렸답니다.

Q: 부모님이 그림 좋아하는 아들을 격려해 주셨나요?

A: 어머니는 늘 내 그림을 칭찬하셨고, 페인트공이자 만물박사인 아버지는 내가 침대에 누워서도 그림을 그릴 수 있도록 침실 벽에 종이를 붙여 주곤 하셨지요. 아버지는 어머니처럼 내놓고 칭찬하지는 않으셨지만, 그래도 내가 끼적이고 싶을 때 마음껏 끼적일 수 있도록 뒤에서 은근히 재료를 챙겨 주셨어요. 나는 아주 어릴 때부터 아버지를 따라다니며 일을 도왔어요. 뉴튼 페인트 가게에 페인트를 사러 가면 늘 미술 재료 판매대를 지나쳐야 했지요. 그땐 그냥 붓과 스케치북만 봐도 왠지 격려받는 기분이었어요.

Q: 아버님이 목공 일도 하셨나요? 선생님의 그림에는 나뭇결무늬가 많이 나와요. 선생님이 남다른 애착을 가진 소재인 것 같아요.

A: 네, 목공 일을 꽤 많이 하셨고, 특히 말년으로 갈수록 더 많이 하셨어요. 아버지는 목제 가구 마감에 자부심이 있으셨어요. 나뭇결을 잘 알고, 온갖 기법에 정통하셨지요. 그 덕분에 나도 온갖 나뭇결무늬를 끝없이 그릴 수 있고, 그게 전혀 지루하게 느껴지지 않아요.

Q: 어린 시절에 책이 중요한 역할을 했나요?

A: 나는 난독증이었어요. 그래서 어렸을 때는 책 읽는 게 힘들었어요. 글자가 적힌 거면 뭐든 피하고 봤지요. 우리 세대의 다른 예술가들과 달리 만화책도 읽지 않았고, 만화책을 베껴 그리지도 않았어요. 책에 대한 관심은 아주 나중에 그림이라는 매개체를 통해서, 그리고 예술에서 스토리텔링의 중요성을 깨달으면서 생겼지요.

어머니는 엄청난 독서가였는데, 누나가 기억하기론 우리에게 한스 크리스티안 안데르센의 작품을 비롯한 동화를 자주 읽어 주셨대요. 또 성경과 랠프 왈도 에머슨[4]의 에세이도 자주 읽으셨지요. 간단한 책도 제대로 못 읽는 주제에, 나도 청소년기에 에머슨의 책과 씨름했어요. 엄청나게 읽기 힘들었지만, 자연과 보편적 균형에 대한 그의 생각에 매료되었지요. 돌이켜보니, 만화책도 안 읽는 주제에 에머슨을 읽었다는 게 기묘하군요.

어린 시절에 본 책 중에서 기억나는 건 《꼬마 깜둥이 삼보》[5]예요. 유색인종 어린이가 나오는 유일한 책이라 좋아했고, 환상적인 내용도 마음에 들었어요. 집에 그 책이 있었던 걸로 보아, 자존심이 무척 강했던 부모님 눈에도 좋아 보였던 것 같아요. 왜냐하면 부모님은 그분들의 자존감에 상처를

---

4 Ralph Waldo Emerson(1803~1882): 미국의 사상가이자 시인.
5 《꼬마 깜둥이 삼보》 헬렌 배너먼 지음, 고산 옮김, 동서문화동판, 2005

입히거나 받아들일 수 없는 책은 집에 두려 하지 않으셨거든요.

Q: 어린 시절에 제2차 세계 대전을 겪으셨는데요, 그 시절에 대한 기억이 있으신가요?

A: 커다란 판본의 보도 사진 잡지 《라이프》와 《룩Look》이 생각나요. 우리 집 2층 복도에 벽장이 있었는데, 어머니와 아버지가 전쟁 사진이 아이들 눈에 띄지 않도록 그 안에 잡지를 넣어 두셨어요. 그러나 혼자 집에 있을 때면 종종 옷장에서 잡지를 꺼내, 2층 층계참에 엎드려 정신없이 들여다보곤 했어요. 그 큰 사진에서 받은 강렬한 느낌과 몇몇 사진에 드러난 공포를 기억해요. 특히 전쟁이 끝날 무렵에 찍은 강제 수용소의 사진들이 그랬지요. 부모님은 우리에게 전쟁에 대해 한마디도 안 하셨던 터라 그 사진들을 보면서 많은 것을 알아냈지요.

Q: 존 J. 라이니⁶와 만난 이야기를 좀 해 주세요. 선생님은 어느 소년이 장인 밑에서 도제 생활을 하는 이야기인 《어린 일꾼The Hired Hand》(1997)을 그에게 헌정하셨지요.

A: 유명한 연재 만화 〈헨리Henry〉를 그린 라이니는 필라델피아에 살았어요. 어느 날 내가 신문 가판대에서 그림 그리는 것을 본 그분은 자신의 이름을 밝히고, 나를 작업실에 초대해 주셨어요. 라이니를 만난 일은 나한테 이정표가 되어 주었지요. 그때는 잘 몰랐지만요. 그즈음에 나는 이미 회화 작업을 고상한 일이라고 생각하고 있었어요. 만화를 그리기보다는 예술가가 되어 더 고상한 일을 하겠다고 생각했던 기억이 나요. 그런데 그분이 날마다 온갖 멋진 미술 재료로 둘러싸인 화판 앞에 앉아, 그림을 그리며 행복

---

6 John J. Liney(1912~1982): 미국의 만화가로 44년에 걸쳐 인기 만화 〈헨리〉를 일간지에 연재했으며, 템플 대학에서 만화를 가르치기도 했다.

하게 생계를 꾸려 가는 모습을 보면서 엄청난 감동을 받았어요. 나는 그분의 작업실에 여러 번 찾아갔어요. 나이 차이가 많이 나서 감히 친구로 생각하지는 못했지만, 사실 우리는 진정한 친구였지요.

Q: 필라델피아는 시각 예술의 중심지로서 오랜 역사를 자랑합니다. 찰스 윌슨 필[7] 토마스 에이킨스[8] 하워드 파일[9], 제시 윌콕스 스미스[10], 맥스필드 패리시[11], 존 슬론[12] 등이 필라델피아 출신이지요. 선생님은 필라델피아에서 자라면서 그런 역사를 알고 계셨나요?

A: 한참 지나서야 알았어요. 10년 전쯤에 애시 캔 스쿨Ash can School[13] 화가들에게 관심을 가졌다가, 그들 중 절반이 필라델피아 출신이라는 사실을 알고 놀랐어요. 나는 대학에 다니기 전까지는 박물관이나 미술관에 가 본 적이 한 번도 없었거든요.

Q: 미국 독립 혁명기와 공화국 초기에 필라델피아의 역사적인 역할에

---

[7] Charles Wilson Peale(1741~1827): 미국의 화가이자 박물학자, 발명가로 미국 독립 전쟁의 주역들을 초상화로 남겼으며, 최초의 미국 박물관 중 하나인 펜실베이니아 미술 아카데미를 설립했다.
[8] Thomas Eakins(1844~1916): 미국의 화가이자 사진가, 조각가, 교육자로 미국의 시각 예술에 큰 영향을 끼쳤다.
[9] Howard Phyle(1953~): 미국의 작가이자 화가, 일러스트레이터로 어린이와 청소년을 위한 책을 쓰고 그렸다. 가장 널리 알려진 책으로《로빈 후드의 모험》(1883년 판)이 있다.
[10] Jessie Willcox Smith(1863~1935): 미국의 일러스트레이터로 루이자 메이 올콧의《작은 아씨들》(1915년 판), 헨리 워즈워드 롱펠로우의《에반젤린》(1897년 판), 로버트 루이스 스티븐슨의《한 어린이의 시 정원》(1905년 판)들에 그림을 그렸다.
[11] Maxfield Parrish(1870~1966): 미국의 신고전주의 화가이자 일러스트레이터로 미국 시각 예술의 황금기를 형성하는 데 기여한 작가 중 한 사람이다.
[12] John Sloan(1871~1951): 미국 아방가르드 미술 운동을 주도한 작가로 활기로 가득한 도시의 일상을 사실적으로 그렸다.
[13] 1908년 뉴욕의 사실주의자 또는 디 에이트 그룹The Eight으로 지칭되는 화가 집단을 낮추어 부르는 이름. 이들은 20세기 초반 미국의 예술계를 상징주의와 주상 미술에 반하여 도시 변두리의 풍경과 서민의 삶을 작품의 소재로 삼았다.

대해 어떻게 생각하시나요? 자랄 때 이 도시의 유산에 자부심을 느끼도록 교육받았나요?

A: 우리가 살던 저먼타운은 시내에서 꽤 떨어져 있었어요. 시내에 나가는 건 여행이나 다름없었지요. 당시 필라델피아의 다른 지역들이 흑백 분리 정책을 따랐는지 어떤지는 잘 모르겠어요. 적어도 그런 분위기를 풍기기는 했던 것 같아요. 분명 우리 흑인 어린이들이 가지 않는 곳이 있긴 했어요. 그래서 아니라고 대답할 수밖에 없겠네요. 내가 자랄 적에 우리는 필라델피아 역사의 위대함을 느끼지 못했어요. 지금은 필라델피아에 갈 때마다 그 역사와 풍부한 문화생활에 자부심을 느껴요. 가끔은 어릴 때 놓친 모든 것에 대해 보충 수업을 받는 기분이 들기도 해요.

Q: 자라면서 다른 형태의 인종 차별을 경험한 적이 있으신가요?

A: 내가 직접 겪었다기보다는 으레 알고 있던 부분들이에요. 그러고 보니 고등학교 졸업반 때, 늘 공정하게 점수를 주던 어느 선생님이 흑인 학생들은 예술을 공부하러 대학에 진학하는 것이 최선은 아니라고 확실하게 말씀하신 적이 있네요. 너희들은 거기서 성공할 수 없다면서요. 나름대로 우리를 위한다고 그렇게 말씀하신 것 같아요.

Q: 그러나 그 충고를 무시하셨지요?

A: 네, 그랬죠. 필라델피아 예술 대학에서 실용 미술의 한 분야인 그래픽 디자인을 전공했으니까요. 아버지가 예술가로 먹고 살 가능성에 회의적이셨던 것도 한몫을 했어요. 나도 아마 나를 믿지 못했던 것 같아요. 디자인 관련 학위를 가지고 졸업하면 기본적인 일자리는 있을 거라고 생각했지요. 일러스트레이션 학과는 바로 위층이었는데, 그 친구들과 우리는 재미있게도 문화가 완전히 달랐어요. 옷 입는 거며, 말하는 거며, 모든 게 말이죠. 나

는 위층에 아무도 없으면 슬쩍 올라가서 벽에 걸린 것들을 보곤 했어요. 매우 깊은 인상을 받았지요. 일러스트레이션 전공 학생들은 하워드 파일과 N. C. 와이어스[14]의 전통을 이어받아 공부했지만 세상이 바뀌고 있었어요. 밀턴 글레이저와 시모어 퀘스트 같은 뉴욕 푸시 핀 스튜디오 사람들은 디자인과 일러스트레이션이 밀접하다고 보고 있었고, 그 생각은 그들의 작품을 보는 모든 사람에게 영향을 끼쳤지요. 그래서 우리 학교에서도 실험적으로 일러스트레이션 학과와 디자인 학과가 모여 프로젝트를 교환하기로 결정했어요. 서로가 상대방이 할 프로젝트를 제시한 거예요. 그 과제는 우리가 일러스트레이션을 깊이 생각해 보는 기회가 되었어요. 물론 나는 이미 일러스트레이션에 약간 흥미를 느끼고 있었고요.

Q: 선생님도 예술을 공부하는 학생으로서 진지하게 고려할 수밖에 없는 추상표현주의와 마주쳤나요?

A: 그럼요! 고등학교 때 나는 상품을 그리는 법, 에어브러시 사용법, 캘리그래피 쓰는 법 같은 실용적인 교육만 받았어요. 대학에 들어가자 어느 회화 선생님이 그러시더라고요. "내가 너를 깨부숴 주겠어!" 나는 사실주의적인 그림을 그리고 있었어요. 전에 배운 게 그거였으니까요. 그러나 당시의 화가들에게는 추상 표현주의가 전부였어요. 갑자기 그게 나를 내리친 거예요. 쾅! 나는 그런 방식으로 그리기 시작했고, 몇 년 동안 이어 갔어요. 만약 다시 회화 작업을 하게 되면 또다시 추상화를 그릴 것 같아요. 사실 내 일러스트레이션을 추상적으로 바라보면, 그러니까 등장인물에서 시선을 떼고 그냥 배경과 나뭇잎과 나무 둥치만 보면 내가 추상적 표현에 관심 있다는 게 보일 거예요.

---

14 Newell Convers Wyeth(1882~1945): 미국의 화가이자 일러스트레이터로 하워드 파일의 제자였으며, 로버트 루이스 스티븐슨의 《보물섬》(1911년 판) 삽화로 유명하다.

Q: 언제 필라델피아를 떠나셨나요?

A: 나는 결혼해서 가정을 꾸리고, 그 2년 반 뒤에 예술 학교를 졸업했어요. 우리는 보스턴으로 이사해서 러스트 크래프트 카드 회사에서 일했어요. 보스턴에는 실력 있는 디자인 공동체와 쟁쟁한 회화 공동체가 있었어요. 그 무렵 나는 다른 아프리카계 미국인 예술가들이 주위에 있으면 좋겠다 싶었는데, 그런 면에서도 보스턴은 괜찮은 곳이었어요. 나는 민권 운동에도 꽤 열심이었어요. 유권자 등록 및 다양한 모금 활동과 공동체 모임에 참여했지요. 그런 경험이 나에게 활력을 불어넣는다는 사실도 알게 되었고요.

보스턴은 출판의 중심지이기도 해서, 나중에는 바커-블랙이라는 디자인 회사에서 일하면서 회사에서 계약한 책에 삽화를 그렸어요. 1960년대에 출판사들은 아프리카계 미국인을 소재로 한 책을 출판하는 데 관심이 있었고, 흑인 일러스트레이터들은 어디서나 환영받았지요. 그래서 나에게도 기회가 온 거예요. 나는 책에 삽화를 그리면서 내가 받은 문제 해결 중심의 디자인 교육과 그림에 대한 열정을 결합할 수 있다는 것을 알았지요. 정말 굉장했어요. 모든 것이 딱 맞아떨어진 거죠.

Q: 집에서 아이들과 함께 그림책을 보셨나요? 그러면서 알게 된 책들이 선생님의 작업 방향에 영향을 미쳤나요?

A: 흑인 아이들이 나오는 책을 찾기가 얼마나 어려운지 그때 알았어요. 그 영향이 컸던 것 같아요. 우리는 아이들을 위해 그런 책을 찾아다녔어요. 1962년 에즈라 잭 키츠의 《눈 오는 날》이 출판되었을 때가 떠오르네요. 그 책의 영향력을 알긴 알았지만, 내가 만들고 싶은 그림책은 따로 있었어요. 나는 아프리카 옛이야기를 그리기 시작했고, 그다음에는 다른 문화권의 옛이야기들로 넘어갔어요. 그때까지만 해도 내가 언젠가 《조각 이불》 같은 오늘날의 이야기를 그릴 거라는 생각은 못 했어요. 여전히 책보다는 신문이나

잡지 일러스트에 마음에 두고 있었거든요. 그쪽이야말로 내가 정말 하고 싶은 일이자 고귀한 소명이라고 생각했지요.

계속 책을 만들긴 했어요. 손에 쥘 수 있는, 잘 만든 물건을 창조하는 만족감이 컸거든요. 나중에 독자에게 긍정적으로 다가갈 수 있는, 아프리카계 미국인을 다룬 책의 필요성을 깨달은 게 두 번째 이유가 되었고요. 그런 책을 통해 내가 사회에 기여할 수 있다는 생각이 들기 시작했어요.

보스턴과 뉴욕의 예술 공동체는 전혀 성격이 달랐어요. 나는 뉴욕에 속하고 싶었고, 그곳에서 더 폭넓은 기회를 찾을 수 있을 것 같았죠. 그래서 1970년에 가족과 함께 뉴욕으로 이사했어요.

Q: 여전히 광고나 신문, 잡지 일러스트 작업을 하시죠?
A: 네, 그 일이 제 주 수입원이에요.

Q: 1970년대에 디자인하신 시그램[15]의 흑인 역사 달력 이야기를 해 주세요.
A: 소수 집단이 잠재적인 시장을 뜻한다는 사실을 알게 되면서, 대기업들은 그 시장을 공략할 방법을 찾으려고 담당 부서를 만들기 시작했어요. 내 생각에는 어느 정도 긍정적인 기여를 하려는 마음도 있었던 것 같아요. 시그램은 흑인의 역사를 담은 달력 시리즈를 만들기로 결정했어요. 나도 달력 네 권을 만들었는데, 내 아내 글로리아가 전설을 바탕으로 글을 쓴 〈서부의 흑인들〉도 그중 하나예요.

나는 이 작업을 사랑했어요. 그 무렵부터 역사책을 모으기 시작했고, 뉴욕의 공공 도서관 중 하나인 숌버그 흑인 자료 도서관Schomburg Center for

---

[15] 캐나다 몬트리올에 본사를 둔 다국적 음료 회사.

Research in Black Culture에도 자주 들락거리게 되었지요.

Q: 언제부터 책 그림을 주로 그리게 되셨나요?

A: 《미랜디와 바람 오빠》(1988)를 그리고 나서 작업의 우선 순위를 조정했지요. 델라웨어 대학의 교수직을 수락한 뒤, 상업적인 일을 주로 가져오는 제 에이전트에게 책 작업에 더 집중할 수 있도록 시간을 내고 싶다고 말했어요.

《미랜디와 바람 오빠》는 내 활동의 중요한 전환점이에요. 그때부터 연구 조사에 더욱 몰두하다 보니 발견의 기쁨과 이어지더군요. 그때부터는 내가 단순히 책에 그림을 그리고 있다고 여기지 않았어요. 그 책 안에 들어가 그림으로 스토리텔링을 하기 시작했지요. 내가 몰랐던 문화의 일부에 대해 배우면서, 그 경험을 창작의 원동력으로 썼답니다.

Q: 그러니까 연구 조사를 즐기게 되셨군요.

A: 나는 연구 조사를 좋아해요. 주로 숌버그에서 자료를 찾고, 지금까지 지하 철도the Underground Railroad[16], 노예 무역, 농장 생활 등에 대해 폭넓게 자료를 수집했어요. 가령 《민티: 어린 해리엇 터브먼 이야기Minty: A Story of Young Harriet Tubman》(1996)를 그릴 때처럼, 세부 묘사를 해야 하는데 구체적인 정보가 부족하다 싶으면 국립공원 관리청의 의상과 가구 큐레이터로 일하는 친구에게 전화해요. 그럼 필요한 건 뭐든 구해 주거든요.

Q: 아버지께 《존 헨리John Henry》(1994)를 헌정한 까닭은 무엇인가요?

A: 어떤 면에서 아버지는 내게 영웅이셨으니까요. 그분은 매우 자립심

---

[16] 19세기 초 미국 남부에서 도망친 흑인 노예들을 북부로 탈출시키기 위해 결성된 비밀 조직.

이 강했어요. 이른 나이에 자립하기로 결심하셨지요. 내 생각엔 진심으로 당신이 세상에서 가장 강한 사람이라고 생각하신 것 같아요! 우리는 아버지가 즐겨 쓰는, 다루기 힘든 나무 사다리 대신 알루미늄 사다리를 사면 어떨까 이야기하곤 했는데, 언제나 바꾸길 거부하셨어요. 사다리는 무거울수록 낫다면서요. 나는 존 헨리 이야기를 들으며 자랐고, 증기 드릴을 쾅쾅 내리치는 흑인의 이미지가 머릿속에 깊이 새겨져 있었던 것 같아요. 어느 날 내 에이전트와 새 프로젝트에 대해 이야기하다가 존 헨리가 떠오른 건 그 때문이겠지요. 저작권이 소멸된 판본들을 찾아내긴 했는데, 썩 마음에 들진 않았어요. 이야기가 너무 전형적인 데다 잔인한 구석까지 있었거든요. 그래서 다이얼 출판사의 편집자인 필리스 포겔먼과 나는 줄리어스 레스터에게 글을 써 줄 수 있냐고 물었어요. 나는 전에 줄리어스가 재화한 그림책 〈레무스 아저씨Uncle Remus〉 시리즈 세 권에 그림을 그린 적이 있었거든요.

〈레무스 아저씨〉 시리즈를 그리는 동안 나는 줄리어스와 직접 만난 적이 없었어요. '존 헨리 프로젝트'를 제안하자, 그는 내게 전화해서 어떤 점에서 존 헨리를 흥미로워하는지 묻더군요. 자기는 그 이야기에 대해 생각해 본 적도 별로 없고, 특별히 관심도 없다면서요. 나는 그 이야기를 들었던 어린 시절 추억을 들려주었어요. 계속 이야기를 나누다가 그가 존 헨리를 마틴 루터 킹 목사와 연결하기 시작했어요. 그렇게 연결시키자 영감이 떠오른다고 하더군요.

《미랜디와 바람 오빠》와 마찬가지로 《존 헨리》는 나에게 전환점이 되어 준 책이에요. 글을 흉내 내지 않고 글과 나란히 가는 그림을 그릴 수 있었고, 그림으로만 이루어진 서사를 덧붙일 수 있었다는 점에서 말이에요. 나는 줄리어스와 함께 일하는 게 참 좋았어요. 그가 실제로 글에 묘사한 이미지 외의 시각적 이미지들을 떠올리게 하거든요. 《존 헨리》의 첫 장면에서 줄리어스는 갓난아기를 보러 숲에서 나오는 동물들에 대해 이야기해요. 이 장면에서 나는 책 전체에 걸쳐 동물들이 존 헨리를 따라다니게 한다는 아이디어를 얻었어요. 이를테면 폭탄으로 바윗덩어리를 부수는 장면에서는 존 헨리가 당나귀 두 마리를 저지하는 모습을 그렸지요. 글에는 나오지 않지만 말이에요. 작업장에 자재를 나르려면 당나귀가 필요했을 테고, 다이너마이트가 터지는 소리에 놀라 날뛰었을 테니까요. 존 헨리의 엄청난 힘을 보여 주는 방법 중 하나였지요.

예전 책들에 비해 《존 헨리》는 예술적으로 더 발전했어요. 그림에 등장인물이 매우 많고, 모두 어떤 식으로든 활동적이에요. 나는 밑그림을 얼비치게 하는 대신, 채색에 깊이를 더했어요. 그 결과 선보다는 가장자리를 통해서 형태가 드러나지요. 그렇게 칠하려면 품이 꽤 많이 든답니다.

Q: 나는 그 탄탄한 느낌이 궁금했어요. 존 헨리를 현실 세계에 더욱 탄탄하게 뿌리내린 모습으로 나타내고자 하신 것은 그가 신화적인 인물이기 때문인가요?

A: 글쎄요. 그런 면도 있어요. 그리다 보면 직관적으로 그렇게 돼요. 이 이야기가 어떻게 보였으면 좋겠다는 구체적인 비전이 생기죠. 존 헨리는 늘 판면 안에 다 담기지 않아요. 그를 책에 다 담을 수 없을 만큼 큰 사람으로 보이게 하고 싶었거든요. 그것도 내 비전 중 하나였답니다.

Q: 동물들을 그리는데 관심이 많으시지요? 사실적인 표현부터 의인화된 표현까지 스팩트럼이 대단히 넓으시던데요.

A: 〈레무스 아저씨〉 시리즈의 첫 책을 만들기 전에 나는 버나 알디마가 다시 쓴 《사자를 원숭이 취급한 토끼Rabbit Makes a Monkey of Lion》(1989)에 그림을 그렸어요. 그런데 그 책의 동물들을 사실적으로 그리거나 완전히 의인화해서 그리고 싶지 않았어요. 그러다가 〈레무스 아저씨〉 시리즈의 그림을

맡고 처음에는 《사자를 원숭이 취급한 토끼》와 같은 스타일로 그리려고 했는데 잘 안되더라고요. 결국 직접 그 동물의 자세를 흉내내 보면서 문제를 해결했어요. 내가 여러 동물 흉내를 내는 모습을 폴라로이드 카메라로 찍게 했지요.

나는 동물들의 생활에 관심이 많고, 경이로워하기도 해요. 때로는 동물들 그 자체의 특성을 보여 주기도 하지요. 하지만 내게 가장 큰 영감을 준 것은 아서 래컴[17]의 자연에 대한 환상적인 접근법이랍니다.

Q: 줄리어스 레스터와는 언제 처음 만나셨나요?

A: 〈레무스 아저씨〉 작업과 관련한 회의 자리에서 만났어요. 나는 그의 소설과 자서전을 읽었던 터라 그를 이미 알고 있는 것 같았지요. 우리 사이에는 연결 고리가 있어요. 우선 나이가 같아요. 그는 남부에서 자랐고, 나는 북부에서 자랐지요. 나는 줄리어스에게서 남부 출신의 흑인이 특정 상황에서 어떻게 반응하는지에 대해 많이 배울 수 있었어요. 그는 내가 주로 역사적인 용어로만 알았지 개인적으로는 공감할 수 없었던 인종 차별과 편견의 어떤 면들을 이해할 수 있게 도와주었어요. 예를 들어, 나는 레무스 아저씨를 공동체의 나이 먹은 현인으로, 안정성의 상징으로 여겼지만, 줄리어스는 그를 반갑잖은 상징으로 보았어요. 백인 소년들의 즐거움을 위한 '톰 아저씨' 류의 이야기란 거죠. 나는 레무스 아저씨를 강인한 인물로 표현하고 싶었지만, 줄리어스는 내가 그렇게 묘사하는 것을 달가워하지 않았어요.

Q: 아프리카계 미국인이 주인공인 어린이책이 이제는 주류에 진입했다고 여기시나요?

---

17 Arthur Rackham(1867~1939): 영국 빅토리아 시대의 일러스트레이터. 《그림 형제 동화》, 《이상한 나라의 앨리스》, 《크리스마스 캐럴》을 비롯한 많은 고전 작품에 그림을 그렸다.

A: 네, 그런 것 같아요. 이제 서점에서 그 책들을 따로 '아프리카계 미국인' 특별 코너에 진열하지도 않고, 아프리카계 미국인이 아닌 부모들도 자녀를 위해 많이 삽니다. 서점과 도서관에 '다인종' 코너가 더는 없어도 되면 정말 좋겠어요. 나 같은 작가들이 우리가 다루는 주제뿐 아니라 그림 작가로서, 글 작가로서 하는 작업의 측면에서 더 많이 언급될 수 있다면 여기서 한 걸음 크게 나아가는 일이 되겠지요. 줄리어스와 나는 아프리카계 미국인이 주제인 어린이책에 어떤 내용이 나오면 좋은지, 우리가 이용할 수 있는 것들을 어떻게 하면 더 확대할 수 있는지에 대해 자주 토론해요. 역사책이 많이 출판되고 있고, 기념물도 많지만, 상상을 담은 것들은 드물어요. 우리는 깊이 알지 못하는 분야도 탐구하고 있어요. 줄리어스는 서부에 대해 관심이 많답니다. 그래서 그에게 시그램의 흑인 역사 달력 한 부를 보냈더니, 자기 책 《집으로 가는 긴 여정: 흑인 역사 이야기 모음 Long Journeys Home: Stories from Black History》(1972)에 나온 "말이었던 사나이" 편을 떠올리고는 그것을 《흑인 카우보이, 야생마들 Black Cowboy, Wild Horses》(1998)이라는 그림책으로 다시 쓰기로 했어요. 그 무렵 우리는 신화에 대해서도 이야기하곤 했어요. 신화가 만들어지는 데는 오랜 시간이 걸리지만, 어디선가는 시작해야 한다는 이야기였지요. 그래서 우리는 밥 레먼스[18]의 삶에 대한 실화를 가져와 신화적 인물로 만들어 보고자 했어요. 기본적으로 미국인들은 서부 시대를 신화처럼 생각하니까요. 우리는 이런 비전을 공유하며 작업을 시작했지요. 그래야 협업이 공고해지고 균형이 제대로 잡히거든요. 우리 둘 다 주제 자체에서 작업의 동력을 얻었기에, 서로의 의견을 더 잘 경청할 수 있답니다.

《흑인 카우보이, 야생마들》의 경우, 줄리어스는 책이 매우 고요하고 단순하기를 바랐어요. 밥 레먼스와 그의 말, 자연과 야생마만을 다뤘으면 했

---

[18] Bob Lemmons(1848~1947): 텍사스주 흑인 노예 출신으로 자유를 얻은 뒤 야생마 길들이기에 뛰어난 솜씨를 보여 전설적인 인물이 되었다.

지요. 반면에 시각적 스토리텔러인 나는 줄리어스가 쓴 이야기가 좋긴 했지만, 책에 시각적 재미를 더하기에는 충분치 않다고 생각했어요. 그래서 책에 사건을 더하고 긴장감을 불어넣어 보려고 줄리어스와 함께 온종일 토론했지요. 그는 내 아이디어들을 귀담아들었고, 서로 묘안을 짜내다가 마침내 그가 내게 필요한 것을 주었답니다.

Q: 왜 《꼬마 깜둥이 삼보》를 《샘과 호랑이들 Sam and the Tigers》(1996)로 다시 그리고 싶어 하셨나요?

A: 무엇보다도 어린 시절부터 기억하던 책이기 때문이에요. 템플 대학교의 찰스 L. 블록슨 아프로-아메리칸 콜렉션 Charles L. Blockson Afro-American Collection[19]에서 조사를 하던 중에, 내 아내 글로리아가 헬렌 배너먼이 쓴 《꼬마 깜둥이 삼보》의 그림이 다른 여러 판본과 그녀 쓴 다른 책이 꽂힌 서가를 발견했어요. 나는 이미 판본이 여러 개인데, 하나 더 덧붙이면 어떠랴 싶었어요. 1950년대와 60년대 동안 흑인 꼬마 삼보는 유색 인종 어린이들을 향한 무신경의 상징으로 굳어진 면이 있었어요. 사람들은 여전히 삼보를 '깜둥이'라고 불렀고, 그 호칭이 바뀌지 않는 한 언제까지나 그렇게 불릴 것 같았지요.

Q: 《엘리야와 하는 여행 Journeys with Elijah》(1999)은 어떻게 작업하게 되셨나요?

A: 최근 들어 내가 속한 문화뿐 아니라 다른 문화에 대해서도 이야기하고 기리려 해요. 그게 내가 하고 싶은 작업의 방향이지요. 문화나 인종이 다른 사람들의 차이를 이해하는 것은 이 세상을 받아들이고 기리는 방법 중

---

[19] 역사학자이자 장서가인 찰스 L. 블록슨이 설립한 기관으로 아프리카계 미국인을 비롯하여 전 세계 흑인들의 역사와 문화에 관한 자료를 50만 점 이상 보유하고 있다.

하나예요. 그런데 유대인들이 전 세계로 흩어진 과정과 예언자 엘리야의 메시지를 다룬, 일곱 개국에서 모은 여러 시대의 옛이야기 여덟 편이 내 앞에 놓인 거죠. 나는 이 책의 그림 작업을 통해 다른 문화에 대한 관심을 표현하고, 그 과정에서 다른 민족과 문화에 대해 더 많이 배우고 싶었어요. 그것이 제가 이 일에서 특히 보람을 느끼는 부분이죠. 왜냐하면 무지야말로 이해를 향해 내딛는 첫걸음이니까요.

제리 핑크니 추가 인터뷰 2011년 6월 20일

레너드 S. 마커스: 요즘 매사추세츠주 스톡브리지의 노먼 록웰 박물관에서 선생님의 작업을 주제로 큰 회고전이 열리고 있어요. 이번 회고전은 어떻게 기획이 되었고, 선생님은 어떤 역할을 하셨나요?

제리 핑크니: 나는 전시회를 많이 열었는데, 이번이 가장 규모가 크군요. 2009년 11월, 그러니까 노먼 록웰 박물관에서 전시회가 시작되기 1년 반쯤 전에 큐레이터 두 명이 전체 계획과 그쪽에서 원하는 작품 목록을 가지고 내 작업실로 찾아왔어요. 그리고 내게 조언을 구하더군요. 이를테면 원래 계획에 허술한 점은 없는지, 있다면 어떤 작품을 더 넣으면 좋을지를 물었지요. 이 회고전만의 특별한 점을 만들려면 어떤 작품을 사용하는 것이 가장 나을지 의견을 구하기도 했고요. 어느 정도는 상호 협조적인 과정이었지요.

Q: 그토록 많은 작품을 한꺼번에 되돌아보다 보면서, 새로운 시각으로 보게 된 것도 있었나요?

A: 그럼요. 서로 연관되어 있다고 생각해 본 적 없는 어떤 프로젝트들이 결국은 연관되어 있는 걸 알고 깜짝 놀랐어요. 예를 들어 《거미의 모험The

Adventures of Spider》(1954) 같은 초창기 책을 만들 때 나는 디자인 요소만 강조했지 서사에는 크게 관심이 없었어요. 그런데도 그 그림들을 다시 보니 자연이 언제나 일종의 조연 역할을 하고 있더군요.

Q: 회고전을 준비하면서, 예술가로서 자신의 성장 과정을 더 잘 알게 되셨나요?

A: 더 명확하게 묘사하는 방향으로 작업 방식이 바뀐 걸 깨달았어요. 이를테면 등장인물의 표정 묘사 같은 것이 더 명확해야 할 필요가 있었거든요. 내 작업 방식은 다양한 인종의 얼굴형을 이해하고, 세부적으로 더욱 잘 묘사하고, 역사적 진정성을 살릴 수 있는 방향으로 가고 있더군요.

Q: 회고전에 꼭 들어가야 한다고 생각하신 작품이 있었나요?

A: 초기작 몇 점을 넣는 게 중요하다고 생각했어요. 회고전에 오는 사람들이 잘 알아볼 것 같지 않은 1960년대와 1970년대의 그림들이요. 초기 그림을 보면 그 이후의 모든 그림을 이해하는 데 도움이 되거든요. 종종 《내셔널 지오그래픽》이나 국립 공원 관리청을 위한 프로젝트를 하면서, 나는 연구 조사 기술을 배웠고 나중에 《민티》나 《흑인 카우보이, 야생마들》 같은 책에 필요한 역사적 배경에 눈 떴어요.

Q: 인쇄용으로 그린 그림을 액자에 넣어 박물관 벽에 걸면 달라지나요?

A: 제 일러스트레이터 친구 중 몇몇은 언제나 자기 그림이 미술관과 박물관에 걸리기만 기다리고 있었어요. 나는 내 그림에 대해 한 번도 그렇게 생각해 본 적이 없었어요. 기법을 갈고 닦거나 내게 중요한 어떤 아이디어를 그림으로 표현하는 데만 관심이 있었지요. 내게 중요한 건 일에 쏟아부은 열정이에요. 내 작품을 전시하면서 내가 한 일, 그러니까 내가 작품에 담은

생각과 그 생각을 전하기 위해 가져온 기법과 스타일이 사실 예술이라는 생각이 더욱 확고해졌어요. 나는 그것이 일종의 검증이라고 생각해요. 작품이 전시된다고 해서 내 방식이 바뀌지는 않는답니다.

크리스 라슈카
Chris Raschka

1959년 출생, 미국 펜실베니아주 헌팅턴

크리스 라슈카는 말한다. "보통은 책을 만들고 싶어지는 여러 가지 일이 주변에서 일어나요. 시를 읽거나 그림을 본 다음일 수도 있어요. 내 삶에서 일어난 일에 대해 곰곰이 생각하다가, 어릴 때 일을 떠올릴 수도 있지요. 그냥 떠오르는 것도 있을 테고, 내가 적극적으로 파고드는 것도 있겠지요. 그러면서 책에 담고 싶은 것을 얻는 거예요."

라슈카는 동시대의 작가 중에서 가장 꾸준히 참신한 그림책을 선보이는 사람 중 하나이자, 끊임없이 변신하는 사람이다. 그는 자신의 작업이 즉흥적으로 보이도록 열심히 노력할뿐더러, 책에서 곧 튀어나올 듯 생기발랄하고 역동적이며 원초적인 그림을 그리기 위해 수없이 실패할 위험을 기꺼이 받아들여 왔다.

재주 많은 바이올린 연주자이기도 한 라슈카는 좋아하는 재즈 음악가 두 명을 자신의 책 두 권의 소재로 삼았고, 글과 그림이 어우러지게 하려고 온갖 시도를 하던 끝에 음악의 리듬과 흐름을 본보기로 삼는 것이 옳다고 판단했다. 《안녕 빠이빠이 창문》(2005)이 2006년 콜더컷상을 받았을 때, 글작가인 노턴 저스터는 뉴올리언스에서 열린 시상식 무대에 올라 신나는 하모니카 연주로 군중들을 즐겁게 해 주었다. 그날 저녁, 라슈카는 다소 관조적인 태도로 예술가로서 행복감과 유용성을 동시에 느끼기가 어렵다고 말했다. 그는 한때 사람들에게 확실히 도움이 되는 길인 의사가 되는 것도 고려했다고 한다. 하지만 그림을 그리는 쪽이 더 큰 만족감을 주었기에 그 계획을 포기했다. 그날 랴슈카는 출판 관계자와 사서로 이루어진 청중들에게 말했다. 콜더컷상을 받은 덕분에 자신의 책도 나름대로 쓸모 있다는 생각이 든다고, 그리고 그 점에 대해 정말 감사한다고 말이다.

《찰리 파커는 비밥비밥 연주해요 Charlie Parker Played Be Bop》(1992)의 서평용 증정본을 처음 받았을 때부터 나는 늘 이 작가의 신간을 손꼽아 기다렸다. 라슈카를 발견한 편집자 리처드 잭슨에게서 신인이었던 그를 처음 소개

받은 뒤로 우리는 시시때때로 마주치곤 했다. 그러나 우리가 처음으로 길게 대화를 나눈 것은 이 인터뷰가 처음이다. 인터뷰는 2009년 7월 24일, 맨해튼의 어퍼 웨스트 사이드에 있는 라슈카의 작고 어수선한 작업실에서 진행되었다.

레너드 S. 마커스: 시카고 미술관에 갔을 때 이야기 좀 해 주세요

크리스 라슈카: 나라는 사람을 형성하는 데 아주 중요한 순간이었지요. 나는 대학에서 수채화를 공부하고 있었어요. 졸업반이고 봄방학 기간이었지요. 나는 시카고 미술관에 갔어요. 자랄 때 늘 다니던 곳이었지요. 그곳에 수채화의 대가인 존 싱어 사전트[1]와 호머 윈즐로[2]의 작품이 많은 것을 알고 있었던 터라 경비원에게 어디로 가야 그들의 작품을 볼 수 있느냐고 물었어요. 그는 나를 바라보더니 "이쪽으로 내려가세요."라고 했어요. 내가 판화와 회화 부서 입구에서 머뭇거리자, 나이 든 신사 한 분이 다가와 무슨 일로 왔느냐고 묻더군요. 그는 자못 궁금하다는 듯 나에게 특별히 보고 싶은 미국 수채화가가 있느냐고 물었어요. "사전트와 호머요."라고 말하자, "또 다른 사람은요?" 하고 물었지요. "모리스 프렌더개스트[3]요."라고 했더니, 그는 만

---

[1] John Singer Sargent(1856~1925): 초기 인상주의를 대표하는 미국 화가로 피렌체에서 태어나 유럽 여러 나라를 여행하며 견문을 넓혔다. 전통적인 형식에서 벗어난 기법과 색채를 쓴 초상화, 유럽 여러 나라의 다양한 풍경과 풍속을 담은 풍경화와 풍속화로 미국의 인상주의 확립에 이바지했다.
[2] Winslow Homer(1836~1910): 19세기 미국을 대표하는 풍경 화가이자 삽화가로 그저 밑그림으로 여겨지던 수채화를 완성작으로 전시한 최초의 화가다. 바다로 대표되는 자연에 맞서 싸우는 인간의 모습을 역동적으로 표현한 작품들로 유명하다.
[3] Maurice Brazil Prendergast(1859~1924): 캐나다 출신의 미국 화가로 평범한 사람들의 일상과 뉴욕, 프랑스, 이탈리아의 풍경을 주로 그렸다. 세련되고 서정적인 표현력과 모자이크 같은 색채가 특징이다.

족스러워하며 나를 옆방으로 데려갔어요. 몇 분 뒤에 직원이 나무로 된 커다란 가방을 실은 커다란 수레를 끌고 왔는데, 가방마다 배접한 그림이 스무 점쯤 들어 있더라고요. 그가 처음 꺼낸 수채화는 박엽지에 싸인 사전트 작품이었어요. 크고, 화려하고, 놀라운 작품이었지요. 나는 그저 멍하니 앉아 그 작품을 바라보고, 또 그다음 작품을 바라보았지요. 그러나 너무나도 압도적이라 오래 있지는 못했어요. 부담감이 너무도 크더라고요. 나는 늘 그 그림들을 사랑했어요.

Q: 수채화의 어떤 점이 매력적인가요?

A: 즉시성, 그리고 어떤 면에서는 취약함이 매력이라고 하고 싶네요. 종이에 수채 물감을 칠하면, 잘 되거나 안 되거나 둘 중 하나예요. 그에 비해 유화 물감이나 아크릴 물감같이 불투명한 매체는 이미 칠한 곳에 덧칠할 수 있지요. 자꾸 해도 괜찮아요. 그러나 수채 물감으로 칠하면 늘 먼저 칠한 흔적이 남아요. 그 부분을 문질러도 되긴 해요. 요즘 들어 문지르기 기법을 꽤 많이 써 보았는데 효과가 괜찮더군요. 그러나 보통 수채화는 매우 직접적인 데다가 붓놀림의 과정이 훤히 드러나요. 그리고 덧칠을 하면 한 겹 한 겹이 모두 얼비치는 효과가 있지요. 수채화는 다 그릴 때까지 어떤 결과가 나올지 전혀 몰라요. 그게 수채화의 찬란함이자 드라마틱한 면이에요. 그래서 수채화를 좋아한답니다.

Q: 그렇게 그리다 보면 과감해지나요?

A: 과감해지는 한편 긴장도 됩니다. 종이값도 걱정인걸요! 사실 《작은 까마귀 Little Black Crow》(2010)라는 책을 수채화로 그리는 중이에요. 다 하긴 했는데, 이거다 싶은 느낌이 안 들어 작업 내내 힘들었어요. 아트 디렉터인 앤 밥코에게 가져갔더니, "훌륭해요, 훌륭해."라고 하더군요. 다음날 곰곰이

생각하다가 전체를 다시 그리기로 했어요. 이제 두 번째 버전을 거의 끝냈는데, 이번 게 더 나은 것 같아요.

나는 수묵화도 좋아해요. 수묵화를 흉내 내는 느낌이라 전체를 그렇게 그리고 싶지는 않지만요. 그러나 《꼬마 토끼의 다섯 가지 감각 Five for a Little One》(2006)에서 그랬듯, 수묵화 기법을 즐겨 써요.

나는 종종 메트로폴리탄 미술관에 가서 그림을 그려요. 그리고 그곳의 아시아 갤러리에서 전시하는 동양화를 연구하는 것도 좋아하지요. 중국 필법은 내가 그림에서 사랑하는 요소를 모두 구현하고 있어요. 우선 붓놀림이 보여요. 붓이 움직인 흔적이 그대로 살아있는 거죠. 글씨를 천천히 썼는지 빨리 썼는지도 알 수 있어요. 화가의 성격도 고스란히 드러나요. 심지어 단 한 글자만 봐도요. 그 화가들은 붓글씨를 쓸 때와 똑같은 역동적인 에너지로 그림을 그렸어요. 나는 거친 화가들을 좋아해요. 그런 화가들의 그림은 언뜻 보면 거의 원시적인 느낌이에요. 엄청나게 빠른 속도로, 엄청나게 열정적으로 그렸거든요. 전체적으로 살짝 기울어진 느낌도 드는데, 안달복달하지 않고 일필휘지로 그려서 그래요. 내가 진짜로 사랑하는 건 그런 그림들이랍니다.

Q: 어릴 때부터 나중에 예술가가 될 거라고 생각했나요?

A: 나는 작은 인문 과학 대학인 세인트 올라프 대학에서 늘 꿈꾸던 생물학을 공부했어요. 어렸을 때는 언제나 동물을 좋아했어요. 늘 그림을 그리고 미술 수업을 들었지만, 예술에 관련된 직업을 가질 생각은 해 본 적이 없었어요. 원래 대학원에 가려 했는데, 수없이 곁길로 빠졌지요. 처음에는 서독의 어린이집에서 일하며 장애아들과 함께 1년을 보냈어요. 원래는 휴학하고 인도의 악어 농장에서 일할 계획이었는데, 대신 독일에 주저앉은 거예요. 그 아이들과 함께하는 건 감동적인 경험이었지요. 그리고 고향에 왔더

니 누가 의대에 가라고 권하더라고요. 나는 그 생각을 몇 년 뒤로 미뤄 두고, 아내와 함께 평화 봉사단 자원봉사자로 카리브에 갔어요. 그곳에서 우리는 미친 듯이 그림을 그리기 시작했어요. 그때 처음으로 앞으로 예술 쪽 일을 하게 될지도 모른다는 생각이 들었어요.

마침내 앤아버의 미시간 대학교 의대에 진학하게 되었는데, 내가 저 문으로 들어가면 예술과 회화는 내 인생에서 완전히 끝이라는 생각이 스쳤어요. 나는 무엇을 해야 할지 잠을 못 이루고 고민하다가, 결국 학교에 전화해서 마음이 변했다고, 등록하지 않겠다고 말했어요. 이미 앤아버에 가 있었는데 말이지요. 정말 힘든 경험이었죠!

Q: 청어 알린[4]처럼 통조림에 갇히게 될까 봐 두려웠나요?

A: 그런 생각은 해 본 적이 없지만, 비유가 좋네요! 사실《청어 알린 Arlene Sardine》(1998)은 카리브에서 아이들과 지내면서 떠올린 책이에요. 시설에서 먹는 음식은 모두 기부 물품들이었는데, 어느 날 우리가 먹은 청어가 그곳까지 온 길을 곰곰이 생각하다가 구상했지요.

Q: 어릴 때 집에 책이 많았나요?

A: 우리 어머니는 오스트리아 빈 출신이고, 아버지는 디트로이트 출신이에요. 우리한텐 고전이 많지 않았어요. 대신 독일 그림책이 몇 권 있었는데, 그중 하나가《행복한 석기 시대 아이들 Die fröhlichen Steinzeitkinder》이라는 책이었어요. 내 책은 아니지만, 〈마들린느〉 시리즈도 참 좋아했죠. 그리고《괴물들이 사는 나라》를 처음 보았을 때 기억이 생생해요. 가장 친한 친구네 집 식탁 위에 그 책이 놓여 있었어요. 나는 이미 아홉 살인가 열 살쯤이

---

4 크리스 라슈카의 1998년작 주인공 이름이자 책 제목.

었는데 그 책이 왠지 신비롭고 충격적이라고 느꼈던 게 또렷이 기억나요. 그런 책은 본 적이 없었거든요. 나는 어른 세계에 속하는 듯 보이는 매혹적인 느낌의 크로스 해칭[5], 그러니까 에칭의 특성에 마음이 끌렸어요.

우리 집에는 《더벅머리 페터》가 있었어요. 좀 무섭긴 했지만, 흘러간 시절의 유물이려니 여겼어요. 빌헬름 부슈의 '막스와 모리츠' 이야기가 실린 책[6]도 있었는데, 그 이야기들도 꽤 충격적이었어요. 그러나 펜으로 그린 선이 아주 멋있었죠.

나는 만화에 푹 빠진 적은 없지만, 《피너츠Peanuts》는 정말 좋아해서 찰리 브라운을 연구하고 따라 그리곤 했어요. 열 살 때는 웃기게 생긴 작은 노란색 천 가방을 날마다 학교에 들고 다녔어요. 내가 한쪽에는 조심스럽게 찰리 브라운을, 반대쪽에는 스누피를 그려 넣은 가방이었죠. 나는 우리 반 화가였어요. 집에서도 어머니는 가족의 생일 카드가 필요할 때마다 나를 부르곤 하셨어요. 나는 시간이 넉넉하지 않으면 짜증을 내며 투덜거렸지요. 그때 이미 마감의 압박을 느끼고 있었던 거예요! 어머니는 너무 잘 그리지 않아도 된다고 다독이셨지만, 나는 물론 잘 그렸어요.

나는 어머니의 화를 돋우는 말을 자주 했어요. 이를테면 "저 벽쯤은 뛰어넘을 수 있어!"라고 으스대는 거죠. 그러면 어머니는 거센 독일어로 "운터스테 디히!(그러기만 해 봐!)"라고 쏘아붙이곤 하셨죠. 아버지는 역사학자로 말에 관심이 많으셨어요. 어머니는 기록 보관소 직원이자 사서였고요. 원어민은 아니었지만 아마 영문법은 가족 중에 가장 나을 거예요. 어머니는 누가 실수를 하면 재빨리 바로잡아 주셨어요. 그래서 나는 자라는 내내 언어에 매우 관심이 많았어요. 어머니는 집에서 독일어를 쓰셨고, 우리는 영어로 대답하곤 했지요. 아버지는 전후 오스트리아에서 난민 수용소를 운영했

---

[5] 평행선과 평행선을 다양한 각도로 교차시켜 입체감이나 음영을 표현하는 동판화 기법.
[6] 《막스와 모리츠》 곰발바닥 옮김, 소년한길, 2007

어요. 엄마가 그곳에서 자원봉사를 하다가 두 분이 만나신 거예요.

Q: 수채화가에서 그림책 작가가 된 과정에 대해 말씀해 주세요.

A: 의대에 등록했다면 수업 첫날이었을 금요일 오후에, 나는 신문을 펼치고 가장 먼저 눈이 간 괜찮아 보이는 아르바이트 자리에 지원했어요. 알고 보니 변호사의 개인 비서 자리였죠. 나는 그의 운전사 노릇도 하고, 그가 다루던 살인 사건의 무죄 증거를 발견하기도 했어요. 그러다 《미시간 변호사 저널》을 보게 되었고, 어느 날 그 잡지에 삽화를 그릴 수 있는지 물어보기로 했지요. 나는 그 잡지의 일러스트레이터가 여러 명이라는 인상을 주기 위해 매번 다른 스타일로 그린다는 조건으로 채용되었어요. 그런데 우습게도 이게 나한테 좋은 훈련이 되었지 뭐예요. 편집장은 심술궂고 나이 든 신문쟁이였는데, 내가 변호사를 우스꽝스럽게 그리면 아주 질색을 했어요. 나는 불법 행위법 개혁과 치수治水처럼 설명하기 힘든 온갖 것에 대한 삽화를 그렸어요. 덕분에 많이 배웠지요. 하지만 순수미술 쪽으로 가기는 겁이 나서 《앤아버 뉴스》에 삽화를 그렸어요. 그러다가 누가 나에게 어린이책을 만들어 보라고 권했어요. 그 무렵, 블라디미르 라둔스키가 그린 그림책, 《강아지가 자랐어요 The Pup Grew Up》를 우연히 발견했어요. 그 책이 너무 좋아서, "나도 바로 이런 걸 하고 싶어."라고 생각했지요. 뒷날개를 읽어 보니 작가가 아내와 함께 뉴욕에 살고 있더군요. 그 순간 뉴욕에서 살기로 마음먹었어요. 뉴욕시에 간 뒤, 아침에는 어린이책 아이디어에 공을 들이고 오후에는 의뢰받은 다양한 삽화를 그렸어요. 그 시기에 《찰리 파커는 비밥비밥 연주해요》와 《친구는 좋아!》(1993)를 만들었어요. 한 달에 한 번 모이는 일러스트레이터 단체에도 가입했는데, 그 모임의 한 친구가 내게 거의 완성된 《찰리 파커는 비밥비밥 연주해요》를 전설적인 어린이책 편집자인 딕 잭슨에게 보내 보라고 권했어요. "그 사람은 특이한 책을 좋아해."라면서요. 그래서 당시 캘리

포니아에 살던 그에게 책을 보냈더니 만나자는 답장이 왔어요. 나중에 그는 《찰리 파커는 비밥비밥 연주해요》를 어떻게 생각해야 할지 몰라서, 그 책을 만든 배경을 알고 싶었다고 하더군요. 글의 배치만 일부 달라졌을 뿐, 나머지는 딕에게 보여 준 그대로 책이 되었어요. 나는 추상성을 어디까지 보여도 되는지가 가장 고민이었어요. 실제 사람을 그리면서도, 비밥과 재즈, 그리고 실험성을 아주 즉흥적이고 유려한 선으로 표현해 보고 싶었어요. 그래서 매우 빠른 속도로 지우지도 않고 어떤 선이 나오든 그대로 작업을 했는데, 그러다 보니 그림이 꽤 거칠고 즉흥적인 느낌이 들었지요. 사람들이 그것을 모독이라고 여길까 봐 걱정스러웠어요. 그러나 나는 그 책의 모든 곳에 비밥의 정신을 담으려고 애썼어요. 사진을 보긴 했지만, 옆으로 치운 뒤에 그리기 시작했어요. 찰리 파커는 건강에 문제가 많았기 때문에, 날씬할 때도 있고 아닐 때도 있어서 어떤 이미지를 골라야 할지도 고민이었어요. 어떤 사진을 봐도 한결같은 것은 그의 아름다운 눈이었어요. 그리고 나는 그가 음악가로서 늘 고요히 서 있었다는 것을 알고 있었던 터라, 그 고요한 느낌을 잡아내고 싶었어요. 그림에 바로 그 고요함을 담으려고 애썼지요. 어떤 술렁임도 없는 고요함을 말이에요.

Q: 음악과 음악가에 대한 그림책을 많이 만드셨지요. 혹시 공감각자[7]이신가요?

A: 선택적으로만 그래요. 음악에 관한 책을 만들 때, 나는 한 예술 형태의 순수함을 다른 예술 형태로 번역하려고 애써요. 내가 정한 규칙을 적용해 가면서요. 중국 화가들의 붓놀림에는 서정성과 리듬이 매우 풍부해요. 그런 식으로 그림 속에 시간을 구현하는 거지요. 중국의 두루마리 그림들

---

[7] 오감 중에 두 가지 이상의 감각을 동시에 느끼는 사람.

은 대부분 오후에 채색했대요. 마치 음악이 그 곡을 연주하는 데 걸리는 시간을 담듯, 그림에 그 시간을 담은 거죠. 나는 파울 클레나 칸딘스키 같이, 이런 연결에 관심 있는 예술가들을 좋아해요.

Q: 텔로니어스 멍크[8] 책[9]의 스타일을 보면 클레의 영향이 느껴지더군요. 그림에 색상을 고르는 체계를 만드셨더라고요.

A: 색상환은 빨간색, 노란색, 파란색으로 시작해서 모두 12가지 색상으로 나뉘어요. 서양의 음계는 12음으로 이루어져 있고요. 그래서 내가 늘 좋아하던 멍크의 곡 〈미스테리오소Mysterioso〉에 쓰인 음악 조성의 으뜸음을 그냥 빨간색으로 정하고 두 음계를 연결하기로 했어요. 빨간색을 으뜸음으로 놓으니, 그 곡이 청록색으로 시작한다는 것을 알 수 있었지요. 그 뒤 각 장면의 배경색도 그런 식으로 골랐어요. 음악의 박자를 모방하려고 모든 장면을 8~16개의 균일한 공간으로 나누기까지 했어요. 그런데 그 작품을 출판사에 가져가려는 순간 깨달았지요. 내가 모든 이미지를 너무 균일하게 나누는 바람에 책을 제본할 때 가운데 물리는 부분을 남겨 두지 않았다는 사실을요. 그 바람에 모든 그림을 반으로 잘라서 가운데 4센티미터씩 여분의 그림을 그려 넣어야 했어요. 그 책을 자세히 보면 덧붙인 부분이 보일 거예요. 자기가 정한 체계에 너무 골몰하다 보면 이런 일도 생긴답니다!

Q: 《친구는 좋아!》(1993)로 상상할 수 있는 가장 미니멀한 그림책을 만들기 시작하신 것 같아요.

A: 아버지와 나는 '적게 주고 받기'라는 말장난을 하곤 했어요. 한 번에 한 단어로만 소통하는 게임이었지요. 《친구는 좋아!》는 이 게임을 그림책에

---

8 Thelonious Monk(1917~1982): 미국의 재즈 피아니스트이자 작곡가.
9 《신비한 텔로니어스Mysterious Thelonious》(1997)

담은 거예요. 글은 사실상 두 아이가 연기할 수 있는 대본이지요.

'야Yo'라는 말은 내가 이 책을 만들던 1990년대 초에 느낌으로 먼저 알려졌어요. 활자화된 적은 거의 없었어요. 마치 막 태어나 세상에 모습을 드러내려는 단어 같았지요.

Q: 어릴 때 알던 그림책 외에, 옛날 그림책을 공부한 적 있었나요?

A: 앤아버에서 만난 문학 교수님이 내게, 바버라 베이더의 《미국 그림책Ameircan Picture Books》을 읽고, 어린이책 작가 협회Society of Children's Book Writers and Illustrators에 들어가 보라고 말씀하셨어요. 그 뒤 베이더의 책을 안내서 삼아 그녀가 다룬 많은 그림책을 찾아보기 시작했어요. 나는 리틀 골든 북스를 비롯한 1940년대와 1950년대의 그림책들을 좋아하는 편이에요. 그중 하나가 《일곱 명의 작은 우체부The Seven Little Postmen》인데, 처음부터 끝까지 환상적인 여정이 펼쳐지는 데다, 그 과정에서 일어나는 사건 하나하나에 매우 친밀감을 느낄 수 있는 책이에요. 어릴 때는 몰랐던 종류의 어린이책들도 읽기 시작했어요. 이를테면 이디스 네즈빗의 판타지 동화[10]와 《팬텀 툴부스: 환상의 통행 요금소》[11] 같은 책이요. 줄스 파이퍼도 내가 무척 존경하는 일러스트레이터예요. 그의 그림에는 제스처gesture[12]가 두드러져요. 그의 손이 움직이는 것을 느낄 수 있을 정도지요. 제스처가 두드러지는 작업 방식의 어려운 점은 과연 이게 배경과 잘 어울리는지 알 수 없다는 점이에요. 그래서 줄스 파이퍼는 그림에 배경을 넣지 않는 경우가 많아요. 제스처가 두드러지는 선은 채색을 하면 그 아름다움이 많이 망가져요. 왜냐하면

---

[10] 국내에 소개된 책으로 《모래 요정과 다섯 아이들》, 《보물을 찾는 아이들》, 《기찻길의 아이들》, 《마법 도시》, 《황금 심장을 가진 공주》, 《세븐 드레곤즈》 들이 있다.
[11] 《팬텀 툴부스: 환상의 통행 요금소》 노튼 저스터 글, 줄스 파이퍼 그림, 김난령 옮김, 옥당, 2009
[12] 화가의 필치나 움직임의 흔적이 화면에 반영된 것.

둘은 어떤 의미에서 에너지가 다르거든요. 그 선을 온전히 살리려면 매우 신중하게 색을 입혀야 해요. 정말 힘들지요. 그렇다고 배경에 제스처를 넣으면, 선도 무너져요. 제스처를 넣은 배경 위에 제스처 선을 얹어도 신통치 않은 경우가 많아요. 가장 순수한 제스처 드로잉은 컬리그러피예요. 붓놀림이 아름답게 이어지잖아요. 찰스 슐츠의 선화는 매우 아름답지만, 색을 입히면 그 힘을 잃어 버리는 경우가 많아요. 색이 그 아름다운 선을 질식시키거든요. 찰스 슐츠 그림의 천재성은 환상적인 추상성과 반박할 여지 없이 완벽한 코와 눈의 배치에서 드러나요.

Q: 감탄이 나오는 작품을 그린 다른 그림 작가들이 또 있나요?

A: 루드비히 베멀먼즈와 로저 뒤바젱, 그리고 매우 세심하긴 하지만 윌리엄 펜 뒤부아[13]요. 나는 그의 세심함을 좋아해요. 그리고 존 버닝햄과 퀸틴 블레이크도요.

Q: 아들이 태어났을 때 어떤 책을 만들고 계셨나요?

A: 첫 책이 1992년에 출판되고, 한창 여러 권이 진행 중이던 1995년에 나는 아버지가 되었죠. 그 경험을 바탕으로 한 첫 책이 〈요건요건Thingy Things Books〉 시리즈예요. 그 책들은 아들을 위해 만든 거나 다름없어요. 그 뒤로 아들이 점점 더 많은 영향을 끼쳤지요. 〈요건요건〉 시리즈는 세 살짜리의 일상생활, 그러니까 아침에 일어나는 것, 긴 바지나 짧은 바지를 안 입으려 하는 것 따위를 많이 담았어요. 부모가 자녀에게 시도하는 역심리학[14], 함께 즐기는 터무니없는 농담, 술래잡기 같은 것들도요. 내 아내는 용커스

---

[13] William Pène du Bois(1916~1993): 미국의 작가이자 일러스트레이터. 그림책 《곰 잔치 Bear Party》와 《사자Lion》로 콜더컷상을, 판타지 동화 《21개의 풍선The Twenty-One Balloons》으로 뉴베리상을 받았다.

의 공립 몬테소리 학교에서 6살부터 9살짜리 아이들을 가르치고 있었던 터라 나도 가끔 그 아이들을 만났어요. 그리고 무언가를 창작하려 할 때면 그 아이들을 떠올리곤 했지요.

가능하면 어린이책 분야에서 일해 보겠다는 생각으로 뉴욕에 처음 왔을 때, 아이들과 정기적으로 만나면 좋은 훈련이 될 거라고 생각했어요. 그래서 미국 자연사박물관의 교육 부서에서 자원봉사를 했고, 월요일마다 박물관의 전시장을 지키면서 현장 학습을 온 학급에 다가가 도와줄 게 없느냐고 묻곤 했지요. 다양한 연령대의 아이들과 적절한 수준으로 관계를 맺는 것은 매우 힘들었어요. 아주 어린 아이들과 있을 때는 "코끼리는 큰가요, 작은가요?"라고 묻기만 하면 돼요. 그럼 거기에서부터 시작해야 한다는 걸 금방 깨닫게 되지요. 한번은 오션 홀에 배치되어 공중에 매달린 대왕 고래 모형 아래 서 있었어요. 가톨릭 학교에서 온 4학년 여학생들 앞에서 고래의 배꼽을 눌렀더니 한 여학생이 물었어요. "고래가 수컷인지 암컷인지 어떻게 구별하나요?" 나는 대답했지요. "수컷 고래에겐 음경이 있고, 암컷 고래에겐 질이 있어요." 갑자기 작은 머리통들이 모두 위를 쳐다보았고, 함께 따라온 부모와 선생님들은 입을 떡 벌렸어요. 나는 생각했지요. '박물관에서 쫓겨나겠구나.' 그때는 정말 그 말밖에 안 떠오르더라고요.

Q: 노턴 저스터의 《안녕 빠이빠이 창문》 원고를 보고 어떻게 생각하셨나요?

A: 노턴 저스터와 새로운 작업을 하게 되어서 기뻤어요. 글은 전에 내가 그림을 그렸던 것과 다른 분위기였어요. 꽤 사실적인 이야기였죠. 아이의 목소리 톤이 마음에 들어서, 그림도 똑같은 톤으로 그리고 싶었어요. 작업을

---

14 자신이 바라는 것에 반하는 입장을 취해서, 다른 사람들의 마음을 자신이 바라는 방향으로 움직이게 하는 것.

시작할 무렵, 우연히 뉴욕 현대 미술관에서 필립 거스턴[15]의 작품을 보게 되었어요. 물감을 두껍게 칠한 거대한 추상 표현주의 작품들이었지요. 그 작품들을 보니 바로 그때 내가 보고 있던 아이들의 그림이 떠올랐어요. 나는 생각했어요. '이 여자애는 6살쯤 됐을 거야. 아이들의 그림과 거스턴 작품의 몇 가지 특성들을 내 그림에 담고 싶어.' 첫 번째 그림은 크레용 느낌이 매우 강했고, 아이들이라면 그럴 거라고 상상한 대로 온갖 색깔을 써서 손으로 글씨를 썼어요. 그런데 결과를 보니 너무 과하더군요. 그다음에는 오일 파스텔로 낙서하듯 겹겹이 칠한 뒤, 긁개로 긁어냈지요. 밝은 색에서 어두운 색 순으로 칠한 뒤 다시 밝은 색이 얼비치도록 긁어 내면서 조금씩 그려 간 거예요. 마지막에는 굵은 연필 선을 덧그려서 모든 것이 어우러지게 했지요. 그러면서 내가 원하는 느슨한 느낌, 그러니까 배경은 추상화되어 흩어지지만, 인물은 늘 그 자리에 있는 그런 느낌을 낼 수 있을지 실험하고 있었던 거예요. 나는 〈마들린느〉 시리즈의 '거친' 드로잉 때문에 그 책들을 좋아했거든요. 노턴의 반응은 정말 흐뭇했어요. 그는 내가 무엇을 시도하고 있는지 잘 알아차렸지요. 내가 사랑하는 또 다른 화가는 피에르 보나르[16]에요. "구멍이 없는 그림을 그려야 한다."는 것이 그의 따끔한 충고지요. 《안녕 빠이빠이 창문》의 경우, 작업 초반에는 색을 너무 많이 썼어요. 답답하고 무겁고 지나쳤죠. 낙서의 가벼움이라고는 느낄 수가 없었어요. 한 걸음 뒤로 물러나서 무엇이 무엇인지, 그러니까 무엇이 '의자'이고 무엇이 '깔개'인지 조

---

[15] Philip Guston(1913~1980): 캐나다에서 태어나 미국에서 활동한 화가로 지난 100년 동안 가장 중요하고 강력하며 영향력 있는 미국 화가 중 한 사람으로 꼽힌다. 인종 차별, 반유대주의, 파시즘, 미국의 정체성 들을 작업의 주제로 삼았으며, 50대 중반부터는 풍자만화의 형식을 빌어 '악의 평범성'을 작품에 담고자 했다. 추상과 구상의 경계를 허물면서 다음 세대 화가들에게 큰 영향을 끼쳤다.

[16] Pierre Bonnard(1867~1947): 프랑스의 화가로 고갱의 영향을 받은 젊은 화가들의 모임인 '나비파'의 일원이다. 정물, 실내 장면, 풍경처럼 친숙한 것들을 소재로 풍부한 색채와 따뜻한 감각이 돋보이는 매력적인 작품을 그려 많은 사랑을 받았다.

금 모호하게 만들자, 시각적인 면에서도 주목도가 생기고 더 즐거운 그림이 되었지요. 그런 게 여전히 잘 안 되기는 하지만요.

Q: 무엇이 말인가요?

A: 즉흥적으로 투명하게, 그러면서도 너무 꼼꼼하게 그리지 않는 것, 그러니까 그냥 제대로 그리는 것이 말이지요.

모리스 센닥
Maurice Bernard Sendak

1928년 출생, 뉴욕주 브루클린
2012년 사망, 코네티컷주 댄버리

어린이책 세계의 걸출한 작가 모리스 센닥은 1950년대 초에 활동을 시작했다. 1950년대는 미국 그림책에서 어린아이들을 걱정 근심 없는 금발 머리 천사 같은 전형적인 모습으로 묘사하던 시기였다. 이 이상화된 이미지는 센닥이 브루클린의 공동 주택에서 함께 자라고, 어린 시절부터 스케치해 오던 지저분하고 아름답지 않은 이민자 아이들과는 전혀 달랐다. 《구멍은 파는 것》(1952)과 《아주아주 특별한 집》(1953)에 인쇄되어 처음으로 모습을 드러낸 '센닥의 아이들'은 물론 재미있게 지내긴 했지만, 화내고 외로워하고 지루해하기도 했다. 센닥은 어린이는 자신의 온갖 감정이 책에 반영된 것을 보고 싶어 하고, 심지어 필요로 한다고 주장하면서, 과거 빅토리아 시대의 감상적인 밧줄에 묶여 있는 그림책을 자유롭게 풀어 주는 일에 그 누구보다도 많은 노력을 기울였다.

《괴물들이 사는 나라》(1963)로 1964년 콜더컷상을 받았을 때, 센닥은 이미 콜더컷 명예상을 다섯 차례나 받았고 50권이 넘는 책의 그림을 그렸으며, 그중 7권은 글도 직접 썼다. 독불장군처럼 보이고 싶어 하는 그의 태도는 가끔 논란을 불러일으켰지만, 그의 그림이 지닌 힘, 그 자체에 이의를 제기하는 비평가는 거의 없었다. 그의 작품이 전 세계 미술관에 전시되고, 연극과 영화, 텔레비전 프로그램으로 각색되면서, 센닥은 어린이책과 일러스트레이션 전반에 대한 전문적인 위상과 대중의 인식을 높이는 데 중추적인 역할을 하게 되었다.

그림을 거의 독학하다시피 한 센닥은 작가 활동을 하는 거의 내내 하퍼 출판사의 전설적인 편집자 어설라 노드스트롬[1]의 세심한 지원을 받았다. 최근에는 '나이트 키친 어린이 극장 Night Kitchen Children's Theater'의 공동 창립자이자 감독으로 멘토의 역할을 자처하고 있다. 그는 오페라, 무용, 영화 세계의 적극적 협업자이며, 센닥 펠로십이라는 비공식 연례 워크숍의 주최자이기도 하다.

1988년 7월 7일, 코네티컷에 있는 자택에서 두 번의 인터뷰 중 첫 인터뷰를 녹음할 때, 센닥은《사랑하는 밀리》(1988)의 인쇄 감리에 온 정신을 쏟고 있었다. 우리는《우리는 모두 시궁창에 빠졌네 잭과 가이와 함께》가 출판되기 전 해인 1993년 6월 14일, 전화로 두 번째 인터뷰를 녹음했다. 5년이 지난 뒤 다시 연락했을 때, 나는 내 책《천재 귀하: 어설라 노드스트롬의 편지Dear Genius: The Letters of Ursula Nordstrom》의 작업을 마무리하던 중이었고, 그는 표지에 실린 노드스트롬의 놀라운 초상을 그렸다.

─────●━━━━━●─────

인터뷰 1_1988년 7월 8일

레너드 S. 마커스: 어린 시절에 몸이 꽤 자주 아팠다고요. 그럴 때 눈을 깜박이지 않고 가만히 창밖을 내다보면 천사가 보일지도 모른다고 아버지께서 말씀했다지요? 선생님이 만드신 많은 어린이책에서 등장인물들은 독자를 가만히 바라봅니다. 그들은 천사를 찾고 있는 것일까요?

모리스 센닥: 나는 그 사건을 마치 어제 일처럼 또렷하게 기억해요. 눈을 깜빡이지 않고 있으면 아파요. 그런데도 눈물이 날 때까지 깜빡이지 않았더니 천사가 보였어요. 내가 여자인지 남자인지 뭔지가 지나가는 것을 보고 비명을 지르자, 아버지가 달려왔어요. 물론《괴물들이 사는 나라》에서 맥스

---

1 Ursula Nordstrom(1910~1988): 1940년부터 1973년까지 미국 출판사 하퍼앤드로에서 어린이·청도년 도서 편집장이자 발행인으로 일했다. 교훈적인 이야기 일변도였던 어린이·청소년 문학의 변화를 주도한 편집인으로 E.B. 화이트《샬롯의 거미줄》, 마거릿 와이즈 브라운의《잘 자요, 달님》, 크로켓 존슨의〈해럴드〉시리즈, 셸 실버스타인의《길이 끝나는 곳》을 비롯한 어린이 문학의 여러 고전들을 편집했다. 또한 로라 잉걸스 와일드, 루스 크라우스, 샬럿 졸로토, 아놀드 노벨, 모리스 센닥과 같은 걸출한 작가들을 세상에 알렸다.

는 한 번도 눈을 깜박이지 않지요.

Q: 선생님은 자신이 "어린 시절의 특정한 순간들의 정서적 특징"을 기억해 내는 능력 덕분에 독특한 어린이책 그림 작가로 인정받는다고 말씀하셨어요. 그렇지만 과거에 여러 번 자신의 어린이책 작업을 부차적인 것으로 폄하하기도 하고, 어린이책이라는 개념 자체가 없으면 좋겠다고 말씀하신 적도 있습니다. 아직도 그런 생각을 하시나요?

A: 아니요. 내가 그렇게 생각한 건 좀 분했기 때문이에요. 이른바 주류 비평가들이 어린이책에 담긴 예술을 업신여기거나 얕잡아 보는 태도를 내비쳤거든요. 이제 거의 10년을 연극계에서 보내고 60대에 접어든 터라, 그런 분한 마음은 흩어져 버렸어요. 나는 어린이책 작가라서 좋아요. 오히려 그쪽이 낫거든요. 어린이들은 세상에서 가장 활기찬 독자예요. 속속들이 솔직하잖아요. "센닥 아저씨께. 난 아저씨의 책을 사랑해요. 나랑 결혼해 주세요. 진심을 담아." "센닥 아저씨께. 난 아저씨의 책이 정말 싫어요. 얼른 죽어 버려요. 진심으로." 이런 반응들을 어떻게 사랑하지 않을 수 있겠어요?

Q: 아이들이 쓴 독자 편지가 많이 오나요?

A: 정말 많이 와요. "선생님이 우리가 좋아하는 작가에게 편지를 쓰래요. 우리는 아저씨가 만든 《괴물들이 사는 나라》를 참 좋아해요. 맥스는 어디로 가요? 언제 돌아와요? 한 권만 공짜로 보내 주실래요? 그리고 아저씨 사진이랑 아저씨 피 한 병이랑, 왼쪽 귀랑……." 안타깝게도 아이들이 자발적으로 보내는 편지는 별로 없지만요.

Q: 오랫동안 연극 연출도 하셨고 다른 책도 많이 만드셨지만, 《괴물들이 사는 나라》로 가장 유명하신데, 그 점에 대해 어떻게 생각하시나요?

A: 흠, 꼭 그렇지는 않은데, 대체로 그렇긴 하죠. 《괴물들이 사는 나라》는 내가 가장 좋아하는 책은 아니지만, 무척 애착이 가는, 그리고 대단히 자부심을 느끼는 책이에요. 그 책 덕분에 유명해졌다고 해도 뭐, 괜찮아요.

《괴물들이 사는 나라》가 처음 나왔을 때 말들이 많았어요. 무시무시하다는 둥 너무 추악하다는 둥 어린이책이 아니라는 둥. 브루노 베텔하임은 그 책이 아이들을 잠 못 이루게 하고 겁먹게 한다며 비난했어요. 그는 엄마가 맥스에게 저녁밥을 안 준 것도 마음에 안 들어 했지요. 그래도 몇 년 뒤에 내게 동의하긴 했어요. 그러나 그의 초기 반응은 정말 모질기 짝이 없었어요. 어쨌든 《괴물들이 사는 나라》는 1960년대 기준에서 매우 특이한 어린이책이었어요.

Q: 그렇지만 콜더컷상 심사 위원회는 그 책이 세상에 갓 나왔을 때 콜더컷상을 줬어요.

A: 그건 내 삶을 통틀어 가장 놀라운 일이었던 것 같아요. 그때 나는 서른네 살이었어요. 이미 열여덟 살 때부터 이 분야에서 일하고 있었고, 그 전에도 다섯 번이나 콜더컷상 후보에 올랐지요. 콜더컷상은 책 판매에 도움이 되었을 뿐 아니라, 내가 만들고 싶은 책을 계속 만들 힘을 주었어요. 훨씬 더 충격적인 책을 만들 수 있다고 생각한 건 아니었어요. 나는 내 책이 충격적이라고 생각하지 않았으니까요. 남들이 그런 생각을 한다는 게 늘 아리송할 뿐이었죠.

Q: 《괴물들이 사는 나라》를 넘기다 보면, 그림이 점점 커지다가 마침내 글을 쫓아내고 판면을 모두 차지합니다. 이야기에서 맥스의 성장 과정을 담으려고 그렇게 하신 건가요?

A: 음, 그건 내가 직접 고안한 그림책 제작 이론에 바탕을 둔 연출이에

요. 나는 그림책 제작 수업을 들어본 적이 없거든요. 이 이론은 내가 좋아하는 예술가, 주로 랜돌프 콜더컷, 〈바바〉 시리즈[2]를 만든 장 드 브루노프, 그리고 윌리엄 니콜슨의 작품이 토대가 되었어요. 그 장치는 무슨 일이 일어나고 있는지를 극적으로 묘사하는 방법이라고 할 수 있어요. 맥스의 분노가 증폭됨에 따라 그림이 판면을 가득 채우는 거죠. 맥스의 분노가 사그라지고 야생의 정글에서 신나게 노는 장면에서는 글이 모두 밀려나요. 그러고는 풍선에서 공기가 빠져나가듯 피시시 오그라들어 평범한 아이로 돌아와요. 배고프고, 지치고, 집으로 돌아가고 싶은 마음이 드는 거죠.

Q: 빌헬름 그림이 글을 쓴 《사랑하는 밀리》 그림책을 새로 내셨지요. 이 책은 마지막 장면이 모두 글로만 이루어져 있더라고요. 밀리와 엄마가 다시 만나면서 이번에는 그림이 판면에서 밀려나지요.

A: 그건 똑같은 이론을 반대로 적용한 거예요. 그 장면에는 그림이 들어갈 틈이 없어요. 즉, 작가가 쓴 글의 선율이 그 자리를 독차지하지요. 그 지점에서는 글을 봐야지 그림을 보면 짜증 날 것 같아요. 그래서 독자가 글을 읽고, 그 선율과 이미지를 즐기도록 내버려두었지요. 독자에게는 내 그림이 필요 없어요. 그림 작가는 그림 그리는 일보다 언어를 더 존중해야 해요. 언제 물러나야 할지 알아야 하지요.

Q: 《괴물들이 사는 나라》의 괴물 인형은 어떻게 나온 건가요? 책의 등장인물들이 장난감으로 바뀌니까 어떤 기분이 드셨나요?

A: 늘 그 장난감들이 나오기를 바랐어요. 나는 장난감 제작자이고, 예

---

[2] 프랑스 화가 브루노프는 아내 세실이 잠자리에서 아이들에게 들려주던 이야기를 바탕으로 이 시리즈를 만들었다. 어린이책이라면 마땅히 교훈적이어야 한다고 생각하던 시절에 호기심 많고 엉뚱하고 인정 넘치는 코끼리 바바의 재미난 모험은 어린이의 마음을 단숨에 사로잡았다.

전에 형인 잭과 함께 장난감을 만들기도 했으니까요. 내가 아주 좋아하는 초창기 미키 마우스 인형의 비례를 이용해서 괴물 인형 디자인하는 걸 돕기도 했어요.

Q: 선생님의 어린이책에 나오는 인물의 대다수는 소년이에요. 이름이 M으로 시작하고, 어린 시절의 선생님을 꼭 닮은 소년들이요. 여자아이들도 남자아이들만큼 자기를 맥스와 동일시할까요?

A: 많은, 아니 점점 더 많은 여자아이들이 맥스를 자신으로 생각해요. 우선 맥스는 남녀가 구별되지 않는 옷을 입고 있어서, 독자는 맥스의 성별을 알 수 없어요. 그리고 어떤 여자아이라도 맥스처럼 광적인 면이 있어요. 전국 각지의 어린이들이 펼치는 작은 연극에서는 어린 여자아이가 맥스 역을 맡는 일이 많아요. 오페라에서는 소프라노가 맥스 역할을 맡지요.

Q: 《괴물들이 사는 나라》를 보면 배경이 평면적인 무대 같아요. 등장인물들은 마치 무대 위의 배우처럼 도드라지는 반면, 배경은 인물만큼 완벽하게 표현되어 있지 않습니다.

A: 당시에는 그 점에 대해 생각하지 않았는데, 일리가 있네요. 그 책이 출판되자 보스턴의 한 발레단이 안무를 했고, 그 책으로 무언가를 해 보고 싶다는 뮤지컬 관계자들이 줄을 이었지요. 결국 그 책으로 오페라가 만들어져서 정말 행복하답니다.

Q: 《잃어버린 동생을 찾아서》(1981)가 나왔을 때 그 책을 가장 좋아한다고 하셨는데, 지금도 같은 마음이신가요?

A: 정서적으로는 《히글리티 피글리티 팝!Higglety Pigglety Pop!》(1967)을 가장 좋아해요. 왜냐하면 그 책은 정말 사랑했던 내 개 제니에게 헌정한 것

인 데다, 지금까지 쓴 책 중에서 유일하게 슬프면서도 웃긴 이야기거든요. 그러나 전반적으로는 《잃어버린 동생을 찾아서》를 가장 좋아해요. 내가 만든 책 중에서 가장 아름답게 구성되었거든요. 7년이 지난 뒤에도 여전히 《잃어버린 동생을 찾아서》를 다른 형태로 작업하게 될 줄 꿈에도 몰랐지만요. 《사랑하는 밀리》는 그 주제의 연장선상에 있어요. 그러니까 취약한 아이들에게 일어날 수 있는 일 말이에요. 이 두 책은 정서적 쌍둥이나 다름없어요. 《사랑하는 밀리》는 꾸밈음[3]이거든요. 그건 해결책이자 구원이에요.

Q: 《잃어버린 동생을 찾아서》에서 엄마는 넋 나간 모습으로 나무 그늘에 앉아 바다로 나간 남편을 기다려요. 갓난아기를 돌보는 일은 큰딸에게 떠넘기고서 말이에요. 선생님은 그 책을 우리 시대의 우화로 여기시나요? 내성적이거나 무책임한 부모의 비극적인 이야기라고요?

A: 아니요. 그렇지 않아요. 그 환상 전체가 매우 빠르게 펼쳐져요. 24시간씩 걸리는 게 아니에요. 엄마는 잠깐씩 딴생각을 하게 마련이에요. 모든 엄마들이 그렇듯이요. 그 짧은 순간, 엄마가 알아차리지 못하는 일이 일어나는 거죠. 그런 일은 날마다 일어난다고 자신할 수 있어요. 맥스와 맥스의 엄마한테 일어났던 일처럼요. 맥스의 엄마가 그날 기분이 좀 나았다면 "이 괴물딱지 같은 녀석!"이라고 소리치지 않았을 테고, 맥스도 "그럼, 내가 엄마를 잡아먹어 버릴 거야!"라고 말하지 않았을 거예요. 엄마는 맥스가 정말로 듣고 싶어 하는 "귀염둥아, 넌 어쩜 그렇게 웃기니? 이리 와, 안아 줄게."라는 말을 했을지도 모르지요. 그럼 맥스는 여행을 떠나지 않았을 테고, 그 책도 안 나왔겠지요. 내 책은 모두 뭔가 일이 어긋나는 얄궂은 순간에 대한 이야기예요. 엄마들도 전에는 아이였고, 자라면 평범한 어른이 되는 거예요.

---

[3] 곡을 더욱 생기 있게 하거나 연주자의 기교를 발휘할 목적으로 화성이나 가락에 여러 가지 변화를 주려고 덧붙이는 음.

언제나 아이를 지켜보고 있을 수만은 없어요.

Q: 《잃어버린 동생을 찾아서》에서는 해바라기들이 지켜보고 있던데요.

A: 음, 자연이 지켜보고 있고, 아이다도 지켜보고 있지요. 아이다는 여동생이 없기를 간절히 바라고, 엄마가 넋을 놓고 앉아 있는 동안 자신이 책임을 떠맡지 않기를 간절히 바라고, 순간적으로 동생이 죽어서 자유를 얻기를 바라지요. 그러나 동생이 죽기를 바라는 그 순간, 그것을 바라지 않기도 해요. 그게 바로 이 책의 내용이에요. 정신이 흐트러진 순간을 담은 거죠. 그래서 내가 《괴물들이 사는 나라》, 《깊은 밤 부엌에서》(1971), 그리고 《잃어버린 동생을 찾아서》를 삼부작이라고 하는 거예요. 이 책들은 모두 정신이 흐트러진 한순간을 다루고 있어요. 부엌의 소음 때문에 미키는 이상한 행동을 하게 되지요. 단 한 번의 짜증, 단 한 번의 나쁜 말 때문에 그 모든 괴물들이 생겨나요. 《잃어버린 동생을 찾아서》에서는 정신이 산란해서 멍해진 한순간에 납치 사건이 일어나요. 내가 다루고자 한 주제는 단 하나였어요. 내가 집착하는 단 한 가지 질문은 바로 이거예요. 아이들은 어떻게 살아남는가?

Q: 그 세 권이 삼부작이라는 생각은 언제 처음 하셨나요?

A: 《괴물들이 사는 나라》를 만들 때, 그 아이디어가 너무 좋아서 변주를 더 해야 할 것 같았어요. 그 순간에도 나는 음악 용어를 써서 생각하고 있었어요. 하지만 《괴물들이 사는 나라 Ⅱ》를 만들 생각은 없었어요. 완전히 다른 세계에 대한 다른 책이어야 했어요. 그런데 《깊은 밤 부엌에서》를 만들어 놓고 보니 신나는 반향[4]이 가득하더군요. 그런 다음 세 번째 변주가 이어졌어요. 왠지 이번에는 여자아이가 나와야 할 것 같더군요.

---

[4] 하나의 악구樂句를 약하게 반복하는 일.

Q: 《잃어버린 동생을 찾아서》의 갓난아기가 새 책의 주인공 밀리라고 말씀하신 적이 있지요? 어떻게 그런 연결 고리를 만들어 냈는지, 선생님의 개인적 신화[5]에 대해 여쭙고 싶어요.

A: 글쎄요, 그건 모두 내 개인적인 삶의 조각들이죠. 여러 가지 기억, 어린 나를 두렵게 한 바깥세상의 사회적·정치적 상황, 그러니까 내가 가지고 놀고 재화하고 떨쳐 내야 하는 것들이요. 아기는 엄청나게 중요해요, 왜냐하면 막내인 내가 아기였으니까요. 나는 언제나 아기였어요. 심지어 중년 남자가 되었을 때도요. 내가 자랄 때 유명한 갓난아기 납치 사건들이 일어났는데, 그게 《잃어버린 동생을 찾아서》에 담겨 있어요. 그 책은 린드버그 유괴 사건[6]을 모티프로 한 거예요. 그 사건은 어린 내게 엄청난 충격을 안겨 주었어요. 사람들은 어린이들을 겁주면 안 된다고 말하지만, 아이들은 이미 겁에 질려 있게 마련이에요. 아이들도 이미 모든 것을 다 알고 있거든요. 어른이 할 수 있는 일은, 그저 그런 아이들을 달래 주는 것뿐이지요.

Q: 어린 시절에 그런 것을 경험하지 못하셨군요?

A: 찰스 린드버그 주니어가 죽은 채로 숲속에서 발견되었을 때 아무도 나를 달래 주지 않았어요. 우리 부모님이 무정해서 나를 위로하지 않은 건 아니에요. 그분들은 내가 모르기를 바랐고, 그래서 저 아이는 아무것도 모른다는 듯 행동하신 거죠. 나는 너무 내성적이라 물어보지도 못했어요. 묻는 것 자체가 부적절하다는 것을 알기 때문에 묻지 않는 헨리 제임스[7]의 여러 책에 나오는 어린 소녀들처럼 말이에요. 나는 평범한 아이였어요. 무엇이

---

[5] 한 개인에게 매우 중요한 자전적 기억을 가리키는 정신 분석학 용어.
[6] 최초의 단독 대서양 횡단 비행에 성공한 찰스 린드버그의 갓난 아들이 1932년 납치·살해된 사건.
[7] Henry James(1843~1916): 미국의 소설가이자 비평가로 마크 트웨인과 함께 19세기 후반 최고의 미국 작가로 꼽힌다. 구세계와 신세계의 문화 충돌을 문학적 주제로 삼았다.

부적절한지 알고 있었지요. 그리고 가만히 입 다물고 있을 줄도 알았어요. 미치도록 알고 싶을 때조차도요.

그래서 여느 평범한 아이처럼 내 나름대로 대답을 지어냈어요. 난 생각했죠. 유명한 아기, 그것도 금발의 아름다운 아기도 죽을 수 있는데, 나처럼 작고 못생긴 검은 머리 아기는 대체 어떻게 되는 걸까? 《잃어버린 동생을 찾아서》는 내 판타지예요. 아기를 구조하는 판타지죠. 나는 그 책에서 역사를 바꾸었어요. 내가 할 수 없던 일을 했어요. 아기를 살아 있는 상태로 도로 데려왔죠. 그러니까 다 큰 다음에야 그 일을 받아들일 수 있는 책을 만든 거예요. 아이들이 모든 것을 다 알고 난 뒤에도 주변에 그것을 설명해 주는 사람이 없어서 스스로에게 설명하듯이 말이지요. 내 책이 담고 있는 건 이게 다예요. 삶에서 일어나는 알기 힘든 상황들을 스스로에게 설명하는 것.

Q: 《사랑하는 밀리》는 기독교의 기적 이야기예요. 유대인으로서 이 이야기를 다루는 게 어렵지 않았나요?

A: 나는 그것을 전쟁터로 떠나는 남자들의 어리석음 때문에 어이없이 아이들을 잃고 마는 엄마들에 대한 현대판 이야기로 보았어요. 우리는 날마다 베트남과 남아프리카 공화국 등지에서 전해 오는 그런 류의 기사를 읽어요. 이 세상 모든 나라에서 통곡하는 엄마들과 울부짖는 아기들 이야기를 말이에요. 이것이 인간사의 중요한 주제예요. 그리고 유대인인 내게 그것은 또한 홀로코스트의 주제이기도 해요. 영원히 자녀들과 헤어진 엄마들과 아버지들 말이에요.

우리 아버지의 가족은 홀로코스트로 산산조각났어요. 나는 통곡이 끊이지 않는 집에서 자랐어요. 내 바르미츠바[8]는 아버지의 삶에서 가장 비극

---

[8] 유대인 남자아이들이 만 13세에 치르는 성인식.

적인 날 중의 하나였고, 그 때문에 나는 격분했어요. 나는 아버지가 어떤 일을 겪었는지 이해할 만큼 머리가 여물지 않았거든요. 바로 그날 아침, 아버지 가족들의 죽음을 공식적으로 알리는 전보가 왔어요. 나는 아버지가 쓰러진 것과, 내가 작은 예복을 입고 나갈 준비를 했던 것과, 끝없이 우리 생활에 파고들어 우리를 비참하게 만드는 이 죽은 유대인들 때문에 내 안에서 부글거리던 분노를 기억해요. 어쨌든 우리는 유대교 회당에 갔고, 다들 〈그는 아주 좋은 친구야For He's a Jolly Good Fellow〉를 불렀고, 형과 어머니가 아버지를 양쪽에서 부축했고, 아버지는 그 모든 것을 견뎌 내셨죠. 그래서 나로서는 내가 겪은 홀로코스트의 경험을 부드럽고 미미하게나마 이 짧은 이야기에 녹여 내 죽은 유대인들을 기리는 게 매우 중요했어요.

Q: 명백히 기독교적인 이야기라고 생각했는데 이런 말들을 들으면 고개를 갸우뚱할 독자도 있지 않을까요?

A: 나는 이 단순하면서도 매우 감동적인 이야기가 인간의 어리석음 때문에 비참하게 죽어간 어린이들을 추모하기에 더할 나위 없이 잘 어울린다고 생각했어요. 기독교도 어린이뿐 아니라, 유대인 어린이, 흑인 어린이, 팔레스타인 어린이까지 말이지요.

Q: 선생님은 많은 책의 그림에서 등장인물이 독자 쪽을 바라보게 하지요. 그러나 《사랑하는 밀리》의 등장인물들은 주변 풍경이 황야로 바뀌는 동안, 대개 다른 곳을 바라봐요.

A: 《사랑하는 밀리》의 등장인물은 상징적인 존재들이에요. 그 이야기의 엄마는 동네에서 흔히 보는 아줌마가 아니에요. 극적인 사건은 인물들에게 있지 않아요. 그럼 그건 어디에 있을까요? 나는 '살아 있는 숲'이라는 아이디어를 떠올렸어요. 처음에 그것은 아르카디아Arcadia[9]였어요. 잠깐 동안

은 천국이었고요. 그다음에는 윌리엄 블레이크의 광기였어요. 그다음에는 독일 초기 낭만주의의 글로리오소glorioso[10]였어요. 그다음에는 영국 풍경화의 심미성이었어요. 그다음에는 낙원에서 미쳐 버리는 반 고흐였지요. 물론 이건 내가 한 일을 부풀리고 과장해서 묘사한 거예요. 어쨌거나 나는 배경인 자연을 계속 변화시켜 이야기를 진행했어요.

Q: 처음에 전쟁이 언급되는 장면에서 멀리서 터지는 대포의 화염을 마치 폭발하는 해바라기꽃처럼 그리셨더군요.

A: 그럴 생각은 없었어요.

Q: 그런 생각이 들었어요…….

A: 《잃어버린 동생을 찾아서》…… 그리고 빈센트 반 고흐. 그 책은 종교적인 이야기, 영적인 이야기로 가는 단계를 밟았어요. 반 고흐는 나에게 가장 많은 도움을 준 예술가 중 한 사람이에요. 그는 어릴 때 성직자가 되고 싶어 했던 종교적인 사람이에요. 성경을 읽고 광산으로 가서 가난한 이들과 더불어 살려고 결심했지요. 그러나 교회 목사들이 "자네 미쳤나? 자네는 우리를 모독하고 있어!" 하면서 내쫓아 버렸지요. 그래서 그는 다른 설교 방법을 찾아냈어요. 그림을 그린 거죠.

Q: 앞서 아이들을 묘사한 것과 거의 비슷한 시각으로 반 고흐를 묘사하는 것 같군요. 스스로 질문에 대한 답을 찾는 사람들로 말이지요.

A: 바로 그거예요! 나는 반 고흐가 그린 해바라기와 그 모든 불타는 듯

---

9 그리스 남부 펠레폰네소스 반도 중앙에 살재하는 주州로 고립적이고 목가적인 특징 때문에 그리스·로마 시대의 전원시와 르네상스 시대 문학에서 목가적인 이상향으로 묘사되곤 했다.
10 독일 초기 낭만주의에서 사용된 용어로 주로 음악에서 밝고 화려하고 웅장한 느낌을 표현하는데 쓴다.

한 황동색 그림들을 믿고, 그의 황홀경을 그대로 다 믿어요.

Q: 마크 트웨인은 "학교 교육이 너의 배움에 방해가 되지 않도록 하는 것이 중요하다"고 말한 적이 있어요. 방금 우리는 선생님이 사사했다는 몇몇 예술가에 대해 이야기했어요. 그런데 선생님은 어릴 때 학교 다니는 걸 좋아하지 않으신 것 같아요.

A: 하지만 명예 학위는 많이 받았답니다! 아버지가 살아 계셔서 그 학위들을 보실 수 있다면 얼마나 좋을까요! 아버지 형편에 대학을 보낼 수 있는 자식이 나 하나였는데, 세 자식 중 유독 나만 대학에 안 가겠다고 우겼거든요. 그건 아버지 삶의 아이러니였지요. 아들이 주말에 훌쩍 나갔다가 돌아올 때마다 돈 한 푼 안 들이고 학위를 하나씩 들고 온다는 것을 아버지가 미리 아셨으면 좋았을 텐데. 그럼 정말 행복해하셨을 거예요!

Q: 밀리를 그릴 때 의도적으로 무게를 둔 부분이 있으신 것 같아요. 그러니까 밀리의 발이 매우 크더라고요.

A: 나는 발을 그리는 게 좋아요. 괴물들 중 하나도 발이 엄청나게 커요. 나는 확실히 비례에 전혀 관심이 없어요. 그러나 아이들을 그릴 때는 다른 의미가 있지요. 이 인물들은 뿌리를 내린 거예요. 땅에 심긴 거지요.

내가 밀리를 사랑하는 건, 그 아이가 내 다른 책들의 아이들과 매우 닮았기 때문이에요. 그 아이의 삶에서 일어나는 온갖 상황에도 불구하고, 밀리는 아주 용감하게 앞으로 나아가요. 평범한 아이들은 당연히 그렇게 하니까요. 밀리는 엄마를 신뢰해요. 엄마가 가라고 하면 이유를 몰라도 가요. 그리고 어떤 의미에서 특사가 되어 돌아와요. 엄마를 천국에 데려갈 천사가 되어서 말이에요. 밀리는 힘들어도 묵묵히 해야 할 일을 해내는 특성을 지녔어요. 내가 어린이들에게서 가장 좋아하는 점이지요. 아이들은 묵묵히 자신이 해야 할 일을 하면서 가야 할 곳으로 나아가요.

인터뷰 2_1993년 7월 14일

레너드 마커스: 이번 새 책은 격렬한 악몽을 담고 있어요. 강렬한 내적 요구가 있었던 게 분명합니다. 어떤 요구였나요?

모리스 센닥: 부분적으로는 오래된 예술적 수수께끼 때문이었어요. 나는 사실 《우리는 모두 시궁창에 빠졌네 잭과 가이와 함께》를 《헥터 프로텍터 Hector Protector and As I went over the water》(1965) 다음인 1964년에 시작했어요. 그 무렵 잠자리 동요에 푹 빠져 있었던 터라 바로 이어서 두 번째 책을 만들고 싶었어요. 내가 보기에 첫 번째 책보다 완성도가 더 높을 것 같았지요. 《헥터 프로텍터》에 나오는 동요 두 편은 거슬리는 남자 꼬맹이들 이야기라는 빈약한 사실 외에는 서로 연결되는 구석이 전혀 없어요. 두 번째 책은 더 복잡하게 만들고 싶었어요.

나는 잠자리 동요들을 열심히 연구하다가, 〈우리는 모두 시궁창에 빠졌네We're all In the Dumps〉와 〈잭과 가이Jack and Gye〉를 발견하고, 새 책의 더미를 만들었어요. 마음에 들지 않아서 치워 버리긴 했지만요. 그래도 그 노래를 책으로 만들겠다는 생각은 계속 가지고 있었어요. 왜냐하면 〈우리는 모두 시궁창에 빠졌네〉라는 전래 동요가 날 위해 만들어졌다는 걸 알고 있었거든요.

그건 일종의 강박이었어요. 30여 년 동안 내 머릿속의 깊은 밤 작은 부엌에서 계속 요리되고 있었으니까요 그러던 어느 날 밤, 오페라 작업 때문에 로스앤젤레스에 머무를 때였는데, 차를 몰고 화려한 거리를 지나 호텔로 돌아가다가 상자 속에서 잠든 아이를 봤어요. 아이의 맨발이 상자에서 삐죽 튀어나와 있더군요. 그 화려한 거리와 아이가 나란히 있는 모습이 기이해 보인다 싶은 순간, 오래전에 마주쳤던 잠자리 동요 두 편이 머리를 스쳤지요. 나중에 조사를 해 보니 리우데자네이루는 아이들만 사는 판자촌으로 둘러싸여 있는데, 그 아이들이 나름대로 작은 사회를 이루고 산다더라고요. 그 내용을 내 책에 담았어요. 어쨌든 그 아이디어가 생명력을 얻기 시작하면서, 오래된 운율과 얽혀 갑자기 완전히 새로운 의미를 갖게 된 거죠.

《우리는 모두 시궁창에 빠졌네》를 만들면서 나에 대한 것이 아닌 책을 만드는 일이 흥분되기도 했어요. 문득 내가 중심 주제가 아닌 책을 만드는 자유를 느꼈달까요.

Q: 나이를 먹으면서 자유로워진 건가요?

A: 나이가 들어서 그런 것 같긴 하네요. 그리고 예전에 내가 했던 말을 이제야 확실히 이해하게 되었어요. 《잃어버린 동생을 찾아서》가 내 마지막 그림책이 될 거라고 했거든요. 그 의미는 사실 그 책이 내 영혼을 파헤치는 마지막 그림책, 다시 말해 센닥에 대한 마지막 고고학적 발굴이란 뜻이었죠! 나중에 《이서를 보았어 I Saw Esau》(1992)의 그림을 그리면서, 그 책이 정말 마지막이었다는 걸 알게 되었어요. 그리고 '세상에, 나 지금 이 책을 만드는 게 행복하구나!' 하는 생각이 들었어요. 그건 내가 자유로워졌다는 뜻이겠죠.

Q: 비로소 치유에 이르렀다고 말할 수가 있겠군요.

A: 그렇다고 볼 수 있죠. 사실 매우 그래요. 비평가들은 그 책이 과거로의 회귀, 즉 예전 스타일을 되찾으려는 시도라고 말했어요. 나는 그런 건 전혀 의식하지 않았어요. 그저 그 시들이 환희에 차 있고, 내가 그때까지 내 창작 생활의 일부였던, 그리고 틀림없이 매우 기능적인 역할을 했을, 익숙한

불안이나 억압 없이 책을 만들고 있다는 것만 알았죠. 마치 뱀이 허물을 벗는 것 같았어요. 《우리는 모두 시궁창에 빠졌네》는 두말할 필요도 없이 《이서를 보았어》에서 비롯된 거예요.

Q: 《우리는 모두 시궁창에 빠졌네》의 그림은 《이서를 보았어》의 타블로[11]들을 카메라로 클로즈업한 것 같아요.

A: 맞아요. 10년 넘게 오페라 무대에서 일해서 그런지, 그 책에는 연극 같은 느낌이 있어요. 그게 난 아주 자랑스러워요.

Q: 동요 두 편이 다 수수께끼 형식이에요. 아이오나 오피[12]가 그 의미에 대한 특별한 영감을 주던가요?

A: 그 동요들에 대해 알려진 바가 전혀 없다고 하더군요. 내가 약간 바꾼 부분들이 있어요. 원래 첫 줄은 "아기들은 작아요."인데, 나는 "아기가 작아요."로 바꿨어요. 그래서 아이오나에게 물어봤지요. "유대교 율법에 어긋나진 않나요?" 그녀는 깔깔거리더니 대답했어요. "그게 전래 동요의 본질이잖아요!" 바로 그게 전래 동요의 본질이에요. 바뀌고 또 바뀌면서 쓰이고 또 쓰이는 거 말이에요.

Q: 표지와 본문 곳곳에 등장하는 신문의 헤드라인들이 매우 현대적인 느낌이에요.

A: 신문 헤드라인이라는 장치는 책을 구상하면서 발전했어요. 종종 그렇듯이 그 장치는 실제적인 문제들에 대한 해결책으로 떠올랐죠. 예를 들어

---

11 여러 명의 배우들이 역사적인 장면 등을 정지된 동작으로 보여 주는 것.
12 Iona Opie(1933~2017): 영국의 민속학자로 남편 피터 오피와 함께 어린이 문학, 장난감, 놀이에 대한 자료를 폭넓게 수집하고 연구했다.

달이 흐느끼면, 선택을 해야 해요. 아이들이 비에 젖지 않게 우산을 씌워야 할까요? 그런데 집 없는 아이들이라면 우산도 없겠지요. 그러면 아이들은 무엇을 쓸까요? 신문, 낡은 신문이죠. 그래서 신문이 아이들의 옷이 되고, '벽 없는 집'이 되었어요. 그때 나는 생각했어요. 신문에게 말을 시켜야 해. 그런데 무슨 말을 해야 하지? 이왕 헤드라인을 넣을 거라면, 풍자적인 통렬함, 심지어 고통스러운 통렬함이 있는 게 낫잖아.

Q: 어떤 것들은 매우 고통스러워요. 어릴 때 린드버그 유괴 사건 소식에 두려움에 떨었다는 얘기를 자주 하셨지요. 노숙자와 에이즈에 대한 뉴스가 오늘날의 어린이들에게 그런 영향을 미칠 거라고 생각하시나요?

A: 물론이지요. 더 끔찍하고 두려운 일들이 많은 것 같아요. 학교 가는 길에 총에 맞은 아이들 이야기, 동생을 불 속에 버려둔 네 살짜리 아이 이야기, 에이즈에 걸린 아기들로 미어터지는 병원들……. 린드버그 사건에서 비롯된 내 몽상이 하찮게 느껴지는 이야기들이죠.

Q: 어린이 문학은 대개, 아이들은 어떻게든 가혹한 현실로부터 보호받을 수 있다는 전제를 깔고 있지 않나요?

A: 네. 그러나 그건 내가 굳게 믿는 것과는 상반되는 생각이에요. 아이들은 무슨 일이 일어나는지 알고 있어요. 내 말은, 갓 난 린드버그가 유괴되었을 때 나는 네 살이었고, 이 아기에게 일어난 일이 나에게도 일어날 수 있다는 것을 알고 있었어요. 아이들은 모두 자기들이 모르기를 바라는 어른들의 마음을 알고 있어요. 그렇다고 바라는 대로 되는 건 아니에요. 물론 아이의 이해 수준을 넘어서거나 좀처럼 일어나지 않을 일들을 구태여 말해 주고 싶지는 않겠죠. 요즘에는 아이들이 학교 가다 총 맞을 수도 있다는 사실을 알고 있다는 생각을 하면 머릿속이 하얘져요. 그런 사실을 아는 아이들

은 어떻게 행동하는지 내가 잘 모르거든요.

Q: 그럼 아이들에게 그런 폭력과 고통을 감출 수는 없을까요?

A: 아이들을 보호할 방법은 없어요. 우리는 심각한 딜레마에 직면해 있어요. 분명히 아이들은 듣기 힘들겠지만, 그래도 생명을 지키려면 알아야 하는 것을 우리가 들려줘야만 한다는 딜레마지요. 그건 콘돔이란 말을 성교육 책자에 넣고 싶어 하지 않는 것과 비슷해요. 요즘 아이들은 전보다 더 이른 나이에 성관계를 갖는데도, 사람들은 콘돔이란 말을 쓰려 하지 않아요. 아이들을 해치고 싶으면 길거리로 데리고 나가 총으로 쏘지 그래요. 그런 게 아니라면 아이들을 도와야지요. 허용되지 않는 단어나 허용되지 않는 지식이라는 말은 언제 용도 폐기할 건데요. 그런 게 실제로 생명을 구하는 데 보탬이 되고 있는데도 말이지요. 제대로 알리지 않는 것이야말로 허울 좋은 도덕에 지나지 않아요.

Q: 선생님의 책은 노숙자를 묘사하고 에이즈를 언급하면서 우리 사회가 도덕적 안주를 끝내야 한다고 분노에 차서 호소합니다. 그런 호소는 아이들이 아니라 어른들에게 해야 하지 않을까요?

A: 당연하지요. 사실 이 책은 성인 독자도 마케팅 대상이에요. 애써 그럴 생각은 없었지만, 그렇게 된 건 결과적으로 축복이었어요. 나는 오랫동안 어린이책 그림 작가/글 작가라는 속박에서 벗어나려고 발버둥쳐 왔으니까요.

그 불편함은 어린이를 향한 내 열정과는 무관해요. 다만 어른들 쪽에서 네 일은 그다지 중요하지 않다는 속내를 넌지시 드러내곤 하지요. 그런 태도가 늘 이 일을 하는 우리를 괴롭혀 왔어요. 이 책은 어른들과 관련된 진지한 쟁점들, 이를테면 '위급한 순간에 그들은 대체 어디 있는가?'와 같은 문제를 다루고 있어요.

Q: 그럼 어린이 독자에게는 어떤 말을 하고 있나요?

A: 그 책에서 진짜로 말하고 싶은 건 이거예요. "얘들아, 너희들은 영웅이야. 너희들은 해낼 거야." 아이들은 할 수 있는 한 견뎌 낼 거예요. 그리고 가족을 찾게 될 거예요. 아이들에게 필요한 건 오로지 그뿐이고, 아이들이 원하는 것도 오로지 그뿐이에요. 사랑과 보살핌을 받고 굶주리지 않는 것. 나는 아이들이 내 책에서 그것을 봤으면 해요.

지금까지 쓰인 가장 끔찍한 이야기 중 하나인 《헨젤과 그레텔》에서 아이들은 어떤 메시지를 얻을 수 있을까요? 그 이야기는 주먹으로 얼굴을 후려 맞는 느낌이죠. 새엄마가 아이들을 혐오하고 아이들이 죽기를 바란다는 말을 들으면서 아이들이 즐거움을 느낄 수 있을까요? 아버지가 겁쟁이인 부분에서는요? 헨젤과 그레텔이 살아남을 수 있었던 건 오로지 자신들의 용기와 회복력 덕분이에요. 그 유명한 이야기에 비하면 《우리는 모두 시궁창에 빠졌네》는 무서운 것도 아니에요.

Q: 그러나 《헨젤과 그레텔》은 다른 옛이야기와 마찬가지로 '옛날 옛적에'로 시작되는 모호한 환상 세계에서 벌어지는 이야기예요. 반면에 선생님의 이야기는 조간신문의 헤드라인이라는 직접성을 가지고 있어요. 그래서 더 끔찍한 게 아닐까요?

A: 당신과 다른 어른들에게는 그럴 수 있겠지만, 그 이야기를 듣는 아이들에겐 그렇지 않을 거예요. '옛날 옛적에' 같은 것은 그저 겉치레에 지나지 않는 장치예요. 요즘에 누가 그런 장치를 만들 시간이 있겠어요? 어른들도 없고 아이들도 없어요. 세상은 매우 심각하게 돌아가고 있어요. 나만 그렇게 생각하는 건 분명 아닐 거예요. 그런데 왜 에둘러 말하지요? 더는 그러면 안 돼요.

Q: 그 책의 그림 속 신문에는 에이즈란 말이 만트라[13]처럼 되풀이해서 나와요.

A: 내 삶은 친구들을 잃고 완전히 바뀌었어요. 너무 많이 떠나서 헤아릴 수도 없을 지경이죠. 그런데 어떻게 그 이야기를 안 하나요? 그건 마치 나를 집어삼키려는 것에 대해 입을 꾹 다물고 있는 것이나 마찬가지예요. 하지만 문제는 그 이야기가 어린이에게 적합한가, 그거겠지요?

Q: 어떻게 대답하시겠어요?

A: 이 작품의 이면에 에이즈에 대한 이야기가 깔려 있다는 점을 마뜩잖아 하는 사람들도 있을 거예요. 신경 쓸 가치도 없다고 생각해요. 사람들이 나를 비난해도 괜찮아요. 그 주제가 지겹다며 화를 내도 괜찮아요. 그들이 현실을 회피해도 뭐, 괜찮아요. 그러나 아이들이 에이즈에 대해 전혀 모른다고 말하진 말아요. 정말 한심한 소리니까!

Q: 이 책을 만들면서 정치 활동가가 된 기분이 드셨나요?

A: 네. 그러나 《우리는 모두 시궁창에 빠졌네》가 정치적 선전물로 보이지는 않았으면 해요. 그 책은 여전히 나 자신이고, 여전히 읽고, 바라건대 즐길만한 그림책이에요. 그 책은 여전히 내 모든 기이한 환상을 담고 있고, 이제까지 내가 만든 모든 책의 주제와도 다르지 않아요. 아이들의 영웅적 행동을 담은 책이거든요. 아이들은 그걸 알아봐요. 한순간에 정치 활동가라니, 참 쉽게들 말하네요. 이 책이 지금껏 내가 해 온 모든 일을 무로 돌리고 갑자기 나를 정치 평론가로 만들지는 못해요. 절대로요.

---

[13] 불교나 힌두교에서 기도나 명상을 할 때 외우는 주문.

Q: 어쨌든 에이즈 같은 주제를 다룬 것은 새로운 경험이시잖아요.

A: 나보다 훨씬 어린 좋은 친구들을 잃으면, 세상이 거꾸로 보이기 시작해요. 내가 사랑했던 학생들, 작품이 너무도 빼어나고, 그 나이 때 나보다 훨씬 재능이 넘치던 학생들이 죽어서 사라졌어요. 내가 찬탄했던 작품을 만든, 나이 먹은 사람들도 떠나 버렸어요. 숨이 막힐 지경이에요. 그건 내 삶의 일부, 내 신경계의 일부, 내 처절한 슬픔의 일부가 되었어요. 그게 나를 정치적으로 만든다면, 마음대로 하라고 해요. 이 책에는 비통함이 있어요. 그러나 기쁨도 있어요. 나는 알아요. 그 책을 만들면서 기쁨을 느꼈으니까요.

Q: 이제는 할아버지가 될 만큼 나이가 드셨지요. 조부모는 부모에 비해 아이들과 더 여유로운, 뭔가 다른 관계를 맺어요. 독자와의 관계나 어린이책을 만드는 방식에서 달라진 점이 있나요?

A: 기발하고 재미있는 생각이군요. 어느 정도 맞는 말인 것 같아요. 왜냐하면 젊을 때는 회복과 진실의 전달, 바르게 살겠다는 마음가짐에 사로잡혀 있기 때문이지요.

Q: 무엇으로부터의 회복이요?

A: 자신의 어린 시절로부터요. 그런 점에서 할아버지라는 은유는 적절하군요.

Q: 《우리는 모두 시궁창에 빠졌네》는 그 강렬함에 비해 그림 스타일은 매우 편안한 느낌이에요.

A: 나는 더 이상 그림에 관심이 없어요. 수십 년간 일해 온 경험에 기댈 뿐이에요. 내 스타일과 기법은 아주 자연스러워졌답니다. 내 영웅들도 나이가 들면서 내 일부가 되었지요. 찰스 디킨스, 윌리엄 블레이크, 내가 훔치고

빼앗았던 모든 사람이 말이에요. 학생처럼 벌벌 떨면서 그들에게 헌사를 바치던 초기작 때와 달리, 이제는 그들을 통째로 집어삼킨 것 같은 기분이 들어요.

늙어 가면서 얻는 몇 안 되는 은총 중의 하나는, 알다시피 은총이랄 게 별로 없긴 해요, 만약 열심히 일하고 악착같이 노력했다면 뭔가 일어난다는 점이에요. 몸은 나이 들어 가지만, 창작 방법은 새롭고 유연하고 매끄럽게 연마되거든요. 그게 바로 은총이에요. 놀라운 은총이지요. 그 일이 나에게도 일어나고 있어요. 나는 나이 드는 게 두려워요. 내 몸이 쇠약해지는 게 두려워요. 그러나 또 다른 면, 정신적으로 싱그러운 부분이 있잖아요. 맘마미아! 나처럼 주장할 수 있는 사람이 있으면 나와 보라고 해요.

인터뷰 3_2011년 5월 12일

레너드 마커스: 새 책 《범블아디의 생일 파티》를 만들면서 즐거우셨나 봐요. 제목만 봐도 알 수 있어요.

모리스 센닥: 사실은 안 그랬어요. 매우 힘든 시기였지요. 내 파트너이자 벗이 암으로 죽어가고 있을 때 그 책을 만들었거든요. 우리는 집의 방 하나를 병실처럼 꾸몄어요. 유진[14]이 죽은 뒤에 나는 관상동맥 우회 수술을 받았고요. 그 모든 일이 일어나는 동안 정신을 놓지 않으려고 책을 만들었어요.

Q: 《범블아디의 생일 파티》는 생일 파티를 열어 달라고 조르다가 급기야 제 손으로 파티를 여는 돼지 아이의 이야기를 담은 책이에요.

---

[14] 모리스 센닥은 정신분석학자인 유진 글린과 함께 살았다.

A: 예술가라서 좋은 점은 현실 세계보다 내가 만든 세계에서 더 나은 환경을 갖춘 아주 새로운 세상을 창조할 수 있다는 거예요.

나는 내가 사랑하는 베르디에 대한 아주 멋진 책, 프랭크 워커의 《그 사람, 베르디The Man Verdi》를 읽고 있었어요. 베르디가 70대 후반에 자기의 마지막 오페라가 될 거라고 말한 〈아이다〉를 작곡한 뒤, 문득 아리고 보이토[15]라는 젊은 시인이 그의 삶에 들어왔어요. 보이토는 메피스토펠레스에 대한 멋진 오페라를 작곡했고, 네로에 대한 오페라를 쓰려다가 베르디와 함께 작업하게 되었지요. 그 무렵 이탈리아 음악이 완전히 새로운 국면으로 접어들면서, 베르디는 낡은 인물로 여겨졌어요.[16] 보이토의 등장으로 베르디는 다른 오페라, 다른 종류의 오페라를 만들 가능성에 흥분했어요. 결국 베르디는 80대에 〈오셀로〉와 〈팔스타프〉라는 최고의 오페라 두 편을 작곡했어요. 그래서 나는 더 나이 들면 베르디처럼 하고 싶다고, 정말 뛰어난 것을 쓰고 싶다고, 그래서 진정한 나를 찾고 싶다고 생각했어요. 나는 곧 83세가 될 테고, 새로워지고 싶어요. 우리 모두 새로워지고 싶어해요, 안 그런가요? 《범블아디의 생일 파티》는 새로워지기 위해 내딛은 발걸음이에요.

Q: 이 이야기의 주인공을 어떻게 보십니까?

A: 내 생각에 범블아디는 매우 버릇 나쁜 꼬마예요. 믿음이 안 가는 아이지요. 허락도 받지 않고 파티를 열어요. 애덜라인 고모는 누가 집에 와서 자신이 만든 특별한 음료를 마시는 걸 싫어해요. 애덜라인은 단순하고 평범한, 그러나 놀랍도록 건강하고 강인한 여자이고, 그 모든 것에 상관없이 범

---

[15] Arrigo Boito(1842~1918): 이탈리아의 시인이자 극작가, 비평가, 작곡가로 베르디의 마지막 오페라 〈오셀로〉와 〈팔스타프〉의 극본을 썼다.
[16] 1870년 이탈리아가 통일되고 혁신적인 사회주의자와 바그너 음악의 신봉자가 늘어나면서 정치적으로 보수적인 입장이었던 베르디의 음악에 노골적으로 반감을 드러내는 사람들이 늘어났다.

블아디를 사랑해요. 그 애가 그녀를 사랑하느냐고요? "그럼요!" 그 애는 그게 딱 맞는 대답이라는 듯이 말하지요. 그러나 친부모가 그토록 학대한 아이가 사랑이란 걸 할 수 있을까요? 다행히 범블아디의 부모는 죽었기에 우리는 그들이 아이를 어떻게 대했는지 궁금해하지 않아도 돼요. 우리는 그저 그들이 유명했다는 것만 알고 있고, 유명한 사람들의 자녀는 대개 불행하지요. 그런 사람들은 자녀들을 돌볼 시간이 없어요. 그래서 그 애가 골칫거리 어린 돼지인 거예요. 우리가 관심을 가져야 하는 아이인 거지요.

Q: 애덜라인 고모는 범블아디에게 거는 기대가 너무 큰 것 같아요. 아이의 행동 때문에 고모가 화를 내자, 범블아디는 필사적으로 고모의 화를 가라앉히려고 완벽한 대답을 한다는 생각이 들었어요. "약속해요! 맹세해요! 절대로 열 살이 안 될게요!"라고요.

A: 그래요. 그 부분이 참 좋지요. 책에서 그 대사가 최고예요. 그건 진심에서 우러난 약속이라고 생각해요.

Q: 선생님은 생일을 어떻게 보내셨나요? 파티도 열고 선물도 받았나요?

A: 파티는 없었어요. 선물뿐이었죠. 어느 생일날, 계단참에 서서 찾아온 사람들을 집에 들이기도 전에 선물부터 보고 싶어했던 기억이 나요. 집에 들일 만한 사람들이었을까요? 그런 면에서 범블아디와 꽤 비슷했죠. 나는 행복한 아이가 아니었고, 나 스스로 행복하지 않은 것만으로도 부족해서 남들도 모두 불행하게 만들어야 했어요. 나는 모든 사람들을 비참하게 만드는데 선수였어요. 내가 사랑하던 형만 빼고 말이죠. 형이 내 삶을 구원한 것 같아요.

Q: 이번 책에서 예전 책들을 돌아보시는 듯한 느낌이 들었어요. "투실

투실 돼지Some swill pig"는 "토실토실 강아지some swell pup"[17]와 비슷하게 들려요. 그리고 파티에 온 어떤 손님은 《깊은 밤 부엌에서》에 나온 올리버 하디[18]를 닮은 빵 가게 아저씨들과 놀랄 만큼 비슷해요. 비록 돼지 모습이기는 해도 말이지요.

A: 그렇게 말할 수 있지요. 얼굴이 기분 좋게 투실투실하고 몸집이 커다란 올리버 하디는 이 책에 잘 어울리는 것 같아요. 그 똑같은 돼지가 내가 몇 년 전에 작업한 〈피터와 늑대〉 무대에도 나왔어요. 내가 그 돼지의 노래를 이디시어[19]로 번역해서 뉴욕시의 무대에서 불렀는데, 노래를 부르는 게 나라는 사실을 아는 사람이 거의 없었죠! 관객석의 아이들은 참 참 좋아했어요. 모두 이디시어였는데도 말이에요. 늑대 대신 돼지가 등장했잖아요. '아인 슈바인[20]' 말이에요. 그게 당신이 올리버 하디처럼 보인다고 하는 그 돼지예요. 나는 〈피터와 늑대〉에 나온 돼지를 무척 좋아해서, 이 책에도 그리고 싶었어요.

Q: 코셔 가정에서 자라서 돼지들을 금지된 것, 죄의식을 동반한 즐거움과 연관 지으시는 건가요?

A: 어떤 면에서는요. 우리 집에는 돼지가 없었지만, 우리 집에 온 사람들 대부분이 돼지라는 걸 신은 알고 계시지요. 내 바르미츠바는 자유 선언이었어요.

Q: 밖에 나가 햄치즈샌드위치를 사 먹었다는 뜻인가요?

---

17 센닥의 다른 책 《토실토실 강아지? 진짜 키우고 싶어?Some Swell Pup or Are You Sure You Want a Dog?》(1976)의 한 구절.
18 Oliver Hardy(1892~1957): 미국의 코미디언.
19 유럽 내륙 지방에 살거나 그곳에서 미국으로 이주한 유대인들이 주로 사용하는 공용어.
20 '돼지'라는 뜻의 독일어.

A: 그랬던 것 같아요.

Q: 《범블아디의 생일 파티》에는 이제까지 쓰신 중에서 가장 가장 밝고 따스한 색을 쓰셨더라고요.

A: 일부러 그런 건 아니지만, 그 말이 맞아요. 다른 책과는 색이 달라요. 그건 베르디풍이에요. (그 책을 만들 때) 베르디가 엄청난 도움이 되었어요. 나는 최근에 누이를 잃었어요. 내 가족이 모두 다 세상을 떠난 거죠. 센닥 가족은 다섯 명이었고 괴물도 다섯 마리였는데, 이제 센닥은 한 명만 남았고, 그마저도 먼지가 되기 직전이네요! 앞서 말했듯이 그때는 사는 게 참 힘들었어요. 그러니 사람이 괴물의 모습으로 바뀌는 것도 당연해요. 나는 내가 처한 상황에서 그 책을 만들어 낸 내 안의 기운에 감동했어요.

Q: 《우리는 모두 시궁창에 빠졌네 잭과 가이와 함께》에는 벽이 없는 집이 나와요. 범블아디가 사는 집도 마찬가지예요. 이 책들이 서로 연결되어 있다고 보시는지요?

A: 《범블아디의 생일 파티》에 대해 그렇게 생각해 본 적은 없어요. 그러나 끔찍한 고난을 겪는 아이들에게는 똑같이 깊은 연민을 느껴요. 나는 범블아디를 세상에 존재하기 위해, 파티를 열기 위해 최선을 다하는 외롭고 불행한 아이라고 생각해요. 나는 변변찮았어요. 뚱뚱했고요. 아마도 작은 돼지처럼 보였을 거예요. 잘 모르겠어요. 원하면 당신이 아무 이야기나 지어내 보세요. 잘 아시잖아요.

Q: 《범블아디의 생일 파티》의 파티 장면은 코니아일랜드[21]의 사이드

---

[21] 뉴욕시 브루클린구 남쪽 끝에 있는 여름 휴양지.

쇼[22]에 나오는 것 같아요.

A: 코니아일랜드 중간쯤에 있는 그 큰 얼굴, 정말 좋아했죠! 우리 집은 코니아일랜드에서 (지하철로) 고작 두 정거장 거리에 있었던 터라 그곳의 산책로와 해변에 정말, 정말 자주 갔어요. 어머니, 아버지, 누나, 형, 그리고 나, 모두 함께요. 아버지는 형이랑 누나, 그리고 내가 수영을 못 하는 걸 무슨 재앙처럼 여겼어요. 마초 성향이 강한 아버지는 수영을 아주 잘했고, 자식들이 수영을 못 해서 몹시 실망하셨죠. 한번은 어머니가 해변 의자에 앉아 있다가, 나는 아직도 그 커다란 파라솔이 떠올라요, 아버지에게 외쳤어요. "애들을 물속에 던져! 애들을 물속에 던져! 그럼 헤엄을 칠 거야!" 아버지가 그 말대로 하고 나서 아래를 보자 센닥네 아이들 셋이 꼼짝도 안 하고 가만히 누워 있는 거예요, 살려고 버둥대지도 않고요! 아버지는 우리를 물 밖으로 끌어내 모래밭에 내동댕이쳤어요. 아이 셋이 다 멍청하게 그저 물에 가만히 누워 있는 모습에 엄청 분개하고 실망하셨죠. 애들이 살려고 버둥대지를 않았으니까요. 그 모습이 이 책에 들어 있답니다.

Q: 선생님은 범블아디에게 카우보이 옷과 변장 파티를 선물로 주었어요. 분장 놀이를 좋아하셨나요?

A: 아니요. 그런 건 좋아하지 않았어요. 어릴 때는 오로지 그림 그리는 것만 좋아했지요. 내 어린 시절은 성인이 된 뒤와 비슷해요. 형이랑 만화를 유리창에 붙이고 트레이싱지나 도화지를 대고 베낀 뒤 색칠했어요. 우리는 늘 그림을 그리거나 무언가를 만들었어요. 형과 나는 밀랍으로 1939년 세계 박람회의 미니어처를 만든 적도 있어요. 방바닥이 작은 밀랍 건물들로 빼곡했지요. 우리 말고는 아무도 들어올 수도 없었어요.

---

[22] 서커스 등에서 손님을 끌기 위해 보여 주는 소규모 공연.

Q: 진짜 목적은 그거였겠군요.

A: 아, 그건 정말 멋졌어요. 형은 나보다 네 살 많았고, 재능이 뛰어났어요. 나보다 훨씬 더요. 형이 거의 다 만들었어요. 나는 조수였고요.

그 무렵 누나에게는 자기 방이 있었어요. 누나는 아홉 살 위였고, 남자 친구가 넘쳐났어요. 나는 수집가 수준으로 요요가 많았어요. 왜냐하면 내가 주로 거실 문간에 서서 누나와 누나의 남자 친구를 지켜보고 있었거든요. 결국 누나는 이 꼬맹이를 치워 버릴 방법을 찾았지요. 쟤한테 요요를 주면 될 거야!

그러던 어느 날 누나는 1939년 세계 박람회장에서 나를 버렸는데, 그 사건이 《깊은 밤 부엌에서》의 본질이에요. 그 책은 하얀 모자를 쓴 작은 남자들, 그러니까 올리버 하디처럼 생긴 사람들이 빵을 구우면서 사람들에게 손을 흔들고, 빵과 케이크 냄새가 건물 밖으로 마구 쏟아지는 곳에 서 있던 기억을 재현한 거예요. 수많은 사람들 틈에 서서 제빵사 옷차림을 한 난쟁이들에게 손을 흔들다가 뒤를 돌아보니 누나가 없는 거예요! 그다음에 기억나는 건 내가 비명을 지르고 울자, 경찰이 나처럼 버림받은 아이들이 바글거리는 큰 공간으로 데려갔다는 거예요. 그래도 나는 이름과 주소를 댈 만큼 크기나 했지요.

Q: 누나가 어쩌다가 그랬나요?

A: 누나는 데이트 상대와 함께 있었어요. 나를 데려가야 하니까 데려가 놓고는, 주저 없이 두고 간 거죠. 경찰서에서 어머니에게 전화했더니, 어머니는 울고 계셨고 누나는 이미 집에 와 있었어요. 내가 말했죠. "누나가 날 두고 갔어, 누나가 날 두고 갔어." 나는 경찰차를 타고 집으로 가면서 부탁했어요. "웨스트 6번가 모퉁이에서 사이렌을 켜 주실래요?" 경찰은 나를 달래느라 정말로 사이렌을 켰고, 경찰차가 집 앞에 멈추자 모두 창밖을 내다보

며 외쳤지요. "모이세[23], 모이세, 불쌍한 꼬마 모이세!" 나는 2층으로 올라가자마자 제일 먼저 누나를 가리키며 이렇게 말했죠. "누나가 일부러 그랬어!" 나중에 아버지가 누나를 호되게 꾸짖는 소리가 들렸어요. 정말 멋진 날이었죠! 만약 그 경찰들이 권했다면 나는 그 자리에서 바로 경찰이 되었을 거예요. 그랬으면 다들 내가 만든 메슈게네[24] 책을 안 사도 되었을 텐데 말이죠.

누나는 나와 나이 차이가 많이 나서, 나는 오랫동안 누나에 대해 잘 몰랐어요. 그런데 전쟁이 일어나서 누나의 멋진 남편이 전사하자 부모님이 그러시는 거예요. "재혼해! 너는 예쁘잖아." 나는 생각했어요. 부모님이 어떻게 저럴 수 있지? 왜 저렇게 누나를 닦달하는 거지? 그때부터 누나와 나는 정말 가까워졌어요. 우리는 사이좋은 친구가 되었고, 나는 누나를 매우 사랑했어요. 형은 늘 내 삶 속에 있었어요. 누나는 나를 돌봐주는 존재였고요.

Q: '범블아디'라는 이름은 어디서 왔나요?

A: 파티와 각운이 맞는 이름이 필요했어요. 그 이름은 파티만큼 시적이었죠! 많은 것들이 만드는 과정 자체는 평범해요. 사람들이 흥미를 가지고 그것에 대해 이야기하고 싶게끔 잘 포장하는 게 중요하죠.

Q: 애덜라인 고모의 실제 모델이 있나요?

A: 아버지가 (폴란드에서) 이 나라로 온 이유는 단 하나, 그 아가씨와 사랑에 빠졌기 때문이에요. 랍비인 할아버지는 아들이 구경거리가 되자 진노하셨어요. 그 아가씨는 동네의 수치였던 터라 그 작은 마을 사람들은 돈을 거둬 아가씨를 배에 태워 보내기로 했어요. 아가씨가 미국으로 떠나자, 우리 아버지는 형제자매들과 부모들을 돌아 버리게 만들었어요. 그 아가씨 없

---

23 '모세'를 뜻하는 이디시어로 센닥의 아명.
24 '멍청한' 또는 '미친'이라는 뜻의 이디시어.

이는 못 산다며 다음 배를 탈 돈을 달라고 볶아 댔거든요. 조부모님은 거절했어요. 그분들은 아들을 저주하고, 절연하고, 망자를 위한 기도문을 읊었어요. 그러나 고모와 삼촌들이 필요한 돈을 모아 주어서, 아버지는 아가씨를 따라 뉴욕으로 갔어요. 그런데 3주 뒤에 아버지가 뉴욕에 도착해 보니 아가씨는 이미 다른 사람과 결혼해서 웨스트 87번가와 브로드웨이 코너에서 식품점을 하고 있었던 거예요! 아버지는 그녀를 만나서 물었대요. "어떻게 된 거야? 이 작자와 결혼한 거야?" 그러자 그녀가 그랬대요. "필립, 필립, 걱정 마! 아무것도 바뀐 건 없어!" 나중에 그녀와 우리 어머니는 아주 가까운 친구 사이가 되었는데, 나는 어머니가 전후 사정을 다 아는지 늘 궁금했지요. 나는 그녀를 참 좋아했어요. 우리 어머니와 달리 아낌없이 베푸는 데다 감정도 아주 풍부했거든요. 게다가 공짜 핫도그까지! 어떻게 사랑하지 않겠어요!

Q: 그분 이름이 무엇이었나요?

A: 아이다. 내 아이다. 애덜라인 고모는 늘 두 팔을 활짝 벌리고 있던 아이다와 비슷해요. "날 사랑하니? 아직도 날 사랑해?" 그녀의 품으로 뛰어들어 크고 따스한 가슴, 그녀가 풍기던 맛있는 핫도그와 크니쉬[25] 냄새를 느끼던 내 모습이 떠오르는군요.

그 당시 나는 아이다를 두 명 알고 있었는데, 둘 다 폴란드에서 온 특별하고 멋진 여인들이었어요. 《꼬꼬마 도서관The Nutshell Library》(1962)을 헌정받은 펄리스 아줌마가 또 다른 아이다예요. 우리 어머니는 스스로 땅굴을 파는 타입이었는데, 어머니를 그 불행한 상태에서 끄집어내 줄 수 있는 유일한 분이 펄리스 아줌마였어요. 언젠가 아줌마와 둘이서 길거리에 있다

---

[25] 으깬 감자와 치즈, 다진 고기, 양파 따위를 반죽에 싸서 굽거나 튀긴 유대인들의 간식.

가, 내가 물었어요. "불빛들이 쭉 이어진 저게 뭐예요? 모두 자동차 불빛이에요?" 아줌마가 말했어요. "그건 블러바드Boulevard[26]란다." 나는 지금도 '블러바드'란 말을 입에 올릴 때면 전율을 느껴요. 내게는 늘 신비로운 단어거든요.

Q: 범블아디에게 필요한 것들을 주려고, 물론 필요한 것을 다 주지는 않지만, 적어도 정말 중요한 것들을 주려고 거의 엄마처럼 구는 애덜라인 고모에게 (오랫동안 센닥의 편집자였던 하퍼 출판사의) 어설라 노드스트롬의 모습도 조금은 담겨 있을까요?

A: 아마도요. 그녀는 그 애에게 기본적인 것을 주지요. 사랑과 배려 말이에요. 그리고 결국 그 애를 용서해요. 솔직히 나로서는 전혀 생각지도 못했던 부분이네요. 그러나 그렇게 생각해 줘서 고마워요. 그럴 만하거든요. 커다란 몸집, 서투른 애정까지도 말이죠. 그건 서툴렀지만, 진짜 애정이었어요. 어설라가 없었다면 내가 어떻게 살 수 있었겠어요. 그런 일이 일어났다는 게 놀라워요. 정말이지 나는 살면서 정말 좋은 사람들을 만났어요. 행복한 책 같은 느낌이에요. 삶에서 가장 재미난 부분이 그런 거죠. 그러나 이건 사느냐 죽느냐의 문제였어요. 나는 살아남기 위해 매우 열심히 일했답니다.

---

[26] 대로.

피터 시스
Peter Sís

1949년 출생, 체코슬로바키아 브루노

처음으로 매료되었던 그림에 대해 묻자, 피터 시스는 기억을 더듬었다. "어릴 때 알브레히트 뒤러[1]의 코뿔소 목판화를 보았어요. (아마) 프라하의 한 박물관이었을 거예요. 그 그림은 마법 그 자체였어요. 신비롭고 아름다웠지요. 내가 예술에서 얻고자 했던, 지금도 얻고자 하는 영감 그 자체였어요. 모두가 진짜 감정을 조심스럽게 감추던 공산주의 사회에서, 그 코뿔소는 두꺼운 피부로 둘러싸인 채 외부 세계로부터 보호받는 여린 영혼과 감정의 완벽한 상징이었지요."

피터 시스는 예술가 부모 밑에서 나고 자라는 축복을 누렸다. 그들은 그림 그리기 좋아하는 아들을 아낌없이 격려했고, 냉전 시대 공산 정권 치하의 각박한 삶에서 보호해 주었다. 그는 프라하에서 미술을 공부했고, 잘 다듬어진 재능을 지닌 숙련된 애니메이터이자 일러스트레이터로 세상에 나왔다. 그의 아이디어는 으스스한 것부터 우스꽝스러운 것까지 다양한 분위기의 강렬하면서도 몽환적인 이미지로 표현되었다. 그는 미국을 방문했다가 눌러살기로 결정하고, 《뉴욕 타임스》를 비롯한 여러 신문과 잡지에 일러스트 일거리를 얻었다. 하지만 보다 개인적이고 보다 야심찬 작업에 도전하기를 열망했고, 모리스 센닥을 만나 큰 깨달음을 얻은 뒤 그림책을 자신의 열정을 쏟을 예술 장르로 받아들였다. 그 뒤, 피터 시스는 자신이 만든 수많은 그림책을 통해 찰스 다윈의 삶이나 냉전의 역사 같은 복잡한 정보와 사상의 정수를 그림책에 담아내는 재능을 드러냈다. 뿐만 아니라 어린이의 상상력이라는 만화경을 통해 가장 평범한 일상의 이모저모를 묘사하는 재능을 드러내기도 했다.

피터 시스는 키가 큰 데다 활달하고 사교적이라 여러 회의와 회합에 자주 참석하곤 한다. 우리는 호텔 로비나 복잡한 리셉션장에서 자주 마주쳤

---

[1] Albrecht Dürer(1471~1528): 르네상스 시대를 대표하는 독일의 화가이자 판화가, 조각가.

고, 그때마다 즐거운 대화를 나누곤 했다. 이 인터뷰는 2009년 7월 23일 〈마들렌카〉 시리즈에서 묘사한 지역에서 그리 멀지 않은, 피터 시스의 로어 맨해튼 작업실에서 이루어졌다. 리틀 이탈리아 외곽에 있는 이 낡은 주택가는 최근에 부동산 업자들의 주목을 받고 있는 터라 우리는 착암기 소리를 들으며 이야기를 나눠야 했다.

레너드 S. 마커스: 자랄 때 부모님이 그림 그리는 것을 격려한 것은 물론이고, 과제와 마감일까지 정해 주셨다는 이야기를 읽은 적이 있어요.

피터 시스: 아버지가 그러셨지요. 그때는 그닥 감사한 줄도 몰랐어요. 아버지는 말씀하시곤 했어요. "네가 어떻게 하는지 토요일까지 보고 싶구나……." 그리고 우리는 주제를 하나 정하곤 했지요. 아버지는 무척 강압적인 데다 목청이 컸어요! 나는 내 아이들에게 그러지 않았는데, 지금은 살짝 후회해요.

아버지가 여행을 많이 다니시는 터라 세계 각국의 책과 미술품을 접할 수 있는 것도 저한테는 크나큰 이점이었지요. 아버지는 세상이 넓다는 말씀을 자주 하셨어요. 당시 체코슬로바키아는 폐쇄적인 사회였어요. 사람들은 외국인을 혐오했고 큰 그림을 볼 줄 몰랐지요.

우리 부모님은 두 분 다 예술가였어요. 다른 부모들은 아이들이 예술가가 되고 싶다면 거부 반응을 보였지요. "더 진지한 직업을 갖는 게 나아. 치과 의사나 변호사가 되렴." 운운하면서 말이지요. 그러나 우리 부모님은 나를 많이 북돋워 주셨어요. 아버지의 이 말씀이 기억나요. "언젠가 네가 뉴욕에서 살게 되면……." 그 당시엔 불가능한 일처럼 들렸던 말이지요. 아버지는 재즈를 사랑했고, 당신도 뉴욕으로 터를 옮기고 싶어했지만 방법을 모르셨어요.

내가 열 살인가 열두 살 때, 아버지가 사울 스타인버그[2]의 초창기 책들을 집에 가지고 오셨어요. 나는 그 책들과 함께 자랐어요. 스타인버그가 자신이 예술가라는 사실을 즐기는 것 같아서 감탄스러웠지요. 그의 그림을 보면서 그런 느낌이 들었거든요. 내가 뉴욕과 연결되어 있다는 느낌이 든 것도 스타인버그의 그림을 통해서였어요. 언젠가 거기 가게 될 거라고는 감히 상상도 못했지만요.

Q: 어릴 때부터 예술가가 될 싹이 보였나요?
A: 그랬던 것 같아요.

Q: 학교는 어땠나요?
A: 어린 시절 내내, 학교에서는 그다지 격려를 받지 못했어요. 다른 모든 과목과 마찬가지로 미술도 엄격한 규칙 아래 가르쳤거든요. 오리 인형을 그린다고 해 봅시다. 나는 그 인형을 좀 재미나게 표현하고 싶어요. 하지만 그런 건 학교에서 받아들여지지 않았어요. 아버지는 언제나 내 편을 들어 주셨어요. 몇 번이나 학교에 가서 선생님과 언쟁을 벌이곤 하셨지요. 고등학교 때는 특수 미술 학교에 다녔어요. 하지만 그곳에서도 갈등을 겪었어요. 물론 내가 10대였던 탓도 있겠지요. 선생님들은 로큰롤을 인정하지 않았어요. 선생님 중 한 분이 장차 전업 작가로 살고 싶은 사람이 있느냐고 물어서, 내가 손을 들었더니 그러시더라고요. "야, 넌 제대로 그리지도 못하잖아!" 나는 고작 열일곱 살이었는데, 선생님들은 나를 넋이 달아날 정도로 깎아내렸

---

[2] Saul Steinberg(1914~1999): 루마니아계 유대인 출신의 일러스트레이터로 미국에서 활동했다. 《더 뉴요커》를 비롯한 여러 잡지의 일러스트레이터로 일하면서 일러스트를 예술의 수준으로 끌어올렸다는 평가를 받았다.

어요. 내가 집에 가서 말씀을 드리자마자, 아버지가 곧장 학교에 쫓아가셨던 게 기억나요. 그리고 몇 시간 동안 진지한 논쟁을 벌인 끝에 선생님들이 나를 내버려두게 만드셨어요. 아버지는 영화감독이었고 아주 대범하셨죠. 나를 위해 숨 쉴 공간을 만들어 주신 거예요. 나한테 그런 아버지가 없었다면…… 정말 끔찍했을 거예요.

지금이야 그 모든 게 정치 탓이었다고 말하기 쉽죠. 그러나 그 학교는 19세기적인 고전 미술 교육의 전통을 따르고 있었어요. 석고상을 보고 그대로 따라 그려야 했고, 마음대로 바꿔 그리면 선생님들이 가만히 두지 않았어요. 나는 고등학교를 졸업한 뒤 응용 미술 학교에 진학했고, 거기서 이해심 많은 훌륭한 선생님을 만났어요. 그분은 나를 성장시켜 주셨어요. 훌륭한 선생님이 예술가로서, 인간으로서 한 사람을 얼마나 크게 변화시킬 수 있는지를 생각하면 정말 놀랍지요. 바로 그 점 때문에 가르치는 일이 무척 힘들어요. 나는 학생을 비판하고 싶지 않거든요. 너희 그림이 마음에 들지 않는다는 말은 정말 안 하고 싶어요. 왜냐하면 그런 말이 때때로 얼마나 큰 상처를 남기는지, 그런 말에 내가 얼마나 죽고 싶었는지 잘 기억하고 있거든요. 영감을 주는 사람이 되는 게 훨씬 더 중요하다고 생각해요.

Q: 당시 체코슬로바키아 정부에서 독창적인 사고를 꺾으려고 은근히 전통 예술을 장려했나 보네요.

A: 미국 사람들이 이해할 수 있도록 설명하기가 너무 어렵네요. 체코슬로바키아의 상황은 1960년대에 걸쳐 서서히 변화하고 있었어요. 하룻밤 사이에 일어난 일은 아니었죠. 그 시기에 머스 커닝햄[3]이 로버트 라우션버그와 함께 체코슬로바키아를 방문한 것도 한 예예요. 그건 믿을 수 없을 만큼

---

3 Merce Cunningham(1919~2009): '현대 무용의 아인슈타인'이라 불릴 만큼 실험적이고 획기적인 춤과 안무를 선보였던 미국의 안무가이자 무용가.

짜릿한 일이었죠. 미국에서는 누구나 춤을 추는 줄 알았어요! 우리 아버지는 어떤 면에서 기회주의적이었어요. 체제를 이용해 영화를 만들거나 책을 쓰는 동시에, 서방 세계의 예술계 상황을 남몰래 파악하는 개방적인 면도 보였지요. 서방 세계의 정보에 대한 갈증이 너무도 컸던 거죠. 여하튼 우리는 서방 세계의 노래와 텔레비전 쇼에 대해 알고 있었고, 때때로 어떤 것이 예술적으로 좋고 나쁜지 엄청나게 고민했지요. 철의 장막 너머에 있는 모든 것을 신비롭게 느꼈어요. 나중에야 그게 아니라는 사실을 깨달았지만요.

Q: 아버님은 다큐멘터리를 만드셨지요?

A: 네. 아버지는 정부의 지시에 따라 티베트에 가서 일했는데, 그게 아버지의 삶뿐 아니라 우리 가족 모두의 삶을 바꾸었지요. 나중에 아버지는 코미디물을 비롯해 장편 극영화들을 만들었어요. 아버지가 집으로 돌아오자 뒤이어 밀로시 포르만[4]이 이끈 체코의 뉴웨이브 운동이 시작되었어요. 그들 모두 아버지의 지인이었죠.

Q: 어머니는 어떤 작품을 만드셨나요?

A: 어머니는 그림을 매우 잘 그렸고, 옷깃에 다는 장신구를 만드셨어요. 그러나 그때는 여성이 아이를 가지면 더는 일하기 힘든 시대였고, 어머니도 그러셨어요. 어머니는 누나와 내가 응접실에 나가면 안 되는 일 같은 게 생기면 늘 우리를 데리고 그림을 그렸어요. 옷걸이를 장식해서 원숭이처럼 만들기도 하셨지요. 늘 그런 일들을 하고 계셨어요.

Q: 티베트에 대해 말씀해 주세요.

---

4 Miloš Forman(1932~2018): 체코슬로바키아 출신의 미국 배우이자 영화 감독. 대표작으로 〈뻐꾸기 둥지 위로 날아간 새〉와 〈아마데우스〉, 〈고야의 유령〉 들이 있다.

A: 아버지가 티베트에 가 계신 기간은 19개월이었어요. 하지만 나는 어린 마음에 아버지가 집을 아주 오래, 몇 년이나 비우셨다고 생각했어요. 아버지는 스물여덟 살 때 체코군에 징집되었는데, 관례상 영화감독들은 군대에서도 영화를 만들었어요. 운이 좋다면 말이죠. 아버지가 속한 영화 부대는 영화 제작법을 가르치기 위해 중국으로 파견되었어요. 아버지에게는 모든 것이 매우 이국적이었지요. 아버지는 어디로 가는 건지도 잘 몰랐대요. 날은 쩍쩍 얼어붙을 지경이고, 장비를 담은 상자는 헤아릴 수도 없었다고 해요. 그런 와중에 티베트로 가는 길을 건설하는 과정을 담은 다큐멘터리 영화를 찍으러 악마 같은 지도자가 다스린다는 소문이 도는 그곳으로 가게 된 거지요. 어찌된 일인지 아버지는 공사 관계자들보다 먼저 티베트에 도착했고, 당시 열여덟이나 열아홉 살쯤 먹은 달라이 라마를 만나게 되었어요. 아버지는 달라이 라마가 그동안 들은 것과는 전혀 다르다는 사실을 깨달았지요. 그 일로 아버지의 마음속에서 근본적인 변화가 일었어요. 어찌 보면 그 일을 계기로 공산주의 체제를 다시 보게 된 거예요. 그러다 중병에 걸려 하산했고, 결국 집으로 돌아왔어요. 우리는 점차 탄탄해져 가는 아버지의 이야기를 듣는 게 참 좋았어요. 하지만 10대가 되자 누나와 나는 결국 그 이야기가 지겨워졌답니다! 아버지는 나중에 《봄 수프에 들어 있는 국수 세기 The Counting of the Noodles in the Spring Soup》라는 매우 인기 있는 요리책을 썼어요. 아버지가 티베트에서 들은 이야기 몇 편도 실려 있지요.

미국에서 일러스트레이션을 시작하면서 만난 편집자들은 내게 다른 사람의 글에 그림을 그리라고 했어요. 그들은 내가 쓴 이야기를 신뢰하지 않았지요. 그런데 그즈음 은퇴하신 아버지가 나를 만나러 왔다가 이런 말씀을 하시는 거예요. "네가 미국에서 성공할 방법을 알려 주마." 아버지는 나한테 중국 요리법과 티베트 이야기를 담은 요리책을 쓰고, 제목을 '우리 아버지의 비밀 일기'로 하라고 하셨어요. 나는 그 책 전체를 스케치해서 편집자들에게 보여 주었어요. 그러나 누구도 그 책이 어떤 종류의 책인지 결정하지 못했어요. 물론 몇 년 뒤에 만든 티베트에 관한 책[5]은 바로 그 아이디어에서 파생된 거예요.

나한테 티베트의 이미지는 아버지가 들려준 환상적인 이야기, 만다라, 그리고 다른 종교 예술들이 뒤섞인 어떤 거예요. 달라이 라마를 직접 만났을 때, 나는 그가 꿈에 나오는 어떤 존재가 아니라 실제 사람이라는 사실을 받아들이기 어려웠답니다.

Q: 그림책을 만들게 된 계기는 무엇인가요?

A: 어쩌다 보니 그렇게 됐어요. 우리 아버지와 앞서 말한 훌륭한 교수님은 예술이라면 '무엇이든 괜찮다'고 가르치셨지요. 그런데 나는 영화를 만드는 일로 시작했어요. 그 체제 하에서는 애니메이션 영화를 만드는 게 비교적 안전한 일인 데다, 그것만은 아니지만 아버지가 유명한 영화 제작자라는 것도 한몫했지요. 애니메이션은 연속 동작으로 이루어져 있으니까, 검열관이 어떤 이미지나 순간에서 감독이 의도한 의미나 맥락을 정확히 파악하기가 힘들어요. 그리고 체제에 대한 충성심을 드러내는 이미지가 어디쯤 나오느냐는 질문을 받으면, 다른 예술가들도 다 이런 질문을 받았어요, 나는 언제나 "그건 다음에 나올 프레임 중 하나에 들어간다. 그런데 아직 미완성이다."라고 대답하고 넘어갔어요. 만약 종이에 개인 작업을 하거나 책의 삽화로 표현했다면, 누군가 그것을 파악하고 판단하기가 더 쉬웠을 거예요. 내 그림을 가지고 나를 비난하기도 쉬웠겠죠. 마치 보안관보다 한발 앞서 달아나는 것 같다고나 할까요? 그런 방법으로 진짜 생각과 신념을 감추었어요. 그런 식으로 머리를 써야 하니 진이 빠졌지만, 그건 생존의 기술이었어요.

---

[5] 《티베트》(엄혜숙 옮김, 마루벌, 2008)를 말한다.

그 시기에는 책에 그림을 그릴 생각을 해 본 적이 없어요.

　나는 체코슬로바키아 정부의 지원을 받은 영화를 찍으러 미국에 왔다가 그냥 눌러앉기로 마음먹고, 거의 빈주먹으로 로스앤젤레스에 머무르고 있었어요. 그런데 그곳에서 만난 어느 미술관 관장이 내 그림 샘플을 모리스 센닥에게 보낸 거예요. 나는 포트폴리오가 어때야 하는지도 몰랐고, 출판에 대해서도 전혀 아는 게 없었어요. 모리스는 나한테 전화를 걸어서는 대뜸 그러더군요. "아니, 대체 로스앤젤레스에서 뭘 하고 있나요? 거긴 미국 최악의 도시인데." 하지만 내가 여전히 체코슬로바키아로 돌아가야 하나 마나를 고민하던 시기에 로스앤젤레스에 있었던 건 적잖이 도움이 되었어요. 정말 어려운 결정이긴 했지만요. 야자수와 터무니 없이 비합리적인 일이 넘쳐나는 캘리포니아주에 있어서 뉴욕에 있는 것보다 차라리 확실히 비교가 되었달까요. 로스앤젤레스에 머무는 동안 나는 온갖 파티에 초대받았어요. 로레타 영[6]도 만나고, 킹 비더[7]도 만났지요. 그게 미국의 진짜 모습이 아니라는 것은 알았지만, 미국 전체가 레이먼드 챈들러의 소설과 비슷하다고 믿고 싶었어요. 그런데 로스앤젤레스 사람들이 내 그림이 너무 별나다는 말을 꺼내더군요. 나는 미술 학교에서 가르쳐 보려 했지만, 교수법을 잘 모르다 보니 학생들 대부분이 그만두었어요. 그래서 100달러를 받고 달걀 공예를 하고 있었지요. 딱 그때 모리스 센닥이 전화해서 물어본 거예요. "그러니까 어린이책을 만들고 싶다는 건가요?" 사실 그럴 계획은 없었지만, 모리스 센닥이 전화한 게 행운인 줄은 알았어요. 그래서 그 길을 가기로 마음먹었지요. 그가 그러더군요. "내가 로스앤젤레스에 갈 일이 있어요." 그러더니 내

---

[6] Loretta young(1913~2000): 1940년대에 왕성하게 활동하며 주목받은 미국 배우. 영화 〈농부의 딸〉로 아카데미 여우 주연상을 수상했다. 1950년대부터는 텔레비전으로 무대를 옮겨 자신의 이름을 내건 〈로레타 영 쇼〉로 에미상을 받았다.
[7] King Vidor(1894~1982): 미국의 영화 감독으로 무성 영화 시대부터 유성 영화 시대에 이르기까지 오랜 기간 활약했다. 가장 위대한 미국 감독 중 한 사람으로 꼽힌다.

게 만나자고 하는 거예요. 나는 어린이책 그림에 대해 하나도, 정말이지 거의 하나도 몰랐어요. 모리스 센닥에 대해서는 알고 있었고, 토미 웅게러의 작품은 스위스 디자인 잡지인 《그라피스Graphis》를 보고 알았지요. 유럽에서 미국의 어린이 분야 예술로 알려진 것은 디즈니뿐이었어요. 게다가 나는 로스앤젤레스에 있었잖아요. 그곳에서 만난 모든 예술 작품이 다 그런 쪽인 것 같았어요. 심지어 미술관에서 만난 고래와 석양 그림조차도요. 모리스는 나를 만나 보고는 짧은 소개 글과 함께 미국 도서관 협회 행사장에 보내더군요. 그는 바로 그 행사 참석 차 로스앤젤레스에 온 거였어요. 내가 어떤 편집자들을 만나야 하는지도 말해 주었지요. 나는 행사장에서 또 한 번 행운을 잡았어요. 그린윌로우 출판사의 편집자 수전 허시먼을 만나려고 기다리다가 체코슬로바키아에서 나고 자란 아트 디렉터 에이바 와이스와 말을 섞게 되었거든요. 에이바는 "포트폴리오를 살펴볼게요."라고 하더니, 정말로 그렇게 했고 내 작업에 관심을 표했어요. 나는 조지 섀넌이 글을 쓴 내 첫 책 《콩소년Bean Boy》(1984)에 그림을 그린 뒤, 앞으로는 그린윌로우 출판사가 나를 돌봐 줄 거라고 순진하게 생각했어요. 미국에서 일이 돌아가는 방식을 전혀 몰랐던 거죠. 나는 뉴욕으로 이사한 뒤, 그린윌로우 출판사 사람들을 보러 가서 "저 왔어요."라고 말했어요. 그들은 대답했죠. "아, 오셨군요." 나는 코뿔소에 대한 아주 긴 이야기를 들고 가서 많은 편집자들에게 보여 주었어요. 다들 그 이야기를 싫어했지요. 어떤 편집자들은 바로 "한심하네요!" 하고는 고개를 휙 돌려 버렸어요. 물론 그 이야기가 왜 좋지 않은지 시간을 들여 설명해 주는 매우 친절한 편집자도 있었어요. 나는 집세를 내려고 《뉴욕 타임스》에 엄청나게 많은 일러스트를 그렸어요. 그때까지는 내가 출판 일러스트를 한다는 자각도 없었어요. 《뉴욕 타임스》는 내 작품을 바로 마음에 들어했어요. 정말 다행이다 싶었지요. 나는 점을 찍어 그리는 방법을 생각해 냈어요. 나 말고 그렇게 그리는 사람은 없었고, 나는 내 그림이 남다르기를 바랐지요. 그렇게 그리려면 시간이 엄청 많이 들었지만, 곧 모두가 그 방식을 원했어요. 내가 바랐던 대로요. 그래서 갑자기 그리니치빌리지의 이 작은 아파트에 살면서 밤낮으로 일하게 된 거예요. 나는 《뉴스위크》, 《타임》, 《에스콰이어》, 《애틀랜틱 먼슬리the Atlantic Monthly》에 입성했고, 때로는 돈을 아주 많이 받았어요. 그러면서도 거의 수입이 되지 않는 책을 계속 만들고 있었던 게 신기해요. 그건 편집자들과 함께 일하는 게 즐겁기도 하고, 어쩌면 계속할 수도 있을 만족스러운 일이기도 해서 그랬을 거예요. 두 번째 책은 시드 플라이슈만이 글을 쓴 《왕자와 매 맞는 아이》(1986)로, 그 책이 뉴베리상을 받은 게 내겐 행운이었지요. 그 다음엔 프랜시스 포스터[8]가 《무지개 코뿔소Rainbow Rhino》(1987)를 구체화할 수 있도록 도와줬어요. 내가 처음으로 쓰고 그린 책 말이에요. 그즈음 출판 일러스트레이터는 전성기가 있게 마련이고, 전성기가 지나면 새로운 인물로 대체된다는 것을 깨닫기 시작했어요. 책을 만드는 게 더 장래성이 있는 것 같더군요.

나는 그린윌로우 출판사에는 더 단순하고 밝은 이야기를 가져가고, 복잡한 이야기는 당시 크노프 출판사와 일하던 프랜시스에게 가져갈 만큼 발전했어요. 뉴욕의 신나는 분위기를 즐기기는 했지만, 처음에는 뉴욕에서 지내는 게 외로웠어요. 어느 날 8번가를 걷는데 갑자기 나에게 손을 흔드는 여자가 있어서 생각했지요. '드디어 나도 누군가를 만났다!' 곧 그녀가 택시를 향해 손을 흔들고 있다는 것을 깨달았어요. 《뉴욕 타임스》에도 비슷한 이야기가 실려서 오려 놓았어요. 버스에서 관광객들이 각기 다른 여자에게 손을 흔들었대요. 다른 여자가 아니라 같은 여자일 수도 있겠네요. 그런데 여자는 관광객들에게 손을 흔든 게 아니라 택시를 잡으려고 손을 흔들었다는

---

[8] Francis Helen Foster(1924~1997): 미국의 어린이책 편집자로 에릭 칼, 로알드 달, 피터 시스, 필립 풀먼처럼 재능 있는 작가들과 함께 일했다. 2012년 에릭 칼 그림책 미술관에서 주는 '작가와 편집자의 멘토상'을 수상하기도 했다.

이야기지요. 그 두 가지 이야기에서 아이디어를 얻어 만든 그림책이《손을 흔들어요Waving: A Counting Book》(1988)예요. 그 웃긴 얘기를 수전 허시먼에게 해 주었더니, 금방 그게 숫자 세기 책이 될 만하다고 알아보았어요. 같은 시기에 그 책과 다른 책 두 권에 그린 그림들은 영화 제작 경험과 관계가 있어요. 그림을 나란히 늘어놓으면 마치 스토리보드처럼 한 그림에서 다음 그림으로 이야기가 흘러가거든요.

Q: 단순해지는 게 어려우신가요?

A: 나는 그림을 복잡하게 그리는 경향이 있어요. 토미 웅게러의 그림은 정말 존경스러워요. 아주 단순해 보이거든요. 그렇다고 그가 단순하다는 건 아니고요. 런던에서 나는 퀜틴 블레이크에게 따로 가르침을 받았어요. 그의 그림은 단순해 보이지만, 원하는 효과를 얻으려고 엄청나게 노력한 거예요. 《소방차가 되었어》(1998) 같은 책을 만드는 건 큰 도전이었어요. 내 아들이 그런 책을 좋아할 나이라서 도움이 되었지요.《마들렌카》(2000)를 만들 때 딸이 그 나이였듯이요. 나는 그 애들을 위해 그 책들을 만들었어요. 지금도 아주 단순한 책을 만들어 보고 싶지만, 이제 내 아이들이 10대라서 예전 같지 않네요. 내 책들은 모두 가제본을 만들기 전인, 첫 스케치 때가 가장 좋은 것 같아요. 가끔 그런 농담도 해요. "돈값을 해야 하니까 더 열심히 일해야지." 사람들이 "이건 너무 단순하잖아."라고 할까 봐 겁이 나나 봐요. 단순해지려면 아주 대담해야 해요. 나야 늘 단순하게 하고 싶죠.

《용이 사는 섬, 코모도》(1993)도 처음에는 매우 달랐어요. 수전이 그림을 재배치하고 이야기의 순서를 바꾸었죠. 순식간에요. 그녀는 똑같은 그림을 한 번은 현실로, 또 한 번은 꿈으로 두 번 사용하자는 아이디어를 냈어요. 그 제안에 나는 눈이 휘둥그레졌답니다.

Q: 선생님이 공산 체제 하에서 자라던 시기에, 체코슬로바키아 정부는 전설적인, 그렇지만 역사적인 인물이기도 한 얀 벨츨[9]의 이야기를 금지하려 했나요? 선생님의 책인 《머나먼 북쪽의 작고도 큰 이야기 A Small Tall Tale from the Far, Far North》(1993)의 주인공이기도 한 얀 벨즐은 정말 자유로운 영혼을 지닌 사람이었잖아요.

A: 얀 벨즐은 민중의 위대한 영웅이었어요. 너무 위대해서 감히 금지할 수도 없었지요. 그래서 정부에서는 아예 시도조차 하지 않았어요. 얀 벨즐의 이야기는 정말 놀라운데, 미국에서는 너무도 낯선 인물이라 나는 그의 모험을 최대한 축약할 수밖에 없었어요. 그 책은 예술적 측면에서 내 최고의 책 중 하나라고 생각하지만, 그를 충분히 담아내지는 못했어요. 얀 벨즐은 너무도 낭만적인 영웅이었거든요. 그는 우리 아버지를 비롯한 많은 체코슬로바키아 사람들에게도 그랬겠지만, 내게 더 너른 세상으로 모험을 떠날 수 있는 가능성을 보여 주었지요. 정말 안타까운 것은 얀 벨즐은 위대한 영웅이자 모험가인데도 체코슬로바키아로 돌아와서 어릿광대 취급을 받았다는 사실이에요. 사람들은 그를 술집으로 불러서 골드러시 이야기와 곰 발바닥을 먹은 이야기, 에스키모들과 함께 석양을 바라본 이야기까지 선뜻 믿기지 않는 이야기들을 듣곤 했어요. 그 이야기들은 모두 사실이었는데도, 사람들은 그를 조롱했어요. 우리 아버지는 그를 아주 좋아했어요. 얀 벨즐과 자신을 얼마간 동일시했던 것 같아요.

중부 유럽에서 '트램핑tramping'이 크게 유행한 적이 있어요. 버팔로 빌[10]

---

9 Jan Eskymo Welzl(1868~1948): 체코슬로바키아 모라비아 출신의 여행자이자 모험가, 이야기꾼으로 세계를 여행하며 다양한 경험을 했다고 알려져 있다. 그의 모험담을 기록한 《황금빛 북부에서 보낸 30년Třicet na zlatém severu》은 세계적으로 큰 성공을 거두었는데, 실제 저자는 얀 벨즐이 아니라 체코슬로바키아의 국민 작가인 카렐 차페크라는 설도 있다.
10 Buffalo Bill(1846~1917): 미국 서부 개척 시대의 군인이자 버팔로 사냥꾼, 공연 기획자였다. 서부 개척 시대를 뜻하는 '와일드 웨스트 쇼'로 부와 명예를 거머쥐었다.

이 순회 공연을 하러 유럽을 방문하고부터 시작된 거예요. 우리 할아버지도 그 쇼를 보았던 것 같아요. 사람들은 와일드 웨스트 쇼에 흠뻑 빠졌고, 심지어 지금도 일요일이면 자기네 생각에 와일드 웨스트 스타일 옷을 입고, 기차를 타고 시외로 나가 모닥불을 피우고 야영을 하면서 카우보이 노래를 불러요. 맥주도 마시고 한뎃잠도 자고요. 나치 치하에서도 공산 체제하에서도 그랬어요. 비록 보는 눈이 곱지는 않았지만요. 매우 낭만적인 움직임이지요. 그들에게는 그게 샹그릴라였어요. 나는 벨즐이 그런 움직임의 일부였고, 내 아버지와 아버지의 티베트 이야기들도 어떤 면에서는 그런 움직임에 속한다고 생각해요.

Q: 그 복잡한 찰스 다윈 이야기[11]를 만든 과정을 좀 들려주세요.

A: 내 편집자인 프랜시스 포스터가 특유의 조용한 말투로 그러더라고요. "또 큰 거 한 건 하시는군요." 자료가 엄청났어요. 나는 다윈에게 푹 빠져들었지요. 다윈이 위대한 사상가였을 뿐 아니라, 자신이 상대하고 있는 사회를 이해했기 때문이에요. 그는 자기의 생각을 모두가 다 받아들이지 않을 거라는 사실을 알고 있었고, 속내를 감추는 방법도 알고 있었어요. 다윈의 삶에 관한 책을 만들기는 정말 어려웠어요. 무엇보다도 그가 아주 오래 산 데 비해 비글호 항해 기간은 비교적 짧았고, 그가 주로 궁리하는 데 많은 시간을 쏟은 것이 문제였어요. 그 궁리하는 삶을 책의 흐름 속에 잘 녹여 내 보여 줄 방법을 찾기가 쉽지 않았지요. 그래서 성장하는 식물들로 둘러싸인 온실 속의 다윈을 그린 장면을 넣은 거예요.

Q: 선생님은 그림에 지도, 미로, 환상적인 구조물, 둥둥 떠다니는 신비

---

11 《생명의 나무: 찰스 다윈과 진화론》(김명남 옮김, 시공주니어, 2014)을 말한다.

로운 기호들을 넣곤 하시죠. 그건 마치 자기만의 그림 언어 같아요. 그런 아이디어들은 어디서 얻으시나요?

A: 나는 많은 것을 봐요. 내가 야심찬 작업을 맡고 싶어하는 것은, 우리 아버지에게 뭔가 증명하고 싶어서인 것 같아요. 더는 이 세상에 계시지 않지만요. 하지만 내 스스로도 그런 작업을 하는 게 즐거워요. 그리고 그런 아이디어는 우리가 마음속에 감추고 있는 것들과 세상을 다른 시각으로 보는 방식에서 생겨나는 것 같아요. 누가 내 책을 보며 전에 보지 못했던 것이나, 심지어 내가 의도하지 않았는데 실제로 거기 있는 것을 찾아낼 때 나는 정말 기뻐요. 책 속에 또 다른 책이 있는 느낌이거든요.

《장벽》(2007)은 시간이 많이 걸렸어요. 이야기 자체가 어려운 데다, 아직은 내가 다 풀어낼 수 없었거든요. 내가 좋아하는 비틀스 노래를 들으면 그런 생각이 들어요. '정말 단순하잖아! 그런데 내 책은 왜 그렇게 복잡하지?' 미국 아이들도 냉전의 역사를 모르지만, 오늘날 체코나 폴란드, 헝가리의 아이들도 모르긴 마찬가지예요. 부모들이 그 이야기를 꺼내고 싶어 하지 않으니까요.

Q: 그 책의 마지막 그림 중 하나, 그러니까 공중에서 내려다본 장벽 저쪽에는 '행복', '자유' 같은 단어가, 이쪽에는 '공포', '거짓말' 같은 단어가 새겨진 장면을 보면, 사울 스타인버그[12]가 그린 미국이 떠올라요. 뉴요커의 관점에서 보면 95퍼센트가 맨해튼인 그림[13] 말이에요.

---

[12] Saul Steinberg(1914~1999): 루마니아계 유대인 예술가로 파시스트 정권의 반유대 인종법을 피해 미국으로 망명했다. 만화, 잡지 및 광고 일러스트, 무대 미술, 벽화, 순수 미술에 이르기까지 다양한 분야에서 활동했다.

[13] 1976년 3월 29일자 《더 뉴요커》 표지로 쓰였던 사울 스타인버그의 그림 〈9번가에서 바라본 세상 View of the World from 9th Avenue〉을 말한다. 세계를 뉴욕 중심으로 바라보는 뉴요커들의 시각을 풍자한 작품으로, 작가의 허가 없이 다양한 방식으로 도용되고 모방되었다. 작가 스스로 그 저작권료만 챙겨 받아도 은퇴할 수 있다고 농담을 했을 정도다.

A: 전에 그를 만날 기회가 있었어요. 우리 작품이 뉴욕의 어느 서점 갤러리에 함께 전시되어 있었거든요. 나는 생각했지요. '흠모하던 분을 드디어 만나겠구나!' 그런데 그날따라 기분이 몹시 가라앉아 있었던 것 같아요. 그가 내 바로 앞에 있는 사람에게 하는 말을 듣고 눈치를 챘죠. 그래서 그에게 한 마디도 걸지 않았어요.

Q: 선생님과 같은 동유럽 출신 작가 사울 스타인버그는 이런저런 가상의 '공식 문서' 같은 그림을 즐겨 그렸어요. 마치 두 가지 의미에서 자신의 정체성을 새로 구축하려는 것 같았지요.

A: 나도 그렇게 생각해요. 그의 책 중 하나는 제목이《여권The Passport》이었지요. 나 또한 그가 그린 상상의 지도에 매료되었어요. 공산 체제 하에서 지낼 때, 노르웨이를 잠깐 다녀오고 싶은데 필요한 서류가 없다거나 하면 종종 기차표나 편지 따위를 위조하곤 했어요. 그건 체제의 감시를 피해 가는 또 다른 방법이었지요. 언젠가 친구에게 이메일을 보내면서 끝에 이런 문구를 넣은 적이 있어요. '블랙베리에서 전송됨.' 내겐 블랙베리가 없는데도 말이죠. 친구를 놀리느라 그런 건데 속아 넘어가더군요.

한번은 플로리다에서 어떤 여자를 만났어요. 그녀는 내가 누군지 모르고 직업이 무엇이냐고 묻더군요. 나는 어린이책을 만든다고 말했지요. 그녀는 어떤 종류냐고 물었어요. 설명하기가 까다로운 터라 이렇게 대답했어요. "특별한 책들이요." 그러자 그녀가 되묻더군요. "피터 시스처럼요?" 그 말에 기분이 참 좋았답니다!

프라하에 처음 돌아갔을 때도 정말 놀라웠어요. 여전히 공산 정권 치하에 있을 때였지요. 나는 체코를 떠난 지 7년 만인 1989년 5월에 미국 시민이 되었어요. 그러자마자 곧바로 프라하로 간 거였어요. 지인들이 모두 살아 있는지 보러 간 거였지요. 경찰의 검문을 받으면 "나는 미국 여권 소지자입니다."라고 말하려고 잔뜩 벼르고 있었어요. 그런데 공항에서 입국 심사를 하면서 "이 나라에 처음 오셨습니까?"라는 질문을 받은 게 고작이었어요. 농담이었을까요? 잘 모르겠어요.

윌리엄 스타이그
William Steig

1907년 출생, 미국 뉴욕주 브루클린
2003년 사망, 미국 매사추세츠주 보스턴

진 스타이그
Jeanne Steig

1930년 출생, 미국 일리노이주 시카고
2022년 사망, 미국 매사추세츠주 퀸시

윌리엄 스타이그는 《더 뉴요커》의 가장 빼어난 예술가 중 하나로 활동하다가 친구의 권유로 그림책을 처음 만들기 시작했다. 예순이 다 되어 갈 무렵이었다. 그가 처음 만든 어린이책인 《음유시인 돼지 롤랜드Roland the Minstrel Pig》와 《저 벌을 봐!C D B!》는 1968년에 출간되었다. 스타이그는 세 번째 그림책인 《당나귀 실베스터와 요술 조약돌》(1969)로 1970년에 콜더컷 상을 받는 영예를 누렸다.

오랫동안 시각 예술가로 일하며 이름을 알려 왔지만, 그는 탁월한 글 작가이기도 했다. 어린 독자들을 위한 스타이그의 이야기에는 옛이야기 특유의 몽환적인 기이함과 명료함이 그만의 시각적 개그에서 비롯된 짓궂은 위트와 잘 어우러져 있다. 등장인물들이 직면한 말도 안 되게 우스꽝스러운 상황 속에서도 강렬한 감정이 드러난다. 《치과 의사 드소토 선생님》(1982)에서 성실한 치과 의사인 쥐가 잡아먹힐 위험을 감수하면서도 이가 아픈 못된 여우를 치료할 때처럼 말이다.

스타이그는 아주 재미나면서도 아주 진지한 사람이었다. 어느 오후, 갈색 종이봉투에 든 점심을 먹으며 수다를 떨다가 자기 앞에 놓은 시큼한 피클에서 웃음의 가능성[1]을, 옆에 놓인 플라스틱 포크에서 조형적인 가능성[2]을 탐색하기도 했다. 요술 조약돌, 요술 뼈다귀, 잃어버린 하모니카에 관한 그의 여러 이야기[3]에서 보이듯, 이 예술가의 세계에서는 아무리 사소하거나 하찮은 것들도 같은 관심의 대상이 되곤 한다.

스타이그의 네 번째 아내인 진은 조각가이자 작가이다. 스타이그와 진은 1960년대 중반 브루클린 하이츠에서 열린 파티에서 만나 40년을 함께 살

---

[1] 아내인 진 스타이그와 함께 만든 《콩 한 줌A Handful of Beans》에는 코가 피클 모양인 남자가 등장한다.
[2] 2007년 fineartinamerica(https://fineartamerica.com/featured/a-fork-in-the-road-william-steig.html)라는 웹사이트에서 〈A Fork in the Road〉라는 그림을 볼 수 있다.
[3] 《당나귀 실베스터와 요술 조약돌》, 《멋진 뼈다귀》, 《지크 피핀Zeke Pippin》을 말한다.

았다. 둘은 《나그네쥐를 생각해 봐Consider the Lemming》(1988)와 《콩 한 줌A Handful of Beans》(1998)을 비롯한 여러 어린이책을 함께 만들었다. 보스턴에 있는 예술품으로 가득한 널찍한 아파트에서 이 인터뷰를 녹음하던 날 아침, 격자무늬 셔츠에 청바지, 목이 긴 운동화 차림을 한 빌은 여든일곱이라는 나이가 무색하리만치 활기차고 단정해 보였다. 남편의 이야기를 속속들이 알고 있는 진은 이따금씩 실마리가 될 말을 넌지시 건네 남편의 기억을 일깨울 준비가 되어 있었다. 우리가 대화를 나눈 1994년 7월 14일에는 한 블록도 채 안 되는 거리에서 보스턴 바스티유 데이[4] 야외 행사를 위한 마지막 준비가 한창이었다.

윌리엄 스타이그: 인터뷰하는 사람들은 늘 내게 똑같은 질문을 하더군. "어쩌다 이런 돈벌이에 뛰어들었소?" 뭐, 그런 거 말이오.

레너드 S. 마커스: 그런 건 여쭙지 않겠습니다.

A: 해도 되는데……

Q: 저는 《지크 피핀Zeke Pippin》(1994)에 대해 여쭙고 싶습니다. 비교적 최근작인데, 초창기 작품의 일부를 다시 보는 것 같아요.

A: 늘 그러는걸. 알다시피 나는 책 한 권을 써서 계속 변주하고 있을 뿐이라오.

Q: 예를 들면 《뒤죽박죽 달구지 여행》(1974)에는 아버지에게 하모니카

---

[4] 프랑스 혁명의 시발점이 되었던 바스티유 습격 사건을 기념하는 날인 'Fête nationale française'를 부르는 이름.

를 선물 받는 지크라는 돼지가 나오잖아요.

진: 그 돼지 이름이 지크였군요. 생각을 못 했네.

A: 나도 생각을 못 했어. 까맣게 잊고 있었어. 그런데 내가 이지키얼[5] 이란 이름을 좋아해. 아들이 하나 더 있었으면 이름을 지크라고 했을 텐데.

Q: 그 발음을 좋아하시나 봅니다.
A: 그것 말고 다른 이유가 있겠소?

Q: 성경과 관계가 있잖습니까.
A: 난 그런 것 따위엔 의미를 두지 않아요.

Q: 음악가가 되고 싶었던 적이 있으신가요?
A: 아니오. 하지만 내 아들이 뛰어난 음악가요. 재즈 플루트 연주자지.

Q: 선생님의 많은 책에서 음악이 중요한 역할을 하기 때문에 이런 질문을 드렸습니다만…….
A: 내 아들 때문일 거요. 그리고 우리 형님도 재즈 연주자였다오.

Q: 선생님 작품에서는 종종 음악이 주인공의 생명을 구하기도 하더군요. 이를테면 《음유시인 돼지 롤랜드》에서도 사자 왕이 지나갈 때, 마침 롤랜드가 류트를 연주하고 있지 않았다면 통돼지구이가 되었겠지요.

진: 《멋진 뼈다귀》(1976)에서도 뼈다귀가 트럼펫처럼 뿜뿜거려서 주인공인 펄을 구하지요.

---

5 지크는 이지키얼의 애칭으로, 〈구약성서〉 속 예언자 에스겔의 영어식 표기이기도 하다.

Q: 그리고 마차가 마구 굴러갈 때 농부 팔머가 아들에게 주려고 가지고 가던 하모니카를 불자 멈추었어요. 그러니 음악에는 신비로운 힘이 있다고 할 수밖에요.

A: 농부 팔머는 돼지예요, 그렇죠? 돼지들은 하모니카를 부는 데 적합하지 않은 동물일 거요. 입술을 우리처럼 오므리지 못하거든. 나는 그 책에서 팔머가 하모니카를 부는 모습이 제대로 표현되지 않을까 봐 걱정했지.

Q: 《피노키오》가 어린 시절 선생님께 큰 의미가 있는 책이었다고 어디선가 말씀하셨지요?

A: 나는 어릴 때 그 책을 참 좋아했어요. 지금도 좋아해요. 사실 몇 년에 한 번씩 꺼내 읽는다오. 센닥이 그 책에 대해 트집을 잡는 거 알아요. 그 친구는 디즈니의 〈피노키오〉를 훨씬 좋아하던데, 내 보기엔 미친 짓이오.《피노키오》 원작의 훈계조를 싫어하는 것 같더라고. 그런 면에서는 그 친구가 맞긴 해. 그래도 그 책은 훌륭한 책이요.

Q: 그 이야기에서는 피노키오와 제페토가 나쁜 짓을 했다고 억울하게 비난받는 장면이 여러 군데에서 나오지요. 그리고 마지막에 피노키오는 용서를 빌기 위해 어떻게 해서든 아버지에게 돌아가야 해요. 그런 요소는 《진짜 도둑》(1973)의 구성과 비슷하지 않나요? 그 책도 억울하게 범인으로 몰리는 이야기지요.

A: 그러니까 우리 선생님이 불쑥 "누가 아무개의 만년필을 훔쳤니?"라고 묻던 기억이 나는군. 그때마다 가슴이 철렁했거든.

Q: 실제로 안 하셨는데도 말이지요?

A: 절대 안 했소, 절대. 그런데도 늘 내가 지목당하는 기분이 들었지.

진: 빌은 형제가 모두 넷이었는데, 모두들 '누가 그런 짓을 했는지' 따지고 밝히는 걸 중요하게 여겼대요.

A: 나쁜 짓의 책임이 누구에게 있는지 말이야.

Q: 그래서 지목당하는 게 두려우셨군요?

A: 잘 모르겠지만, 막연히 죄책감을 느낀 거지. '내가 할 뻔했는데.'라거나 '내가 했을지도 몰라.' 하면서 말이오.

진: 경찰을 보면 가슴이 철렁하죠!

A: 운전하다가 경찰을 보면 괜히 가슴이 철렁 내려앉지.

진: 당신은 운전할 때 자주 그러잖아요!

Q: 《피노키오》와 선생님이 쓰신 이야기들 사이에 또 다른 관련성이 있다면, 피노키오가 쓸모없는 나무토막에서 만들어졌다는 점이지요.

A: 그러니까 하모니카도 원래 쓰레기였다?

진: 당신, 쓰레기 수거인이 주인공인 책을 쓴 적도 있잖아요. 《티프키 두프키의 아주 멋진 날》(1978) 말이에요. 게다가 쓰레기 수집가와 결혼하기도 했고요. 내가 폐품을 수집하니까. (레너드 S. 마커스를 보며) 그걸로 조각품을 만들거든요. 나는 조각가예요.

A: 아내와 뉴욕 거리를 걸을 때는 쓰레기통을 피해 다녀야 한다니까.

Q: '오브제 트루베objet trouve[6]'라는 아이디어에 심미적으로 끌리시나요?

A: 아니오.

진: 어려서 축전지를 발견했을 때는요?

---

[6] 일반적으로 미술품의 재료로 여기지 않는 사물이나 제품으로 만든 미술품을 말한다. 마르셀 뒤샹이 소변기로 만든 작품 〈샘〉이 대표적이다.

A: 맞아요. 두 살 때 우리 집이 브루클린에서 브롱크스로 이사했는데, 집 밖 쓰레기통에서 축전지를 발견한 거야. 그때는 아이들이 살해당하지 않고 거리를 휘젓고 다닐 수 있었지. 긴 유리병처럼 생긴 축전지였는데 아름답고, 아주 깨끗하고, 근사했지. 내가 그랬어. "이것 봐요, 사람들이 이렇게 근사한 걸 버렸어요."

Q: 그게 가장 어렸을 때 기억인가요?

A: 아니. 처음으로 자동차를 탔던 기억이 있어요. 두 살도 안 먹었을 때야. 누군가 나를 자기 운전석 옆자리에 앉혔지. 새로운 기적이 일어난 거요. 브루클린에서 말이요.

Q: 자동차를 타 보니 짜릿했나요?

A: 말이 끌지 않아도 움직이는 게 신기했던 기억이 나요. 내가 어렸을 때는 탈 것은 대부분 말이 끌었거든.

아주 어렸을 때, 어떤 아이가 우리 집에 들어왔던 기억도 나요. 그 애를 쫓아내고 싶은데, 어머니가 그냥 있으라고 하시지 뭐야. 그래서 속이 부글부글 끓었지. 몹시 부당하다고 여겼던 것 같아.

Q: 관심을 독차지하고 싶었던 건가요?

A: 아니. 그 아이가 한 짓에 기분이 상해서 "꺼져!"라고 했어요. 그런데 어머니가 "그러면 안 돼."라고 하시는 거야. 어머니가 그 애를 그냥 있으라고 하는 게 왠지 어머니한테 배신당한 기분이 들더라고.

Q: 오브제 트루베로 돌아가 보지요. 실베스터는 뭔가를 발견했는데, 쓰레기가 아니라 평범한 조약돌을 말이죠. 그게 요술 조약돌이라는 게 밝

윌리엄 스타이그 —— 335

혀지지요.

A: 아무래도 그건 내가 쓰레기통을 뒤지는 행동과 관련이 있을 것 같아. 하지만 실베스터는 쓰레기통에서 조약돌을 찾은 게 아니지요. 안 그래요?

Q: 제 생각에 조약돌은 너무 평범해서 보통은 갖고 싶은 마음이 안 들 것 같아요.
A: 내 심리에 대해 무슨 할 말이 있는 거요?

Q: 꼭 그런 건 아닙니다. (웃음)
진: 잘해 보세요!

Q: 저는 그저 선생님의 작품이 어떤 공통점을 가지고 있는지 알아보려는 거예요.
A: 그러니까 동기가 뭐냐는 말인가요? 여러 인터뷰에서 나는 돈 때문에 하는 거라고 말했지요. 왜 이야기를 쓰냐고? 그걸 해야 먹고 살 수 있으니까. 사람들이 자기 행동을 늘 분석하지는 않아요. 내가 어린이책을 쓰기 시작한 건, 로버트 크라우스가 출판계에 몸담겠다고 했기 때문이지. 그가 그러더군. "날 위해 이야기 좀 써 주겠나?" 그래서 그랬지. "물론이지." 덕분에 나는 늘 꺼림칙하게 여기던 광고 그림을 그만둘 수 있었지. 나는 예술이란 본디 예술 그 자체를 파는 거지 물건을 파는 게 아니라고 생각했거든.

Q: 글 쓰는 게 즐거우셨나요?
A: 애들이 다 그렇지만, 나도 어릴 때는 글을 쓰겠다는 생각을 가끔 했지요. 실제로 몇 장 써 보기도 했고. 꽤 괜찮은 것 같더군. 글을 팔겠다는 생각은 전혀 안 해 봤어요. 어릴 때를 빼곤 말이요. 그때는 글을 써서 먹고 사

는 게 꽤 괜찮은 줄 알았거든. 나는 자기 일을 즐기는 극소수에 속해요. 그런 사람은 전체 인구 중 1퍼센트 미만일 거라고 누가 그러더군.

Q: 저도 동의해요.

A: 나도 동의해요. 그런 나조차도 즐기지 못할 때가 있긴 해요. 그저 써야 해서 쓰는 경우가 그렇지요. 그런데 일단 쓰기 시작하면 즐기게 되더라고.

Q: 어릴 때 그림을 많이 그리셨나요?

A: 별로. 선친께서는 우리가 뭘 베끼면 칭찬해 주셨지. 그림을 배우려면 그저 모사가 최고라고 생각하셨거든.

Q: 그게 맞는다고 생각하시나요?

A: 맞는지 안 맞는지 잘 모르겠소. 처음에 그림을 그리게 하려면 그저 연필과 종이를 쥐어 주는 게 가장 낫지.

Q: 아버님도 아마추어 예술가셨지요?

A: 그래요. 이 벽 어딘가에 그분이 그린 게 걸려 있어요. 나더러 그림 그리라고 격려도 하셨지만, 대개는 돈을 벌어야 할 것 같은 분위기를 조성하셨지. 나를 충분히 지원했다고 생각하셨거든. 그러니까 내가 열다섯 살이 되어 대학에 갓 들어갔을 무렵이었지. 여름에는 아버지를 따라다니며 일했소. 아버지는 페인트공이셨는데, 나한테는 돈 대신 맥아음료를 지불하셨지. 하루 일을 마치면 맥아음료를 사 주셨거든. 그 무렵 아버지는 내가 당신을 위해 일해야 한다고 생각하셨어요. 그전까지는 당신이 나를 위해 일하셨으니까. 어쨌든 나는 20년쯤 지원을 받았는데, 그다음에는 내가 통 크게 25년을 지원해 드렸지. 여하튼 아버지는 멋진 분이셨소. 내가 아버지를 썩은 달걀처

럼 묘사하긴 해도 말이야.

Q: 어머님도 그림을 그리셨나요?

A: 그래요. 참 잘 그리셨지. (거실 쪽을 가리키며) 저기 어머니 그림이 있어요. 소가 보이나요? 소 오른쪽에 데이지꽃이 꽂힌 꽃병(그림)이 있지요. 이 집에 있는 건 죄다 친구나 친척들이 만든 거야.

Q: 아버님 입장에서는 선생님이 돈을 벌었으면 하면서도 예술가가 되라고 권했으니, 참 남다른 선택을 하신 셈이네요.

A: 내가 자주 하는 말이 있어요. 우리 아버지는 사회주의자였다. 그리고 그분은 우리를 학교에 보내 전문가로 만들 여유가 없었다. 아버지가 그러셨어요. "네가 남 밑에서 일하면 착취당하는 거야. 네가 대장이면 착취하는 거고." 아버지는 둘 다 바람직하지 않다고 하셨어요. 그래서 예술 쪽 일을 하라고 하신 거지.

Q: 동네에 생각이 비슷한 사람들이 많이 살았나요?

A: 아버지에겐 유럽 출신 친구들이 많았어요. 죄다 사회주의자였지.

Q: 미술 학교에 다니긴 하셨지요······.

A: 그래요. 우선 열다섯 살 때 뉴욕 시립 대학교에 입학했지. 거기선 거의 수영장에서 살았어요. 실제로 대학 수영팀이기도 했고. 아버지는 내 학교생활이 장래를 준비하는 데 아무런 도움이 되지 않는다고 생각하셨지. 그래서 미술 학교에 들어갔지. 국립 디자인 예술 학교라고 불리는 곳이었소. 아버지가 나를 닦달하셨거든. 그다음에는 예일 예술 대학[7]에 잠깐 다녔지만, 실망스러웠어. 뉴헤이븐에서 친구와 같이 살 때였는데, 한밤중에 집을

꾸려 집으로 와 버렸지.

Q: 그 당시의 실험적인 예술 운동, 이를테면 초현실주의 같은 데 관심이 있으셨나요?

A: 아니오. 당시에 현대 미술의 영향을 받은 사람들은 매우 드물었어요. 스튜어트 데이비스[8]는 1913년 아머리 쇼Armory Show[9]의 영향을 받았지. 그러나 나는 아니오. 10대 후반부터 20대 초반까지만 해도 현대 미술을 좋아하지 않았어요. 반 고흐나 세잔도 인정하지 않았지. 내 동생은 좋아했지만.

Q: 선생님을 변화시킨 특별한 계기가 있었나요?

A: 물론이죠. 아니면 나는 도도새로 남아 있었겠지.

Q: 1930년대와 40년대에 상징적 드로잉을 실은 책을 펴내셨지요.

A: 이렇게 물으려는 거지요, 이유가 뭡니까?

Q: 전혀 아닙니다!

A: 그 책 이야기만 나오면 정말 민망하거든.

Q: 그 책 중 하나인 《인간에 관하여About People: A book of symbolical drawings》(1939)의 서문에 자동 묘법automatic drawing[10]에 대한 다양한 이

---

7 예일 대학교의 예술 대학으로 1869년에 설립된 미국 최초의 미술 전문 학교.
8 Stuart Davis(1892~1964): 미국의 추상화가로 20세기 초 미국의 현대 미술 발전에 큰 공헌을 했다.
9 1913년 뉴욕에서 열린 미국 최초의 국제 근대 미술 전람회로 서유럽에서 일어난 새로운 미술 사조를 신대륙에 전파하는 데 큰 역할을 했다.
10 예술을 무의식의 자유로운 해방구로 여기며 붓 가는 대로 그리는 초현실주의 미술 기법을 말한다. 프랑스 초현실주의 화가 앙드레 마송André Masson이 선구자로 알려져 있다.

론들을 언급하셨어요. 그 아이디어나 기법이 선생님에게 특별히 중요한가요?

A: 가끔가다 바로 그렇게 그림을 시작하거든. 무엇을 하고 싶은지 모르는 상태에서 그리는 거지요. 간혹 재미있는 일들이 생기지.

Q: 그것을 일종의 백일몽이라고 여기시는지요?

A: 아니요, 그렇게 생각하지는 않아요. 그런 건 한동안 그림을 그리고 난 다음에, 그리고 홀로 있을 때만 찾아오지. 《더 뉴요커》의 많은 예술가가 사무실에서 그림을 그려요. 남들이 지나가다 들러 오랫동안 담소를 나누기도 하고. 그러면 그 친구들은 계속 그리면서 얘기하는 거야. 나는 그게 도무지 이해가 안 돼. 사실 바로 여기 우리 집에서도, 진과 내 방 사이에 방이 세 개나 있는데도, 누가 진을 누가 찾아오면 나는 그림을 못 그려. 가만히 생각해 보니 시골에 살면서 눈 속에 갇혀 있을 때 언제나 그림이 가장 잘 나왔던 것 같아요.

Q: 자신이 그린 그림에 놀라실 때도 있나요?

A: 크게 놀라지는 않지만, 생각지도 못한 것들이 나올 때도 있소. 하지만 당신은 내 그림에 관심이 없겠지.

Q: 아주 많습니다.

A: 종이와 펜을 바꾸면 많은 일이 일어나요. 왜냐하면 때때로…… 거친 종이가 나를 다른 방향으로 이끌고, 지금까지와는 다른 선들을 따라 생각을 하게 하거든. 손이 (저것이 아니라) 이것을 하고 있으니, 이전과 다른 게 나올 수밖에. 나는 어린이책 그림을 그릴 때면 그냥 그릴 때와 달리 상당히 긴장감을 느껴요. 왜냐하면 나는 즉흥적으로 그리는 걸 좋아하거든. "이제

그는 나무 아래 서 있어요." 같이 상황에 맞게 묘사하는 것보다 말이요.

Q: 앞서 어린 시절에 어머니한테 배신감을 느낀 경험에 대해 말씀하셨지요. 비슷한 감정이 《지크 피핀》에 영향을 미친 것 같아요.

A: 모든 아이들이 제대로 이해받지 못하는 기분을 느끼지. 어릴 때 그런 기분 느껴 보셨겠지? 물론 아이들은 이해받지 못해. 우리가 아이가 아닌데, 어떻게 아이를 이해할 수 있겠소?

Q: 그럼 그 이야기를 쓰셨을 때, 특정한 기억을 그리지는 않았다는 건가요?

A: 생각지도 못 했어요. 어쩌다 그런 생각이 드셨나?

Q: 선생님의 다른 이야기들처럼 그 감정이 너무 강렬해서, 왠지 지어낸 것 같지가 않았습니다.

A: 그건 칭찬이군!

Q: 그렇습니다.

A: 마음에서 우러난 글 같았나 보지? 내 기억으로는 특별한 경험과 관련 있는 이야기는 아닌 것 같지만. 책을 다시 봐야겠네.

Q: 《부루퉁한 스핑키》(1988)도 가족의 태도 때문에 화가 난 아이에 대한 이야기지요.

A: 그게 내 경험에서 나왔다고 생각하지는 않소. 그러니까 직접적인 건 아니라는 뜻이지. 나는 어릴 때 부루퉁해 있을 수가 없었어요. 너무 심통 맞게 굴면 아버지한테 호되게 맞을 거라서.

윌리엄 스타이그 —— 341

Q: 그럼 그 이야기로 소원을 이룬 셈이겠군요. (웃음) 스핑키, 아이린[11], 레너드[12] 그림들을 보면 왠지 크로켓 존슨의 아이들이 떠올라요.

A: 난 그 사람 그림을 썩 좋아하지 않아요.

Q: 하지만 선생님의 아이들은 그의 아이들과 마찬가지로 매우 입체적입니다. 아이들에게 회복력과 자립심이 있다고 보시나요?

A: 아니요, 그렇지 않아요. 나는 아이들이 매우 연약하고, 사실상 민감하고, 쉽게 상처받는다고 생각해요. 안 그런가요? 아이들은 두 가지 특성, 민감함과 힘을 다 가지고 있는 것 같아요.

Q: 아이린은 폭풍이 부는데 나가서 엄청난 고생을 하지만, 어쨌든 그 모든 상황을 헤쳐 나갑니다.

A: 그래요. 그러나 나는 그게 딱히 내 경험에서 나온 거라고는 생각하지 않아요. 누구나 눈보라가 치는데 밖에 있어 본 적이 있을 테니까 말이요. 나도 어른이 된 뒤에 눈보라를 헤치고 집에 오느라 고생한 적이 있어요. 걸어 오는데 갑자기 눈보라가 휘몰아쳤거든.

Q: 정말 위험한 폭풍을 겪으신 적이 있는지요? 책에 그런 장면이 많아서요.

A: 나는 폭풍을 좋아해요. 정말 좋아하지.

Q: 일부러 찾아다니시나요?

A: 지금은 아니지만, 처음 시골에 살 땐 그랬어요. 천둥 번개가 심하게

---

11 《용감한 아이린》의 주인공 여자아이.
12 《자바자바 정글》의 주인공 남자아이.

치면 밖으로 달려나가 비를 흠씬 맞곤 했지. 천둥소리에 맞춰 소리를 지르기도 했고. 폭풍은 극적인 면이 있어요. 누구나 좋아하지. 밖에 폭풍우가 몰아치는데 안전한 집 안에 들어앉아 창밖을 내다보며 여기가 바깥보다 낫다고 느끼는 것도 왠지 즐겁고.

Q: 도시 아이였는데도, 자연에 대한 강렬한 감정이 있었군요?

A: 아이들이 자연을 사랑하는 건 당연하다고 생각해요. 브롱크스의 쓰레기장에서 토마토가 자라는 걸 처음 본 기억이 나는군. 아마 누군가 토마토를 그곳에 떨어뜨렸었겠지. 쓰레기 속에 섞여 있었을 수도 있고. 그런데 거기에서 토마토가 자라나 열매를 맺지 않았겠소. 정말 경이롭더군. 어렸을 때 내 주위에는 자연이 넘쳐났어요. 공원도 있고. 나무도 있고.

브롱크스에 살 때, 뉴욕 센트럴 철도가 우리 집 옆으로 지나갔어요. 우리는 브룩 애비뉴 쪽에 살았는데, 집 옆으로 철도가 지나가고, 그 건너에 파크 애비뉴가 있었어요. 칙칙폭폭 기차들이 엄청난 연기를 내뿜으면서 우리 집 창문 앞을 지나치곤 했지. 브룩 애비뉴에서 파크 애비뉴로 건너가는 다리도 있었어요. 기차가 지나갈 때면 연기와 증기가 엄청났지. 아이들은 기차가 오는 걸 보면 그 연기와 증기에 휩싸이려고 다리로 기어올라 갔어요. 그 시절 우리가 누렸던 재미 중 하나지. "야, 기차 온다!"

Q: 《더 뉴요커》 일을 하실 때에 대해 여쭤볼게요. 그 잡지 일을 하던 예술가들은 서로 알고 지냈나요?

A: 그럼. 나는 대공황 때 일을 시작했어요. 《더 뉴요커》는 당시 그림 한 점에 40달러를 주었지. 다른 잡지는 아마 15달러였을 거요. 유머러스한 그림을 싣던 《라이프》와 《저지Judge》라는 잡지도 있었거든. 그래서 언제나 《더 뉴요커》에 가장 먼저 그림을 보내고, 그다음이 《라이프》와 《저지》에 보냈

지. 마지막으로 그림을 보내는 곳들은 5달러짜리 시장이었어. 대공황 때는 유머러스한 카툰을 싣는 작은 잡지가 많았어요. 사람들에게 웃음이 필요하다고 생각한 거지.

　이제 내가《더 뉴요커》에 대해 늘 남들에게 읊는 이야기를 해 주지요. 처음으로 표지 그림을 작업해서 보냈더니 그쪽에서 그러더군. "아이디어는 좋은데, 표현이 영 아니네요." 그 말은 "우리는 이 그림이 썩 마음에 들지 않는다. 아이디어만 살 수 없을까?"라는 뜻이야. 그래서 내가 말했지. "생각해 볼게요." 집에 와서 어머니에게 말씀드렸더니 그러시더군. "그러면 안 돼! 그 자들에게 아이디어를 팔지 마! 한 번 그러면 앞으로도 쭉 아이디어를 파는 사람으로 취급당할 거야." 그래서 다음 날 가서 말했지요. "우리 어머니가 아이디어를 팔지 말라고 하셨어요." 그러자 그들이 그러더군. "좋아요. 그 표지 그대로 살게요." 그게 내가 그린 첫 표지 그림이었지. 그때부터 한동안《더 뉴요커》일을 했어요. 뭐, 내가 늘 읊는 이야기 중 하나요.

Q: 초창기 책의 그림들은《더 뉴요커》에 처음 실렸던 건가요?

　A: 아니, 아니.《외로운 사람들 The Lonely Ones》(1942)라는 책이 있었소.《더 뉴요커》는 그 책을 거절했는데, 나중에 로스[13]가 아쉬워하더군. 왜냐하면 그 책이 엄청 인기였거든.

Q: E. B. 화이트와도 알고 지내셨죠?

　A: 내가 처음으로《더 뉴요커》일을 할 때 E. B. 화이트가 자기 집에서 열리는 모임에 나를 초대했어요. 나는 그저 가만히 앉아 있었지. 겁에 질려 한마디도 못했거든. 그랬더니 다시는 오라 소릴 안 하더군. 내가 불편해하는

---

[13] 당시《더 뉴요커》의 편집장.

줄 알았나 봐. 나도 참 어지간히 내성적인 아이였지 뭐요.

Q: 그도 내성적이지 않았을까요?
A: 안 그랬던 것 같아. 그 모임에서는 내성적이지 않았어요.

Q: 어떤 점에서 그의 어린이책에 흥미를 느끼게 되셨나요?
A: 특별한 점은 없어요. 물론 그 책들을 보았지. 언제나 감탄했고.

Q: 두 분 모두 우주의 아름다움에 대해 거의 비슷한 맥락으로 쓰시는 것 같아요.
A: 당연하지. 우주는 아름다우니까.

Q: 윌리엄 블레이크의 작품을 읽어 보셨나요? 선생님의 어린이책에서 블레이크의 시 〈호랑이〉가 많이 느껴져요.
A: 아, 그런가요? 그는 내가 정말 좋아하는 작가 중 하나지.

Q: 일례로 《아모스와 보리스》(1971)에서는 생쥐 아모스가 배를 타고 홀로 바다를 항해하며 만물의 아름다움에 감탄하지요. 그러다 갑판에서 굴러떨어지는 바람에 죽지 않으려고 버둥거려요.
A: 그걸 블레이크와 연결시키는 건가요? 놀랍군. 나는 블레이크를 사랑해요. 블레이크와 관련된 책이 보이면…… 사들이곤 하지. 그가 쓴 글의 상당 부분을 이해하지 못하지만, 그게 훌륭하다는 건 알아요. 그는 내가 흠모하는 사람 중 하나예요. 아니, 하나였지. 이제는 더이상 블레이크에 대한 생각하지 않거든.

Q: 그의 시각 예술, 그의 일러스트레이션에도 흥미를 느끼셨나요?

A: 아니요, 흥미를 못 느꼈어요. 나는 나 자신이 예술가로서 그다지 훌륭하다고 생각하지 않아요. 내 그림은 독특한 방식으로 점점 나아지긴 했어요. 그리고 내가 많은 사람들에게 영향을 끼친 것도 알아요. 예를 들면, 어린이를 그리는 많은 사람이 나를 통해서, 내가 그린 것들을 보고 어린이를 그리는 방법을 배웠다고 하더군. 내가 전에 없던 표현을 쓰기는 했으니까.

Q: 《외로운 사람들》에 실린 〈괜찮은 놈 하나 없네 People are no damn good〉라는 작품 제목은 어른에 한정된 말인가요, 아니면 아이들도 그렇다는 말인가요?

A: 물론 어른들만이지. 그 책에 얽힌 재미있는 일화가 있어요. 어떤 사제가 편지를 보냈는데, 그 책이 이오지마 전투[14]를 겪은 사람들에게 큰 위로가 되었다는 거야. 나는 그 편지를 소중히 간직하고 있소. 군인들이 아주 교양 있는 사람들은 아니잖소. 보통은 말이요. 그럼에도 그 책이 그들에게 어떤 영향을 끼쳤다는 거지.

Q: 서머힐의 창립자인 A. S. 닐과 알고 지내셨나요?

A: 오, 내가 닐을 가르쳤던 빌헬름 라이히[15]와 관계가 있다는 것을 아시는군. 아니요. 나는 닐을 만난 적이 없어요. 물론 빌헬름은 만났지요.

---

14 제2차 세계 대전 말엽인 1945년 2월 19일부터 3월 26일까지 서태평양의 전략적 요충지인 이오지마를 두고 벌어진 미 해군 및 해병대와 일본 제국 육군 간의 전투. 이 전투로 2만 8천 명에 이르는 미군과 2만 명에 이르는 일본군이 전사했다.
15 Wilhelm Reich(1897~1957): 오스트리아 태생의 정신 분석학자이자 사회 운동가, 페미니스트. 프로이트와 마르크스의 영향을 받은 2세대 정신분석학자로 신체 심리 치료라는 분야를 개척했으며, 오스트리아, 독일, 미국 등지에서 성 개혁 운동을 벌였다.

Q: 라이히를 우리 시대의 가장 중요한 인물 중 하나로 생각하신다고 어디선가 말씀하셨던데요.

A: 나는 그가 금세기의 가장 중요한 인물이었다고 생각해요.

Q: 그의 위대함의 본질은 무엇이었나요?

A: 그는 공간이 텅 비어 있는 것이 아니라, "오르곤 에너지"라고 불리는 것으로 가득 차 있다는 사실을 입증했어요. 일례로 돌은 살아 있지 않지만, 살아 있는 에너지로 가득하다는 사실을 발견했지요. 우리가 죽으면 물질적인 부분은 죽지만 에너지는 그렇지 않다는 거요. 그는 사람의 에너지가 "근육질 갑옷muscular armature"에 묶여 있는 것이 가장 큰 문제라고 여겼소. 달리 말하면 대부분의 사람이 대체로 자기 고환에 의존하고 있다는 거지요.

Q: 선생님의 초기 그림 중 일부를 라이히적인 의미에서 '갑옷 입은 사람'을 묘사했다고 봐도 될지요?

A: 그래요, 《외로운 사람들》을 예로 들자면 맞아요. 내가 라이히를 만났을 때, 책상 위에 그 책이 놓여 있더군. 그는 그 책을 좋아했어요. 나중에 내가 라이히 책에 삽화를 그리기도 했지. 그는 참 대단한 사람이었어. 상대방을 똑바로 바라보면서 그 사람에 대해 좔좔 읊곤 했지. 내가 그에게 치료를 받을 때 일이오. 상담실 소파에 길게 누워 있는데, 그가 들어오더니 그러더군. "오, 오늘은 어릿광대로군요!" 나한텐 어릿광대 같은 구석이 하나도 없었는데도 말이오. 그런데 그를 만나기 전에 오전 내내 낙서를 하면서 어릿광대를 그렸단 말이야. 아무 말이나 막 던졌는데, 우연히 맞아떨어졌다고 할 수도 있겠지. 악마나 다른 것일 수도 있고. 아무튼 그는 분명 뭔가를 보았어요. 그리고 나는 그전에 어릿광대를 그렸다는 사실을 깨달았지. 아무거나 그린 게 아니라 말이오.

Q: A. S. 닐이 "자율적인 어린이"에 대해 썼는데요.

A: 그건 라이히가 한 말이야. 아이들은 자연스럽게 자신의 행복을 위해 많은 일을 한다는 뜻일게요. 그렇다고 아이들에게 도움이 필요 없다는 뜻은 아니에요. 아이들은 어쨌거나 아이들인걸. 그러나 아이들은 기본적 욕구와 관련한 건강하고 자연스런 충동을 가지고 삶을 시작해요.

Q: 그럼 라이히의 요법은 그런 건강한 충동들을 되찾기 위해 '갑옷'을 벗기는 것이었나요?

A: 그렇지. 그건 그가 치료사로 나설 때 가장 효과적이었어요. 또한 그 효과는 영구적이지는 않아요. 왜냐하면 치료를 받아도 처음 태어났을 때의 자신을 망쳐 버린 바로 그 사회로 곧장 되돌아가야 하니까.

Q: 선생님은 안 좋아하실 수도 있겠지만, 저는 이렇게 가정해요. 라이히와 선생님의 책인 《슈렉!》(1990)에 관한 가정이에요. 라이히는 사람들에게 세 가지 층이 있다고 생각한 게 틀림없어요. 갑옷을 입은 바깥층, 거칠고 공격적인 충동이 나오는 두 번째 층…….

A: 바깥층은 사람들이 사회에 보여 주는 인위적인 모습이지. 그 사이가 쓰레기 같은 면이고, 가장 아래층에 아름다운 인간이 있지.

Q: 자, 이건 제 생각인데요. 그 쓰레기 같은 면이 슈렉인 건 아닐까요? 슈렉은 처음에는 괴물이었지만, 수많은 거울이 있는 방에서 자기 모습을 제대로 대면하고 나서야 사랑에 빠질 수 있게 되니까요.

A: 그런 면이 있는 것 같군요. 분명히. 라이히는 감옥에 갇혔다가, 심장 마비로 죽었소. 그의 책은 불태워졌지. 알고 있었소? 그의 책은 지금도 구할 수 있지만, 이해하는 사람은 전혀 없소. 하지만 나는 라이히 책을 처음 읽자

마자 그랬소. '누군가 우리 문제에 대한 답을 갖고 있을 줄 알았어.' 그리고 생각했지. '바로 이거야!' 그래서 곧장 그를 찾아갔다오.

로즈메리 웰스
Rosemary Wells

1943년 출생, 뉴욕주 뉴욕시

로즈메리 웰스는 1970년대 초에 미취학 아동에게 맞춤한 작은 그림책을 만드는 작가로 첫걸음을 내디뎠다. 아이나 어른 할 것 없이 빙그레 웃음 짓게 만드는 동시에, 어린이들이 견뎌 내야 하는 정서적인 충격과 상처를 숨김없이 드러내는 책이었다. 웰스는 이때부터 단편 영화나 보드빌vaudeville[1]의 간결하면서도 함축적인 형식을 활용해《벤자민과 튤립Benjamin and Tulip》(1973),《시끌벅적 노라Noisy Nora》(1973) 같은 책을 출간했다. 70년대 후반까지 웰스는 자신의 접근 방법을 더욱 갈고 닦았고, 1979년에 맥스와 루비에 대한 첫 보드북 세트 4권을 내면서 당시에는 아직 태동기였던, 영유아를 독자층으로 하는 그림책 장르의 기준을 세웠다. 이 획기적인 책에서 그녀는 인상적인 캐릭터, 단순하지만 만족스러운 이야기, 진한 정서적 교감, 강력한 재미를 만들어 낼 수 있는 가능성을 보여 주었다. 고작 몇 쪽밖에 안 되는 책 안에서 말이다.

흥미롭게도 웰스는 시각 예술을 공부했지만, 늘 글 작가로 일하는 것을 더 편안하게 느꼈다. 그녀는 수많은 그림책 외에도,《비밀의 문들 통해Through the Hidden Door》(1987),《말을 탄 메리Mary on Horseback: Three Mountain Stories》(1999),《윙 워커Wingwalker》[2](2002)와 같은 청소년 소설을 여러 해에 걸쳐 꾸준히 발표해 왔다. 동시에 디지털 미디어 시대에 태어난 어린이들의 삶 속에서 책의 소중한 자리를 지켜내기 위해《머더 구스의 노래》부터《돌아온 래시》(1995)에 이르기까지 어린이책의 고전 여러 권을 다시 그리거나 재구성했고, '리터러시literacy'[3]의 끈질긴 옹호자로 남았다. 그야말로 실천하

---

[1] 노래와 춤, 촌극 등을 엮은 버라이어티 쇼. 원래는 18세기 프랑스에서 유행한 풍자적인 노래를 가리키는 말이었으나, 차차 무대 예술적인 요소와 결합하여 오늘날과 같은 형태로 자리를 잡았다. 18세기 말 프랑스의 연극이나 오페라에 많은 영향을 끼쳤으며, 19세 말 미국에서 크게 유행했다. 보드빌이라는 이름은 발생지인 '발 드 비르Val de Vire'에서 비롯되었다고도 하고, '거리의 소리'를 뜻하는 프랑스어 '부아 드 빌voix de ville'에서 비롯되었다고도 한다.
[2] 항공 쇼나 서커스에서 비행기 날개 위를 걸어다니며 묘기를 선보이는 곡예사.

는 예술가인 셈이다. 이 인터뷰는 1999년 10월 18일, 웰스가 가장 좋아하는 이탈리안 레스토랑에서 저녁을 먹으며 진행했다.

───

레너드 S. 마커스: 어린 시절에 어떤 아이였나요?

로즈메리 웰스: 아주 밝았어요. 매우 집중력이 강했고, 솔직담백했지요. 고집도 아주 셌고요. 좋아하는 일은 그게 뭐든 열정적으로 했고, 할 이유가 없다고 생각하는 일은, 이를테면 수학 같은 건 아예 하지 않았어요. 그래서…… 짐작하시겠지만, 학교 성적은 좋지 않았어요.

Q: 언제부터 예술에 관심을 가지셨나요?

A: 두 살 반쯤부터 그림을 그렸다나 봐요. 어머니가 내 첫 편집자였지요. 어머니는 체계적이었어요. 내 기억에 매주 금요일 저녁마다 내가 그 주에 그린 그림을 모아서, 어머니 표현대로라면 "올라갈" 좋은 그림을 고르셨어요. 어머니가 고른 그림을 벽난로 위 선반에 압정으로 붙여서 다음 주 금요일까지 걸어 놓는다는 뜻이에요. 어머니는 "이건 정말 잘 그렸어."라고 말씀하시고, 나머지는 무시하셨어요. 그런 식으로 무엇이 '좋은지' 배워 나갔지요.

나는 부모님의 전폭적인 지지와 사랑을 받았어요. 아버지는 작가였고, 어머니는 춤꾼이었죠. 두 분은 분명히 이런 말씀을 나누셨을 거예요. "아, 정말 잘 그렸네? 얘는 타고난 예술가야. 얘 예술을 해야 해." 부모님은 내가 춤을 잘 추지 못하는 걸 다행이라고 생각하셨어요. 어머니 입장에서 그 생활은 힘든 부분이 있었거든요. 늘 공연을 다녀야 하고 몸이 고달프니까요.

---

3 글을 읽고 쓰는 능력.

그러나 두 분 다 예술가의 삶은 반기셨어요. 우리 식구는 돈 이야기를 전혀 하지 않았어요. 중요한 것은 일을 잘해 내는 것이었죠. 그러면 돈은 저절로 따라오니까요.

Q: 외동이라고 쓰신 걸 봤어요. 그런데 형제간의 경쟁을 다룬 책을 많이 쓰고 그리셨더군요. 어린 시절에 경험하지 못한 것을, 책을 만들면서 상상하셨나요?

A: 아니오, 그런 건 아니에요. 우선, 나는 외동 아닌 외동이었어요. 주말과 여름에만 보던 피가 반만 섞인 형제 피터가 있었으니까요. 내가 형제간의 경쟁에 대한 책을 많이 쓰는 이유를 콕 집어 말할 수는 없어요. 아이들이 생겨서, 확실히 어느 정도는 나한테 아이가 둘이라서 그런 것도 같아요.

하지만 《모리스의 사라지는 가방Morris's Disappearing Bag》(1975)를 만든 건 아이들이 생기기 훨씬 전이었어요. 그 책을 만든 건 설명하기 힘든, 내 의식 밖의 일이었어요. 내 개인의 경험과는 크게 상관없었어요.

Q: 《모리스의 사라지는 가방》은 꽤나 특이한 책인 것 같아요. 마법 가방의 이미지에서 언뜻 신화적인 공간이 느껴져요.

A: 음, 어린 시절에 가장 바라는 세 가지가 있지요. 첫째는 뒤통수에 눈이 달리는 것, 둘째는 하늘을 나는 것, 셋째는 사라지는 능력을 갖는 거예요. 어릴 적에 텔레비전에서 장 콕토[4]의 〈오르페〉를 본 적이 있어요. 벽을 뚫고 지나다니는 남자 이야기였는데 지금도 기억이 생생해요. 나는 그 아이디어에 완전히 매료되었어요. 믿을 수 없을 만큼 근사했지요. 그는 심지어 벽을 통과해서 감옥에서 빠져나왔어요. 그 영향인지 나는 늘 그런 기이한 것

---

[4] Jean Maurice Eugène Clément Cocteau(1889~1963): 프랑스의 시인이자 소설가, 극작가, 영화 감독. 널리 알려진 작품으로 소설 《무서운 아이들Les enfants terribles》이 있다.

들에 관심을 가졌지요. 뉴욕에서 태어난 미국인이지만 영혼은 러시아인인 데다 몬테카를로 발레단의 동료들에게서 온갖 종류의 미신을 배운 엄마가 나를 키워서 그런 것 같아요. 엄마는 온갖 기이한 것들을 믿었어요. 어릴 때는 그런 것들에 너무나도 익숙해서, 그런 종류의 믿음을 당연하게 받아들이곤 했어요. 비록 나 자신은 믿지 않더라도, 그런 믿음이 세상의 일부라는 사실을 받아들였지요.

Q: 부모님에 대해 더 말씀해 주세요.

A: 아버지 성함은 제임스 워릭James Warwick이고 극작가였어요. 아버지의 희곡 《막다른 골목Blind Alley》은 텔레비전 시리즈 〈플레이하우스 90Playhouse 90〉로 제작되었고, 나중에 〈필사의 도망자The Desperate Hours〉라는 꽤 유명한 영화로 만들어지기도 했어요. 아버지는 맥카시 시대에 블랙리스트에 오를 뻔했어요. 가장 친한 친구가 멜빈 더글러스[5]인데, 멜빈의 아내인 헬렌 가하건 더글러스[6]가 상원의원 선거에서 리처드 닉슨과 경쟁하면서 참혹하게 짓밟혔잖아요. 아버지는 헬렌을 지지하는 데다 더글러스 부부와 관계가 끈끈했던 터라 맥카시 일당이 아버지를 주목했던 거죠.

아버지는 그 사건 이후 글쓰기를 그만두고 다시는 펜을 들지 않았어요. 아버지는 훌륭한 작가였어요.

부모님은 내가 꼬맹이 때부터 언어와 언어의 힘, 시와 음악을 이해할 수 있게 해 주셨어요. 우리는 집에서 늘 고전 음악을 들었어요. 부모님은 문화

---

[5] Melvin Douglas(1901~1981): 미국의 배우.
[6] Helen Gahagan Douglas(1900~1980): 미국의 배우이자 정치인. 브로드웨이와 할리우드에서 배우로 활동하다가 민주당에 입당하여 캘리포니아주 최초의 여성 하원 의원으로 선출되었다. 나치즘과 인종 차별에 맞서는 한편, 이주 노동자의 복지와 여성의 권익을 옹호하는 활동을 펼쳤다. 하지만 1950년 상원 의원 선거에 출마했다가 당내 경쟁 상대인 맨체스터 보디와 공화당 후보 리처드 닉슨에 의해 공산주의자로 몰려 정치 경력이 꺾이고 말았다.

는 대중을 계몽해야지 대중에게 영합해서는 안 된다고 생각하셨어요.

내가 하는 일, 그리고 그 일에 대한 내 생각과 밀접한 관련이 있는 어린 시절의 경험이 하나 있어요. 말로 설명하기 힘든 희미한 기억이지요. 내가 아주아주 어릴 때, 그러니까 한 세 살 무렵이었을 거예요. 엄마가 빅터 축음기에 〈지젤〉인지 〈코펠리아〉인지 SP 음반[7]을 올려놓는 걸…… 내가 문득 본 거예요! 엄마는 작은 단추 세 쌍이 달린 세일러 반바지에 홀터넥 웃옷을 입고 있었어요. 여름이었죠……. 엄마는 그 음악에 실려 온 집 안을 돌아다니며 춤을 추었어요. 발레 전막을 다 추셨지요. 그때 나는 예술과 함께하는 게 어떤 건지 깨달았어요. 엄마에게 "자, 이것을 해."라고 말한 사람은 아무도 없었어요. 엄마는 그저 그 음악에 춤을 실었고, 춤 그 자체가 되었어요. 그냥 갑자기 춤이 엄마에게 온 거예요. 하늘에서부터요.

Q: 그런 것들에 비하면 학교는 좀 지루했겠군요.

A: 대체로 그랬죠. 하지만 친구도 많고 나름대로 재미도 있었어요.

Q: 어릴 때 어떤 책을 읽었나요?

A: 온갖 것을 다 읽었어요. 1940년대와 50년대에는 요즘처럼 어린이책이 많지 않았어요. 그러나 당시의 많은 책이 매우 훌륭했고, 어린이에게 위안을 주는 요소가 있었어요. 작가가 이렇게 말하는 것 같았죠. "얘야, 난 정말 네 편이고, 네가 누구인지 이해해. 그런 사람은 나밖에 없을 거야!" 나는 똑같은 책들을 자꾸자꾸 읽어도 그저 좋기만 했어요. 몸이 안 좋은 날이면 좋아하는 책을 침대에 잔뜩 쌓아 두곤 했어요. 학교 안 가는 날이나 비 오

---

[7] LP가 등장하기 전 축음기에서 구동되던 음반으로 정식 명칭이 'Standard-Playing Record'라 SP 음반이라고 부른다. 1분에 78회전을 한다고 해서 '78rpm Record' 또는 '78s'라고 부르기도 한다.

는 날이면 오전 내내 책을 읽었고요. 그러다 라디오를 틀어서 좋아하는 멜로 드라마인 〈헬렌 트렌트의 로맨스The Romance of Helen Trent〉를 듣곤 했지요. "서부의 작은 탄광촌 출신 소녀가 작위가 있는 부유한 영국 남자의 아내가 되는 행복을 거머쥘 수 있을까?" 정말 재미있었죠! 그리고 오후가 되면 또다시 책에 빠져들었어요.

나는 비어트릭스 포터 책들을 좋아했어요. 로버트 로슨이 쓰고 그린 책이라면 다 좋아했고요. 그의 책은 마치 마법 같았어요. 특히 《대관람차The Great Wheel》와 《리비어 씨와 나Mr. Revere and I》 같은 장편 동화들이 그랬지요. 그 책들 덕분에 역사를 사랑하게 되었어요. 역사는 우리 아버지도 무척이나 좋아하셨지요. 역사는 내가 가장 잘하는 과목 중 하나였답니다.

Q: 어릴 때 그림을 그리면서 마음속으로 책에서 본 그림들을 떠올렸나요?

A: 네, 나는 책에서 본 것은 모두 따라 그렸어요. 하지만 어린이책만 본 건 아니에요. 우리 할머니 댁은 어마어마하게 크고 서재도 어마어마했어요. 거기서 《더 뉴요커》 카툰 모음집과 영국의 정치 만화가인 데이비드 로의 책을 보았어요.

Q: 만화책은 어땠나요? 그 시대의 많은 부모가 자녀들이 만화를 읽지 못하게 했잖아요. 부모님 생각은 좀 달랐나요?

A: 어머니는 만화책을 싫어해서 금지했어요. 하지만 나는 어떻게 해서든 손에 넣었어요. 곧 어머니 몰래 숨겨 두는 법도 터득했고요.

Q: 책을 만드는 예술가, 특히 어린이책 작가가 된 계기는 무엇인가요?

A: 추상 표현주의의 온상이었던 보스턴의 미술관 학교[8]에 다닐 때만 해

도 어린이책 작가가 될 줄은 꿈에도 몰랐어요. 그런데 결혼을 하고 나니 일자리가 필요했어요. 우린 둘 다 돈이 없었거든요. 첫 일자리는 보스턴 로레인 상점의 지갑과 가방 구매 담당자 보조였어요. 일주일쯤 했어요. 두 번째 일자리는 로리앗 서점의 점원이었어요. 이 일인가 싶었는데, 정답은 아니더라고요. 여전히 뭘 해야 하나 싶었어요. 어쨌거나 그림을 그릴 줄 아니까, 이런 생각이 들었지요. '예술가로 살 방법이 분명히 있을 거야. 어떻게 하면 될까?' 나는 보스턴의 출판사들을 찾아가 보기로 했어요. 그들이 일러스트레이션을 필요로 한다는 것을 알고 있었거든요. 내가 가장 좋아하는 고전의 표지 그림을 그려 포트폴리오를 만들었지요. 엉망이긴 했지만, 거친 맛은 있었어요. 먼저 앨런 앤 베이컨 출판사에 갔는데, 여름휴가를 떠난 미술부의 문서 정리원 대타로 고용된 거예요. 나는 문서는 거들떠보지도 않고, 미국 역사책만 열정적으로 팠어요. 여름이 끝날 무렵에는 이미 편집을 하고 있었고, 정규직 편집 디자이너로 고용이 되었지요. 그다음부터는 순탄했어요. 그 뒤 6년 동안 첫 직장 경험을 바탕으로 직장을 옮겨 다니며 일을 배웠고, 곧이어 일러스트레이터가 되고 작가가 되었어요.

그 뒤 뉴욕으로 이사를 하고 맥밀런 출판사에 취직을 했어요. 남편이 콜롬비아 대학에서 건축학을 공부하고 있었거든요. 수전 허시먼이 어린이책 부서장을 맡고 있었는데, 하루는 내가 길버트와 설리번[9]의 노래로 만든 작은 가제본을 건넸어요. 그녀는 그 자리에서 그 가제본을 출판하기로 결정했지요. "앉아 봐요, 로즈메리. 당신은 이제 맥밀런의 작가예요!" 그건 내가 들어 본 중에 "나와 결혼해 줘!" 다음으로 가장 멋진 말이었어요. 나는 자리에 앉았고, 수전은 어설라 노드스트롬 밑에서 일했을 때 만든 하퍼 출판사

---

[8] 메사추세츠주 보스턴에 있는 사립 연구 대학인 터프츠 대학교 소속 예술 대학.
[9] 빅토리아 시대에 활동한 시인이자 극작가, 일러스트레이터 윌리엄 슈웽크 길버트(Sir William Schwenck Gilbert, 1836~1911)와 작곡가 아서 시모어 설리번(Sir Arthur Seymour Sullivan, 1842~1900)을 말한다.

의 책 수십 권을 보여 주었어요. 그녀는 내게 그림책에는 어떤 것이 적절한지, 어린이들이 그림책들을 어떻게 읽는지에 이르기까지 자신이 아는 모든 것을 몇 시간에 걸쳐 가르쳐 주었어요.

Q: 그밖에 또 어디에서 그림책 만드는 법을 배우셨나요?

A: 어릴 때 텔레비전에서 시드 시저[10]의 〈당신을 위한 최고의 쇼Your Show of Shows〉[11]와 재키 글리슨[12]의 〈신혼 부부들The Honeymooners〉[13]을 보면서 이미 코미디와 타이밍에 대해 배웠어요. 내 책은 모두 짧은 희곡이에요. 바로 그 쇼들을 통해 어떻게 해야 할지 배웠답니다.

당시는 텔레비전이 갓 나왔을 때라 구성과 양식을 연극 무대에서 가져왔어요. 심지어 영화조차도 이를테면 뮤지컬을 무대에 올리듯 연극적인 방식으로 구상했지요. 언어와 이야기와 구성에 관한 내 모든 감각은 아버지와 연극에서 비롯되었어요. 그것이 바로 내가 책에 대해 생각하는 방식이지요.

Q: 1960년대 후반에 수전 허시먼 등이 유아 그림책을 전문적으로 만들고 있었고, 선생님은 초창기 책부터 그 방향으로 작업하셨잖아요. 그때가 그런 새로운 흐름에 집중하기에 적기였던 걸까요?

A: 아마도 그랬던 것 같아요. 하지만 이유는 모르겠어요. 그 무렵 난 이미 맥밀런 출판사에서 나와서 다이얼 출판사의 필리스 포겔먼과 책을 내기 시작했어요. 필리스는 빈 곳, 그러니까 채워야 할 구멍을 감지하면 그것을 채우려고 바로 행동하는 타입이었어요. 정말 독창적인 사람들은 늘 그러

---

10 Isaac Sidney Caesar(1922~2014): 미국의 코미디언으로 '텔레비전의 찰리 채플린'이라고 불렸다.
11 1950년대 미국에서 방영된 선구적인 텔레비전 라이브쇼.
12 John Herbert Gleason(1916~1987): 미국의 코미디언이자 배우, 작가, 지휘자.
13 1955년부터 1956년까지 미국에서 방영된 텔레비전 시트콤.

잖아요. 한 세대 전에 어린이도 사람이라고 생각한 마거릿 와이즈 브라운은 진정으로 유아를 위한 문학의 가능성을 엿보았어요. 그 전에는 아무도 그런 시도를 하지 않았지요. 필리스도 하퍼콜린스 출판사에 있을 때 어설라의 '특권 그룹'에 속했고, 그 전통을 이어 가고 싶어 했어요. 그런데 나는 내 책을 읽는 아이들에 대해 생각하지 않아요. 누가 내 독자가 될지 생각하지 않는다는 뜻이에요. 나는 아이들을 개별적인 인간으로 생각하지, 집단이나 종으로 여기지 않거든요! 책을 만들 때 그냥 책 그 자체만 생각한답니다.

Q: 언제 처음 자신을 글 작가라고 생각했나요?

A: 비록 그림 작가로 시작했지만, 이야기가 더 중요하다는 사실을 바로 알아차렸고 이야기를 쓰고 싶어 했어요. 나는 처음부터 그림 작가보다는 글 작가로서 훨씬 더 재능이 있고 훈련도 되어 있었어요. 내가 그저 괴짜 만화가가 아니라 자존심 강한 예술가가 되기까지는 오랜 시간이 걸렸어요. 내 그림을 글의 수준까지 끌어올리는 데 자그마치 25년이 걸렸지요.

우리는 앞서 어린 시절의 영향에 대해 이야기했는데, 여기서 제가 생각하는 결정적인 지점을 언급하고 싶어요. 실제로 예술가가 할 수 있는 일 중 어떤 것도 어린 시절과는 관련이 없어요. 어린 시절은 그저 주제 선택에 영향을 미칠 뿐이지요. 내가 쓰고자 하는 이야기, 내가 그리고자 하는 주제는 경험이나 길들여진 호불호와 관련이 있어요. 그건 후천적인 거예요. 그러나 재능은 타고 나는 거랍니다. 매 세대마다 어린이책에서 뛰어난 성취를 이루는 작가는 소수에 지나지 않아요. 스무 명 남짓? 재능은 하늘이 내리는 거예요. 나는 글을 쓰는 재능이 그림을 그리는 재능보다 훨씬 뛰어나요. 그래서 그림 그리는 재능을 갈고 닦고 발전시켜야 했답니다.

Q: 글과 그림을 모두 작업하신 초창기 그림책인 《벤자민과 튤립Benjamin

& Tulip》(1973)은 요즘 나오는 대부분의 어린이책보다 훨씬 원초적인 감정을 보여 주더군요.

A: 그건 아이들을 있는 그대로 묘사한 거예요. 아이들은 우리 반에서 누가 나를 괴롭힐 수 있는지 알잖아요. 어떤 아이든 다 알아요. 나는 어린 시절에 어른들이 바라는 행복한 얼굴을 덧씌우려고 하지 않아요. 내가 문제라고 생각하는 것 중 하나가 어린이책에 어른들의 정치적 의제가 스며드는 거예요. '모두 함께 행복해지거나 모두 행복해야 한다'는 주제는 현실성이 없잖아요. 아이들이 《벤자민과 튤립》을 좋아하는 이유는, 벤자민에게서 '노먼 벅'을 보기 때문이에요. 방과 후에 나와 내 친구 지니 오말리를 기다렸다가 우리 자전거를 빼앗고, 우리를 언덕 아래로 밀어 버린 녀석 말이에요. 못된 애들은 늘 있어요. 어린 시절이란 그런 거예요. 나는 어른들을 고려해 현실을 미화하지 않고 있는 그대로 쓰려고 노력해요.

Q: 1960년대 말과 70년대 초는 작은 그림책의 시대였어요. 선생님의 책 말고도 마사 알렉산더와 머서 메이어의 책이 있었지요. 정말 사랑스러운 크기의 그 책들을 작업하는 게 즐거우셨나요? 이제 그런 책이 더 이상 나오지 않는 까닭은 무엇일까요?

A: 나는 여전히 작은 책을 사랑해요. 아이들의 작은 손에 맞춤한 데다, 아이들이 사랑하니까요. 그러나 요즘 책들은 대부분 커요. 출판사에서는 책이 그 자체로 포스터 기능도 하기를 바라거든요. 커다란 서점 저 멀리서도 책이 보이기를 바라지요. 그들은 존재감이 큰 책을 원해요.

Q: 선생님은 루비와 맥스의 모델이 두 딸, 빅토리아와 비주라고 자주 말씀하셨어요. 주인공들을 사람 대신 토끼로 하신 이유가 있나요?

A: 나는 언제나 동물을 주인공으로 삼곤 해요. 우선, 동물을 그리는 게

훨씬 쉽거든요. 아이들을 정말 매력적으로 그리기란 쉽지 않아요. 실제 아이들은 무척 지저분한 데다 늘 예뻐 보이지도 않잖아요. 나는 아이들을 이상화하고 싶지도 않고, 있는 그대로 보여 줄 마음도 없어요.《벤자민과 튤립》으로 돌아가자면, 그건 서로 괴롭히는 아이들에 대한 이야기잖아요. 실제 아이들에게 그런 일이 벌어지는 것을 보여 주었다면, 그 책은 세상에 나올 수도 없었을 테고 재미있지도 않았을 거예요. 그러나 동물로 그리면 현실에서 한 발짝 멀어지게 되니 받아들여질 수 있지요.

Q: 앵거스는 선생님의 첫 웨스트 하일랜드 화이트 테리어였다고 들었어요. 초창기 작품 속 동물 캐릭터 중 일부는 그 개가 모델이었지요? 심지어 개가 아닌 동물 캐릭터도요.

A: 내가 그린 토끼나 다른 동물 캐릭터들을 자세히 들여다보면, 그들이 사실은 모두 웨스트 하일랜드 화이트 테리어라는 사실을 알게 될 거예요. 웨스티는 가장 표현이 풍부한 개 중 하나거든요. 그 애들은 귀로도 신호를 보내고 표현을 해요. 눈짓과 몸짓 언어를 활용한 표현력도 아주 뛰어나지요. 웨스티는 작지만 지배적인 성향이 강한 개예요. 웨스티를 들이면, 사람이 개를 훈련시키는 게 아니라 개가 사람을 훈련시키죠. 게다가 웨스티는 아주 따뜻한 개예요. 뽀뽀도 잘하고 끝도 없이 조잘댄답니다!

Q: 개를 그토록 사랑하시는데, 〈맥더프McDuff〉 시리즈[14]처럼 웨스트 하일랜드 화이트 테리어가 나오는 책들을 만드는데 왜 그리 오랜 시간이 걸리셨나요?

A: 로레 시걸이 글을 쓴《트루디라고 불러줘요 Tell Me a Trudy》(1977)로 돌

---

[14] 국내에는《내 이름은 맥더프》(로즈메리 웰스 글, 수전 제퍼스 그림, 이미영 옮김, 문학동네, 2006)가 출간되었다가 절판되었다.

아가 보면, 내 책에 웨스티를 언제 처음 그렸는지 알게 될 거예요. 그러나 내가 웨스티 캐릭터를 안 그린 이유가 있어요. 걔들은 내가 그린 부드럽고 신비로운 토끼들의 세계에 어울리지 않아요. 토끼들은 자신들만의 세계에 살아요. 걔들은 길들여져 있어요. 걔들에겐 목걸이와 인식표와 주인이 있지요.

Q: 〈맥스랑 루비랑〉 시리즈는 첫 편부터 보드북 형태로 구상하셨나요?

A: 아니요. 나는 그 시리즈가 어떤 내용이 될지도 몰랐어요. 처음에는 그냥 아주 짧은 이야기책으로 만들려고 했어요. 그러니까 보통 그림책의 절반 길이인 16쪽쯤 되는 책이요. 헝겊책으로 만들어 볼까도 했어요. 최종 형태를 생각해 낸 건 다이얼 출판사의 필리스 포겔먼이었어요. 그 책들은 현실적 이야기와 인물들이 나오는 최초의 보드북이 되었답니다.

Q: 왜 〈맥스랑 루비랑〉 보드북 시리즈의 그림을 다시 그리겠다고 결심하셨나요? 그 책을 다시 만들면서 어떤 점들을 고려하셨나요?

A: 나는 《시끌벅적 노라》,《모리스의 사라지는 가방》과《학교에 간 티모시Timothy Goes to School》(1981)의 그림도 다시 그렸어요. 다 똑같은 것을 고려했어요. 그러니까 잘 그린 부분은 그대로 두고, 더 잘 그릴 수 있는 부분은 바꾸는 거지요. 내가 예술가로서 수준이 더 높아졌고 새로운 기법도 익혔기에 그림이 바뀌어야 했어요. 내 인생 최고의 작품이라고 생각하는 책에 '로즈메리 웰스가 최선을 다하지 않은' 그림이 실리는 게 정말 싫었어요.

50년 뒤에 누군가가 다시 그리게 되느니, 차라리 내가 다시 그리는 게 나아요. 그 작업, 특히《모리스의 사라지는 가방》과《학교에 간 티모시》작업은 멋진 프로젝트였어요. 1999년에 나의 새 편집자이자 이전 편집자였던 바이킹 출판사의 리자이나 헤이스와 함께 그 책들을 다시 만들었지요. 1970년대 초반에는 아주 젊은 웰스가 다이얼 출판사의 아주 젊은 리자이나 헤이스와 함께 《모리스의 사라지는 가방》과 《학교에 간 티모시》 초판을 만들었는데 말이죠.

《맥스의 생일Max's Birthday》(1985) 초판에 나온 용을 2004년 판에서는 바닷가재로 바꾸었어요. 그 사이에 《맥스의 용 셔츠Max's Dragon Shirt》(1991)[15]를 만들면서 처음 책의 용이 이젠 설득력이 없다는 생각이 들었거든요. 바닷가재를 꼼꼼히 살펴보면, 연재만화 〈리틀 네모Little Nemo〉[16]에서 따왔다는 걸 알 수 있을 거예요. 바닷가재가 훨씬 재미있는 것 같아요.

맥스와 루비는 훨씬 커졌어요. 인물들이 페이지를 더 잘 채우게 되었지요. 맥스와 루비는 생일 옷을 입고 있어요. 그들의 행동은 토끼인 면도 있고 웨스트 하일랜드 화이트 테리어인 면도 있는 '만들어진 토끼'지만 해부학적으로는 믿을 만해요. 그림이 더 재미있어졌지요. "빙빙 빙빙 바닷가재가 돌아다녀요around and around the lobster went." 장면은 매우 장식적인데, 이전 〈맥스랑 루비랑〉 시리즈에서는 볼 수 없었던 면이죠.

내가 일하는 방식도 바뀌었어요. 전에는 펜으로 인물의 외곽선을 먼저 그렸어요. 선과 표현이 나쁘진 않았는데, 아주 정밀하지는 않았어요. 선의 굵기를 바꾸는 법이나, 선을 잘 다루면 생겨나는 아름다움에 대해 배운 적이 없었거든요. 그런 다음 색을 채워 넣고, 마지막으로 배경을 그리곤 했어요. 지금은 반대로 해요. 나는 페이지를 공간으로 여겨요. 나는 대부분의 그림을 작은 상자에 가두어서, 각각의 그림을 저마다의 작은 세계로 만들어요. 그런 다음 그 공간 안에서 화면을 구성하고, 등장인물을 연필로 그린 뒤에 연한 파란색 펜으로 덧그려요. 그런 다음 모든 것을 채색하고, 마지막으로 검은 외곽선을 그린답니다.

---

15 한국어판 제목은 《새 옷을 샀어요》(양희진 옮김, 달리, 2005)였다.
16 미국의 만화가이자 애니메이터 윈저 멕케이(Winsor McCay, 1866~1934)가 1905년부터 1911년 까지 〈뉴욕 헤럴드New York Herald〉에 연재한 만화로 꼬마 네모가 침대를 타고 여러 세계로 모험을 떠나는 내용을 담고 있다.

Q: 수전 제퍼스와의 공동 작업에 대해 말씀해 주세요. 꽤 오래 전이었죠, 아마?

A: 나는 수전을 1966년 맥밀런 출판사에서 만났어요. 우리 둘 다 에이바 와이스 밑에서 일하던 디자이너였지요. 내가 쓸 수 있는 것, 수전이 그릴 수 있는 것, 그리고 내가 그릴 수 없는 것이 있기 때문에 공동 작업을 한 거예요. 오랫동안 다이얼 출판사에서 내 담당 편집자였던 필리스 포겔먼이 그러더라고요. "로즈메리, 당신이 그리는 건 다 웃겨요." 맞는 말이죠. 그러나 내가 쓰는 것들이 모두 웃긴 건 아니라서, 다른 그림 작가가 필요할 때도 있었어요.

Q: 《혼 북The Horn Book》 1987년 3/4월호에 실린 "작업 중인 그림 작가: 작업 중인 글 작가The Artist at Work: The Writer at Work"라는 기사에서 고전의 재화에 대한 관심이 줄고 창작이 강조되는 시기에 이 분야에 진출하게 되어 기쁘다고 말씀하신 걸 봤어요. 최근 들어 고전을 재화하는 작업에 부쩍 관심을 가지시는 것 같은데, 어린이책 분야에 어떤 변화가 있어서 그런 마음이 드신 건가요?

A: 나는 출판사에서 새로운 책에 목말라하고, 젊은 예술가와 작가들에게 재능이 무르익을 만한 시간적 여유를 주던 시절에 이 분야에 들어선 게 행운이었다고 생각해요. 그때는 팔릴 만한 책이 나오기 전까지 안 팔리는 책이 예닐곱 권쯤 나와도 그냥 넘어가 주던 시절이었거든요. 사실 나는 옛이야기들을 다시 쓰고 그리는 게 그다지 중요한 일은 아니라고 생각해요. 《돌아온 래시》와 《레이철 필드의 히티Rachel Field's Hitty》(1999)를 다시 만들긴 했지만, 더 할 마음은 없어요.

그 두 권이 나온 뒤부터 어린이들의 독서 패턴이 바뀌었어요. 아무도 《래시》나 《히티》를 읽지 않지요. 나는 《래시》 이야기가 개의 충성심과 동물이 사랑을 위해 쏟는 엄청난 노력을 다룬 멋진 이야기라고 생각했어요.《히티》는 수전 제퍼스가 무척 좋아하는 책이었어요. 나는 어렸을 때 인형을 좋아하지 않아서, 그 책을 늦게 알게 되었어요. '히티'는 정말 멋진 캐릭터지만 원작에 인종 차별적 요소가 있어요. 지금은 어린이 문학에 어떤 집단이 다른 집단보다 우월하다거나 열등하다고 묘사하면 안 돼요. 1920년대, 30년대, 40년대에는 거의 모든 어린이책을 평범한 선의를 지닌, 교육받은 백인들이 썼어요. 그들은 유색 인종에 대해 동정적이지만, 때때로 가르치려 들거나 이제는 받아들여지지 않는 태도를 보이곤 했어요. 따라서 《히티》를 보존하려면 내용을 바꿔야 했지요. '히티'에게 미국 역사를 정확하게 반영하는 여러 주인을 만들어 주었어요. 그리고 레이철 필드가 그랬던 것처럼 그들을 살아 있는 인물로 만들었다고 생각해요. 레이철 필드의 목소리로 쓰는 것은 어렵지 않았어요. 우리 할머니가 레이철 필드와 똑같은 투로 말씀하셨거든요. 그래서 그냥 할머니의 목소리를 떠올리며 썼어요. 그게 무척 재미있기도 했고요.

Q: 아이오나 오피가 편집하고 선생님이 그림을 맡은 동요 모음집 《나의 첫 머더구스 My Very First Mother Goose》(1996)와 《머더구스가 와요 Here Comes Mother Goose》(1999)는 어떻게 나오게 되었나요?

A: 캔들윅 프레스의 편집장인 에이미 에를리히는 다이얼 출판사와 일하던 시절부터 알고 지내던 친구예요. 나는 그 전부터 에이미를 알았고, 내 최고의 책 중 상당수를 그녀와 함께 만들었지요. 에이미는 내게 자기네 출판사와 방대한 〈머더구스〉 작업을 함께하겠느냐고 물었어요. 처음에는 주저했어요. 내가 알던 모든 〈머더구스〉가 떠올랐거든요. 그림이 있고 시는 14포인트 크기의 활자로 들어가고, 독자가 책장을 넘기고 또 넘겨도 아무런 재미도 느낄 수 없는 책 말이에요. 그렇게는 하고 싶지 않았어요. 그러나 곧 아

이오나와 함께 〈머더구스〉에 빠져들었지요. 아이오나는 이런 말을 즐겨 해요. "〈머더구스〉는 유치원생들의 셰익스피어예요. 영어로 쓰인 가장 위대한 짧은 시라고요." 아이오나 덕분에 나는 〈머더구스〉가 거의 초현실적이고 무작위적인 시의 금광이라는 사실을 알게 되었어요. 책이나 라디오라고는 없던 시절에 마구사馬具師, 제화공製靴工, 젖 짜는 여자, 농부였던 우리 할머니와 할아버지들의 말이라는 사실도요. 〈머더구스〉는 그야말로 입에서 입으로 전해 내려오는 스토리텔링의 전통이에요. 읽지도 쓰지도 못 하지만 영어를 자유롭게 구사할 줄 알았던 소박한 사람들의 시지요.

그래서 나는 하던 일을 모두 제쳐 둔 채 책의 크기나 형태, 길이 따위는 신경 쓰지 않고 한 편 한 편을 그림으로 그렸어요. 작업을 마친 뒤 165점에 이르는 그림과 그 배열 순서를 워커 북스의 디자이너인 어밀리아 에드워즈에게 보냈고, 그녀가 그것들을 엮어서 책으로 만들었어요. 그녀는 그것들을 한 번 엮고, 두 번 엮었지요.[17]

내가 〈머더구스〉에서 가장 좋아하는 시 중 하나는 줄넘기 노래예요. 아이들이 만든 것인 데다 가장 재미있거든요. 아이들이 무언가를 수백 번 되풀이하다 보면, 군더더기가 사라지고 운율이 착착 맞아 들어가요. 그런 종류의 시는 더없이 완벽하고 아름다워서 의미는 하나도 중요하지 않아요. 중요한 건 오직 리듬과 운율이지요. 이 시는 두 번째 책에 실렸어요.

　　맨체스터 가디언Manchester Guardian,

　　이브닝 뉴스Evening News,

　　고양이가 다가온다Here comes a cat,

---

[17] 〈머더구스〉 중 '언덕을 오르다가As I Was Going up the Hill'라는 시에 나온 '나는 한 번 묶고, 두 번 묶고, 세 번 묶었다네I tied them once, I tied them twice, I tied them three times over.'라는 구절을 인용했다.

하이힐을 신고 In high-heeled shoes.

이 시가 정말 아름다운 이유는 그 자신의 논리 외에는 어떤 것과도 상관없기 때문이에요.

Q: 정말 감동 받으셨나 봐요.
A: 그래요. 하지만 이것은 동시에 아주 진지한 예술이기도 해요. '제품'이 아니고요.

Q: 요즘 아이들도 선생님이 어릴 때만큼 〈머더구스〉를 잘 안다고 생각하시나요?
A: 아니요. 아이들은 다들 텔레비전 앞에 앉아 있어요. 어린 시절이 달라지고 있는데, 그 달라지는 방식이 나는 두려워요. 내가 어렸을 때 아이들은 알아서 놀이를 만들어야 했어요. 다들 그렇게 했지요. 남자아이들은 팀을 짜서 야구를 했어요. 아마도 규칙에 딱 맞춰서 하는 공정한 경기는 아니었을 거예요. 그래도 그렇게 놀았어요. 여자아이들은 사방치기와 줄넘기를 많이 했어요. 스스로 규칙을 만들어 가면서요. 부모들은 관심이 없었어요. 우리한테 와서 뭐라고 하는 법도 없었지요. 그럴 수 있었던 건 텔레비전이 없었기 때문이에요. 아이들에게는 스스로 만든 세계가 있고, 그 세계가 늘 공정하지 않아도 문제가 되지 않았어요. 왜냐하면 원래 그러니까요. 그리고 아이들은 그 경험에서 많은 것을 배웠어요. 어른들은 아이들의 동요에 귀 기울이지 않았어요. 아무도 상관하지 않았어요. 그러나 지금은 텔레비전이 어린이들의 문화를 완전히 장악했어요. 그리고 맙소사, 지금 아이들은 옛날 아이들이 부르던 동요들을 몰라요. 대신 광고를 알지요. 옛날 아이들처럼 자신들만의 동요를 지어 부르지도 않아요.

이 모든 현상의 가장 무서운 측면 중 하나는 내가 '핵심 집단'이라고 부르는 또래 집단을 상업 문화가 접수해 버렸다는 거예요. 누구나 '갭GAP' 상표를 단 옷이나 유행하는 옷을 입어야 해요. 텔레비전이 '멋진 것'을 장악해 버린 탓이지요. 내가 자랄 땐 멋지지 않아도 되었다는 뜻이 아니에요. 누구나 멋지고 싶어 했어요. 그러나 지금처럼 지나치게 일찍부터, 지나치게 노골적으로 그러지는 않았어요. 지금은 어린 시절이 너무나도 짧아요. 스크린 앞에서 보내는 시간이 길수록 어린 시절은 더 짧아져요. 우리 아이들은 결국 물질주의에 길들고 말겠지요. 그게 내가 '당신의 토끼에게 읽어 주세요 Read to Your Bunny' 캠페인에 참여하게 된 까닭이에요. 이 캠페인은 내가 처음으로 참여한 공익 활동이에요. "하루 중에 가장 중요한 20분은 자녀에게 책을 읽어 주는 20분입니다"라는 캠페인이 내 마음에 와 닿은 것은 그 때문이지요. 부모와 함께 꾸준히 소리 내어 책을 읽는 경험을 하지 않는다면 어린 시절의 가장 중요한 경험 중 하나를 놓치는 셈이에요.

Q: 선생님의 책 말고 달리 언급하고 싶은 책을 가져오시겠느냐고 여쭤보았지요. 어떤 책을 가져오셨나요?

A: 먼저 크리스 비틀스Chris Beetles[18]의 카탈로그를 보여 드리지요. 영국의 수채화가 오너 애플턴이 1920년대에서 1930년대 사이에 그린 어린이책 삽화를 모은 거예요. 애플턴을 아는 사람은 많지 않지만, 나는 그녀의 작업에서 많은 것을 배웠어요. 그녀는 장난감을 주로 그렸는데, 정말 아름답지요. 《머더구스가 와요》를 그리면서 나는 세실 올딘, 오너 애플턴, 그리고 닥터 수스에게 영감을 준 것이 분명한 프랑스 화가 베르나르 라비에를 많이 참고했어요.

---

[18] 18~20세기 영국의 수채화, 유화, 삽화, 만화, 조형물을 대거 소장하고 있는 런던의 갤러리.

《산미겔데아옌데의 문들The Doors of San Miguel de Allende》은 멕시코 어느 마을에서 발견된 문들의 사진을 실은 책이에요. 하루가 끝나갈 무렵에 마음을 차분히 하고 싶어지면 이 사진집을 봐요. 가끔은 사진 속에서 내 그림에 필요한 건물의 디테일을 발견하기도 하지요. 그러나 대개는 이 사진집을 보며 명상에 잠기곤 한답니다.

그리고 여기 《바퀴들: 오토마타[19]의 놀라운 세계Wheels: The Magical World of Automated Toys》라는 책이 있어요. 이 책에 실린 많은 장난감들은 내 어린이 책에 실제 탈 것으로 등장해요. 《머더구스가 와요》의 "내가 세인트아이브스에 갔을 때As I Was Going to St. Ives" 편 첫 부분에 나오는, 고양이가 운전하는 노란 차도 그런 거예요.

이 책은 역사적인 어린이책에 실린 그림들을 멋지게 편집하는 웰러런 폴타니스의 《다정한 책The Friendly Book》이에요. 내가 즐겨 들여다보는 책이지요. 그리고 이건 《아르데코 시대의 프랑스 상표들French Trademarks of the Art Deco Era》이라는 책인데 아주 중독성이 있어요. 내가 어릴 때부터 세상을 시각적으로 바라보게 해 준 책이지요. 왜인지는 모르겠지만 상표와 시각적인 기호들은 그 자체로 아주 작지만 완벽한 세계가 된답니다. 그저 사방 1인치의 흑백 작품에 지나지 않는데도 어린 나를 가볍게 수천 마일 떨어진 곳으로 데려가 주었지요. 나는 그 비결을 꼭 배우고 싶었고, 지금껏 그러려고 노력해 왔어요. 그 이미지들은 1920년대에서 1930년대 사이의 직물 디자인, 과자 깡통에 붙은 상표, 인형의 집 가구, 만화와 함께 내 작품, 특히 머더구스 책에서 시각적인 서브 텍스트 역할을 했어요.

Q: 선생님은 〈머더구스〉 책들을 "맨체스터 가디언" 같은 동요에 썼던

---

[19] 기계 장치로 움직이는 인형이나 조형물. 현대에 들어 과학 원리와 예술적 상상이 결합된 새로운 예술 장르로 자리잡았다.

새로운 기법, 그러니까 콜라주 같은 기법들을 실험하기 위한 실험실로 쓰신 것 같아요. "이른 아침 8시에Early in the morning at eight o'clock"로 시작하는 동요를 위해서는 상상의 나라에서 쓰는 상상의 우표를 만들기도 하셨지요.

A: 아이들은 우편물을 좋아해요. 어렸을 때 나는 우표에 매혹되었어요. 지금도 직접 고무도장을 파서 내 작품에 찍는답니다.

Q: 왜 특히 〈머더구스〉 책에서 그토록 많은 새로운 기법과 접근법을 시도하셨나요?

A: 왜냐하면 동요들이 너무 중구난방인 데다 한 장면 한 장면 넘기면서 따라가야 할 서사나 등장인물이 없었거든요. 〈머더구스〉를 작업하면서 어떤 면에서는 마음이 편하기도 했어요.

Q: 자신의 모든 책 중에서 어떤 책을 가장 좋아하시나요?

A: 《토끼 별로 날아가요Voyage to the Bunny Planet》(1992)가 지금까지 내가 만든 책 중에서 가장 좋아하는 책이에요. 그 작은 책 세 권과 《말을 탄 메리》가 내가 쓴 글 중에서 가장 좋아요. 내가 아이들을 낳았을 때, 어머니는 웨스트체스터 카운티의 우리 집 옆에 사셨어요. 나는 어머니와 아이들을 통해서 내 어린 시절이 거의 그대로 되풀이되는 걸 볼 수 있었지요. 어머니는 내 아이들에게 마치 친엄마처럼 영향을 끼치셨어요. 우리 어머니는 영혼이 정말 자유롭고 좋아하는 것과 싫어하는 것을 투명하게 드러내는 분이에요. 나는 어머니에게 그 책 세 권에 나온 아이들, 그러니까 클레어와 펠릭스, 로버트를 안겨 드리고 싶었어요. 내 아이들이 우리 어머니에게서 받은 크나큰 위안을 그 아이들도 받았으면 했거든요.

여왕 토끼는 천국에 있는 우리 모두의 어머니예요. 이 땅에 내려와 끔찍하게 물집 잡힌 발이나 신발 속으로 흘러내리는 양말, 먹기 싫은 음식, 나를 놀리는 사람들, 재주넘기를 하지 못한다는 사실, 춥거나 배고프거나 몸이 좋지 않은 현실에서 벗어나게 해 줘요. 여왕 토끼는 우리를 구원하러 왔어요. 그 책들은 정말이지 굉장히 사색적이에요. 모든 것을 치유하고 영혼을 순간 이동시키는 정신의 힘에 대한 책이지요.

Q: 왠지 문 사진이 실린 그 책으로 돌아간 것 같군요. 앞서 명상에 잠기게 한다고 말씀하신 그 책 말이에요. 문의 정확히 어떤 면에서 위로를 받으시는 거죠? 문 저편에 무엇이 있을까 상상하는 것을 좋아하시나요?

A: 그렇지는 않아요. 문은 무한한 가능성을 내포하고 있는데, 그 책에는 그런 문이 여든다섯 개나 되지요. 보는 것만으로도 충분해요. 마치 여섯 살쯤 되면 아무리 어두운 한밤중에도 어머니 아버지가 침대에서 주무시고 계신다는 사실만 알면 되는 것처럼 말이죠. 구태여 문을 열어 볼 필요가 없어요.

모 윌렘스
Mo Willems

1968년 출생, 미국 일리노이주 시카고

모 윌렘스는 어린 시절을 이렇게 회상한다. "내가 들은 건 늘 '안 돼, 안 돼, 안 돼, 안 돼.'라는 소리뿐이었어요." 그림책 작가가 되어서 좋은 점 중 하나는 아이들에게 어릴 적 자신이 그토록 하고 싶었던 일을 해 볼 기회를 준다는 것이라고 한다. 서로 입장이 바뀌어 어른들에게 고함을 치는 것 말이다. "내가 도서관 강연을 가면 아이들 5백 명이 나한테 '안 돼!' 하고 목청껏 고함을 쳐요. 진짜 진짜 근사하죠!"

윌렘스는 일찍이 스탠드 업 코미디언으로 활동했다. 잠시도 가만히 있지 못하는 여섯 살짜리들을 상대하기에 좋은 훈련을 쌓은 셈이다. 〈세서미 스트리트Sesame Street〉를 비롯한 어린이 프로그램의 대본을 쓰고 애니메이션 작업을 하던 시절도 마찬가지다. 코미디언들은 관중이 눈 깜짝할 사이에 흥미를 잃을 수 있다는 사실을 금세 깨닫곤 한다. 마찬가지로 애니메이터들도 핵심을 찌르는 법과 이야기가 진전되지 않으면 아무리 뛰어난 아이디어라도 가차 없이 버리는 법에 대해 배운다. 이런 교훈들 덕분에 윌렘스는 32쪽에 걸쳐 자신의 생각을 마음껏 펼칠 수 있는 매력까지 추가된 예술 장르인 그림책을 잘 만들어 올 수 있었다. 이제 윌렘스에게 "안 돼!"라고 고함칠 수 있는 사람은 자기 자신뿐이다. 물론 5백 명이나 되는 아이들은 빼고 말이다. 윌렘스는 '혜성처럼 나타나' 그야말로 '새로운' 책을 만들어 가는 드문 인재들 중 하나다. 우리는 2009년 12월 2일 오후, 맨해튼의 하우징 웍스 북스토어 카페에서 이 대화를 녹음했다.

레너드 S. 마커스: 뉴올리언스에서 자랄 때 이야기 좀 해 주세요.

모 윌렘스: 나는 네덜란드 이민자의 아들이에요. 네 살 때 뉴올리언스로 이사 왔지만, 뉴올리언스를 내 고향이라고 생각해요. 나를 이렇게 빚어낸 곳

이거든요. 뉴올리언스는 이야기꾼들에게는 환상적인 곳이에요. 나는 운 좋게도 블루스가 흘러나오는 술집에 둘러앉은 사람들이 나누는 터무니없는 이야기를 들으며 조금은 방탕한 젊은 시절을 보냈지요. 다들 이야깃거리가 떨어지면 술집 밖으로 튀어나가 엄청나게 한심한 짓을 벌인 뒤, 새로운 이야깃거리를 안고 돌아오곤 했어요. 나는 그곳에서 젊은 영어 교사, 블레이즈라는 이름의 호들갑스러운 소방관, 그리고 그 밖의 여러 괴짜들과 어울려 스탠드 업 코미디를 시작했지요.

고등학교를 졸업한 뒤에는 스탠드 업 코미디를 하러 런던으로 갔어요. 런던에는 친구들도 있고, 드라마 수업을 들으며 런던에서 여름을 난 적도 몇 차례 있었거든요. 나는 젊고, 배고프고, 배울 자세가 되어 있는 데다 엄청난 영국 예찬자였어요. 그러다 보니 런던에서 지낸 기간은 짧지만 내가 성장하는 데 큰 보탬이 되었지요.

Q: 스탠드 업 코미디를 했던 게 그림책 작업에 보탬이 되었나요?

A: 물론이지요. 내가 그 일에 뛰어났다기보다는 새로운 재료를 발굴하고, 관객의 마음을 읽는 법을 배우려는 도전 자체가 중요했어요. 깊은 밤, 담배 연기 자욱한 클럽에서 보낸 시간들은 나에게 긴장을 늦추지 않는 법과 한 가지 유머에만 매달리지 않는 법을 가르쳐 줬어요. 무엇보다도 중요한 것은 무엇이 웃기지 않는지 감을 잡게 되었다는 거죠. 무엇이 효과가 없는지 한 번만 파악하면, 나머지는 저절로 알게 되니까요.

Q: 학교 다닐 때 반에서 어릿광대 노릇을 했나요?

A: 음…… 학교를 서커스단이라고 치면 나는 코끼리 똥 청소부 정도였어요. 특히 초등학교 때는 옷차림은 괴상하고, 부모는 이상한 외국인이고, 엄마는 일을 하는 인기와 거리가 먼 아이였죠.

8학년 때는 연극 〈릴 애브너Li'l Abner〉[1]의 주인공으로 뽑혔는데, 자랑거리는커녕 우리 반 아이들에게 나를 놀려 먹을 거리만 늘려 주고 말았지요.

나는 말라깽이라서 의상 담당자들이 내 윗옷 안에 가짜 근육을 꿰매 넣어야 했어요. 그런데 안타깝게도 내가 팔을 들 때마다 근육이 팔 밑으로 출렁거려서 마치 동네 할머니처럼 보였지요.

첫 번째 리허설 때, 여주인공인 데이지 매 역할을 맡은 여자아이가 공연 전이든, 공연 중이든, 공연 후든 어떤 경우에도 나와 살을 맞대지 않겠다고 선언했어요. 선생님들이 얼른 대답했지요. "좋아, 그렇게 조정해 볼게." 결국 낭만적인 사랑 노래를 부르는 하이라이트 장면에서 그 애와 나는 등을 맞대고 있어야 했어요. 심지어 살짝 떨어진 채 말이죠! 나는 고등학교 졸업식 다음 날 바로 런던으로 날아가 버렸답니다.

Q: 어릴 때 그림을 많이 그리셨나요?

A: 물론이죠. 내 꿈은 일간지에 만화를 연재하는 거였어요. 틈만 나면 〈피너츠〉를 읽고 베끼거나, 나름대로 만화를 그렸지요. 2학년 때와 3학년 때, 우리 반 불량배가 나를 때리지 않는 대신 만화를 그려달라고 해서, 날마다 새 만화를 그려 바치기도 했어요.

Q: 셰에라자드 같군요!

A: 케이블 텔레비전에서 일하는 것 같기도 하고요. 고등학교 때는 학교 신문이랑 《서리얼리티Surrealty》[2]라는 지역 부동산 신문에 만화를 연재했어요. 내가 처음으로 책의 삽화를 그린 것도 그때였어요. 그 지역 대학 교수 두

---

1 미국, 캐나다, 유럽의 여러 신문에 연재했던 미국 만화가 앨 캡(1909~1979)의 풍자만화로 '릴 애브너'는 주인공 이름이자 전형적인 시골뜨기를 뜻한다.
2 초현실성surreality과 부동산realty를 가지고 말장난을 한 것.

모 윌렘스 —— 375

명이 뉴올리언즈 특유의 괴짜스러운 표현을 엮어 만든 책이었지요. 후대를 위해서는 다행인 게, 그 책은 지금 단 한 권도 남아 있지 않아요.

Q: 인기는 없었다 치더라도, 학교 성적은 좋았나요?

A: 물론이죠. 성적은 괜찮았어요. 내가 다니던 사립 고등학교에서는 똑똑하면 멋진 거였죠. 그래서 성적을 가지고 나를 놀리는 아이들은 없었어요. 그런데 만화에 '방귀'라는 단어를 쓰는 바람에 연재를 중단하게 되었어요. 공개 반성문도 제출해야 했지요. 나는 반성문에 고약한 냄새가 얼른 다 날아가기를 바란다고 썼어요.

Q: 부모님에 대해 좀 더 말씀해 주세요.

A: 내가 태어난 뒤, 어머니는 너무나도 집 밖으로 나가고 싶어 하셨어요. 그래서 두 분이 같이 도예 교실을 다니셨어요. 아버지는 완전 초보였지만, 도자기에 푹 빠졌지요. 학교 문턱도 넘어 본 적 없는 어머니는 대학교와 사랑에 빠졌고, 마침내 로스쿨에 진학했어요. 내가 여덟 살쯤 되었을 때, 어머니는 변호사가 되셨고, 아버지는 직장을 그만두고 전업 도예가가 되셨어요.

돌이켜보면, 책 만들기에 대한 내 철학은 대부분 어릴 때 아버지의 작업실을 들락거리면서 생겨난 거예요. 그곳에서 장인 정신에 대해 깊은 존경심을 품게 되었지요. 아버지는 모든 도자기는 실용적인 목적을 지녀야 하며, 도자기의 모양새는 그 쓰임새에서 출발해야 한다고 생각하셨어요.

그게 내가 책 만드는 일에 대해 생각하는 방식이에요. 나는 예술가보다는 장인이 되고 싶어요. 예술가는 사람들이 자기 작품을 알아보기를 기다려요. 하지만 장인은 사람들을 이해하려고 노력하지요. 나에게 인쇄된 책은 쉽게 구할 수 있고 다시 사용할 수 있는 물건이에요. 그게 내 그림을 박물관 벽에서 보는 것보다 훨씬 멋져요.

그림책이 진짜 예술로 채워져야 한다고 주장했던 모리스 센닥의 시대와 지금은 다르다고 생각해요. 그런 생각이 어느 정도 먹혀들어 간 덕분에, 요즘은 그림책 원화를 전시하는 미술관과 박물관도 많잖아요.

결과적으로 나한테는 그런 게 오히려 덤이에요. 나는 원화보다 복제품에 더 관심이 많거든요. 왜냐하면 현실 세계에서 실제로 활약하고 있는 건 복제품이니까요.

Q: 영국에 있는 동안 그림책 만드는 일에 관심이 생긴 건가요?

A: 아니오. 그림책 만드는 일에 대해 처음 진지하게 생각한 건 〈세서미 스트리트〉에서 몇 년 동안 일한 뒤예요. 내가 '성인용'보다는 '어린이용' 글을 쓰는 걸 더 재미있어한다는 사실을 시나브로 깨달아 가던 중이었는데, 이상한 전화를 한 통 받은 거죠.

어느 날, 로스앤젤레스에서 모리스 센닥의 그림책 《일곱 마리 꼬마 괴물 Seven Little Monsters》(1977)을 바탕으로 텔레비전 시리즈를 만드는 사람들이 전화를 걸어 왔어요. 같이 할 마음이 있느냐고요. 그 몇 해 전, 센닥이 〈세서미 스트리트〉에 어울릴 법한 아이디어로 영상을 몇 편 만들었는데, CTW[3]가 거절하니까 대신 그림책으로 펴낸 적이 있어요. 그때 이런 생각을 했던 게 기억나요. '나한테도 매주 〈세서미 스트리트〉가 팅겨 버린 아이디어가 좀 있는데!' 그중에서 책으로 만들 만한 게 있을 것 같았어요. CTW와 함께할 생각도 있었는데, 그쪽에서 절대로 출판은 안 할 거라고 하더라고요. 그래서 소소하게 만화를 그리는 쪽으로 방향을 틀어야 했지요.

---

[3] 세서미 워크숍Sesame Workshop의 전신인 어린이 텔레비전 워크숍Children's Television Workshop을 말한다. 전 세계에 방송된 최초이자 가장 널리 알려진 어린이 교육 프로그램 〈세서미 스트리트〉를 포함하여 여러 어린이 교육 프로그램 제작을 담당해 온 미국의 비영리 단체이다.

Q: 어떻게 〈세서미 스트리트〉에 들어갔나요?

A: 운이 좋았던 거죠, 뭐. 나는 뉴욕에서 스케치 코미디sketch comedy[4]를 하면서 격주로 '모노토니 버라이어티 쇼the Monotony Variety Show'를 진행하고 있었어요. 관객 대 연기자 비율이 대체로 1:1인 쇼였지요. 그러다 CTW 연구 부서에 내 쇼가 알려지면서 프리랜서로 일하게 되었어요. 〈세서미 스트리트〉 사람들이 내 스케치 코미디에 대해 듣고는 자기네 쇼의 작가 오디션에 와 보라더군요. 오디션용 대본을 제출한 지 8개월 만에 채용되었어요.

Q: 〈세서미 스트리트〉에서 배운 것 중 책 작업으로 이어진 것은 무엇이 있을까요?

A: 명료함, 간결함, 그리고 웃긴 게 잘 통한다는 점. 나는 〈세서미 스트리트〉에서 어린이를 위한 글을 쓰는 법을 배웠을 뿐 아니라, 내가 어린이를 위한 글을 쓰고 싶어 한다는 사실을 알게 되었어요. 그전까지는 나처럼 불평 많은 20대 풋내기들을 위한 글을 쓰겠다는 생각뿐이었거든요. 애니메이터로서 〈세서미 스트리트〉는 꾸준히 인기 있는 내 첫 캐릭터 수지 카블루지를 만든 곳이자, 특정한 장소가 아니라 감정을 드러내는 틀로써 추상적인 배경을 처음으로 쓴 곳이기도 해요. 〈비둘기〉 시리즈와 《정말 정말 한심한 괴물, 레오나르도》(2005)에도 쓴 기법이지요.

글 작가들은 매 시즌마다 어린이 발달 연구에 대한 일주일짜리 세미나에 참석해야 했는데, 솔직히 부담스러웠죠. 그런데 어느 해에 엄청 괜찮은 강사를 만났어요. 그가 말하더군요. "어느 학교에서 '누구나 일등이다'라고 적힌 표지판을 봤어요. 글쎄요, 그건 통계적으로 불가능해요. 누군가는 83등이 될 테고, 누군가는 92등이 될 테니까요." 그 말이 내 세상을 흔들었어요!

---

[4] 1~10분 길이의 짧은 에피소드들로 이루어진 코미디.

그날, 나는 철학적으로 많은 깨달음을 얻었어요. 나처럼 아이들은 실패를 거듭하지만, 우리는 아주 사소한 실수조차 인정하기 두려워하는 문화 속에서 살고 있어요. 내 경우에는 그간 겪은 수많은 개인적·직업적 실패가 장기적으로는 큰 도움이 되었어요. 어쩌면 나는 실패에 대해 써야 할 것 같아요. 게다가 실패는 늘 재미있잖아요.

Q: 《레오나르도》 이야기처럼요.

A: 맞아요. 그건 쓰는 데 가장 오랜 시간이 걸린 책이에요. 아마도 출간되기 15년 전부터 쓰기 시작했을 거예요. 처음에는 커다란 나쁜 늑대의 사촌인 작은 나쁜 늑대에 대한 이야기였지요. 커다란 나쁜 늑대는 매우 뛰어난 늑대였어요. 많은 할머니를 먹어 치웠고요. 그러나 작은 나쁜 늑대가 누군가의 정강이를 물자, 사람들은 빙긋 웃으며 말하지요. "아이고 간지러워라. 얘, 참 귀엽지 않아?"

여하튼 그 늑대를 구원할 나쁜 상황을 도저히 못 찾겠는 거예요. 그러니까 그 늑대가 진짜 나쁜 짓을 잘하게 만들 상황 말이에요.

그러던 어느 날, 세 살 난 딸이 타박타박 걸어와서 말했어요. "크악! 나는 무시무시한 괴물이닷!" 물론 전혀 아니었지요. 사랑스러웠으니까요.

그런데 그 말에 머릿속이 환해지더니 갑자기 늑대가 괴물로, '나쁘다'가 '무시무시하다'로 바뀌면서 순식간에 이야기가 완성되었어요.

Q: 그림책을 처음 만들 때 다른 작가들 책에서 영감을 받기도 했나요? 그랬다면 그때 처음 본 책인가요? 아니면 어렸을 때 본 기억이 있는 책인가요?

A: 〈비둘기〉 시리즈 첫 번째 책[5]은 확실히 《괴물들이 사는 나라》의 영향을 받았어요. 나는 이야기의 진행 과정에서 그림의 크기를 바꿔 독자의 반

응을 이끌어 내는 센닥의 방식에 흥미를 느꼈어요. 내 책에서는 대신 배경색을 바꾸기로 했지요.

내가 어릴 때 우리 집에는 네덜란드의 메리 블레어[6]라 할 수 있는 피프 베스텐도르프가 그린 그림책이 많았어요. 내가 그림을 그리는 방식은 그녀의 스타일에서 많은 영향을 받았어요. 파스텔 색상에 휘갈긴 듯한 선, 매우 양식화된 요소로 이루어진 명쾌한 그림 스타일 말이지요. 그녀가 그린 발, 코, 손은 거의 상징주의라고 할 수 있을 만큼 양식화되어 있지요.

그러나 이제는 그 명백한 영향에서 벗어나려고 무척 노력하고 있답니다. 지나치게 의존하게 될까 봐 걱정스럽거든요. 어떤 사조에 갇히지 않으려면 무시하는 게 가장 좋은 방법이에요.

Q: 〈비둘기〉 시리즈 첫 번째 책을 만들 때, 효과적으로 그리되 얼마나 간결하게 그릴 수 있는지 알고 싶다는 생각을 하셨나요?

A: 물론이죠. 일본 서예처럼 단숨에 그린 듯 보였으면 했지요. 또 다섯 살짜리가 내 이야기 속 등장인물들을 그럭저럭 따라 그릴 수 있게 하는 게 중요했어요. 책이란 아이들이 먼저 그 등장인물들을 베끼다가, 스스로 창작할 수 있는 출발점이 되어야 하거든요.

Q: 전에 선생님이 〈피너츠〉의 작가 찰스 슐츠에게 쓴 편지를 읽었어요.

A: 다섯 살 때 혹시 아저씨가 죽으면 내가 그 일을 해도 되겠느냐고 편지로 물어봤더랬지요. 내가 찰리 브라운을 좋아하는 이유 중 하나는 언제나 웃고 있지 않은 유일한 대중문화 스타였기 때문이에요. 나는 마치 스위

---

5 《비둘기에게 버스 운전은 맡기지 마세요!》(정희성 옮김, 살림어린이, 2009)를 말한다.
6 Mary Blaire(1911~1978): 미국의 일러스트레이터로 월트 디즈니 애니메이션 스튜디오에 소속되어 〈이상한 나라의 앨리스〉, 〈피터 팬〉, 〈신데렐라〉 같은 작품의 컨셉 아트를 담당했다.

치를 켠 듯이 언제나 즐겁게 춤추는 미키 마우스와 그 친구들을 싫어했거든요.

찰리 브라운은 우울하지만 웃겼어요. 찰리 브라운을 보면 웃음도 나고 연민도 느꼈어요. 그 균형이 좋았고, 지금도 좋아해요.

내가 슐츠의 연재만화에서 얻은 가장 큰 교훈은, 등장인물 중 누구도 자기들이 웃긴 연재만화 속에 있다는 생각을 안 한다는 점이에요. 다들 자기의 상황을 아주 심각하게 느끼지요. 그게 바로 내 책에서 조심스레 이어 가고 싶은 점이에요. 비둘기는 자기 이야기가 비극이라고 생각한답니다!

Q: 《레오나르도》에서는 타이포그래피에 큰 흥미를 느끼신 것 같아요.

A: 내게는 타이포그래피가 또 하나의 일러스트레이션이에요. 내가《레오나르도》위해 고른 활자는 매우 재미있어요. 작은 발톱들이 달린 데다 이야기에 보드빌의 느낌을 주거든요.

책의 모양과 크기도 이야기를 들려주는 데 필수적인 요소에요.《레오나르도》를 만들 때, 나는 레오나르도의 작은 크기를 강조하기 위해 책을 어린이 무릎에 놓기 불편할 만큼 크게 만들고 싶었어요. 내 첫 책이 정사각형이었던 건 예전에 텔레비전 일할 때 정사각형 그림틀을 써서 그래요. 나중에서야 문득 책의 가로세로 비율을 바꿔 가면서 재미있게 놀 수 있겠다는 생각이 들었지요.

Q: 그림책의 글에 대해 어떻게 생각하시나요? 그림과 관련해서 하는 역할 말이에요.

A: 그림책에서 글이 제 역할을 하려면 이해가 잘 안 되는 편이 좋아요. 그렇지 않으면 그림이 필요 없을 테니까요. 무슨 일이 일어나고 있는지 독자가 스스로 알아내게 하는 게 내 역할이에요. 그래서 나는《레오나르도》에

서 괴물이 작다는 이야기를 하지 않았어요. 대신 아이들이 스스로 그 괴물이 작다는 것을 느낄 수 있는 상황, 그러니까 커다란 책, 작은 그림을 둘러싼 많은 여백을 만들었지요.

Q: 찰스 슐츠의 펜촉으로 《벌거숭이 뒤쥐가 옷을 입어요 Naked Mole Rat Gets Dressed》(2009)를 그렸다는 게 사실인가요?

A: 최근에 여행을 하다가 캘리포니아주 산타로사에 있는 슐츠 박물관 근처에 가게 되었어요. 그래서 슐츠 부인에게 연락해 점심을 먹자고 했지요. 그 뒤 스파키[7]의 사무실로 가서 그의 미완성작들을 봤는데, 그야말로 일생일대의 전율을 느꼈어요.

게다가 지금은 단종된 펜촉도 하나 선물 받았어요. 완전 대박이었죠! 마법이나 첫눈에 사랑에 빠지는 일 따위는 믿지 않지만, 그 일은 뭔가 감정을 자극하는 측면이 있었어요. 그걸로 그리려니 정말 힘들어서 더 그랬죠. 진짜 짜증나더군요! 슐츠는 내가 그 펜으로 그릴 수 있는 것보다 훨씬 굵고 재미난 선을 그렸답니다.

Q: 《벌거숭이 뒤쥐가 옷을 입어요》와 〈피너츠〉는 닮은 점이 있을까요? 그 책은 슐츠에게 헌정하신 건가요?

A: 확실히 벌거숭이 뒤쥐는 위가 무겁게 그려졌어요. 마치 금방이라도 넘어질 것 같죠. 처음에는 그냥 웃기려고 그렇게 그렸어요. 그러다 나중에 깨달았죠. 오, 맙소사! 이 뒤쥐들은 스누피야!

나는 책마다 나만의 심미적 목표를 정해요. 이번 책에서는 입이 없는 등장인물들을 그리되, 그들이 언제 행복한지, 언제 슬픈지를 알려줄 방법을

---

[7] 찰스 슐츠의 별명.

찾는 게 목표였어요. 감정은 눈의 위치와 자세에서도 드러나요. 애니메이터들은 인물의 실루엣을 그렸는데, 그가 무슨 생각을 하는지 알 수 없다면 잘못된 그림이라고 배워요.

글과 마찬가지로, 그림에도 의도된 감정을 덜 넣을수록 독자가 더 많이 상상하게 돼요. 제임스 마셜이 〈조지와 마사〉 시리즈에서 그런 걸 아주 잘했지요.

Q: 《꼬므 토끼》(2004)를 만들 때 이야기를 해 주세요.

A: 〈토끼〉 시리즈는 우연히 시작되었어요. 어느 날, 아트 디렉터의 사무실에서 편집자와 셋이 농담을 하며 인쇄물이 나오기를 기다리고 있었어요. 그런데 갑자기 내 담당 편집자인 알레산드라 발저가 그러는 거예요. "그거 책이 되겠어요!" 나는 말했죠. "아니, 아니. 그냥 소소하게 웃긴 이야기일 뿐이에요." 하지만 알레산드라는 계속 우겨 댔죠. 그녀는 우기기 대장이거든요. 나는 집에 와서 그것에 대해 진지하게 생각해 보았어요. 이야기를 확장하고 허구화하는 과정에서 그녀가 옳을 수도 있겠다는 생각이 들었어요.

그전에 만화가들이 겪은 9·11을 다룬 DC 코믹스의 선집에 실으려고 우리 가족에 대한 개인적인 이야기를 그린 적이 있어요. 그때 사진을 그대로 베껴 그려서 배경으로 썼지요. 《꼬므 토끼》의 그림을 그릴 때가 되자 똑같은 기법을 써 보자는 생각이 들었어요. 그런데 인물이 영 안 살아서 그럴 수가 없었어요. 그러다 우연히 내가 그린 그림이 라이트 박스에 놓인 사진 위에 떨어졌는데, 문득 그 둘을 엮어 보자는 생각이 들더군요.

몹시 흥분되는 순간이었어요. 드디어 뭔가 다른 걸 발견했다는 사실을 깨달았거든요. 따분하고 품이 많이 드는 배경 작업에서 벗어나게 될 거라는 생각도 들었어요. 물론 그전에 사진들을 디지털화하는 법을 배워야 했지요. 그래야 사진을 내가 원하는 대로 보여 줄 수 있고, 내가 바라는 감정적 진실도 전할 수 있을 테니까요. 사실 그림을 그리는 것보다 훨씬 더 많은 시간이 걸렸어요.

Q: 사진의 사실성과 등장인물의 캐리커처가 정말 흥미로운 대비를 이루더군요.

A: 나는 〈토끼〉 시리즈에 등장하는 만화적인 인물들이 사진 배경보다 더 사실적이라고 생각해요. 사실적으로 표현한 인물보다 더 순수하죠. 왜냐하면 〈토끼〉 시리즈의 등장인물들은 정서적인 면에 초점을 맞추어 디자인되었기 때문이에요. 만약 그림이 더 현실적이었다면, 독자들은 줄거리와 상관없는 질문들을 던질 거예요. "토끼가 어쩌다가 머리에 바지를 뒤집어썼어요?"

알게 뭐예요. 나는 독자들이 내 책의 등장인물들을 있는 그대로 바라봤으면 해요. 그들 마음속 깊은 곳의 질투, 분노, 사랑, 기쁨, 어리석음이 낱낱이 드러나면 좋겠어요. 독자들이 그들에게서 자신의 모습을 보았으면 해요.

베라 B. 윌리엄스
Vera B. Williams

1927년 출생, 미국 캘리포니아주 헐리우드
2015년 사망, 미국 뉴욕주 내로우스버그

베라 B. 윌리엄스는 기억을 더듬었다. "나는 할 말이 산더미 같은 아이였어요. 사람들이 내 말에 질려하면 그림을 그렸지요. 그러고 나면 또 그림에 대한 이야기를 하고 싶어지는 거예요. 춤과 연기까지 동원해도 하고 싶은 이야기를 다 할 수 없었답니다."

베라 B. 윌리엄스는 어른이 된 뒤에도 할 말이 참 많은 사람이었다. 시를 썼고, 판화가이자 화가로 일했고, 잡지 표지를 디자인했고, 교사로 일했으며, 자신에게 중요한 정치적·사회적 신념을 위해 적극적으로 나섰다. 어린이책에 글을 쓰고 그림을 그리며 그녀는 남다른 정서적 깊이가 있는 그림책, 그리고 시와 《스쿠터Scooter》(1993) 같은 자전적 소설을 선보였다. 그녀의 그림책들은 현대 그림책에서 볼 수 있는 대부분의 이야기와 달리 주인공들이 물질적인 풍요를 당연시하지 않는다. 윌리엄스의 그림책에 자주 등장하는 인물인 어린 로사와 가족, 친구들은 원하는 모든 것을 가질 수 없고, 무엇이 먼저인지 결정해야 한다. 그들이 선택할 때 우리는 그들을, 그리고 우리 자신을 더 잘 알게 된다. 윌리엄스의 책은 풍부한 색채와 함께 그녀와의 대화에 감칠맛을 더하는 세상 물정에 밝고 현실적인 유머가 번뜩인다. 어느덧 여든을 훌쩍 넘겨 롤러스케이트는 선반 위에 올려두었지만, 그녀의 마음만큼은 다사다난했던 대공황기의 뉴욕 브롱크스 거리를 쏘다니던 씩씩한 열 살짜리 소녀와 별반 다르지 않아 보인다. 첫 만남이 있은 지 20년이 지난 2009년 11월 9일, 우리는 그리니치 빌리지에 있는 윌리엄스의 아파트에서 이 인터뷰를 위해 마주 앉았다.

레너드 S. 마커스: 엘리너 루스벨트[1]를 만났을 때 이야기를 좀 해 주세요.

베라 B. 윌리엄스: 내가 여덟 살 때쯤이니, 1935년이었군요. 나는 지금 사는 곳에서 한 블록 떨어진 타운하우스에 있던 옛 현대 미술관 전시회에서 그녀를 만났어요. 공공 산업 진흥국에서 지원하는 성인과 어린이 대상 수업에서 나온 작품 전시회였지요. 언니는 말 조각상을, 나는 '옌타스Yentas'라는 제목을 단 그림을 출품했어요. 브롱크스 하우스라는 사회 복지관에서 미술 수업을 들으며 만든 작품이었지요. 내 기억에, 루스벨트 여사는 무비톤 뉴스movietone news[2] 팀이 촬영하는 가운데 전시실을 둘러보고 있었어요. 나는 내 그림 옆에 서 있었는데, 여사가 잠시 멈춰 서서 내 그림을 칭찬했어요. 나는 여사와 이야기를 나누면서 이디시어로 '수다쟁이 여인들'이란 뜻을 지닌 'yentas'를 어떻게 발음하는지, 그리고 이 옌타스들이 무슨 말을 하고 있는지 알려드렸지요. 곧바로 여사는 '옌-타스'라고 발음했어요! 루스벨트 여사는 우리 가족들 사이에서 엄청난 영웅이었어요. 우리는 그녀를 사랑했어요. 그녀는 우리 가족이나 다름없었지요. 우리는 공공 산업 진흥국을 대신해서 그녀가 해 준 일들에 감사했어요. 공공 산업 진흥국은 브롱크스에서 가난하게 자라는 우리에게 큰 의미가 있는 기관이었거든요.

Q: 부모님에 대해 말씀해 주세요. 예술을 사랑하는 마음을 칭찬해 주셨나요?

A: 어머니는 우리에게 그림을 그리게 하는 데 관심이 많으셨어요. 교육 자체에 관심이 많으셨지요. 우리 아파트에 작은 어린이집을 열기도 하셨어요. 당시 아버지가 실직 상태였던 터라, 어머니가 생활비 때문에 어린이집을 여신 줄 알았어요. 그런데 본인이 혁신 교육에 관심이 있으셨더라고요.

---

1 Eleanor Roosevelt(1884~1960): 미국의 32대 대통령 프랭클린 루스벨트의 아내로 미국 내 유색인종의 시민권을 옹호하고 여성과 청소년의 권리를 대변하는 활동을 활발히 벌였다.
2 1928년부터 1963년까지 미국에서 방영된 뉴스 영화.

Q: 어머니에게 교사 자격증이 있었나요?

A: 아니요. 어머니는 8학년을 마친 뒤 일터로 가야 했어요. 하지만 배움을 중요한 과제로 삼는 급진적인 이민자 여성 단체의 회원이었던 터라, 쿠퍼 유니언의 무료 강좌를 들으며 스스로를 교육했지요. 우리 부모님은 삶과 교육을 무정부주의적인 관점에서 바라보았어요. 그리고 나중에 '빵과 장미'라고 불리게 된, '가난한 이들을 위한 문화'라는 개념에 대단히 헌신적이었지요.

Q: 어떻게 하다 할리우드에서 태어나게 되었나요?

A: 우리 부모님은 천성이 시적인 방랑자였어요. 1차 세계 대전이 끝나자 모험을 찾아서 대륙 횡단 여행에 나섰지요. 커다란 부츠를 신고 머리띠를 두른 채 텐트 앞에 앉아 있는 사진을 보면 꼭 히피 같아요. 그렇게 돌아다니다가 로스앤젤레스에 이른 거죠.

Q: 어릴 때 어떤 아이였나요?

A: 활력이 넘치고, 굉장히 수다스럽고, 꽤 귀여운 아이였어요. 재미있는 것을 좋아했지만, 비극적인 것도 금방 감지했지요. 나는 다섯 살도 되기 전에 힘든 일들을 견뎌야 했어요. 우리는 이사를 자주 다녔어요. 네 살 때쯤에는 언니와 함께 유대인들이 운영하는 샌프란시스코의 보육원에서 1년 반쯤 산 적도 있고요. 그 당시에 어머니는 일을 해야 했고, 아버지는 감옥에 가 계셨던 것 같아요. 지금도 확실히는 몰라요. 언니와 내가 들은 이야기가 상반되는데, 부모님께 대놓고 물어볼 생각은 못 했어요.

Q: 《엄마의 의자》(1982)의 주인공 로사처럼 진취적이셨나요?

A: 5센트였나? 처음 용돈을 받고 버스를 탔어요. 어디로 가는 버스인지도 잘 몰랐어요. 브롱크스로 이사 온 다음이었는데, 혼자 걸어서 집에 돌아

올 수 있을 만한 곳까지 타고 갔어요. 돌아올 버스비는 없었거든요.

빅토리 가든 프로그램the Victory Garden program[3] 덕분에 나도 크로토나 공원에 채소를 기를 수 있는 작은 땅을 얻었어요. 나는 뉴욕시와 공원과 박물관 들이 내 것인 양 굴었어요. 진짜로 내 것이라고 생각했거든요.

나는 루스 소여가 쓴 《롤러스케이트 타는 소녀》[4]에 매우 감동을 받아서 읽고 또 읽었어요. 내 책 《스쿠터》의 배경에 그 영향이 아주 많이 남아 있지요. 나도 롤러스케이트를 타고 온갖 곳을 돌아다니면서, 뉴욕의 자유로움을 만끽했답니다.

Q: 커서 무엇이 되고 싶으셨나요?

A: 되고 싶은 게 참 많았어요. 나는 연기를 좋아했어요. 뽐내는 것도 좋아했어요. 내게 큰 의미였던 로사 보뇌르[5]를 알게 된 뒤, 처음으로 화가가 되고 싶다는 생각을 했던 것 같아요. 부모님은 책을 살 여유가 없었는데도, 우리에게 V. M. 힐리어의 《어린이 예술사A Child's History of Art》를 사 주셨어요. 나는 그 책에 푹 빠졌답니다.

내가 엘리너 루스벨트 여사를 만났던 공공 산업 진흥국 전시회가 열린 뒤에, 플로렌스 케인[6]이라는 미술 교육자가 언니에게 관심을 보였어요. 그분은 록펠러 센터에 속한 건물의 24층에서 미술 학교를 운영했지요. 언니는

---

[3] 제2차 세계 대전 기간 동안 민간과 군에 충분한 식량을 공급하기 위해 진행되었던 텃밭 가꾸기 프로그램. 미국 정부와 민간단체, 학교, 종자 회사가 협력하여 개인이나 지역 사회에 토지와 종자를 보급하고, 경작과 식품 가공 및 저장에 관한 교육을 했다.
[4] 《롤러스케이트 타는 소녀》 발렌티 안젤로 그림, 노은정 옮김, 미래엔아이세움, 2005
[5] Rosa Bonheur(1822~1899): 19세기 프랑스에서 가장 유명했던 여성 화가로 동물 그림과 사실적인 조각으로 이름을 떨쳤다. 여성으로서는 최초로 레지옹 도뇌르 훈장을 받았으며, 대표작으로는 오르세 미술관에서 소장한 〈니베르네의 경작Ploughing in the Nivernais〉과 메트로폴리탄 미술관에서 소장한 〈말 시장Le Marche aux Chevaux〉이 있다.
[6] Florence Cane(1882~1952): 어린이 내면의 예술가를 해방시키기 위해 노력했던 진보적인 미술 교육자. 동생인 마거릿 나움버그Margaret Naumburg는 언니의 영향을 받아 미국 미술 치료 분야의 선구자가 되었다.

열 살 때부터 토요일마다 그곳에 가서 미술 수업을 듣게 되었어요. 나는 부모님이랑 서드 애비뉴 이엘the Third Avenue EL[7]로 언니를 데리러 가서는 거기 서서 수다를 떨곤 했어요. 그러던 어느 날 케인 선생님이 너도 수업을 듣고 싶으냐고 물었어요. 나는 "네!"라고 대답했고, 고등학교 때까지 계속 거길 다녔어요. 돈 한 푼 안 내고요.

그곳에는 근사한 미술용품들이 갖춰져 있었어요. 나는 거기서 처음으로 유화를 그렸고, 파스텔화와 수채화, 판화도 해 보았어요. 모든 수업은 현대 무용 동작으로 긴장을 풀고 시작했어요. 우리가 그림에 점점 자신감을 잃거나 긴장하거나 진부한 표현을 하면, 선생님들은 아무거나 낙서를 해 보라고 하셨어요. 우리는 케인 선생님을 좋아하지 않았어요. 그분은 너무 격식을 차리는 데다가 어린아이들을 다룰 줄 몰랐어요. 하지만 그분이 우리에게 잘해 주신다는 건 알았어요.

10대 때, 나는 맨해튼에 있는 음악 예술 고등학교에 진학했어요. 그곳에서 더 전통적인 미술 교육을 받았어요. 어린이책을 만드는 과제도 있었는데, 장정까지 혼자 다 했답니다. 지금도 갖고 있어요! 제목은 《무지무지 큰 바나나The Very Big Banana》였죠.

Q: 어린 시절에 공공 도서관이 중요했나요?

A: 그럼요. 우리는 브롱크스에 있는 뉴욕 공공 도서관 리몬트 분관에 다녔어요. 거기에 회원 등록을 했지요. 우리는 펜을 받아 잉크를 찍어서 도서 출납 대장의 파란 선 위에 이름을 쓸 수 있다는 걸 보여 줘야 했어요. 또한 책을 곱게 다루는 데 동의한다는 내용의 문장을 소리 내어 읽어서, 글을 읽을 줄 안다는 것도 보여 줘야 했어요.[8] 그러고 나면 뭔가 우쭐한 기분이

---

[7] 뉴욕의 맨해튼과 브롱크스를 잇는 고가 철로로 정식 명칭은 'IRT Third Avenue Line'이다.

들었지요. 나는 《양귀비 씨앗 케이크The Poppyseed Cakes》[9]를 비롯한 모든 동화책, 손턴 버제스[10]의 《버제스의 어린이를 위한 동물책The Burgess Animal Book for Children》을 좋아했어요. 버제스 책의 그림은 종종 베껴 그리곤 했지요. 모드와 미스카 피터셤[11]의 책, 《종이 이야기The Storybook of Paper》, 《석유 이야기The Storybook of Oil》도 좋아했어요. 세상이 돌아가는 원리와 이야기가 어우러진 책을 좋아했던 거죠.

Q: 학교에서는 잘하는 편이었나요?

A: 나는 열심히 노력하지 않아도 잘할 수 있는 건 뭐든 다 아주 잘했어요. 수학 보충 수업을 받았는데, 정말 좋아했지요! 선생님들이 나를 데리러 왔어요. 교실 밖으로 데리고 나와 다른 멋진 교실로 데려갔지요. 엄청나게 시각적이고 다채로운 색으로 가득한 곳이었어요. 나는 수학 보충 수업을 아주 잘해 냈어요. 상상력이 필요하고 활동적인 일은 다 좋아했어요. 글과 관련된 것도 다 좋아했지요. 어릴 때부터 글쓰기를 좋아했고, 학교에서도 날마다 작문 수업이 있었어요.

Q: 대공황이 선생님의 삶에 어떤 영향을 미쳤다고 생각하세요?

A: 아버지가 힘들었던 건 대공황과 깊은 관련이 있었던 게 분명해요. 아버지의 일자리는 늘 확실치 않았어요. 대공황 때문에 어머니가 그 짐을 나

---

[8] 그림책 《무어 사서 선생님과 어린이 도서관에 갈래요!: 어린이 도서관의 어머니 애니 캐롤 무어 이야기》(서남희 옮김, 다산기획, 2016)를 보면 당시 도서관의 분위기에 대해 잘 알 수 있다.
[9] 1924년에 출간된 미국 어린이책의 고전으로 마저리 클락Margery Clark이 글을 쓰고 모드 피터셤과 미스카 피터셤 부부가 그림을 그렸다.
[10] Thornton W. Burgess(1874~1965): 미국의 환경 보호론자이자 어린이책 작가로 자연을 소재로 한 작품을 많이 남겼다.
[11] Maud Fuller Petersham(1890~1971) and Miska Petersham(1988~1960): 미국 어린이책 삽화가 나아갈 방향을 제시한 어린이책 작가이자 일러스트레이터 부부.

누어져야 했는데, 어머니는 천성적으로 걱정이 많거나 우울한 사람이 아니었어요. 그 상황에서도 매우 활기찼고, 동네가 조금이라도 나아지는 일이라면 적극적으로 나섰어요. 그러나 가난에 대한 두려움은 모두에게 엄청난 영향을 미쳤어요.

우리 식구는 여러 가지로 힘들었지만, 부모님은 행복하게 살려고 애쓰셨어요. 아버지는 노래를 매우 잘 부르셨어요. 노래와 춤을 좋아하셨지요. 오래 산책하는 것도 좋아하셨어요. 수영도 했어요. 아버지와 함께 산책을 나가면 브롱크스를 가로질러 할렘강 건너 조지 워싱턴 다리까지 가서는 그 다리를 건너 팰러세이즈까지 걸어가곤 했어요. 그다음에 다이크맨 스트리트 페리와 트롤리를 타고 브롱크스로 되돌아오곤 했어요. 우리는 온 데를 다 쏘다녔답니다!

Q: 음악 예술 고등학교에 다닐 때 블랙 마운틴 칼리지[12]에 대해 들으신 건가요?

A: 그랬을 거예요. 나는 제2차 세계 대전 때, 노스캐롤라이나주 애쉬빌에 있는 블랙 마운틴 칼리지에 진학했어요. 학생은 고작 쉰다섯 명이었지요. 요제프 알베르스[13]가 미술학과 학과장이었어요. 그는 전쟁 전에 독일 바우하우스의 부책임자였지요. 나는 알베르스에게서 드로잉, 페인팅, 색채, 디자인을 배웠어요. 나에게 참 좋은 곳이었지요. 레터링도 배웠어요. 우리는 오로지 손만 써서 보도니Bodoni체[14]를 익혔어요. 눈으로 어림짐작해서 손으

---

[12] 1933년에 학자와 예술가들이 설립한 대안 대학으로 예술 교육에 역점을 두었다.
[13] Josef Albers(1888~1976): 독일에서 태어나 미국에서 활동한 예술가이자 교육자. 독일 바우하우스에서 공부했고, 블랙 마운틴 칼리지와 예일 대학교 디자인학과에서 학생들을 가르쳤다.
[14] 이탈리아의 타이포그래픽 디자이너이자 인쇄업자인 잠바티스타 보도니Giambattista Bodoni(1740~1813)가 만든 서체.

로 그린 거예요. 시지각과 측정 능력을 기르는 훈련이었지요. 사각형을 그리고 숫자 1, 3, 5를 썼는데, 나는 그것을 참 좋아했어요. 종이마다 드로잉과 레터링으로 꽉꽉 채웠지요. 그냥 그림을 그려서 벽에 거는 건 안 했어요. 우리는 늘 실험하고, 궁리에 궁리를 거듭했지요. 가상 언어로 된 신문도 만들었어요. 거꾸로 써 보기도 하고, 실사도 하고, 온갖 그래픽 연습도 했지요.

그곳에는 목판 활자가 있는 오래된 인쇄소가 있었는데, 나는 거기서 조판을 배웠어요. 그래서 졸업 작품 중 하나로 대학에 필요한 포스터와 프로그램과 광고를 디자인하고 직접 인쇄했어요. 《모비 딕》에 나오는 고래의 흰색에 영감을 받아서 검정색에 대한 에세이를 쓰기도 했지요. 내 책은 《스쿠터》를 제외하면 다 색감이 화려해요. 어릴 때 그린 그림도 모두 색감이 화려하지요. 그런데 재미있게도 대학 시절에는 검정색과 흰색에 관심이 많았어요. 또 《생일을 잃어버린 남자 The Man Who Lost His Birthday》라는 어린이책도 만들었어요.

블랙 마운틴 칼리지의 교육은 예술, 교양, 일상 예술, 이렇게 세 분야에 걸쳐 이루어졌어요. 일상 예술 시간에는 우리가 쓰는 도로를 보수하고, 농장을 운영했어요. 옥수수를 재배하고, 돼지를 키우고, 젖소의 젖을 짰지요. 나는 버터와 치즈를 만들고, 목공용 선반 쓰는 법도 배웠어요. 크고 현대적인 연구동도 학생들이 직접 지었지요. 나는 창문을 달았답니다.

Q: 블랙 마운틴을 졸업한 뒤 오랜 시간이 지나서야 그림책을 만들기 시작하셨지요. 그동안 무엇을 하셨나요?

A: 나는 블랙 마운틴을 다니면서 결혼했어요. 남편은 건축가이자 건축업자였지요. 나는 생활비를 안 벌어도 상관없었고 정원 가꾸기, 요리, 야생버섯과 식물 공부에 이르기까지 수많은 일에 관심이 뻗쳐 있었어요. 보스턴 박물관 학교에서 에칭을 공부하고, 뉴욕 프랫 스쿨에서 판화 수업을 들었지

요. 책과는 상관없는 드로잉과 채색화, 판화 작업도 많이 했어요.

블랙 마운틴 칼리지를 졸업한 뒤, 졸업생 몇몇이 모여 예술계 종사자의 공동체인 게이트 힐 조합을 만들었어요. 나는 스물세 살이었어요. 우리 공동체는 자기 집을 소유할 수 없었어요. 우리는 모든 것을 공유했어요. 토요일이면 함께 공동체의 건물을 수리했지요. 나는 내가 사는 건물 바닥에 돌을 깔았어요. 코르크 타일도 깔고 벽도 칠했어요. 작곡가인 존 케이지[15]가 옆집에 살았는데, 둘이서 그의 집과 우리 집 사이에 꽤나 기묘한 돌담을 쌓았어요. 둘 다 담쌓는 일은 처음이었거든요. 3/4쯤 쌓았을 때 존은 여행을 떠나야 했고, 나는 아기를 낳아야 했어요. 그 뒤, 나는 공동체에서 탁아소를 시작했어요. 나중에는 초등학교를 만들고, 거기서 가르쳤지요. 유토피아와는 거리가 먼 곳이었지만, 어린아이들에게는 아주 좋은 곳이었지요. 서로의 예술 활동을 지원하려고 노력도 했고요.

나는 정치에 관심이 많았고, 오랫동안 《리터레이션Literation》[16] 잡지의 표지를 만들기도 했어요. 내 디자인은 매우 혁신적이었어요. 그러다 이혼을 하고 캐나다 온타리오주로 이사해서 초등 교육에 대한 흥미로운 잡지를 발행하는 단체의 요리사가 되었지요. 그 무렵 나는 카누에 관심이 많아서, 몇 년 뒤에는 카누에 관심 있는 남자와 사귀게 되었지요. 우리는 노스웨스트 준주에 있는 리틀 나하니강으로 카누 여행을 떠나기로 했어요. 비행기를 타고 가야 하는 오지였지요. 그런데 생각할수록 겁이 났어요. 나는 모험심이 강했지만 무모하진 않거든요! 결국 못 가겠다고 고백했고, 대신 유콘강으로 갔어요. 내가 겪은 많은 일들은 결국 《빨간 카누를 타고 강에서 보낸 사흘 Three Days on a River in a Red Canoe》(1981)이라는 책이 되었지요. 그 결혼마저 끝

---

[15] John Cage(1912~1992): 우연성 음악의 개척자로 평가받으며 비디오 아티스트 백남준에게도 영향을 주었다.
[16] 1956년부터 1977년까지 미국에서 격월간으로 발행된 평화주의 저널.

나고 얼마 뒤 밴쿠버에서 내가 살 만한 집뼈를 찾았는데, 그 안에 화판이 붙박이로 설치되어 있지 뭐예요. 나는 생각했지요. 이게 나를 위한 삶이야!

그즈음에 블랙 마운틴 출신의 오랜 친구이자 당시에는 유명한 그림책 작가였던 레미 찰립과 연락이 닿았어요. 그런데 레미가 나한테 그림책 원고를 한 편 보여 주는 거예요. 글은 릴리언 무어랑 같이 썼는데, 그림은 시간이 없어서 못 그렸다면서요. 나한테 그림을 그리겠느냐고 물었지요. 나는 그러자고 했어요. 그래서 나온 책이 《나 만세!Hooray for Me!》(1975)예요. 레미는 그 책을 직접 디자인했고, 나는 그에게서 많이 배웠어요. 그다음에 바버라 브레너가 쓴 그림책 《타조 깃털Ostrich Feathers》(1978)에 그림을 그렸고, 그다음에는 내가 글을 쓰고 그림을 그린 첫 책 《이건 생강 과자 집이야! 구워 봐! 지어 봐! 먹어 봐!It's a Gingerbread House! Bake It! Build It! Eat It!》(1978)를 만들었어요.

Q: 왜 생강 과자 집에 대한 책을 만드셨나요?

A: 게이트 힐 조합 학교에서 가르칠 때, 아이들과 멋진 생강 과자 집들을 만들었거든요. 어느 해에 뉴욕에 있는 미국 공예 박물관에서 국제 빵·케이크 전시회를 계획하면서, 우리에게도 작품을 하나 만들어 달라고 했어요. 박물관 모금 행사에 쿠키가 필요하기도 해서, 내가 생강 과자로 집을 만들었죠. 나는 생강 과자에 정말 푹 빠졌어요! 그해 크리스마스 즈음에는 향수를 불러일으키는 짧은 이야기도 한 편 썼지요. 출판할 생각은 전혀 없었는데, 그때 만난 에이전트가 출판사에 보여 보라고 하더라고요.

그린윌로우 출판사는 내 이야기를 살펴보더니, 내가 쓴 대로 자기네가 생강 과자 집을 만들 수 있으면 책을 출판하겠다고 했어요. 결국 그렇게 되었지요.

Q: 그림책 만들기가 그때까지 하던 베이킹, 집짓기, 카누 타기 같은 활동들과 이어진다고 생각하셨나요?

A: 이제까지 나는 운이 아주 좋아서, 내가 하는 일들이 크게 따로 논 적이 없었어요. 나는 빵과 과자를 굽고, 요리하고, 하이킹하고, 아이들을 낳아 기르고, 학교를 만들고, 정치에 참여하고, 사랑을 하고, 자수를 놓고, 그림을 그리고 시도 쓸 수 있었지요. 이 모든 것이 나와 이어져 있는 것 같아요. 아주 일찍부터 나는 정말로 모든 것이 이어져 있을 거라는 생각을 골똘히 했어요. 그런 면에서 나도 부모님과 비슷하다고 생각해요. 그러나 나는 운도 좋았어요. 그런 목표를 가져도 경제 사정이 너무 어렵다거나 하는 이유로 그렇게 못 하는 사람이 많으니까요.

Q: 처음으로 글을 쓰고 그림을 그리기 시작하면서 다른 작가의 그림책을 좀 보셨나요?

A: 아니요. 그 일을 시작하기까지 너무나 오래 걸렸잖아요. 그 무렵 나는 마흔여섯이었고, 여전히 집배에서 살며 시를 많이 쓰고 있었어요. 내 책이 어떻게 보이면 좋을지 이미 알고 있다고 생각했어요. 물론 책이 의도한 대로 보이게 하려고 고군분투했지요. 그 책들이 그냥 나온 건 아니랍니다.

Q: 어떤 책이 되기를 바랐는지 설명해 주시겠어요?

A: 나는 내 책에서 어느 정도는 손으로 만든 느낌이 났으면 해요. 하지만 이야기가 시각적인 요소를 얼마나 요구하느냐에 따라 그 정도는 달라질 수밖에 없지요. 《빨간 카누를 타고 강에서 보낸 사흘》은, 《스트링빈의 반짝이는 바다 여행 Stringbean's Trip to the Shining Sea》(1988)이 더 그렇긴 하지만, 내가 원했던 스크랩북의 느낌이 있어요. 의자 책들[17]은 내 어린 시절 그림에서 많이 가져왔어요. 물론 색채 감각은 훨씬 더 세련되었지만요. 나는 진짜 화

가였던 적이 없어요. 내 직업은 상상력을 많이 사용하는 맞춤형 시각 예술가라고 할 수 있어요. 눈으로 본 것에 상상력을 보태서 자신만의 것을 만들어 내지요. 나는 실물을 보고 그리지도, 사진을 보고 그리지도 않아요. 내가 원하는 대로 나올 때까지 그리고, 그리고, 또 그릴 뿐이지요. 내가 일러스트레이터로서 가장 관심을 갖는 부분은 감정을 실제로 드러내는 거예요. 나는 테두리의 디테일이나 가구를 그릴 때도 빈곤한 것도 부유한 것도 아니면서 애정과 시대성이 묻어나는 환경을 표현하려고 노력해 왔어요. 그저 귀엽거나 촌스럽지 않게요. 의자 책에 나오는 의자는 상징적인 의자예요. 사람들은 내게 그런 의자가 있느냐고 묻곤 해요. 나한테는 없고, 앞으로도 없을 거예요. 바우하우스의 가구가 훨씬 더 내 취향에 가깝거든요. 내가 바라는 것은 의자, 찻주전자, 신발에 이르기까지 내 그림 속의 모든 것이 특정한 감정과 현실감을 전하는 거예요.

Q: 선생님이 그리는 얼굴에는 언제나 진한 감정이 실려 있어요.《또, 또, 또 해 주세요: 세 가지 사랑 이야기》(1990)에 나오는 어린아이들의 얼굴에도 말이지요.

A: 그 책을 만들 때 정말 그림을 엄청나게 많이 그렸어요. 그러고는 마지막에 품질 좋은 빨간 트레이싱지에 최종본을 그렸지요. 그런 다음 손톱 가위로 그림을 오려서 제자리에 붙였어요. 나는 그 책의 그림이 아이들이 색칠한 것처럼 보였으면 했어요. 어린아이들은 그림을 그릴 때 색에 매료되곤 해요. 사실 그림을 그린다기보다는 색을 가지고 노는 거죠. 나도 그렇게 그리고 싶었어요. 마구 색칠한 것처럼 보이는 책을 만들고 싶었어요. 그 책을 떠올리면 뿌듯해요. 내 예술적 경험의 두 가지 다른 측면이 잘 어우러져 있

---

17 《엄마의 의자》(최순희 옮김, 시공주니어, 1999)와《영원히 소중한 의자 A Chair for Always》(2009)를 말한다.

다고 생각하거든요. 알베르스의 가르침에 힘입은 바가 큰 책이기도 하지요. 블랙 마운틴 칼리지에서 색채 연구를 할 때와 같은 방식으로 작업을 했거든요. 특정한 효과를 내려고 명도가 비슷한 몇몇 색들을 섞어 보았지요. 알베르스에게 배운 레터링도 했고요. 동시에 아주 자유분방한 회화 기법도 썼지요. 그래서인지 구성이 아주 탄탄하면서 꽤나 즉흥적인 느낌도 들어요.

또 어떻게 하면 피부색이 다른 사람들이 자유롭게 섞여 사는 세상이 될까에 대한 내 생각도 담을 수 있었어요. 처음에는 책의 구성이 달랐어요. 나는 그 책에 '아기'로 나오는 첫 손자를 너무도 사랑해서, 오롯이 그 아이만 담은 책으로 만들 생각이었지요. 그러나 작업을 하다 보니 금발의 어린 남자애에 대해서만 얘기하면 독자가 아주 제한적일 거라는 사실을 깨달았어요. 그래서 이야기를 세 부분으로 나누고 세 쌍의 인물을 등장시키는 쪽으로 구성을 바꾸었어요.

내 '이념적인 아이디어'는 시각적 표현의 범주를 한층 넓혀 주는 부대 효과가 있었지요. "세 가지 사랑 이야기"라는 부제는 마지막 순간에 덧붙였어요.

Q: 여러 책에서 주인공 여자아이 이름을 로사로 하셨는데, '빵과 장미'라는 표현을 떠올리게 하고 싶어서였나요?

A: 왜 그 이름으로 정했는지 잘 모르겠어요. 내 이름도 로자 룩셈부르크[18]를 따라 로사가 될 뻔했어요. 그런데 어머니가 반대하셨지요. "이 아이 스스로 제 이름을 만들어 가게 해요." 그래서 '베라'가 되었어요. 나는 장미를 사랑해요. 물론 장미는 사랑의 꽃이지요. '빵과 장미'라는 신념은 내게도 매우 소중해요. 하지만 내가 왜 그 이름으로 정했는지 정말 모르겠어요.

---

[18] Rosa Luxemburg(1871~1919): 독일에서 활동한 폴란드 출신의 사회주의 이론가이자 혁명가.

Q: 《엄마의 의자》와 그 속편을 만들게 된 것은 어느 정도는 중산층의 안락한 삶이 아닌 다른 이야기를 담은 그림책을 만들어야겠다는 생각이 있었기 때문인가요?

A: 그건 제 선택이었고, 또 중요한 선택이었다고 생각해요. 그러나 《엄마의 의자》는 그 책을 만들 당시 내 경험을 담은 것이기도 해요. 마침내 스스로 생계를 꾸려가야 할 처지에 놓였거든요. 내 유리병은 비어 있었어요! 그 책은 로사 이야기이면서 내 이야기이기도 해요. 나는 페미니스트 운동이 정점에 달한 시기에 그 책들을 만들었어요. 한 부모 가정에 대한 인식이 바뀌던 시기였지요. 그러나 그 책의 정서적 핵심은 그저 사랑이고, 의자와 유리병도 사랑의 표현이에요.

Q: 그것은 또한 가치 판단에 관한 이야기이기도 하지요. 그렇지 않나요? 선택을 해야 할 때 선택하는 것에 관한 이야기 말이에요.

A: 언젠가 사립 여학교에서 강연을 한 적이 있었어요. 어느 학생이 《내게 아주 특별한 선물》에 대해 물었어요. "왜 그 사람들은 원하는 것을 다 살 수 없었나요?"라고 말이에요. 나중에 어떤 선생님이 그러시더군요. "우리가 선생님을 모신 이유 중 하나가 바로 그거랍니다!"

Q: 스크랩북의 매력에 대해 언급하셨지요? 심지어 《엠버는 용감하고, 에씨는 똑똑했어 Amber Was Brave, Essie Was Smart》(2001)는 가족 사진들로 끝이 나요.

A: 그 책의 경우, 처음에는 아예 그림을 안 넣고 싶었어요. 그러나 책이 되기에는 글이 너무 짧아서 그렇게 발전된 거예요. 《스트링빈의 반짝이는 바다 여행》과 《빨간 카누를 타고 강에서 보낸 사흘》은 어느 모로 보나 스크랩북이에요.

Q: 아이들에게 자신의 경험을 스크랩북으로 만들어 보라고 넌지시 권유하기도 하시나요?

A: 네. 그 책에는 내가 했던 여행들 외에도 많은 경험이 녹아 있어요. 브롱크스 하우스에서 미술 수업을 듣던 어린 시절이었어요. 어느 여름엔가 우리는 우체국을 만들었어요. 우표를 사고팔 수 있는 매표구도 내고요. 나는 리놀륨 판으로 우체국 소인을 조각하다가 깊이 베어서 브롱크스 병원으로 급히 실려 가기도 했답니다! 정말 굉장했죠. 우리는 그 건물에 드나드는 모두에게 카드와 편지를 보냈어요. 나는 그 놀이를 정말 좋아했어요. 오랜 시간이 지난 뒤 레미가 다른 예술가와 함께 만든 하늘 엽서 모음을 보여 줬어요. 나는 뉴욕 공공 도서관의 그림 열람실에 가서 옛날 그림엽서들을 찾아보았어요. 그리고 나한텐 유콘강을 여행하는 동안 어머니에게 보낸 엽서를 담아 둔 양철 상자가 있었지요. 마지막으로 우리 가족이 소중히 여기는 옛날 사진첩이 있었어요. 사진첩에는 부모님이 대륙 횡단 여행을 하며 코닥 카메라로 찍은 사진이 가득했지요. 나는 늘 그 사진들을 사랑했어요. 그래서 내 여행책들도 사진첩처럼 보이기를 바랐어요.

Q: 《영원히 소중한 의자》에서 로사는 그 의자를 "행운의 의자"라고 불러요. 《스트링빈의 반짝이는 바다 여행》의 마지막 말은 "행운을 빌어."이고, 《행운의 노래 Lucky Song》(1997)라는 책을 쓰신 적도 있지요. 행운이 선생님에게 매우 중요한 말, 그리고 개념인 것 같군요.

A: 내가 태어났을 때 요정들이 어떤 재능과 함께 행운도 가져다주었어요. 나는 매우 운이 좋았던 것 같아요. 《스트링빈의 반짝이는 바다 여행》에는 네잎클로버도 나오지요?

Q: 예, 뒤표지에요.

A: 《행운의 노래》에 나오는 여자아이는 '어린 이브Eve'예요. 나는 그 애가 원하는 것을 얻는다는 점에서 원하는 것을 얻게 될 '모든 아이every child'를 대표했으면 했어요. 어린아이들에게 정말 필요한 것을 사랑과 모험을 통해 준다면, 우리의 세상이 더 나아질 거라는 확신이 있어요. 《행운의 노래》는 내 손자인 허드슨이 태어났을 무렵에 썼어요. 아이들에게 주는 일종의 선물이라고 생각했던 것 같아요. 가끔 그렇게 말하는 아이들이 있어요. "이브는 버릇이 너무 나빠요. 원하는 걸 다 받잖아요." 그런 말을 들으면 슬퍼져요. 그 애가 대체 뭘 바란다고요. 그 애는 분에 넘치는 걸 바라지 않아요. 그 애는 언덕을 오르고 싶어해요. 그 애는 연을 날리고 싶어 해요. 그 애는 엄마가 바라봐 주기를 바라요. 음식을 먹고 싶어 해요. 자고 싶어 해요. 노래하고 싶어 해요. 누구나 살면서 마땅히 누려야 할 것들이에요. 제목에 꼭 '행운'이란 말이 들어가야 했어요. 그 절반만 누릴 수 있어도 행운이라 여길 아이들이 많으니까요. 나는 운이 좋았어요. 내 아이들도 운이 좋았지요. 그러니 운이 좋은 영혼이라고 해야겠지요, 안 그래요?

리스베트 츠베르거
Lisbeth Zwerger

1954년 출생, 오스트리아 빈

"그림책 그림은 신비로워야 해요." 리스베트 츠베르거는 말한다. "그래야 수수께끼를 풀려고 자꾸자꾸 들여다보고 싶어지니까요." 츠베르거는 거의 독학하다시피 한 예술가로 불과 20대에 지금까지 전해 오는 가장 신비로운 몇몇 옛이야기에 붙인 기묘하고도 몽환적인 수채화로 세계적 명성을 얻었다. 《헨젤과 그레텔Hansel and Gretel》(1979), 《빨간 모자Little Red Cap》(1983), 《일곱 마리 까마귀》(1981) 같은 옛이야기 그림책이 바로 그것이다. 이 초창기 작품에서 츠베르거는 숲속에 숨어 지내거나 떠도는 운명을 지닌 등장인물, 즉 사람, 동물, 정령 들을 모두 다 기묘하지만 살아 있는 인간으로 재해석했다. 동시에 많은 것을 독자의 상상에 맡겼다. 츠베르그는 이야기의 배경을 거의 드러내지 않음으로써 의도적으로 볼이 발그레한 헨젤과 그레텔, 엄지 공주, 돼지치기를 어디든 될 수 있고 그 어디도 아닌 곳, 어쩌면 그저 꿈속일지도 모를 곳에 두었다. 그리고 독자들은 매혹되었다. 1990년, 어린이 문학 최고의 공로상인 한스 크리스티안 안데르센상을 받았을 때 츠베르거는 겨우 서른여섯이었다.

그 뒤 《오즈의 마법사》(1996)부터 성경에 이르기까지 다양한 고전 텍스트에 삽화를 그리면서, 츠베르거는 더욱 다채로운 색을 쓰고 더욱 모험적인 디자인 감각을 발휘했다. 온종일 비디오 게임만 하는 듯한 이웃집 아이의 모습이 책의 미래에 대해 의문을 품게 만드는 데도 말이다. 나는 1990년 초, 《워싱턴 포스트》에 츠베르거의 작품에 대한 글을 처음 썼다. 그리고 츠베르거가 《이상한 나라의 앨리스》(1999) 미국 출판 기념회에 참석하러 뉴욕에 왔을 때 그녀를 처음 만났다. 이 인터뷰는 2009년 11월 6일 전화 통화로 이루어졌다. 당시 츠베르거는 빈의 아파트에 머무르고 있었다.

레너드 S. 마커스: 어릴 때 어떤 아이였나요?

리스베트 츠베르거: 조금 게을렀어요! 제가 원래 좀 그랬어요. 그리고 그림 그리기와 책 읽기를 가장 좋아했지요.

Q: 학교에서 공부를 열심히 안 하셨나 보지요?

A: 맞아요. 인생 낙오자라는 소리를 들을 만했지요. 공부할 마음도 없었고, 미래에 대한 생각도 전혀 없었어요. 나는 아무것도 되고 싶은 게 없었어요. 주변 사람들, 특히 부모님이 나를 도와주고 넓은 이해심을 보여 주셔서 다행이었지요. 내가 예술을 공부할 마음이 있을지도 모른다고 생각해서, 그 길로 이끌어 주신 것도 부모님이셨어요.

Q: 미술 학교에선 어땠는지 들려주세요.

A: 썩 좋지는 않았어요. 그때까지만 해도 일러스트레이터가 되겠다는 생각은 없었어요. 그러면서도 옛이야기를 소재로 그림을 그리기 시작했어요. 불행히도 우리 선생님들은 일러스트레이션에 전혀 관심이 없었어요. 그때 나는 열일곱 살도 안 됐던 터라 그분들이 추구하는 것을 이해하지 못했어요. 그분들은 현대 미술을 지향했던 것 같아요. 우리는 라이프 드로잉 수업을 받긴 했지만, 선생님들은 추상적인 것에 더 관심이 있었어요.

Q: 그림은 어디서 배우셨나요? 그때까지는 독학하셨나요?

A: 어느 정도는요. 나는 아주 어릴 때부터 그림을 그렸어요. 그렇다고 내가 천재라는 건 아니에요! 나는 좋은 환경에서 자랐어요. 아버지는 디자이너였고, 어머니도 그림 그리는 걸 좋아하셨지요. 내 동생과 나는 늘 그림을

잔뜩 그렸어요. 우리가 살던 아파트 두 층 위에 아버지의 작업실이 있어서, 우리는 늘 그곳에 올라가곤 했어요. 아버지의 작업실에는 종이와 물감이 가득했어요. 정말 바람직한 환경이었죠.

Q: 미술 도구들의 모양과 느낌, 물감 냄새가 아이에게 매혹적이었을 것 같은데요.

A: 맞아요! 우리 아버지는 산업 디자이너였어요. 카메라와 프로젝터에 이르기까지 온갖 것들을 다 디자인했어요. 그림도 매우 잘 그리셨지요.

Q: 어릴 때 그림 형제와 안데르센의 동화를 읽었나요?

A: 그럼요. 부모님과 조부모님이 읽어 주기도 하셨지요.

Q: 제2차 대전의 경험이 빈에서 살던 어린 시절에 그림자를 드리웠나요?

A: 당시 빈은 지금과 달리 매우 음울한 도시였어요. 내가 지금도 살고 있는 이 건물에 이사 온 1981년에도, 길 건너편에 포탄 파편에 맞아 구멍이 난 건물이 있었어요. 그러나 학교 다닐 무렵에는 전쟁 이야기가 수그러들었어요. 너무 빨랐던 게 아닌가 싶어요. 오스트리아에서는 1980년대 들어서야 전쟁에 대한 논의가 제대로 시작되었어요.[1]

Q: 일러스트레이터로서 자신의 스타일을 어떻게 발견했나요?

A: 내가 존경한 첫 번째 그림 작가는 체코슬로바키아의 예술가인 이르지 트른카[2] 였어요. 그는 안데르센 동화 등에 그림을 그렸어요. 그다음에는

---

[1] 오스트리아는 1866년까지 독일과 역사를 공유하며 민족과 언어도 일치한다. 1934년부터 히틀러 동조 세력에 휘둘리다가 1938년 독일에 합병된 바 있다. 츠베르거는 오스트리아가 나치 독일의 일원으로서 참전한 전쟁에 대한 논의를 너무 빨리 끝냈다는 점을 지적하고 있다.

아서 래컴의 그림에 눈길이 갔어요. 나는 래컴의 감각적인 선과 동물을 그리는 방식, 그림의 어두운 분위기를 참 좋아했어요. 래컴은 배경을 매우 복잡하게 그리지만, 그런 면은 내 그림에 담고 싶지 않았어요.

Q: 《일곱 마리 까마귀》를 비롯한 다른 초창기 작품을 보면 배경이 안개가 서린 듯 구름에 감싸인 듯 신비롭고 몽환적이에요.

A: 그런 배경을 수채 잉크로 그렸어요. 풍경을 표현하는 아주 간단한 방법 같았거든요. 나보다 앞선 다른 작가들이 이렇게 할 생각을 하지 않았다는 게 매우 놀라웠어요. 비평가들은 내 그림을 칭찬하면서, 독자가 상상할 수 있는 여지를 많이 남겼다고 말했는데, 그때는 무슨 말인지 이해하지 못했어요. 지금은 이해해요. 배경에 번지기 기법을 쓰면, 물론 어떻게 해야 하는지 알아야 하지만, 상상할 수 있는 여지가 커져요. 아서 래컴은 나무에도 표정을 입히는 엄청난 디테일을 보이지만, 나는 내 방식이 더 좋아요.

Q: 정확히 원하는 만큼 번진 효과를 내려고 다시 그리는 일도 더러 있었나요?

A: 그 단계에 이르면 늘 가슴이 두근거려요. 먼저 인물을 그리고 나서, 번지기 기법을 써야 해요. 잘 나오기를 간절히 바라지요. 대부분 잘되고, 그럼 뛸 듯이 기뻐요.

Q: 어떤 그림들은 가장자리가 페이지의 여백과 섞이기도 해요. 그러면 그림이 어디서 시작되고 어디서 끝나는지 불분명해지지요.

A: 의도한 건 아니었어요. 나는 그림 주위에 흰 테두리가 있는 걸 좋아

---

2 Jiří Trnka(1912-1969): '동유럽의 월트 디즈니'라고 불리는 애니메이터로 화가, 조각가, 일러스트레이터, 무대 디자이너, 의상 디자이너로도 활동했다.

해요.

Q: 자료 조사를 많이 하시나요?

A: 《일곱 마리 까마귀》를 작업할 때는 제부에게 까마귀 사진을 찍어 오게 했어요. 그러니까 내가 그린 갈까마귀들은 사실 그냥 까마귀들이었죠! 그게 크게 중요하다는 생각을 안 했거든요. 그 뒤부터는 신문과 잡지에서 수많은 사진을 오려서 참고 자료로 모아 두었어요. 《노아의 방주 Noah's Ark》(1997)에 들어가는 그 많은 동물을 그릴 때가 되자, 사진 파일이 아주 요긴하게 쓰였지요.

Q: 《헨젤과 그레텔》에 그리신 마녀의 집은 대부분의 아이들이 기대하는 것과는 달리 너무 평범한 것 같아요. 원래 그림 형제가 묘사한 팬케이크로 지붕을 덮은 단순한 집에 더 가깝죠.

A: 그 이야기는 너무나 잘 알려져 있어서, 어떤 특정한 이미지가 이미 사람들 머릿속에 박혀 있어요. 미국 사람들이 떠올리는 이미지와 여기 사람들이 떠올리는 이미지는 다를 수도 있지만요.

나는 동화와 관련된 진부한 표현을 피하려고 늘 노력해 왔어요. 머릿속에 가장 먼저 떠오르는 이미지가 아니라 글을 따르려고 하는 편이지요.

Q: 미국에서 나온 책 중에는 마녀의 집을 온통 진저브래드 맨, 지팡이 사탕, 풍선껌같이 온통 달콤한 것들로만 꾸며 놓은 경우도 있어요. 때때로 아이들은 그 이야기에서 오로지 그 집만 기억하고, 〈헨젤과 그레텔〉을 행복한 이야기로 여기면서 자기도 그 집에 가고 싶어 하며 책을 덮지요.

A: 그래요, 그 집은 위험할 텐데 말이에요!

Q: 선생님 책에서는 마녀 자체에 더 집중해요. 약간 귀신 같은 모습이기도 해요.

A: 젊은 일러스트레이터들을 위해 워크숍을 몇 차례 연 적이 있어요. 공주나 마녀, 또는 거인을 그리는 연습도 했는데, 사람들이 대부분 그저 그런, 판에 박힌 이미지들을 그리더군요. 하나같이 공주에게 퍼프 소매가 달린 분홍색이나 연파랑색 드레스를 입혀 놓은 거예요. 캐릭터를 묘사하는 데는 정말 다양한 방법이 있는데 말이에요! 이런 연습을 하면 평소에 얼마나 판에 박힌 생각을 하고 있는지 알 수 있어요. 그 너머를 바라보는 첫걸음이지요.

Q: 그림에 자신을 그려 넣기도 하셨나요? 혹시 《엄지아가씨》(1980)나 《이상한 나라의 앨리스》에 나오시지는 않나요?

A: 대부분의 작가들은 무심결에 그림책에 자신을 집어넣는 것 같아요. 그런데 나는 다른 사람들을 넣으면 넣었지, 나 자신을 넣지는 않아요. 내 동생과 제부는 《크리스마스 캐럴A Christmas Carol》(1988)에 나와요. 나이 드신 이모님은 《빨간 모자Little Red Cap》의 할머니예요. 내 전남편이자 일러스트레이터인 존 로는 《일곱 마리 까마귀》에서 난쟁이로 나와요.

Q: 선생님이 그림 형제의 옛이야기를 그리기 시작할 무렵, 옛이야기에 대한 글이 많이 나왔는데요. 가령 미국에서는 심리학자 브루노 베텔하임의 《옛이야기의 매력》[3]에 대한 토론이 활발히 이루어졌지요. 제 생각에 그 책은 그 뒤에 나온 미국 어린이책에 큰 영향을 끼친 것 같아요. 베텔하임의 책이나 그와 비슷한 다른 책들을 알고 계셨나요?

A: 네, 베텔하임의 책을 일부 읽었어요. 독일어판 제목은 《어린이들에겐

---

3 《옛이야기의 매력》 김옥순·주옥 옮김, 시공주니어, 1998

옛이야기가 필요하다》였어요. 그 책은 나를 100퍼센트 설득하지 못했어요. 옛이야기는 좋은 것처럼 '보여요'. 그러나 아이들에게 옛이야기가 정말로 필요한지는 말하기 어려워요. 나는 책을 만들 때 솔직히 아이들을 염두에 두지 않았어요. 아이들이 무서워할까 봐 아주 무시무시한 그림들은 되도록 안 그리려고 했던 것만 빼고요.

Q: 색에 대한 관심이 점점 높아지시는 것 같아요.

A: 미술 학교 시절의 힘든 경험이 남긴 일종의 '벽'을 넘어서지 못했고, 그 점이 저를 무척 소심하게 만들었어요. 선생님들이 내 그림을 비판하는 바람에 나중에는 연필을 쥐기도 힘들 정도였지요. 당시 남편이던 존과 색이 천천히 나를 일으켜 주었어요. 나는 색을 아주 조금씩 쓰면서 어두움에서 벗어나기 시작했고, 조금씩 조금씩 색을 더해 갔지요. '우울한' 단계, 그러니까 《헨젤과 그레텔》, 《빨간 모자》 같은 작품들의 시기가 지나자, 새롭고 조금 더 아슬아슬한 것을 시도해 봐도 좋겠다는 생각이 들었어요.

Q: 《노아의 방주》 같은 최근 작품들을 보면 구성과 비율에도 재미를 느끼신 것 같아요. 어떤 디테일은 지나치게 작고, 어떤 것은 지나치게 커요. 어떤 이미지들은 중심에서 벗어나 있어요. 성경 속 인물들의 손에 우산이 들려 있어서 초현실적인 분위기도 느껴지고요.

A: 음, 나는 마그리트를 매우 존경해요. 사실 존경하는 사람은 많고, 그 중 으뜸은 고야예요. 그러나 《노아의 방주》의 경우, 내 관심은 초현실주의, 너머에 있었어요. 어린이 성경의 그림을 바꾸고 싶은 마음이 정말 컸지요. 오래전에 어린이 그림 성경을 낸 적 있는데, 시장성이 없었어요. 내 편집자는 처음부터 그 프로젝트에 대해 걱정했어요. "아무도 성경에 관심 없다니까요!"라면서요. 나는 성경 이야기가 무척 흥미진진하다고 생각하는데, 시중

에 나와 있는 어린이 그림 성경은 너무너무 지루해 보여서 무척 화가 나요.

Q: 성이 '츠베르거'인데, 독일어로 무슨 뜻인가요?

A: '츠베르그zwerg'는 '난쟁이'란 뜻이에요. '츠베르그 나제Zwerg Nase'는 '난쟁이 코'란 뜻이고요. 우리 가족의 성은 사실 지리적인 것과 관련이 있어요. 그러나 자라면서 그런 성을 가진 게 좋았을 리 없잖아요. 아이들은 성을 가지고 나를 놀려 댔어요. 아주 심하진 않았지만요. 그랬던가? 어쨌든 뻔한 농담을 해 댔지요. 때로는 나조차도 내 성을 보면서 '진짜 웃겨.' 하고 생각할 때가 있어요. 내 성이 무슨 뜻인지 잊으려야 잊을 수가 없지요.

Q: 그래도 이제까지 하신 일들을 생각하면 잘 어울리는데요?

A: 그래요. 나한테 꼭 들어맞는 성이죠!

작가별 저서 목록

- 작가의 저서는 이 책에서 언급한 그림책에 한정하여 수록하였습니다.
- 국내에 번역 출간된 도서는 한국어판 제목과 옮긴이, 출판사, 출간 연도를 함께 수록하였습니다.
- 한국어판 초판이 절판되었다가 출판사가 바뀌어 재출간된 경우에는 최신 판본의 서지 정보만을 수록하였습니다.

안노 미쓰마사 安野 光雅

ふしぎなえ 福音館書店, 1968
Topsy-Turvies: Pictures to Stretch the Imagination New York: Weatherhill, 1970
이상한 그림책 비룡소, 2006

天動説の絵本:てんがうごいていたころのはなし 福音館書店, 1979
Anno's Medieval World New York: Philomel, 1980
천동설 이야기: 하늘이 움직인다고 믿었던 때의 이야기 예상열 옮김, 한림출판사, 2002

ABCの本: へそまがりのアルファベット 福音館書店, 1974
Anno's Alphabet: An Adventure in Imagination New York: Crowell, 1975
ABC 그림책 한림출판사, 2003

かぞえてみよう 講談社, 1975
Anno's Counting Book New York: Philomel, 1989
함께 세어 보아요 마루벌, 1997

旅の絵本 福音館書店, 1977
Anno's Journey New York: Philomel, 1978
여행 그림책 1: 중부 유럽편 한림출판사, 1999

旅の絵本 3 福音館書店, 1981
Anno's Britain New York: Philomel, 1981
여행 그림책 3: 영국편 한림출판사, 2003

壺の中 安野 雅一郎 作, 童話屋, 1982
Anno's Mysterious Multiplying Jar written by Masaichiro Anno, New York: Philomel, 1983
항아리 속 이야기 안노 마사이치로 글, 박정선 옮김, 비룡소, 2001

はじめてであうすうがくの絵本 福音館書店, 1982
Anno's Math Games New York: Philomel, 1987
어린이가 처음 만나는 수학 그림책 한림출판사, 1994

旅の絵本 4 福音館書店, 1983
Anno's U.S.A. (New York: Philomel, 1983)
여행 그림책 4: 미국편 한림출판사, 2004

にこにこ かぼちゃ 童話屋, 1988
Anno's Faces New York: Philomel, 1989

퀜틴 블레이크 Quentin Blake

Patrick New York: H. Z. Walck, 1969
패트릭 김서정 옮김, 문학과지성사, 2012

How Tom Beat Captain Najork and His Hired Sportsmen written by Russell Hoban, New York: Atheneum, 1974

The Enormous Crocodile written by Roald Dahl, London: Jonathan Cape, 1978
침만 꼴깍꼴깍 삼키다 소시지가 되어 버린 악어 이야기 로알드 달 글, 김수연 옮김, 주니어김영사, 2005

The Twits written by Roald Dahl, London: Jonathan Cape, 1980
멍청 씨 부부 이야기 로알드 달 글, 지혜연 옮김, 시공주니어, 1997

Roald Dahl's Revolting Rhymes, written by Roald Dahl, New York: Knoph, 1982

The BFG written by Roald Dahl, London: Jonathan Cape, 1982
내 친구 꼬마 거인 로알드 달 글, 지혜연 옮김, 시공주니어, 1997

The Marzipan Pig written by Russell Hoban, New York: Farrar, Straus and Giroux, 1987

Quentin Blake's ABC New York: Knoph, 1989

Charlie and the Chocolate Factory written by Roald Dahl, New York: Knopf, 1964/illustrated by Quentin Blake, 1995
찰리와 초콜릿 공장 로알드 달 글, 지혜연 옮김, 시공주니어, 2000

The Magic Finger written by Roald Dahl, New York: Harper, 1967/illustrated by Quentin Blake, 1995
요술 손가락 로알드 달 글, 김난령 옮김, 열린어린이, 2008

Clown New York: Holt, 1996

Mrs Armitage and the big wave San Diego: Harcourt, Brace, 1998

Zagazoo New York: Orchard, 1998
내 이름은 자가주 김경미 옮김, 마루벌, 2005

Wizzil written by Wiliam Steig, New York: Farrar, Straus and Giroux, 2000
심술쟁이 마녀 위질 윌리엄 스타이그 글, 이경혜 옮김, 킨더랜드, 2005

Loveykins Atlanta, Georgia: Peachtree, 2002

Michael Rosen's Sad Book written by Michael Rosen, Cambridge, Massachusetts: Candlewick, 2005

내가 가장 슬플 때 마이클 로젠 글, 김기택 옮김, 비룡소, 2004

On Angel Wings written by Michael Morpurgo, Cambridge, Massachusetts: Candlewick, 2007

존 버닝햄 John Burningham

Borka: The Adventures of a Goose With No Feathers London: Jonathan Cape, 1963/New York: Random House, 1963
깃털 없는 기러기 보르카 엄혜숙 옮김, 비룡소, 1996

Humbert: Mister Firkin & the Lord Mayor of London London: Jonathan Cape, 1965/Indianapolis: Bobbs-Merrill, 1965
험버트의 아주 특별한 하루 김영선 옮김, 현북스, 2014

Mr. Gumpy's Outing London: Jonathan Cape, 1963/New York: Holt, 1970
검피 아저씨의 뱃놀이 이주령 옮김, 시공주니어, 1996

Mr Gumpy's Motor Car London: Jonathan Cape, 1973
검피 아저씨의 드라이브 이주령 옮김, 시공주니어, 1996

Gumpy's Rhino London: Jonathan Cape, 2019
검피 아저씨의 코뿔소 이상희 옮김, 시공주니어, 2019

Come Away from the Water, Shirley London: Jonathan Cape, 1977
셜리야, 물가에 가지 마! 이상희 옮김, 비룡소, 2003

Time to Get out of the Bath, Shirley London: Jonathan Cape, 1978
셜리야, 목욕은 이제 그만! 최리을 옮김, 비룡소, 2004

Granpa New London: Jonathan Cape, 1984/York: Crown, 1984
우리 할아버지 박상희 옮김, 비룡소, 1995

John Patrick Norman McHennessy: The Boy Who Was Always Late New York: Crown, 1987

지각대장 존 박상희 옮김, 비룡소, 1995

Hey! Get Off Our Train New York: Crown, 1989
야, 우리 기차에서 내려! 박상희 옮김, 비룡소, 1995

Cloudland New York: Crown, 1996
구름 나라 고승희 옮김, 비룡소, 1997

Whaddayamean New York: Crown, 1999

The Magic Bed New York: Knopf, 2003
마법 침대 이상희 옮김, 시공주니어, 2003

John Burningham Cambridge, Massachusetts: Candlewick Press, 2009
존 비닝햄: 나의 그림책 이야기 엄혜숙 옮김, 비룡소, 2006

It's a Secret! Somerville, MA: Candlewick, 2009
비밀 파티 이상희 옮김, 시공주니어, 2009

There's Going to Be a Baby illustrated by Helen Oxenbury, Somerville, MA: Candlewick, 2010
동생이 태어날 거야 헬렌 옥슨버리 그림, 홍연미 옮김, 웅진주니어, 2010

에릭 칼 Eric Carle

Brown Bear, Brown Bear, What Do You See? written by Bill Martin Jr., New York: Holt, Rinehart & Winston, 1967
갈색 곰아, 갈색 곰아, 무엇을 보고 있니? 빌 마틴 주니어 글, 김세실 옮김, 시공주니어, 2022

1, 2, 3 to the Zoo Cleveland: World, 1968
1, 2, 3 동물원으로 스토리랩 옮김, 시공주니어, 2022

The Very Hungry Caterpillar New York: Philomel, Collins World, 1969
아주아주 배고픈 애벌레 김세실 옮김, 시공주니어, 2022

Rooster's Off to See the World New York: Scholastic, 1972
수탉의 여행 홍연미 옮김, 시공주니어, 2023

The Mixed-Up Chameleon New York: Crowell, 1975
뒤죽박죽 카멜레온 서남희 옮김, 시공주니어, 2022

The Very Busy Spider New York: Philomel, 1984
아주아주 바쁜 거미 이상희 옮김, 시공주니어, 2022

A House for Hermit Crab New York: Saxonville, MA: Picture Book Studio, 1987
소라게의 집 공경희 옮김, 시공주니어, 2023

The Very Quiet Cricket New York: Philomel, 1990
울지 않는 귀뚜라미 오정환 옮김, 한국몬테소리, 1995

Draw Me a Star New York: Philomel, 1992
별을 그려 주세요 오정환 옮김, 한국몬테소리, 2003

Today Is Monday New York: Philomel, 1993
오늘은 월요일 이상희 옮김, 몬테소리 씨엠, 2005

The Very Lonely Firefly New York: Philomel, 1995
아주아주 외로운 개똥벌레 엄혜숙 옮김, 시공주니어, 2023

From Head to Toe New York: HarperCollins, 1997
머리에서 발끝까지 사과나무 옮김, 한국몬테소리, 2003

Flora and Tiger: 19 Very Short Stories from My Life New York: Philomel, 1997

Hello, Red Fox 1998
안녕, 빨간 여우야 공경희 옮김, 시공주니어, 2023

Art of Eric Carle New York: Philomel, 2002
아트 오브 에릭 칼 서남희 옮김, 시공주니어, 2022

The Artist Who Painted a Blue Horse New York: Philomel, 2011

로이스 엘러트 Lois Ehlert

Growing Vegetable Soup Sandiego: Harcourt, 1987

Color Zoo New York: Lippincott, 1989
알록달록 동물원 문정윤 옮김, 시공주니어, 2001

Eating the Alphabet: Fruits and Vegetables from A to Z Sandiego: Harcourt Brace Jovanovich, 1989

Fish Eyes Sandiego: Harcourt Brace Jovanovich, 1990
알록달록 물고기 김소영 옮김, 시공주니어, 2000

Nuts to You! Sandiego: Harcourt Brace Jovanovich, 1993

Snowballs Sandiego: Harcourt Brace, 1995
함박눈이 내리면 장윤영 옮김, 삐아제어린이, 2008

Market Day: A Story Told with Folk Art Sandiego: Harcourt Brace, 2000
와글와글 즐거운 장날 김양미 옮김, 리브레주니어, 2008

Waiting for Wings Sandiego: Harcourt, 2001
날개를 기다리며 이상희 옮김, 베틀북, 2001

Hands: Growing Up to Be an Artist Sandiego: Harcourt Brace, 2004
아빠의 손: 이다음에 커서 화가가 되고 싶어요 엄혜숙 옮김, 보림출판사, 2007

Leaf Man Orlando: Harcourt, 2005
나뭇잎 아저씨 곽미영 옮김, 대교, 2015

케빈 헹크스 Kevin Henkes

All Alone New York: Greenwillow, 1981

가끔은 혼자서 배소라 옮김, 마루벌, 2007

Clean Enough New York: Greenwillow, 1982

A Weekend With Wendell New York: Greenwillow, 1986
웬델과 주말을 보낸다고요? 이경혜 옮김, 비룡소, 2000

Julius, the Baby of the World New York: Greenwillow, 1990
줄리어스, 세상에서 제일 예쁜 아기 이경혜 옮김, 킨더랜드, 2005

Chrysanthemum New York: Greenwillow, 1991
난 내 이름이 참 좋아! 이경혜 옮김, 비룡소, 2008

Owen New York: Greenwillow, 1993
내 사랑 뿌뿌 이경혜 옮김, 비룡소, 1996

Lily's Purple Plastic Purse New York: Greenwillow, 1996
우리 선생님이 최고야! 이경혜 옮김, 비룡소, 1999

Kitten's First Full Moon New York: Greenwillow, 2004
달을 먹은 아기 고양이 맹주열 옮김, 비룡소, 2005

A Good Day New York: Greenwillow, 2007
오늘은 좋은 날 신윤조 옮김, 마루벌, 2008

Old Bear New York: Greenwillow, 2008
올드 베어 석승환 옮김, 마루벌, 2010

Little White Rabbit New York: Greenwillow, 2011
아기 토끼 하양이는 궁금해! 문혜진 옮김, 비룡소, 2014

허유미 Yumi Heo

The Rabbit's Judgement written by Suzanne Crowder Han, New York: Holt, 1994

Father's Rubber Shoes New York: Orchard, 1995

The Green Frogs Boston: Houghton Mifflin, 1996

A Is for Asia written by Cynthia Chin-Lee, New York: Orchard, 1997

So Say the Little Monkeys written by Nancy Van Laan, New York: Atheneum, 1998

One Sunday Morning New York: Orchard, 1999

Henry's First-Moon Birthday written by Lenore Look, New York: Atheneum, 2001

Moondog written by Alice Hoffman and Wolfe Martin, New York: Scholastic, 2004

Uncle Peter's Amazing Chinese Wedding written by Lenore Look, New York: Atheneum, 2006

Hey, Mr. Choo-choo, Where Are You Going? written by Susan Wickberg, New York: Putnam, 2008

Ten Days and Nine Nights: An Adoption Story New York: Random House, 2009

타나 호번 Tana Hoban

Shapes and Things New York: Greenwillow, 1970

Look Again New York: Macmillan, 1971

One Little Kitten New York: Greenwillow, 1979

I Read Signs New York: Greenwillow, 1983

26 Letters & 99 Cents New York: Greenwillow, 1987

Of Colors and Things New York: Greenwillow, 1989

The Moon Was the Best written by Charlotte Zolotow, New York: Greenwillow, 1993

Back on White New York: Greenwillow, 1993

White on Black New York: Macmillan, 1993

Little Elephant written by Miela Ford, New York: Greenwillow, 1994

Colors Everywhere New York: Greenwillow, 1995

Look Book New York: Greenwillow, 1997

More, Fewer, Less New York: Greenwillow, 1998

제임스 마셜 James Marshall

Plink, Plink, Plink written by Byrd Baylor, Boston: Houghton Mifflin, 1971

George and Martha Boston: Houghton Mifflin, 1972
조지와 마사 윤여림 옮김, 논장, 2003

The Stupids Step Out written by Harry Allard, Boston: Houghton Mifflin, 1974

Miss Nelson Is Missing written by Harry Allard, Boston: Houghton Mifflin, 1977
넬슨 선생님이 사라졌다! 해리 앨러드 글, 김혜진 옮김, 천개의바람, 2020

James Marshall's Mother Goose New York: Farrar, Straus and Giroux, 1979

Space Case New York: Dial, 1980

Three by the Sea written by J. M. as Edward Marshal, New York: Dial, 1981

Miss Nelson Is Back written by Harry Allard, Boston: Houghton Mifflin, 1982
넬슨 선생님이 돌아왔다! 김혜진 옮김, 천개의바람, 2020

Miss Nelson has a field day written by Harry Allard, Boston: Houghton Mifflin, 1985

Red Riding Hood New York: Scholastic, 1987

Fox on the Job New York: Dial, 1988

Goldilocks and the Three Bears New York: Dial, 1988

James Marshall's Cinderella written by Barbara Karlin, Boston: Little, Brown, 1989

Hansel and Gretel London: Puffin Books, 1990

Swine Lake illustrated by Maurice Sendak, New York: HarperCollins, 1999

로버트 맥클로스키 Robert McCloskey

Lentil 1940 New York: Viking, 1940

Make Way for Ducklings New York: Viking, 1941
아기 오리들한테 길을 비켜 주세요 이수연 옮김, 시공주니어, 1995

Homer Price New York: Viking, 1943

Blueberries for Sal New York: Viking, 1948
딸기 따는 샐 김서정 옮김, 한국프뢰벨, 2003

Centerburg Tales: More Adventures of Homer Price New York: Viking, 1951

One Morning in Maine New York: Viking, 1952
어느 날 아침 장미란 옮김, 논장, 2018

Journey Cake, Ho! written by Ruth Sawyer, New York: Viking, 1953

Time of Wonder New York: Viking, 1957
기적의 시간 김서정 옮김, 문학과 지성사, 2002

헬렌 옥슨버리 Helen Oxenbury

Numbers of Things New York: Simon and Schuster, 1968

The Quaangle Wangle's Hat written by Edward Lear, London; Heinemann, 1969
쾅글왕글의 모자 에드워드 리어 글, 엄혜숙 옮김, 보림, 1996

Dressing New York; Wanderer Books/Simon and Schuster, 1981

Working New York: Wanderer Books/Simon and Schuster, 1981

The Birthday Party New York; Dial, 1983

The Car Trip New York; Dial, 1983

Eating Out New York: Dial, 1983

Clap Hands New York; Simon and Schuster, 1987

We're Going on a Bear Hunt written by Michael Rosen, New York; Margaret K. McElderry/Simon and Schuster, 1989
곰 사냥을 떠나자 마이클 로젠 글, 공경희 옮김, 시공주니어, 1994

So Much written by Trish Cooke, Cambridge, MA; Candlewick, 1994
많이, 아주 많이 트리시 쿡 글, 엄혜숙 옮김, 웅진주니어, 2009

Big Mama Makes the World written by Phillis Root Cambridge, MA; Candlewick, 2002
빅 마마, 세상을 만들다 필리스 루트 글, 이상희 옮김, 비룡소, 2004

Alice's Adventures in Wonderland written by Lewis Carroll Cambridge, MA; Candlewick, 1999
이상한 나라의 앨리스 김석희 옮김, 웅진주니어, 2007

The Growing Story written by Ruth Krauss New York; HarperCollins, 2007

Ten Little Fingers and Ten Little Toes written by Mem Fox, New York: Harcourt, 2008
아가야, 뭐 하니? 멤 폭스 글, 프뢰벨유아교육연구소 옮김, 프뢰벨하우스, 2012

There's Going to Be a Baby written by John Burningham, Somerville, MA; Candlewick, 2010
동생이 태어날 거야 존 버닝햄 글, 홍연미 옮김, 웅진주니어, 2010

제리 핑크니 Jerry Pinkney

The Adventures of Spider: West African Folk Tales written by Joyce Cooper Arkhurst, Boston: Little, Brown, 1964

The Patchwork Quilt written by Valerie Flournoy, New York: Dial, 1985

The Tales of Uncle Remus: The Adventures of Brer Rabbit written by Julius Lester, New York: Dial Books, 1987

More Tales of Uncle Remus: Further Adventures of Brer Rabbit, His Friends, Enemies, and Others written by Julius Lester, New York: Dial Books, 1988

Mirandy and Brother Wind New York: Knoph, 1988
미랜디와 바람오빠 퍼트리샤 C. 맥키색 글, 김서정 옮김, 열린어린이, 2004

Rabbit Makes a Monkey Out of Lion: A Swahili Tale written by Verna Aardema, New York: Dial, 1989

The Talking Eggs: A Folktale From the American South written by Robert D. San Souci, New York: Dial, 1989

Further Tales of Uncle Remus: The Misadventures of Brer Rabbit, Brer Fox, Brer Wolf, the Doodang, and Other Creatures written by Julius Lester, New York: Dial Books, 1990

John Henry written by Julius Lester, New York: Dial, 1994

The Last Tales of Uncle Remus written by Julius Lester, New York: Dial Books, 1994

Minty: A Story of Young Harriet Tubman written by Alan Schroeder, New York: Dial, 1996

Sam and the Tigers: A New Telling of Little Black Sambo written by Julius Lester, New York: Dial, 1996

The Hired Hand: An African-American Folktales written by Robert D. San Souci, New York: Dial, 1997

Black Cowboy, Wild Horses: A True Story written by Julius Lester, New York: Dial, 1998

The Little Match Girl New York: Phyllis Fogelman, 1999
성냥팔이 소녀 한스 크리스티안 안데르센 원작, 김영욱 옮김, 어린이작가정신, 2014

The Ugly Duckling New York: Morrow, 1999
미운 오리 새끼 한스 크리스티안 안데르센 원작, 윤한구 옮김, 별천지, 2010

Journeys with Elijah: Eight Tales of the Prophet written by Barbara Diamond Goldin, San Diego: Harcourt, Brace, 1999

Aesop's Fables New York: SeaStar, 2000
이솝 이야기: 세상에서 가장 지혜로운 이야기 김세희 옮김, 국민서관, 2005

The Old African written by Julius Lester, New York: Dial, 2005

Sweethearts of Rhythm: The Story of the Greatest All-girl Swing Band in the World written by Marilyn Nelson, New York: Dial, 2009

The Lion and the Mouse New York: Little, Brown, 2009
사자와 생쥐 윤한구 옮김, 별천지, 2010

크리스 라슈카 Chris Raschka

Charlie Parker Played Be Bop New York: Orchard, 1992

Yo! Yes? New York: Orchard, 1993
친구는 좋아! 이상희 옮김, 다산기획, 2007

Mysterious Thelonious New York: Orchard, 1997

Arlene Sardine New York: Scholastic, 1998

Moosey Moose New York: Hyperion, 2000

A Poke in the I: A Collection of Concrete Poems selected by Paul B. Janeczko, Cambridge, MA: Candlewick, 2001

Little Tree written by E. E. Cummings, New York: Hyperion, 2001

The Hello, Goodbye Window written by Norton Juster, New York: Michael di Capua Books/Hyperion, 2005
안녕 빠이빠이 창문 노턴 저스터 글, 유혜자 옮김, 베아제어린이 2006

Five for a Little One New York: Atheneum, 2006

Grump Groan Growl written by Bell Hooks, New York: Hyperion, 2008

A Primer About the Flag written by Marvin Bell, Somerville, MA: Candlewick, 2011

A Ball for Daisy New York: Schwartz & Wade, 2011
빨강 파랑 강아지 공 지양어린이, 2012

Little Black Crow New York: Atheneum, 2011

모리스 센닥 Maurice Sendak

A Hole Is to Dig written by Ruth Krauss, New York: Harper and Row, 1952
구멍은 파는 것: 어린이의 시선을 담은 재밌는 낱말 책 루스 크라우스 글, 홍연미 옮김, 시공주니어, 2013

A Very Special House written by Ruth Krauss, New York: Harper and Row, 1953
아주아주 특별한 집 루스 크라우스 글, 홍연미 옮김, 시공주니어, 2013

The Nutshell Library New York: Farrar, Harper and Row, 1962

Where the Wild Things Are New York: Harper and Row, 1963
괴물들이 사는 나라 강무홍 옮김, 시공주니어, 1994

Hector Protector and As I went over the water New York: Harper and Row, 1965

Higglety, Pigglety Pop! New York: Harper and Row, 1967

In the Night Kitchen New York: Harper and Row, 1970
깊은 밤 부엌에서 강무홍 옮김, 시공주니어, 1994

The Juniper Tree and Other Tales From Grimm translated by Lore Segal and Randall Jarrell, New York: Farrar, Straus and Giroux, 1973

Outside Over There New York: Harper and Row, 1981
잃어버린 동생을 찾아서 김경미 옮김, 시공주니어, 2015

Dear Mili New York: Farrar, Straus and Giroux, 1988
사랑하는 밀리 그림 형제 글, 랄프 만하임 엮음, 김경미 옮김, 비룡소, 2006

I Saw Esau: The Schoolchild's Pocket Book edited by Iona and Peter Opie Cambridge, MA: Candlewick, 1992

We Are All in the Dumps with Jack and Guy New York: HarperCollins, 1993
우리는 모두 시궁창에 빠졌네 잭과 가이와 함께 조동섭 옮김, 시공주니어, 2022

Bumble-Ardy New York: HarperCollins, 2011
범블아디의 생일 파티 조동섭 옮김, 시공주니어, 2013

피터 시스 Peter Sis

The Whipping Boy written by Sid Fleischman, New York; Greenwillow, 1986
왕자와 매맞는 아이 시드 플라이슈만 글, 박향주 옮김, 아이세움, 2004

Rainbow Rhino New York; Knopf, 1987

Waving: A Counting Book New York; Greenwillow, 1988

Beach Ball New York; Greenwillow, 1990

A Small Tall Tale from the Far, Far North New York; Knopf, 1993

Komodo! New York; Greenwillow, 1993
용이 사는 섬, 코모도 장미란 옮김, 시공주니어, 2009

Starry Messenger: Galieo Galilei New York; Farrar, Straus and Giroux, 1996
갈릴레오 갈릴레이 백상현 옮김, 시공주니어, 1999

Fire Truck New York; Greenwillow, 1998
소방차가 되었어 시공주니어, 2011

Tibet Through the Red Box New York; Farrar, Straus and Giroux, 1998
티베트 엄혜숙 옮김, 마루벌, 2005

Madelenka New York; Farrar, Straus and Giroux, 2000
마들렌카: 세상을 담은 소녀 이야기 윤정 옮김, 베틀북, 2002

Follow the Dream: The Stroy of Christopher Columbus New York; Farrar, Straus and Giroux, 2003
꿈을 찾아 떠나는 여행 안인희 옮김, 주니어김영사, 2006

The Tree of Life: Charles Darwin New York; Farrar, Straus and Giroux, 2003
생명의 나무: 찰스 다윈과 진화론 김명남 옮김, 시공주니어, 2014

Wall New York: Farrar, Straus and Giroux, 2007
장벽 안인희 옮김, 미래엔아이세움, 2010

윌리엄 스타이그 William Steig

The Lonely Ones New York; Duell, Sloan and Pearce, 1942

Roland, the Minstrel Pig New York; Windmill, 1968

C D B! New York; Windmill, 1968

Sylvester and the Magic Pebble New York; Windmill, 1969
당나귀 실베스터와 요술 조약돌 김영진 옮김, 비룡소, 2017

Amos & Boris New York; Farrar, Straus and Giroux, 1971
아모스와 보리스 김경미 옮김, 비룡소, 2017

The Real Thief New York: Farrar, Straus and Giroux, 1973
진짜 도둑 김영진 옮김, 비룡소, 2020

Farmer Palmer's Wagon Ride New York: Farrar, Straus and Giroux, 1974
뒤죽박죽 달구지 여행 윤인웅 옮김, 열린어린이, 2009

The Amazing Bone New York; Farrar, Straus and Giroux, 1976
멋진 뼈다귀 조은수 옮김, 비룡소, 1995

Tiffky Doofky New York; Farrar, Straus and Giroux, 1978
티프키 두프키의 아주 멋진 날 김경미 옮김, 마루벌, 2005

Doctor De Soto New York; Farrar, Straus and Giroux, 1982
치과 의사 드소토 선생님 조은수 옮김, 비룡소, 1995

Brave Irene New York; Farrar, Straus and Giroux, 1986)
용감한 아이린 김영진 옮김, 비룡소, 2017

Consider the Lemming New York; Farrar, Straus and Giroux, 1988

Spinky Sulks New York; Farrar, Straus and Giroux, 1988
부루퉁한 스핑키 조은수 옮김, 비룡소, 1995

Shrek! New York; Farrar, Straus and Giroux, 1990
슈렉! 조은수 옮김, 비룡소, 2001

Zeke Pippin New York; HarperCollins, 1994

A Handful of Beans New York; HarperCollins, 1998

Pete's a Pizza New York; HarperCollins, 1998
아빠와 피자놀이 김경미 옮김, 비룡소, 2018

A Gift from Zeus: Sixteen Favorite Myths written by Jeanne Steig, New York; Joanna Cotler/HarperCollins, 2001

로즈메리 웰스 Rosemary Wells

Eric Knight's Lassie Come-Home written by Rosemary Wells, painted by Susan Jeffers New York; Holt, 1955
돌아온 래시 에릭 나이트 원작, 로즈메리 웰스 글, 수전 제퍼스 그림, 정회성 옮김, 동쪽나라, 2004

Benjamin and Tulip New York; Dial, 1973

Noisy Nora New York; Dial, 1973

Tell Me a Trudy written by Lore Segal, New York; Farrar, Straus and Giroux, 1977

Morris's Disappearing Bag New York; Dial, 1975

Timothy Goes to School New York; Dial, 1981

Max's Birthday New York: Dial, 1985

Yoko New York; Hyperion, 1988

Max's Dragon Shirt New York: Dial, 1991
새 옷을 샀어요 양희진 옮김, 달리, 2005

Voyage to the Bunny Planet New York: Viking, 1992

My Very First Mother Goose edited by Iona Opie. Cambridge, MA; Candlewick, 1996

Emily's First 100 Days of School New York; Hyperion, 2000

Love Waves Somerville, MA; Candlewick, 2001

모 윌렘스 Mo Willems

Don't Let the Pigeon Drive the Bus! New York; Hyperion, 2003
비둘기에게 버스 운전은 맡기지 마세요! 정회성 옮김, 살림어린이, 2009

Knuffle Bunny: A Cautionary Tale New York; Hyperion, 2004
꼬므 토끼 김서정 옮김, 프뢰벨미디어, 2006

Leonardo the Terrible Monster New York; Hyperion, 2005
정말 정말 한심한 괴물, 레오나르도: 자신감 없는 친구에게 들려주는 이야기 고정아 옮김, 웅진주니어, 2007

Edwina, the Dinosaur Who Didn't Know She Was Extinct New York; Hyperion, 2006

Knuffle Bunny Too: A Case of Mistaken Identity New York; Hyperion, 2007
내 토끼 어딨어? 정회성 옮김, 살림어린이, 2008

There Is a Bird On Your Head! New York; Hyperion, 2007
이럴 땐 어떡하지? 김혜경 옮김, 푸른숲주니어, 2014

Are You Ready to Play Outside? New York; Hyperion, 2008
밖에 나가 놀자 김지선 옮김, 봄이아트북스, 2021

Naked Mole Rat Gets Dressed New York; Hyperion, 2009

Knuffle Bunny Free: An Unexpected Guest New York; Balzer and Bray/HarperCollins, 2010
내 토끼가 또 사라졌어! 정회성 옮김, 살림어린이, 2010

City Dog, Country Frog illustrated by Jon J Juth, New York; Hyperion, 2010

베라 B. 윌리엄스 Vera B. Williams

Hooray for Me! written by Remy Charlip and Lilian Moore, New York; Parents' Magazine Press, 1975

Ostrich Feathers: A Play in Two Acts written by Barbra Brenner, New York: Parents' Magazine Press, 1978

It's a Gingerbread House! Bake It! Build It! Eat It! New York ; Greenwillow, 1978

Three Days on a River in a Red Canoe New York, Greenwillow, 1981

A Chair for My Mother New York; GG, 1982
엄마의 의자 최순희 옮김, 시공주니어, 1999

Something Special For Me New York; Greenwillow, 1983
내게 아주 특별한 선물 최순희 옮김, 느림보, 2005

Music, Music for Everyone New York; Greenwillow, 1984
우리들의 흥겨운 밴드 최순희 옮김, 느림보, 2005

Cherries and Cheery Pits New York, Greenwillow, 1986
체리와 체리 씨 최순희 옮김, 느림보, 2004

Stringbean's Trip to the Shining Sea written by Jennifer Williams, New York; Greenwillow, 1988

"More, More, More," Said the Baby New York; Greenwillow, 1990
또, 또, 또 해주세요-세 가지 사랑 이야기 노경실 옮김, 열린어린이, 2005

Scooter New York, Greenwillow, 1993

Lucky Song New York, Greenwillow, 1997
즐거운 노래 김윤태 옮김, 한국차일드아카데미, 2004

Amber Was Brave, Essie Was Smart: The Story of Amber and Essie Told Here in Poems and Pictures New York: GG, 2001

A Chair for Always New York: GG, 2009

리즈베트 츠베르거 Lisbeth Zwerger

Hansel and Gretel written by the Brothers Grimm, translated by Elizabeth D. Crawford, Natick, MA: Picture Boks Studio, 1979

Thumbelina adapted from the text by Hans Christian Andersen, New York: North-South, 1980
엄지아가씨 한스 크리스티안 안데르센 글, 윤혜정 옮김, 별천지, 2012

The Seven Ravens written by the Brothers Grimms, translated by Elizabeth D. Crawford, New York: Morrow, 1981
일곱 마리 까마귀 그림 형제 글, 윤혜정 옮김, 별천지, 2012

Little Red Cap written by the Brothers Grimms, translated by Elizabeth D. Crawford, New York: Morrow, 1983

The Nightingale adapted from the text by Hans Christian Andersen, Natick, MA: Picture Boks Studio, 1984

Hans Christian Andersen's Fairy Tales text adapted from Hans Christian Andersen, New York: Simon and Schuster, 1991
안데르센 동화 한스 크리스티안 안데르센 글, 정문영 옮김, 마루벌, 1996

Dwarf Nose written by Wilhelm Hauff, New York: North-South, 1994
난쟁이 코 빌헬름 하우프 글, 홍성혜 옮김, 마루벌, 1996

The Wizard of Oz written by L. Frank Baum, New York: North-South Books, 1996
오즈의 마법사 한상남 엮음, 작가정신, 2008

Noah's Ark written by Heinz Janisch, New York: North-South, 1997

The Gift of the Magi written by O. Henry, Natick, MA: Picture Boks Studio, 1988
크리스마스 선물 O. 헨리 글, 최순희 옮김, 미래엔아이세움 2008

A Christmas Carol written by Charles Dickens, Saxonville, MA: Picture Boks Studio, 1988

Alice in Wonderland written by Lewis Carrol, New York: North-South, 1999
이상한 나라의 앨리스 한상남 옮김 | 어린이작가정신 | 2009

The Little Mermaid adapted from the text by Hans Christian Andersen, New York: Minedition/Penguin, 2005

일러스트와 사진 저작권

일러스트

《ABC 그림책 Anno's Alphabet》 밑그림 copyright ⓒ1974 by Mitsumasa Anno, the Kerlan Collection, University of Minnesota Libraries와 작가 본인에게 복제 허가

《내가 가장 슬플 때 Michael Rosen's Sad Book》 밑그림, copyright ⓒ2005 by Quentin Blake, Quentin Blake 제공

《퀜틴 블레이크의 ABC Quentin Blake's ABC》 밑그림, copyright ⓒ1989 by Quentin Blake, Quentin Blake 제공

《밤에는 귀가 있어: 아프리카 속담집 Night Has Ears: African Proverbs》 밑그림, copyright ⓒ1999 by Ashley Bryan, Ashley Bryan 제공

《애슐리 브라이언의 아프리카 이야기 Ashley Bryan's African Tales》 밑그림, copyright ⓒ1998 by Ashley Bryan, Ashley Bryan 제공

《거북이는 네 이름을 알아 Turtle Knows Your Name》 밑그림, copyright ⓒ1989 by Ashley Bryan, Ashley Bryan 제공

《비밀 파티 It's a Secret!》 밑그림, copyright ⓒ2009 by John Burningham, John Burningham 제공

《외로운 개똥벌레 The Very Lonely Firefly》 밑그림과 최종 표지 copyright ⓒ1995 by Eric Carle, The Eric Carle Museum of Picture Book Art 제공

《날개를 기다리며 Waiting for Wings》 밑그림 ⓒ 2001 by Lois Ehlert, Lois Ehlert 제공

《나뭇잎 아저씨 Leaf Man》 밑그림, copyright ⓒ2005 by courtesy of Lois Ehlert, Lois Ehlert 제공

《올드 베어 Old Bear》 밑그림, copyright ⓒ2008 by Kevin Henkes, Kevin Henkes 제공

《헨리의 첫 번째 음력 생일 Henry's First-Moon Birthday》 밑그림, copyright ⓒ2001 by Yumin Heo, Yumin Heo 제공

《어디에나 색깔! Colors Everywhere》 밑그림, copyright ⓒ1974 by Tana Hoban, the Kerlan Collection, University of Minnesota Libraries 복제 허가, the estate of Tana Hoban 허가

《아기 고양이 One Little Kitten》 밑그림, copyright ⓒ1979 by Tana Hoban, the de Grummond Collection, McCain Library, University of Southern Mississippi 복제 허가, the estate of Tana Hoban 허가

《빙글빙글 즐거운 조지와 마사 George and Martha Round and Round》 밑그림, copyright ⓒ1988 by James Marshall, the Kerlan Collection, University of Minnesota Libraries 복제 허가, the James Marshall Trust 허가

제임스 마셜의 미출간 노트 두 권, 한 권은 날짜 미상, 다른 한 권은 1988, copyright ⓒ1974 by James Marshall, the Kerlan Collection, University of Minnesota Libraries와 the James Marshall Trust 복제 허가

《아기 오리들한테 길을 비켜 주세요 Make Way for Ducklings》의 초안 가제본의 일부 by Robert McClosky, the May Massee Collection, Emporia State University Archives, Emporia, Kansas와 the estate of Robert McClosky 복제 허가

《곰 사냥을 떠나자 We're Going on a Bear Hunt》 밑그림, copyright ⓒ1989 by Helen Oxenbury, Helen Oxenbury 제공

《존 헨리 John Henry》 밑그림, copyright ⓒ1994 by Jerry Pinkney, Jerry Pinkney 제공

《깃발 입문서 A Primer About the Flag》 밑그림, copyright ⓒ2011 by Chris Raschka, Chris Raschka 제공

《꼬마 토끼의 다섯 가지 감각 Five for a Little One》 밑그림, copyright ⓒ2006 by Chris Raschka, Chris Raschka 제공

《이서를 보았어: 학생의 포켓북 I Saw Esau: The Schoolchild's Pocket Book》 펜과 잉크, 연필, 수채 물감으로 그린 최종본, copyright ⓒ1992 by Maurice Sendak. Walker Books Ltd., London 제공

《깊은 밤 부엌에서 In the Night Kitchen》 밑그림. 트레이싱 종이에 연필, copyright ⓒ1970 by Maurice Sendak. Maurice Sendak 제공

《그림 형제의 노간주나무 이야기와 다른 이야기들 The Juniper Tree and Other Tales from Grimm》의 〈헨젤과 그레텔〉 부분 연필 습작, copyright ⓒ1978 by Maurice Sendak. Maurice Sendak 제공

《마들렌카》의 원안인 〈마들렌카네 동네 Madlenka's Block〉 습작, copyright ⓒ2000 by Peter Sís, Peter Sís 제공

《당나귀 실베스터와 요술 조약돌 Sylvester and the Magic Pebble》 밑그림, copyright ⓒ1969 by William Steig. Collection of the Eric Carle Museum of Picture Book Art 소장, Jeanne Steig 기증

《사랑의 물결 Love Waves》 밑그림, copyright ⓒ2011 by Rosemary Wells, Rosemary Wells 제공

《꼬므 토끼 Knuffle Bunny》 밑그림, copyright ⓒ1974 by Mo Willems, Mo Willems 제공

《또, 또, 또 해 주세요More, More, More》 밑그림, copyright ⓒ1990 by Vera B. Williams, Vera B. Williams 제공

《노아의 방주Noah's Ark》 밑그림, copyright ⓒ1974 by Lisbeth Zwerger, Lisbeth Zwerger and Michael Neugebauer 제공

사진

60쪽 : Mitsumasa Anno 제공
73쪽 : Quentin Blake 제공
85쪽 : Mathew Wysocki 촬영, Simon and Schuster 제공
102쪽: Candlewick Press 제공
114쪽: Paul Shoul 촬영, Eric Carle Studio 제공
147쪽: Lillian Schultz 촬영, Lois Ehlert 제공
156쪽: Kevin Henkes 제공
166쪽: Steven Dana 촬영, Yumi Heo 제공
175쪽: Miela Ford 제공
188쪽: William Gray 촬영, William Gray 제공
219쪽: copyright ⓒ Nancy Schön, Nancy Schön 제공
233쪽: Candlewick Press 제공
245쪽: copyright ⓒ by Myles C. Pinkney, Little Brown 제공
265쪽: Candlewick Press 제공
280쪽: Harrison Judd 제공
312쪽: Peter Sís 제공
329쪽: Maggie Steig 제공
350쪽: Candlewick Press 제공
372쪽: Hyperion Books 제공
385쪽: copyright ⓒ by Susan Kuklin, HarperCollins 제공
402쪽: Michael Nergebauer 제공

출처 목록

안노 미쓰마사
61쪽 "어릴 때…… (…) 바로 그것이 내 모든 창작의 원천이랍니다."
《어린이책 글 작가와 그림 작가들, 4번째 책The Fourth Book of Junior Authors & Illustrators》(도리스 드 몬트레빌Doris de Montreville과 엘리자베스 D. 드로포드Elizabeth D. Drawford 엮음, New York: H.W. Wilson, 1978) 11쪽에서 인용

존 버닝햄
103쪽 "내 진정한 관심사는 풍경과 빛에 있다."
《존 버닝햄John Burningham》(존 버닝햄 지음, Somerville, MA: Candlewick Press, 2009), 104쪽에서 인용

로이스 엘러트
148쪽 "사실 미술 재료는 전부 우리 주변에 있어요."
2009년 1월 23일 육아 잡지 《원더타임Wondertime》을 인용한 아미 홀맨Amie Hollman의 웹사이트(http://amiehollmann.com/2009/01/23/lois-ehlert/)에서 재인용

케빈 헹크스
157쪽 "어린아이들은 살면서 (…) 처음들이 줄을 잇지요."
《혼북The Horn Book》 2005 7/8월호 397쪽에 실린 케빈 헹크스의 콜더컷상 수상 연설문에서 재인용.

제임스 마셜

189쪽 '악명 높은 완벽주의자'
《조지와 마사: 가장 친한 두 친구의 모든 이야기》George and Martha: The Complete Stories of Two Best Friends》(Boston: Houghton Mifflin, 2008) 4쪽에 실린 모리스 센닥의 서문에서 인용

189쪽 "지금까지 만든 모든 책에서 (…) 지워 버리고 싶네요."
《더 뉴요커New Yorker》1992년 11월 2일자 "도시 대담-잃어버린 예술" 40쪽에서 인용

크리스 라슈카

266쪽 "보통은 책을 만들고 싶어지는 (…) 그러면서 책에 담고 싶은 것을 얻는 거예요."
-스콜라스틱 홈페이지에 실린 작가 소개 글에서 인용

266쪽: "그리고 그 점에 대해 정말 감사한다."
-《혼북The Horn Book》2006년 7/8월호 397쪽에 실린 크리스 라슈카의 콜더컷상 수상 연설문에서 재인용

피터 시스

313쪽: "어릴 때 알브레히트 뒤러의 (…) 여린 영혼과 감정의 완벽한 상징이었지요." 미국의 대표적인 아동 독서 진흥 비영리 단체 Reading Is Fundamental(RIF)이 펴낸 《독서의 예술: 그림 작가 40명, RIF 40주년을 기념하다The Art of Reading: Forty Illustrators Celebrate RIF's 40th Anniversary》(New York: Dutton, 2005) 5쪽에 실린 피터 시스의 글 '피터 시스' 중에서 인용

베라 B. 윌리엄스

386쪽: "나는 할 말이 산더미 같은 (…) 하고 싶은 이야기를 다 할 수 없었답니다."
-《어린이책과 창작자에 대한 필수 가이드The Essential Guide to Children's Books and Their Creators》(아니타 실비Anita Silvey 엮음, Bostorn: Houghton Mifflin, 2002) 474~475쪽에 실린 베라 B. 윌리엄스의 '창작자의 소리'에서 인용

리즈베트 츠베르거

403쪽: "그림책 그림은 신비로워야 (…) 자꾸자꾸 들여다보고 싶어지니까요."
2008년 1월 27일 미술 잡지《워터컬러Watercolor》2005년 가을호를 인용한 에릭 오차드Eric Orchard의 블로그(http://ericorchard.blogspot.com/2008_01_01_archive.html) 에서 재인용

찾아보기

ㄱ

가그, 완다 Gág, Wanda 54, 130
가쓰시카 호쿠사이 葛飾 北斎 Katsushika Hokusai 91,
거스턴, 필립 Guston, Philip 278
고리, 에드워드 Gorey, Edward 57, 197, 203
고프스타인, M. B. Goffstein, M.B 164
골든 북스 Golden Books 158
구리타, 아키코 Kurita, Akiko 62
그래매트키, 하디 Gramatky, Hardie 220
그래피스(잡지) Graphis(journal) 138
그레이엄, 케네스 Grahame, Kenneth 238
그린윌로우 출판사 Greenwillow Books 177, 184, 185, 321, 322, 395
그린필드, 엘로이즈 Greenfield, Eloise 246
그림 형제 Grimm Brothers 405, 407, 408
그림, 빌헬름 Grimm, Wilhelm 285
글레이저, 밀턴 Glaser, Milton 108, 253

ㄴ

나이트 키친 어린이 극장 Night Kitchen Children's Theater 281
네즈빗, 이디스 Nesbit, Edith 275
노드스트롬, 어설라 Nordstrom, Ursula 281, 282, 311, 357, 359
뇰리, 도메니코 Gnoli, Domenico 191, 197
뉴베리상 Newberry Medal 322
더 뉴요커(잡지) The New Yorker(magazine) 56, 170, 315, 326, 330, 340, 343, 344, 356
뉴욕 공공 도서관 New York Public Library 390, 400
뉴욕 타임스(신문) New York Times(newspaper) 133, 313, 321, 322
니콜슨, 윌리엄 Nicholson, Williams 285
닐, A. S. Neill, A. S. 105, 106, 346, 348

ㄷ

다윈, 찰스 Darwin, Charles 313, 325

다이얼 출판사 The Dial Press 209, 257, 358, 362, 364, 365
달, 로알드 Dahl, Roald 80, 81, 216
달라이 라마 Dalai Lama 318, 319
더글러스, 멜빈 Douglas, Melvin 354
더글러스, 헬렌 가하건 Douglas, Helen Gahagan 354
던바, 폴 로런스 Dunbar, Paul Laurence 98, 99
데이비스, 스튜어트 Davis, Stuart 339
도미에, 오노레 Daumier, Honoré 80
도허티, 제임스 Daugherty, James 220
돌레르, 인그리와 에드거 파린 d'Aulaire, Ingri and Edgar Parin 227
뒤러, 알브레히트 Dürer, Albrecht 313
뒤바젱, 로저 Duvoisin, Roger 276
뒤부아, 윌리엄 펜 du Bois, William Pène 276
듀이, 존 Dewey, John 183, 187
드레셰르, 헨리크 Drescher, Henrik 170
디킨스, 찰스 Dickens, Charles 190, 301

ㄹ

라둔스키, 블라디미르 Radunsky, Vladimir 272
라비에, 베르나르 Rabier, Bernard 368
라슈카, 크리스 Raschka, Chris 58, 265~279
라우션버그, 로버트 Rauschenberg, Robert 145, 316
라이니, 존 Liney, John 250
라이프(잡지) Life(magazine) 228, 250, 343
라이히, 빌헬름 Reich, Wilhelm 346, 347, 348
래컴, 아서 Rackham, Arthur 259, 406
라신 공공 도서관 Racine Public Library 159
레먼스, 밥 Lemmons, Bob 260
레스터, 줄리어스 Lester, Julius 246, 257

레이, 한스 아우구스토 Rey, Hans Augusto 220
로, 데이비드 Lowe, David 356
로, 존 Rowe, John 408
로라 잉걸스 와일더상 Laura Ingalls Wilder Award 58, 189
로레인, 월터 Lorraine, Walter 198, 209
로마 대상 Prix de Rome 227
로벨, 아놀드 Lobel, Arnold 197, 213,
로브, 브라이언 Robb, Brian 78
로세티, 크리스티나 Rossetti, Christina 89
로슨, 로버트 Lawson, Robert 54, 220, 356
로젠, 마이클 Rosen, Michael 76, 80, 83
록웰, 노먼 Rockwell, Norman 220, 262
루스벨트, 엘리너 Roosevelt, Eleanor 386, 389
루이스, 리처드 Lewis, Richard 96,
룩, 레노어 Look, Lenore 173
리비스, 프랭크 레이먼드 Leavis, Frank Raymond 75
리어, 에드워드 Lear, Edward 202
리오니, 레오 Lionni, Leo 133, 191

ㅁ

마셜, 에드워드(필명) Marshall, Edward(pseudonym) 209, 210
마셜, 제임스 Marshall, James 57, 188~218, 383
마슐러, 톰 Maschler, Tom 81, 108
마틴, 빌 주니어 Martin, Bill, Jr. 133, 135, 136
매시, 메이 Massee, May 55, 220, 224, 227
맥밀런 출판사 Macmillan Publishers 178, 357, 358, 364
맥클로스키, 로버트 McCloskey, Robert 54, 55, 219~232
맥키색, 퍼트리샤 McKissack, Patricia C. 246
머더구스 Mother Goose 86, 89, 351, 365~370

멍크, 텔로니어스 Monk, Thelonius 274
메이어, 머서 Mayer, Mercer 360
메트로폴리탄 미술관 Metropolitan Museum of Art 134, 269
몰리에르 Molière 217
무나리, 브루노 Munari, Bruno 151
무어, 릴리언 Moore, Lilian 395
뭉크, 에드바르 Munch, Edvard 163
미국 공예 박물관 American Craft Museum 395
미국 도서관 협회 American Library Association 54, 58, 189, 321
미첼, 루시 스프레이그 Mitchell, Lucy Sprague 187
밀레, 장 프랑수아 Millet, Jean François 66

ㅂ

바이킹 출판사 Viking Press 55, 220, 228, 362
반 고흐, 빈센트 van Gogh, Vincent 70, 143, 292, 339
발저, 알레산드라 Balzer, Alessandra 383
밥코, 앤 Bobco, Ann 268
배너먼, 헬렌 Bannerman, Helen 261
배리, 제임스 매튜 Barrie, James Matthew 164
뱅크 스트리트 스쿨 Bank Street School 182, 187
버닝햄, 존 Burningham, John 56, 102~113, 234, 276
버제스, 손턴 Burgess, Thornton 391
베네두스, 앤 Beneduce, Ann 136, 142
베르디, 주세페 Verdi, Giuseppe 303, 306
베멀먼즈, 루드비히 Bemelmans, ludwig 220, 276
베스텐도르프, 피프 Westendorp, Fiep 380
베이더, 바버라 Bader, Barbara 275
베일러, 버드 Baylor, Byrd 198, 199
베텔하임, 브루노 Bettelheim, Bruno 216, 284, 408
벨츨, 얀 Welzl, Jan 324
보나르, 피에르 Bonnard, Pierre 278
보뇌르, 로사 Bonheur, Rosa 389
보스턴 퍼블릭 가든 Boston Public Garden 225, 232
보이토, 아리고 Boito, Arrigo 303
볼링겐 재단 Bollingen Foundation 96
부슈, 빌헬름 Busch, Wilhem 271
브라운, 마거릿 와이즈 Brown, Margaret Wise 143, 164, 359
브라이언, 애슐리 Bryan, Ashley 56, 85~101
브레너, 바버라 Brenner, Barbara 395
브루노프, 장 드 Brunhoff, Jean de 285
브리그스, 레이먼드 Briggs, Raymond 108
블랙 마운틴 칼리지 Black Mountain College 392, 393, 394, 398
블레어, 메리 Blair, Mary 380
블레이크, 윌리엄 Blake, William 292, 301, 345
블레이크, 퀜틴 Blake, Quentin 56, 73~84, 276, 323
비어봄, 맥스 Beerbohm, Max 207
비제, 쿠르트 Wiese, Kurt 220
비틀스 Beatles 103, 107, 326
비틀스, 크리스 Beetles, Chris 368

ㅅ

센닥, 모리스 Sendak, Maurice 55, 57, 58, 108, 170, 189, 191, 280~311, 313, 320, 321, 333, 377, 380
샬럿, 진 Charlot, Jean 164

섀넌, 조지 Shannon, George 321
서머힐(학교) Summerhill(school) 105, 346
세서미 스트리트(TV 시리즈) Sesame Street(TV series) 373, 377, 378
소여, 루스 Sawyer, Ruth 389
숌버그 흑인 자료 도서관 Schomburg Center for Research in Black Culture 255, 256
수스, 닥터(필명) Seuss, Dr. (pseudonym) 111, 170, 368
수전 허시먼 Hirschman, Susan 178, 183, 321, 323, 357, 358
슈나이더, 에른스트 Schneidler, Ernst 127
슐츠, 찰스 Schultz, Charles 161, 162, 276, 380, 381, 382
스쿨 오브 비주얼 아츠 School of Visual Arts 169, 170, 171, 174
스타이그, 윌리엄 Steig, William 56, 58, 329~349
스타이그, 진 Steig, Jeanne 329~336
스타이컨, 에드워드 Steichen, Edward 176, 180, 181
스타인버그, 사울 Steinberg, Saul 315, 327
스티븐슨, 로버트 루이스 Stevenson, Robert Louis 98
시걸, 로레 Segal, Lore 361
시스, 피터 Sís, Peter 58, 312~328
시카고 미술관 Chicago Art Institute 267

ㅇ

안노 미쓰마사 安野 光雅 Anno Mitsumasa 57, 60~72, 142
안데르센, 한스 크리스티안 Andersen, Hans Christian 62, 246, 249, 403, 405, 406
알디마, 버니 Aardema, Verna 246, 258
알렉산더, 마사 Alexander, Martha 360

알베르스, 요제프 Albers, Josef 58, 392, 398
애플턴, 오너 Appleton, Honor 368
앨러드, 해리 Allard, Harry 189, 192, 210, 218
앨런 앤 베이컨 출판사 Allyn and Bacon 356, 357
어린이 문학 계관 작가(영국) Children's Laureate(Britain) 74
어린이 텔레비전 워크숍 Children's Television Workshop(CTW) 377
어린이책 작가 협회 Society of Children's Book Writers and Illustrators 275
어빙, 워싱턴 Irving, Washington 88
에드워즈, 어밀리아 Edwards, Amelia 366
에를리히, 에이미 Ehrlich, Amy 365
에릭 칼 그림책 미술관 Eric Carle Museum of Picture Book Art 115
에머슨, 랠프 왈도 Emerson, Ralph Waldo 249
에셔, 마우리츠 코리넬리스 Escher, Maurits Cornelis 64
에코, 움베르토 Eco, Umberto 170
엘러트, 로이스 Ehlert, Lois 58, 147~155
엘리야(예언자) Elijah(prophet) 261, 262
오사카 세계 박람회 Osaka World's Fair 112
오피, 아이오나 Opie, Iona 296, 365
옥슨버리, 헬렌 Oxenbury, Helen 56, 57, 103, 104, 233~244
올딘, 세실 Aldin, Cecil 106, 368
올비, 에드워드 Albee, Edward 207
와이어스, N.C. Wyeth, N.C. 253
와이스, 에이바 Weiss, Ava 185, 321, 364
와일더, 로라 잉걸스 Wilder, Laura Ingalls 150
웅게러, 토미 Ungerer, Tomi 57, 197, 321, 323
워릭, 제임스 Warwick, James 354

워커 북스 Walker Books 366
워커, 프랭크 Walker, Frank 303
웨스턴 퍼블리싱 컴퍼니 Western Publishing Company 158
웨스턴, 에드워드 Weston, Edward 180
웰스, 로즈메리 Wells, Rosemary 57, 357~371
윈슬로, 호머 Winslow, Homer 267
윌렘스, 모 Willems, Mo 58, 372~384
윌리엄스, 베라 B. Williams, Vera B. 58, 385~401
이오네스코, 에우제네 Ionesco, Eugene 77

ㅈ

잭슨, 리처드 Jackson, Richard 266
저스터, 노턴 Juster, Norton 266, 277, 278
제임스, 헨리 James, Henry 289
제퍼스, 수전 Jeffers, Susan 364, 365
조너선 케이프 출판사 Jonathan Cape 108
조반니, 니키 Giovanni, Nikki 98
조플린, 재니스 Joplin, Janis 196
존슨, 크로켓 Johnson, Crockett 162, 342
졸로토, 샬럿 Zolotow, Charlotte 184

ㅊ

찰립, 레미 Charlip, Remy 395
찰스 L. 블록슨 아프로-아메리칸 콜렉션 Charles L. Blockson Afro-American Collection 261
체호프, 안톤 파블로비치 Chekhov, Anton Pavlovich 202
츠바이크, 슈테판 Zweig, Stefan 190
츠베르거, 리스베트 Zwerger, Lisbeth 56, 402~410
치히로 미술관(일본) Chihiro Art Museum(Japan) 144

ㅋ

카르미, 에우제니오 Carmi, Eugenio 170
칼, 에릭 Carle, Eric 56, 57, 114~146, 322
칼, 진 Karl, Jean 96, 99
칼만, 마이라 Kalman, Maira 170
캐럴, 루이스 Carroll, Lewis 243, 244
커닝햄, 머스 Cunningham, Merce 316
컬런, 카운티 Cullen, Countee 98
케이지, 존 Cage, John 394
케이트 그리너웨이상 Kate Greenaway Medal 107, 234, 243
케인, 플로렌스 Cane, Florence 389, 390
코츠, 존 Coates, John 108
콕스, 파머 Cox, Palmer 190
콕토, 장 Cocteau, Jean 353
콜더컷 명예상 Caldecott Honor 58, 189, 220, 281
콜더컷, 랜돌프 Caldecott, Randolph 54, 106, 285
콜더컷상 Caldecott Medal 54~58, 157, 220, 227, 229, 231, 234, 247, 266, 281, 284, 330
쿼스트, 시모어 Chwast, Seymour 253
크노프 출판사 Knopf 322
크라우스, 로버트 Kraus, Robert 336
크라우스, 루스 Krauss, Ruth 162
크리코리안, 조지 Krikorian, George 133
클레, 파울 Klee, Paul 274
키츠, 에즈라 잭 Keats, Ezra Jack 171, 245
킹, 마틴 루터 주니어 King, Martin Luther, Jr. 257

ㅌ

타고르, 라빈드라나트 Tagore, Rabindranath 96
테니얼, 존 Tenniel, John 243, 244

테일러, 밀드러드 D. Taylor, Mildred D. 246
트른카, 이르지 Trnka, Jiří 405
트웜블리, 사이 Twombly, Cy 145
트웨인, 마크(필명) Twain,
　Mark(pseudonym) 293
티파니 재단상 Tiffany Foundation Prize 227

ㅍ

파블로, 피카소 Picasso, Pablo 62, 163
파이퍼, 줄스 Feiffer, Jules 275
파일, 하워드 Pyle, Howard 253, 251
파커, 찰리 Parker, Charlie 266, 272, 273
판테온 출판사 Pantheon Books 96
펀치(잡지) Punch(magazine) 75, 78
포겔먼, 필리스 Fogelman, Phyllis 257, 358,
　362, 364
포드, 미엘라 Ford, Miela 186
포르만, 밀로시 Forman, Milos 317
포천(잡지) Fortune(magazine) 133, 225
포터, 비어트릭스 Potter, Beatrix 54, 238, 356
포프, 얼 Pope, Earl 144
폴타니스, 웰러런 Poltarnees, Welleran 369
푸시 핀 스튜디오 Push Pin Studio 108, 253
프랑수아, 앙드레 François, André 76
플라이슈만, 시드 Fleischman, Sid 322
플랙, 마저리 Flack, Marjorie 220
플레밍, 이언 Fleming, Ian 107
피노키오 Pinochhio 333, 334
피터섐, 모드와 미스카 Petersham, Maud
　and Miska 391
필드, 레이철 Field, Rachel 364, 365
필드, 유진 Field, Eugene 89
핑크니, 글로리아 Pinkney, Gloria 261
핑크니, 제리 Pinkney, Jerry 56, 245～264

ㅎ

하디, 올리버 Hardy, Oliver 305, 308
하코트 출판사 Harcourt 154
하퍼(하퍼앤드브라더스, 하퍼앤드로,
　하퍼콜린스) 출판사 Harper(Harper &
　Brothers, Harper & Row, HarperCollins)
　154, 281, 282, 311, 357, 359
한스 크리스티안 안데르센상 Hans Christian
　Andersen Medal 62, 403
해밀턴, 버지니아 Hamilton, Virginia 246
허유미 Heo, Yumi 58, 166～174
헤이스, 리자이나 Hayes, Regina 362
헨리 홀트 출판사 Henry Holt 135
헹크스, 케빈 Henkes, Kevin 58, 156～165,
호번, 러셀 Hoban, Russell 176
호번, 타나 Hoban, Tana 57, 175～187
호턴 미플린 출판사 Houghton
　Mifflin(publisher) 197, 209
화이트, E.B. White, E.B. 344
휴스, 랭스턴 Hughes, Langston 98
힐리어, V. M. Hillyer, V. M. 389

감사의 글

이 책에 실린 대부분의 인터뷰는 《페어런팅》 잡지에 먼저 실렸던 것입니다. 안노 미쓰마사, 로버트 맥클로스키, 헬렌 옥슨버리(첫 번째 인터뷰), 모리스 센닥과 첫 번째와 두 번째 인터뷰, 모리스 센닥과 세 번째 인터뷰 요약본은 《혼북》에 실렸던 것입니다.

이 책을 위해 기꺼이 인터뷰에 응해 주신 예술가 한 분 한 분께 감사드립니다. 그분들의 관심과 협조, 인내심 덕분에 이 모든 대화가 이루어질 수 있었고, 제대로 된 책을 완성할 수 있었습니다.

이 책에 실린 이미지들을 쓸 수 있도록 도와주신 개인 및 기관 관계자 여러분께도 감사드립니다. 린 카포네라, 에릭 칼 그림책 미술관(크리스틴 엔젤과 닉 클라크), 에릭 칼 스튜디오(이노우에 모토코), 스티븐 다나, 서던 미시시피 대학교의 디 그루먼드 어린이 문학 컬렉션(엘런 루핀), 셸던 포겔먼 에이전시(셸던 포겔먼, 숀 매카시, 마샤 워닉), 미엘라 포드, 후쿠인칸 쇼텐(다카키 리에), 윌리엄 그레이, 하퍼콜린스(스테퍼니 메이시), 호튼 미플린 하코트

(캐런 월시), 하이페리온(디나 셔먼), 해리슨 저드, 이토 모투, 미네소타 대학교 도서관의 더 켈란 컬렉션(메러디스 길리스, 캐런 넬슨 호일), 니키 멘서그, 엠포리아 주립 대학교의 더 메이 매시 컬렉션(헤더 웨이드), 제인 맥클로스키, 샐리 맥클로스키, 체칠리아 밀라네시, 미네디션(마이클 누게바우어), 코네티컷 대학교의 더 노스이스트 어린이 문학 컬렉션(테리 골드리치), 마일스 C. 핑크니, 피핀 프라퍼티스(홀리 맥기), 로젠바흐 박물관과 도서관(패트릭 J. 로저스, 캐런 쇠네발트), 낸시 쇤, 사이먼 앤드 슈스터(케이틴 들루히), 진 스타이그, 매기 스타이그, 수전 발디나, 워커 북스(루이즈 파워).

이 방대한 작업의 모든 단계에서 지칠 줄 모르는 헌신과 인내, 그리고 전문성을 보여 준 캔들윅 프레스의 제 담당 편집자 데버라 웨이색과 아트 디렉터인 셰리 패틀러에게도 깊이 감사드립니다. 이 책을 완성하는 데 도움을 주신 캔들윅 프레스와 워커 북스의 모든 분께도요.

제 친구이자 조언자이며 든든한 후원자이기도 한 스터링 로드 리터리스틱 에이전시의 조지 M. 니콜슨에도 늘 그랬듯 감사를 전합니다. 그리고 아내 에이미와 아들 제이컵이 보여 주는 사랑과 우정, 그 밖의 많은 것에 특히 감사드립니다.

-L. S. M.

이야기를 보여 줘

초판 1쇄 인쇄 2025년 11월 18일 | **초판 1쇄 발행** 2025년 12월 8일
ISBN 979-11-5836-556-1 03600
펴낸이 임선희 | **펴낸곳** ㈜책읽는곰 | **출판등록** 제2017-000301호
주소 서울시 마포구 성지길 48 | **전화** 02-332-2672~3 | **팩스** 02-338-2672 |
홈페이지 www.bearbooks.co.kr
전자우편 bear@bearbooks.co.kr | **SNS** Instagram@bearbooks_publishers
책임 편집 우지영 | **책임 디자인** 형태와내용사이
편집 우진영, 이다정, 최아라, 박혜진, 윤주영, 도아라 | **디자인** 강효진, 강연지, 윤금비 |
마케팅 정승호, 배현석, 김선아, 이서윤, 백경희, 김현정 | **경영관리** 고성림, 이민종 | **저작권** 민유리 | **협력업체** 이피에스, 두성피앤엘, 월드페이퍼, 원방드라이보드, 해인문화사, 으뜸래핑, 문화유통북스